MANESSE BIBLIOTHEK DER WELTLITERATUR

IWAN TURGENJEW

AUFZEICHNUNGEN EINES JÄGERS

Aus dem Russischen übertragen
von Dora Berndl-Friedmann
Nachwort von Ludwig Berndl

MANESSE VERLAG
ZÜRICH

Titel der russischen Originalausgabe:
Записки охотника
Moskau 1852

Unveränderter Nachdruck der Ausgabe von 1947

CIP-Kurztitelaufnahme der Deutschen Bibliothek

Turgenev, Ivan:
Aufzeichnungen eines Jägers / Iwan Turgenjew
Mit e. Nachw. von Ludwig Berndl
[Aus d. Russ. übertr. von Dora Berndl-Friedmann]
3. Aufl. – Zürich: Manesse Verlag, 1985
(Manesse Bibliothek der Weltliteratur)
Einheitssacht.: Zapiski ochotnika ⟨dt.⟩
ISBN 3-7175-1664-7 Gewebe
ISBN 3-7175-1665-5 Ldr.

NE: Berndl-Friedmann, Dora [Übers.]

UNTERM STERNENHIMMEL

Es war ein herrlicher Julitag, einer von jenen Tagen, die nur dann erscheinen, wenn das gute Wetter sich für lange Zeit eingestellt hat. Vom frühen Morgen an ist dann der Himmel klar. Die Morgenröte flammt nicht auf gleich einer Feuersbrunst: sie breitet sich allmählich in einem zarten Rosa aus. Die Sonne brennt nicht schon am Morgen glühendheiß, wie in der Zeit der großen Trockenheit; sie hat auch nicht jenen trüben Purpurglanz, der einen Sturm ankündigt: sondern hell und freundlich strahlend schwebt sie am Horizont mit frischem Glanz empor und taucht sogleich im lila Nebel eines langen und schmalen Wolkenstreifens unter; und nun zeigt der obere, dünne Rand des in die Länge gezogenen Wölkchens lauter kleine funkelnde Schlänglein, deren Glanz dem des geschmolzenen Silbers gleicht; aber schon wieder ergießen sich spielerisch ihre Strahlen, und heiter-erhaben, gleichsam im Schwung, erhebt sich die mächtige Leuchte.

Gegen Mittag erscheinen gewöhnlich runde, hohe Wolken, goldig-grau, mit zarten weißen Rändern; sie sehen aus wie Inseln, die über einen aus seinen Ufern getretenen, sich ins Unendliche ausbreitenden Fluß verstreut sind, der sie mit tiefdurchsichtigen Armen einer gleichmäßigen Bläue umfaßt; sie rühren sich nicht von der Stelle, aber weiter zum Horizont hin schieben, drängen sie sich fürs Auge zusammen; eine Bläue zwischen ihnen ist nicht mehr zu sehen, selber aber sind sie lasurblau geworden wie der Himmel: sie sind völlig von Licht und Wärme durchdrungen. Die Farbe des Horizonts ist leicht blaßlila, sie verändert sich den ganzen Tag nicht und ist ringsum gleichmäßig; nirgends ist ein dunkler Fleck zu sehen, nirgends zieht sich ein Gewitter zusammen; doch kann es sein, daß hier und dort hellblaue Streifen von oben nach unten sich senken: das ist dann ein feiner, kaum merklicher Regen.

Gegen Abend verschwinden diese Wolken; die letzten Wölklein, etwas schwärzlich und unbestimmt wie Rauch, legen sich als rosig gefärbte Ballen der Sonne gegenüber; an der Stelle, wo sie untergegangen, ist es so ruhig geblieben, wie es ruhig an jener Stelle war, wo sie aufgegangen; das glühe Leuchten steht nicht lange über der dunkel gewordenen Erde, und still blinkend, wie eine sorgsam getragene Kerze, entzündet sich der Abendstern. An solchen Tagen sind alle Farben gemildert; sie sind hell, aber nicht grell, und auf allem ruht der Hauch einer rührenden Milde.

An solchen Tagen ist die Hitze manchmal sehr arg; aber der Wind verjagt die Glutwellen und treibt sie auseinander, so daß sie, vermischt mit Staub, als hohe weiße Säulen über die Wege und Äcker hintanzen — das sicherste Zeichen, daß das gute Wetter anhält! In der trockenen und reinen Luft duftet es nach Wermut, nach dem kürzlich abgeernteten Roggen, nach Buchweizen; sogar eine Stunde vor Mitternacht ist noch keinerlei Feuchtigkeit zu verspüren. Ein solches Wetter wünscht sich der Landmann zur Einbringung der Ernte.

An einem ebensolchen Tag jagte ich einst im Kreise Tschernsk, Gouvernement Tula, nach Birkhühnern. Ich fand und schoß ziemlich viel Wild; die prall gefüllte Jagdtasche drückte mit ihrem Gewicht unbarmherzig auf meine Schulter. Aber das Abendrot verglomm, und in der Luft, die von den Strahlen der untergegangenen Sonne nicht mehr erwärmt wurde, ballten sich schwarze Schatten zusammen. So beschloß ich denn endlich, nach Hause zurückzukehren. Schnell durchschritt ich eine Lichtung, stieg einen Hügel hinan, aber statt der Ebene, die ich zu sehen erwartet hatte, mit dem Eichenwald rechts und einer niedrigen weißen Kirche weiter im Hintergrund, erblickte ich eine ganz andere, mir völlig unbekannte Gegend. Zu meinen Füßen zog sich ein schmales Tal hin; mir direkt gegenüber erhob sich, einer steilen Wand gleich, ein dichter Espenwald. Verdutzt blieb ich stehen, schaute mich um ... ‚Holla!‘ dachte ich, ‚da bin ich doch gar nicht dorthin geraten, wohin ich wollte: offenbar bin ich zu weit nach rechts abgewichen!' Erstaunt darüber, wie ich mich so verirren konnte, ging ich rasch den Hügel hinab, wo ich mich sofort von einer unangenehmen, unbeweglichen Feuchtigkeit umfaßt fühlte, genau so, wie wenn ich in einen Keller hinabgestiegen wäre; das dichte, hohe Gras am Talboden war naß und schimmerte weiß; über dieses Gras zu gehen wagte ich nicht recht. Ich bewegte mich rasch auf die andere Seite hinüber und ging, dem Espenwald entlang, immer nach links. Schon zogen Fledermäuse über den Wipfeln der Bäume im dunkelklaren Himmel ihre seltsam zackigen Linien; stürmischen und schnurgeraden Flugs zog ein verspäteter junger Habicht in der Höhe vorbei, seinem Neste zu. ‚Bin ich nur hier einmal durch', dachte ich in meinem Gemüte, ‚dann finde ich schon meinen Weg; aber ich habe wahrscheinlich einen Umweg von einer Werst gemacht.'

Ich gelangte schließlich zur Waldecke, aber dort war kein Weg! Niedriges Gestrüpp breitete sich vor mir aus, und dahinter war, so weit das Auge reichte, nur Ödland zu sehen. Ich blieb wieder stehen. ‚Fatale Geschichte!... Aber wohin bin ich denn da geraten?' Ich suchte mich zu erinnern, wie und wohin ich im Laufe des Tages gegangen war . . . ‚Ah! das ist ja das Parachiner Gebüsch!' rief ich laut aus. ‚Wirklich! das muß der Sindejewsche Wald sein. Wie bin ich denn hierher geraten?

So weit weg! ... Sonderbar! Jetzt muß ich mich aber mehr nach rechts halten.'

Ich ging durch das Gebüsch nach rechts. Inzwischen rückte die Nacht vor und wuchs wie eine Gewitterwolke. Von überallher und sogar von der Höhe herab ergoß sich die Dunkelheit. Ich gelangte auf irgendeinen ungebahnten, von Gras überwucherten Weg und schritt auf ihm weiter, indem ich immer scharf nach vorwärts auslugte. Alles ringsumher ward nun sehr rasch völlig finster und still — nur selten war ein Wachtelruf zu hören. Ein kleiner Nachtvogel strich auf weichen Schwingen unhörbar und der Jagd wegen tief fliegend an mir vorbei; bald hätte er mich berührt; ängstlich tauchte er zur Seite. Ich blieb immer am Rand des Gebüsches und ging dann dem Feldrain entlang. Nur mit Mühe unterschied ich entferntere Gegenstände, und ringsumher lag in weißlichem Schimmer das Feld. Dahinter häufte sich in ungeheuren Ballen die Finsternis und schien bei jedem Schritt, den ich vorwärts tat, näherzurücken. Meine Schritte widerhallten dumpf in der kälter werdenden Luft. Der blasse Himmel färbte sich wieder blau, aber das war schon die Bläue der Nacht. Am Firmament begannen die Sterne zu flimmern und zu wandern.

Was ich für einen Wald angesehen hatte, entpuppte sich als ein dunkler runder Hügel. ‚Ja, wo bin ich denn nur?' wiederholte ich wieder laut, blieb zum dritten Male stehen und schaute fragend auf meinen englischen, gelb gefleckten Hund Dianka, der entschieden das klügste aller vierfüßigen Geschöpfe war; aber auch dieses klügste aller vierfüßigen Geschöpfe wußte keinen Rat, sondern bewegte nur zag das Schwänzlein und schaute mich, mit seinen müden Augen blinzelnd, traurig an. Ich schämte mich vor meiner Dianka und stürzte verzweifelt vorwärts; und da war mir plötzlich, als ob ich erriete, wohin ich gehen müsse. Ich umging einen Hügel und gelangte unversehens zu einer nicht sehr tiefen Bodensenkung. Sofort bemächtigte sich meiner ein sonderbares Gefühl. Die Bodensenkung hatte das Aussehen eines fast regelrechten Kessels mit abgeschrägten Seiten. Auf seinem Boden steckten aufrecht einige große weiße Steine, die aussahen, als ob sie zu einer geheimen Beratung zusammengekommen wären. Und derart stumm und taub war es da drunten, so niedrig und so traurig hing der Himmel über dem Abgrund, daß es mir das Herz zusammenschnürte. Irgendein Tierchen quietschte schwach und kläglich zwischen jenen Steinen. Ich beeilte mich, von hier wegzukommen, ging wieder den Hügel hinan . . . Bis jetzt hatte ich noch immer gehofft, mich zurechtzufinden; nun aber überzeugte ich mich endgültig, daß ich mich verirrt hatte. Ich gab es daher auf, die Örtlichkeit, die mich umgab, erkennen zu wollen — sie war ja nun auch von der Dunkelheit fast völlig verschlungen — und ging einfach auf gut Glück weiter, den Sternen nach... Etwa eine halbe Stunde wanderte ich so, die Beine mit Mühe bewegend. Mein Lebtag, schien mir, war ich nicht in einer so öden Gegend gewesen. Nirgends schimmerte ein Lichtlein, nirgends hörte man einen Laut. Ein Hügel mit steilen Abhängen folgte dem andern, die Felder reihten sich in schier endloser Folge aneinander, Gebüsche schossen sozusagen unmittelbar vor meinen Augen aus dem Boden. Ich ging und ging und war schon ganz entschlossen, einen Ort zu suchen, wo ich mich hinlegen konnte, um so den Morgen zu erwarten, als ich mich plötzlich vor einem schaurigen Abgrund befand.

Rasch zog ich den Fuß, der schon ausschreiten wollte, zurück, und in der nächtlichen Dunkelheit, die mein Auge kaum durchdringen konnte, erblickte ich tief unter mir eine sehr weite Ebene. Ein breiter Fluß umfaßte sie in einem von meinem Blickpunkt aus wegstrebenden Bogen. Selten und undeutlich aufblitzende stählerne Reflexe zeigten sein Fließen an. Der Hügel, auf dem ich stand, fiel fast senkrecht ab; seine großen Umrisse hoben sich schwärzlich von der blauen Leere der Luft ab, und direkt unter mir, in dem Winkel, der von der Ebene und der schroff abfallenden Wand gebildet ward, neben dem Fluß, der an dieser Stelle als ein unbewegter dunkler Spiegel stand, brannten mit roter Farbe und qualmten nebeneinander zwei

Feuer, und um diese herum bewegten sich Menschen, schwankten ihre Schatten, tauchte hin und wieder der hell beleuchtete Krauskopf eines Kindes auf.

Jetzt wußte ich endlich, wo ich mich befand. Es war dies eine Rasenfläche, die in unserer Gegend unter dem Namen «Bjeshin-Wiese» bekannt ist ... Aber nach Hause zurückzukehren, war von hier aus nicht gut möglich, und meine Beine knickten vor Müdigkeit ein. So beschloß ich denn, mich zu den Feuerchen hin zu begeben und in der Gesellschaft dieser Leute, die wohl Viehtreiber sein mochten, den Tagesanbruch zu erwarten.

Ich kam auch glücklich hinunter, aber ich hatte den letzten Zweig, an dem ich mich hielt, noch nicht losgelassen, als zwei große weiße, zottige Hunde sich mit wütendem Gebell auf mich warfen. Von den Feuerchen her ertönten helle Kinderstimmen. Zwei oder drei Knaben erhoben sich rasch. Ich antwortete auf ihre fragenden Zurufe. Sie liefen zu mir, beschwichtigten die Hunde, die offenbar am meisten über das Erscheinen meiner Dianka verwundert waren, und ich näherte mich dem Lagerfeuer.

Ich hatte mich geirrt, als ich angenommen hatte, es müßten wohl Viehtreiber sein, die hier lagerten. Nein, das waren einfach Bauernkinder aus einem benachbarten Dorf, die hier auf nächtlicher Pferdehut waren. In den heißesten Monaten treibt man bei uns die Pferde nachts auf die Weide, denn bei Tag würden ihnen die Fliegen und Bremen zu sehr zusetzen. Die Pferde abends hinauszutreiben und sie am frühen Morgen zurückzubringen, ist für die Bauernkinder ein wahres Vergnügen. Auf flinken kleinen Kleppern sitzend, ohne Mützen und in alten Halbpelzchen, jagen sie, hopsend auf dem Pferderücken, Arme und Beine schlenkernd, mit wildem Geschrei und Gelächter dahin. Gelbe Staubsäulen erheben sich hinter ihnen und ziehen ihnen nach. Weithin erschallt das Getrappel der vielen Hufe. Und allen voran galoppiert wohl, mit emporgestrecktem Schweif, Kletten in der verfilzten Mähne, ein fortwährend die Gangart wechselnder, rothaariger, struppiger Hengst . . .

Ich sagte den Knaben, daß ich mich verirrt hätte und setzte mich zu ihnen. Sie fragten mich aus, woher ich sei, schwiegen eine Zeitlang und machten mir Platz. Wir plauderten noch ein wenig. Dann legte ich mich unter ein kleines Gebüsch und fing an das Bild zu betrachten, das sich meinen Blicken darbot. Und dieses Bild war zauberhaft schön: neben den Flammen zitterte und erstarb gleichsam auf dem dunklen Hintergrund ein runder rötlicher Lichtschein. Nur selten warf die Flamme, wenn sie höher aufloderte, einen huschenden Schein über die Grenze dieses Lichtkreises hinaus. Eine schmale Zunge des Lichts beleckte die leeren Äste des Weidengebüsches, um plötzlich zu verschwinden, wenn die langen, scharfen Schatten, für einen Augenblick eindringend, ihrerseits bis zu den Flämmchen hinliefen. Die Finsternis kämpfte mit dem Licht. Manchmal, wenn die Flamme schwächer brannte und der Lichtkreis sich verengte, tauchte aus der heranwuchtenden Dunkelheit plötzlich ein brauner, mit einem weißen Stern gezeichneter oder ein ganz weißer Pferdekopf hervor; dieser Kopf schaute aufmerksam und zugleich stumpf auf uns, dabei rasch das lange Gras kauend; dann beugte er sich plötzlich nieder und verschwand wieder. Man hörte dann nur mehr ein Kauen und Schnauben. Von einer beleuchteten Stelle aus ist es schwierig, zu sehen, was in der Dunkelheit vor sich geht, und darum schien mir die nähere Umgebung wie mit einem schwarzen Vorhang verdeckt; in größerer Ferne jedoch, gegen den Horizont hin, erkannte ich in den dunklen Flecken Hügel und Wald. Der dunkle, reine, ausgestirnte Himmel stand feierlich und unermeßlich hoch über uns in all seiner geheimnisvollen Pracht. Ein süßes Gefühl durchzog die Brust, die jenen besonderen, erregenden frischen Duft einatmete — den Duft der russischen Sommernacht. Ringsum hörte man fast kein Geräusch. Selten nur plätscherte ein großer Fisch im nahen Fluß, und das am Ufer wachsende Schilfrohr, von einer heranrollenden Welle sanft berührt, begann zu rauschen . . . Sonst hörte man nur die Flämmchen leise knistern.

Die Knaben hatten sich rings um die Feuer gelagert; hier saßen auch die beiden Hunde, die mich so gerne zerrissen hätten. Sie konnten sich noch lange mit meiner Anwesenheit nicht recht befreunden; verschlafen blinzelnd und auf die Flamme schielend, knurrten sie immer wieder einmal im Gefühl einer besonderen Verantwortlichkeit und Würde; sie knurrten, dann folgte ein leises Winseln, Ausdruck eines tiefen Bedauerns, daß ihrem Wunsche nicht Erfüllung ward. Es waren ihrer fünf Knaben: Fedja, Pawluscha, Iljuscha, Kostja und Wanja. (Aus ihren Gesprächen hatte ich ihre Namen erfahren, und ich will jetzt den Leser mit ihnen bekannt machen.)

Dem ersteren, Fedja, der auch der älteste unter ihnen war, würden Sie etwa vierzehn Jahre geben. Das war ein wohlgestalteter Knabe mit hübschen und zarten, auch etwas drolligen Gesichtszügen, krausem Blondhaar und mit einem steten halb heiteren, halb zerstreuten Lächeln auf den Lippen. Er gehörte allem Anschein nach einer eher wohlhabenden Familie an und war sicherlich nicht in die Steppe gefahren, weil man es ihm befohlen, sondern weil es ihm Vergnügen machte. Er trug ein buntes Hemd aus Zitz mit gelbem Saum, darüber ein neues Wämslein als Überwurf, der lose über seinen schmalen Schultern hing; an einem hellblauen Gürtel hing ein kleiner Kamm. Seine Stiefel mit niedrigem Schaft waren wirklich seine Stiefel, nicht die seines Vaters. Der zweite Knabe, Pawluscha, hatte schwarze, strubbelige Haare, die Augen waren grau, die Backenknochen breit, das Gesicht blaß mit Pockennarben, der Mund groß, aber regelmäßig, der ganze Kopf sehr groß — ein «Kürbis», wie man bei uns sagt —, der Körper war stämmig und plump. Der Junge war nicht hübsch, das mußte man zugeben, und trotzdem gefiel er mir: er schaute klug und offen in die Welt, und in seiner Stimme war Kraft. Mit seinem Kleid konnte er nicht Staat machen; es bestand aus einem hänfenen Hemd und geflickten Hosen. Das Gesicht Iljuschas, des dritten Knaben, war ziemlich nichtssagend: mit seiner bucklichen Nase, seinen kurzsichtigen Augen drückte es irgendeine stumpfe, kränkliche Besorgtheit aus; die zusammengepreßten Lippen bewegten sich nicht, die zusammengezogenen Augenbrauen glätteten sich nicht; er blinzelte, wie wenn er beständig ins Feuer sähe. Unter der niedrigen Filzhaube, die er sich mit beiden Händen aufs Ohr zu stülpen pflegte, starrten gelbe, fast weiße Haarbüschel hervor. Er hatte neue Basteln und Fußlappen; ein dicker Strick, den er dreimal um den Leib gewickelt trug, hielt sein nettes Kittelchen säuberlich zusammen. Sowohl er als auch Pawluscha schien mir nicht älter als zwölf Jahre zu sein. Der Vierte, Kostja, ein Knabe von etwa zehn Jahren, erregte meine Neugierde durch seinen nachdenklichen und traurigen Blick. Sein Gesicht war klein, mager, sommersprossig, nach unten hin spitz wie bei einem Eichkätzchen; seine Lippen konnte man kaum wahrnehmen; was aber einen seltsamen Eindruck machte, das waren seine großen schwarzen Augen, die einen schmelzenden Glanz hatten und etwas sagen zu wollen schienen, wofür auf der Zunge — auf seiner Zunge wenigstens — keine Worte waren. Er war klein, hatte einen schwächlichen Körper, und gekleidet war er recht ärmlich. Den letzten, Wanja, hatte ich zuerst beinahe gar nicht bemerkt: er lag ruhig auf der Erde, eingewickelt in eine Bastdecke, und nur selten steckte er seinen dunkelblonden Krauskopf daraus hervor. Dieser Knabe war erst sieben Jahre alt.

Ich lag also unter einem Busch, etwas abseits und sah den Knaben zu. Ein kleiner Kessel hing über dem einen dieser Lagerfeuer: Kartoffeln kochten darin; Pawluscha sorgte, daß sie gar wurden und stocherte mit einem Holzspan in dem eben aufkochenden Wasser. Fedja lag auf der Erde, stützte sich auf einen Ellbogen, sein Wämslein bedeckte ihn nur halb. Iljuscha saß neben Kostja und blinzelte immer gleich angestrengt mit den Augen. Kostja ließ den Kopf ein wenig hängen und schaute irgendwohin in die Ferne. Wanja bewegte sich nicht unter seiner Bastmatte. Ich stellte mich schlafend. Nach und nach begannen die Knaben wieder zu sprechen.

Zuerst schwatzten sie über dies und das, über die morgigen Arbeiten, über die Pferde; aber plötzlich wandte sich Fedja an Iljuscha, indem er wohl das Gespräch wieder aufnahm, das durch mein Erscheinen unterbrochen worden, mit der Frage:

«Du sagst also, daß du den Hauskobold gesehen hast?»

«Gesehen hab' ich ihn nicht; man kann ihn auch nicht sehen», antwortete Iljuscha mit heiserer und schwacher Stimme, die mit dem Ausdruck seines Gesichts völlig übereinstimmte. «Ich hab' ihn gehört ... Und ich bin nicht der einzige, der ihn gehört hat.»

«Und wo hält er sich denn bei euch auf?» fragte Pawluscha.

«In der Altlumpen-Mühle.»

«Wie, ihr geht in die Papierfabrik?»

«Ja, freilich! Wir, mein kleiner Bruder Awdjuscha und ich arbeiten dort als Glätter.»

«Sieh mal an — Fabrikler!»

«Nun sag', *wie* hast du denn den Hauskobold gehört?» fragte Fedja.

«Das will ich dir gleich sagen: wie ... Es traf sich, daß ich mit meinem Bruder Awdjuscha, mit Fjodor Michejewitsch, dann mit Iwaschka Kosoj und dem andern Iwaschka, dem von Schönbergen, und noch einem Iwaschka Suchorukow und anderen Kindern — wir waren unser zehn Mann, die ganze Equipe —, es traf sich also, daß wir in der Lumpenmühle übernachten mußten; das heißt, nicht daß wir mußten, aber Nasarow, der Aufseher, hatte verboten, wegzugehen, er sagte: ,Was wollt ihr, Bürschlein, euch erst nach Hause schleppen? Morgen ist viel Arbeit. Geht, Kinder, nicht nach Hause.‘ So sind wir denn auch geblieben und lagen alle beisammen auf einem Haufen, und Awdjuscha begann zu reden: ‚Was wäre, Kinder, wenn jetzt der Hauskobold zu rumoren anfinge?‘ Und Awdjuscha hatte noch nicht ausgeredet, als jemand über unseren Köpfen herumzugehen begann. Da liegen wir unten, und oben beim Rad begann er herumzupoltern. Wir hören: er geht, die Bretter biegen sich nur so unter ihm, und sie knacken nur so. Jetzt ging er über unseren Köpfen vorbei, und jetzt begann plötzlich überm Rad das Wasser zu plätschern, und das Wasser rauschte übers Rad und es rauschte, rauschte, und das Rad begann sich zu drehen und es klopfte, klopfte, und dabei war das Sperrbrett bei der Schleuse heruntergelassen! Wir wunderten uns: wer hat denn die Schleuse geöffnet, daß das Wasser zu fließen begann? Aber dann ist das Rad stehengeblieben. Jener ging wieder zur Tür oben und begann die Treppen hinunterzusteigen, und er steigt so hinunter, als ob er sich nicht zu beeilen brauchte. Die Stufen unter ihm stöhnen nur so . . . Dann kam jener zu unserer Tür, wartete, wartete — plötzlich ging die Tür ganz auf! Wir alle fuhren zusammen, schauen — nichts . . . Aber, schau, bei einem Bottich bewegt sich was — das Netz, mit dem man das Papier schöpft; es hebt sich, taucht unter, hebt sich, und das geht so eine Zeitlang fort, hin und her, durch die Luft, es war gerade so, wie wenn jemand damit hantierte. Nachher ist beim andern Bottich ein Haken vom Nagel herunter- und wieder hinaufgehoben worden. Und dann war es, wie wenn jemand zur Tür ginge, und plötzlich fängt er an zu husten und zu pusten wie ein Schaf, und wie laut noch dazu! Wir sind alle vor Schrecken übereinandergepurzelt. Wie sind wir damals erschrocken!»

«Sieh da!» sagte Pawluscha. «Warum hat er denn plötzlich so stark zu husten angefangen?»

«Wer kann das wissen? Vielleicht kam es von der Feuchtigkeit!»

Alle schwiegen.

«Nun, und die Kartoffeln», sagte Fedja dann, «sind die noch immer nicht gar?»

Pawluscha befühlte eine davon.

«Nein, noch nicht ... Habt ihr gehört, wie das geplätschert hat?» fügte er hinzu, indem er sein Gesicht nach dem Fluß hinwandte. «Es ist wahrscheinlich ein Hecht ... Und da — eine Sternschnuppe!»

«Hört, Brüderchen, was ich euch erzählen werde», begann Kostja mit seinem dünnen Stimmchen zu reden. «Hört zu, was mir mein Väterchen vor ein paar Tagen erzählt hat.»

«Gut, wir hören schon zu», bemerkte Fedja im Ton eines Beschützers.

«Ihr kennt doch alle den Gawrila von der Siedlung, den Zimmermann?»

«Nun ja, wir kennen ihn.»

«Aber wißt ihr auch, warum er immer so unfroh ist? Warum er immer schweigt? Wißt ihr das auch? Nicht? Dann will ich euch sagen, warum er immer so unfroh ist: er ging einmal — mein Väterchen erzählte es —, er ging, meine Brüderchen, in den Wald, um Nüsse zu sammeln. So ging er denn in den Wald um Nüsse und verirrte sich, geriet — Gott weiß, wohin! Er ging, ging, meine Brüderchen — nein! er kann keinen Weg finden, und es ist schon Nacht draußen. Und da ... da setzt er sich unter einen Baum. ‚So werde ich halt hier bis zum Morgen warten', sagt er, setzt sich hin und nickt ein. Da sitzt er also, meine Brüderchen, und schlummert. Auf einmal hört er: jemand ruft ihn! Er macht die Augen auf, schaut — niemand ist da. So schläft er denn wieder ein, aber wieder hört er, wie jemand seinen Namen ruft: ‚Gawrila! ... Gawrila! ...' Er schaut, und nun sieht er, meine Brüderchen: — vor ihm auf einem Zweig sitzt eine Nixe. Sie sitzt und schaukelt sich auf ihrem Zweig und will fast bersten vor Lachen. Sie lacht also, und der Mond scheint so hell, so hell — alles ist, meine Brüderchen, zu sehen. Sie winkt ihm, lockt ihn zu sich und ist selber so hell, so weiß, silbrig wie ein Fischlein. Der Zimmermann Gawrila ist halb tot vor Angst, und sie, die Nixe, lacht und lockt, und schon will Gawrila zu ihr hingehen und ihr gehorchen — da gibt ihm der Herrgott einen guten Gedanken! Gawrila schlägt ein Kreuz! ... Aber, o weh, wie schwer wird es ihm, den Arm zu heben! Der ist ja wie aus Stein, biegt sich nicht ... Aber doch, meine Brüderchen, ist's ihm gelungen. Und wie er nun das Kreuzeszeichen macht, da hört sie plötzlich auf zu lachen und fängt bitterlich zu weinen an ... Sie weint, meine Brüderchen, und die Äuglein trocknet sie sich mit ihrem eigenen Haar, das aber so grün ist wie unser Hanf. Da faßte sich Gawrila ein Herz und fing an, sie zu fragen: ‚Was weinest du, Waldschrat?' Und die Nixe antwortete: ‚Ach, hättest du dich doch nicht bekreuzigt, Mensch! Du hättest doch mit mir ein Leben voll Glück und Freude führen können bis ans Ende deiner Tage. Aber weil du dich bekreuzigt hast, gräme ich mich, und nicht ich allein werde mich grämen: auch du sollst nicht mehr fröhlich sein bis ans Ende deiner Tage.' So sprach sie, meine Brüderchen, und verschwand Nun wußte Gawrila gleich, wie er aus dem Wald heraus und nach Hause kommen konnte. Nur geht er seit dieser Zeit immer so unfroh herum.»

«Ei, ei!» sagte Fedja nach einer kurzen Pause, «wie kann denn eine solche Unholdin eine christliche Seele verderben, wo er ihr doch gar nicht gehorcht hat?»

«Es ist nun einmal so. Zu machen ist da nichts», sagte Kostja. «Gawrila hat auch gesagt, ihr Stimmchen war ein so feines, klagendes, wie bei einer Kröte.»

«Dein Väterchen hat das selbst erzählt?» fragte Fedja.

«Er selbst. Ich bin oben auf der Pritsche gelegen und habe alles gehört.»

«Seltsame Geschichte! Aber warum soll er denn so unfroh sein? Wahrscheinlich hat er ihr gefallen, wenn sie ihn doch gerufen hat.»

«Gefallen!» fiel Iljuscha ein. «Warum nicht gar! Sie hat ihn zutode kitzeln wollen, *das* war ihr Sinn; denn so machen sie es ja alle, diese Nixen da!»

«Ob nicht auch hier welche sind?» meinte Fedja.

«Hier sind keine», antwortete Kostja. «Dies ist ein reiner, freier Ort. Bedenkt eines: der Fluß ist nahe.»

Alle blieben still. Plötzlich erklang irgendwo in weiter Ferne ein langgezogener, schaurig klagender Ton — einer jener unerklärlichen Nachttöne, die zuweilen inmitten einer tiefen Stille entstehen, anschwellen, in der Luft schwebend verharren und, sich langsam verbreitend, ersterben. Man horcht, und es ist, als ob nichts gewesen wäre. Und doch klingt es nach. Diesmal war es, wie wenn wirklich da unten, wo der Himmel die Erde zu berühren scheint, jemand einen langen, langen Schrei ausgestoßen und wie wenn diesem jemand ein anderer vom Wald her mit einem feinen, scharfen Lachen geantwortet hätte; und ein schwaches, zischendes Pfeifen zog pfeilschnell über den Fluß. Die Kinder sahen einander an und schauderten.

«Gott, stehe uns bei!» flüsterte Iljuscha.

«He, ihr Hasenfüße, was seid ihr denn so erschrocken?» schrie Pawluscha. Seht her: die Kartoffeln sind gar!»

Alle vier Knaben rückten zum Kesselchen heran und begannen die dampfenden Kartoffeln zu essen; nur Wanja rührte sich nicht.

«Und du?» fragte ihn Fedja, «warum ißt du nicht?»

Aber er kroch aus seiner Bastmatte nicht heraus. Das Kesselchen war bald leergegessen.

«Kinder», begann Iljuscha, «habt ihr gehört, was in diesen Tagen bei uns in Warnawizy geschehen ist?»

«Ah, auf dem Damm dort?» fragte Fedja.

«Jaja, dort, bei dem verfallenen Damm. Das ist nun schon so ein Ort, wo der unreine Geist sein Spiel treibt, und wie öde ist es dort! Überall Erdrisse und Löcher, und in den Löchern halten sich Schlangen auf.»

«Was ist denn nun dort geschehen? Erzähle . . .»

«Geschehen ist gar viel, ich will es euch erzählen: Du, Fedja, weißt vielleicht nicht, daß dort einer begraben liegt, der ertrunken ist, und ertrunken ist er schon vor vielen, vielen Jahren, damals, als der Teich noch tief war; doch ist sein Grab noch zu sehen, das heißt — zu sehen ist es kaum mehr, es ist nur mehr eine etwas erhöhte Stelle dort — ein Hügelchen . . . Dieser Tage also ruft der Verwalter den Hundewärter Jermil und sagt zu ihm: ‚Du gehst . . .!‘ —zur Post nämlich, denn dieser Jermil geht bei uns immer zur Post; seine Hunde hat er Hungers sterben lassen. Man weiß nicht, was das ist, aber die Hunde halten sich bei ihm nicht, sie gehen regelmäßig ein. Dabei ist er als Hundewärter gut, man mag ihn sonst gut leiden. So ritt denn Jermil in die Stadt, verspätete sich ein bißchen und war, als er zurückkehrte, schon angeheitert. Es ist Nacht, helle Nacht, denn der Mond scheint . . . Jetzt reitet Jermil über den Damm — das ist sein gewöhnlicher Weg. Und wie er so reitet, der Hundewärter Jermil, sieht er: auf dem Grab des Ertrunkenen geht ein kleiner Hammel herum —, so ein weißes, krauses, hübsches Hämmelchen. Da denkt sich Jermil: ‚ich nehm' es mit, was soll es hier verkommen?' Und kroch vom Pferd herunter und nahm es auf den Arm. Nun, der Hammel läßt sich alles ruhig gefallen, aber wie Jermil zum Pferd geht, schnaubt es, sträubt sich, schüttelt den Kopf, aber mit vielem ‚Brr! Brr!' hat er es doch wieder besänftigen können, setzte sich mit dem kleinen Hammel wieder aufs Pferd und ritt weiter; den Hammel hält er vor sich. Er schaut ihn an, und der kleine Hammel schaut ihm direkt in die Augen. Dem Hundewärter Jermil wurde so eigen zumute, es war ihm nämlich ganz neu, daß Schafböcke einem so scharf in die Augen schauen könnten, aber er achtete nicht weiter darauf, begann dem Hämmelchen das Fell zu glätten und sagte: ‚Bäh! Bäh!' worauf der Schafbock grimmig die Zähne fletschte und ihm auch ‚Bäh! Bäh!' entgegenblökte.»

Der Erzähler hatte noch nicht Zeit gehabt, das letzte Wort auszusprechen, als sich plötzlich beide Hunde erhoben, ein schreckliches Geheul ausstießen, vom Feuer wegsprangen und in der Dunkelheit verschwanden. Alle Knaben erschraken. Wanja warf seine Bastmatte weg und sprang auf. Pawluscha lief mit Geschrei hinter den Hunden her, deren Gebell sich rasch entfernte ... Man hörte die aufgeregte Pferdeherde unruhig hin und her laufen. Pawluscha schrie laut: «Sultan! hierher!» Nach einigen Minuten hörte man das Bellen der Hunde nicht mehr und die Stimme Pawluschas war kaum mehr vernehmbar ... Es verging noch einige Zeit. Die Knaben schauten einander mit bedenklichen Mienen an, in Erwartung des Kommenden ... Nun aber hörte man das Getrappel eines heranjagenden Pferdes. Knapp am Feuer blieb es stehen, und Pawluscha sprang, indem er sich auf den Hals des Pferdes stützte, flink herunter. Die beiden Hunde sprangen auch in den Lichtkreis hinein und setzten sich, die roten Zungen herausstreckend, sofort nieder.

«Was war es? Was hat's denn gegeben?» fragten die Knaben.

«Nichts», erwiderte Pawluscha, und gab dem Pferd einen leichten Schlag, mit dem er es zur Herde zurückschickte. «Die Hunde haben etwas gewittert. Ich dachte: ein Wolf», fügte er gleichmütig hinzu, und er atmete rasch, wobei die ganze Brust arbeitete.

Diesen Pawluscha mußte ich unwillkürlich mit Bewunderung betrachten. Er war in diesem Augenblick sehr schön. Sein unschönes Gesicht war von dem raschen Ritt belebt, durchglüht von Mut und Entschlossenheit. Ohne auch nur eine Gerte in der Hand zu haben, sprengte er nachts, allein, ohne das geringste Zögern, einem Wolf entgegen ... «Was für ein prächtiger Junge!» dachte ich.

«Gibt es denn hier Wölfe?» fragte der furchtsame Kostja.

«Wölfe genug», erwiderte Pawluscha, «aber unruhig sind sie nur im Winter.»

Er kauerte sich wieder beim Feuer nieder. Während er sich setzte, ließ er seine Hand auf den zottigen Nacken des einen Hundes fallen, und lange bewegte das beglückte Tier den Kopf nicht, mit dankbarem Stolz seitlich auf Pawluscha blickend.

Wanja verkroch sich wieder in seine Bastmatte.

«Was waren denn das für Schreckensgeschichten», sagte Fedja, «die du, Iljuscha, angefangen hast uns zu erzählen?» Als Sohn eines wohlhabenden Bauern stand es ihm zu, das Gespräch zu lenken; selbst sprach er wenig, wie wenn er fürchtete, durch Reden sein Ansehen zu verlieren. «Damals, als der Satan die Hunde zwackte, mit ihrem Gebell anzufangen. Und daß es an jenem Ort bei euch nicht geheuer ist, wird schon stimmen; ich habe selber ähnliches gehört.»

«Ah, Warnawizy! Ja, dort geht's toll zu. Dort hat man, wie die Leute sagen, oft und oft den Barin gesehen, den verstorbenen Barin. Er geht in einem langschößigen Kaftan herum, ächzt, sucht auf der Erde herum. So hat ihn denn auch einmal Großväterchen Trofimytsch angetroffen: ‚Was, mit Respekt zu sagen, Väterchen Iwan Iwanytsch, beliebst du auf der Erde zu suchen?'»

«Wie? Er hat sich getraut, ihn zu fragen?» warf Fedja erstaunt dazwischen.

«Jawohl, das hat er ihn gefragt!»

«Das muß doch ein mutiger Mann gewesen sein, der alte Trofimytsch! Was hat denn nun jener erwidert?»

«‚Die Sprengwurzel', sagt er, ‚such' ich.' Und so dumpf hat es geklungen: ‚Die Sprengwurzel' . . .!

‚Wozu brauchst du denn, Väterchen Iwan Iwanytsch, die Sprengwurzel?'

‚Es drückt', sagt er, ‚das Grab drückt, Trofimytsch; da möchte man eben raus', sagt er.»

«Ei der Daus», bemerkte Fedja, «hat, scheints, noch immer zu wenig gelebt.»

«Wie aber geht das zu?» sagte Kostja. «Hab' ich doch immer gehört, nur am Eltern-Tag könne man die Verstorbenen sehen!»

«Du meinst wohl den Dmitrij-Tag, der auf Ende Oktober fällt?» schaltete Fedja ein.

«Ach, die Verstorbenen kann man zu jeder Stunde sehen», sagte Iljuscha in entschiedenem Ton. Er wußte, wie ich bemerkt hatte, besser als die andern über alle Volksglauben Bescheid. «Am Eltern- oder Dmitrij-Tag kannst du sogar die noch Lebenden sehen, das heißt, denen es in diesem Jahr bestimmt ist, zu sterben. Man muß sich nur in der Nacht auf die Kirchenstufen setzen und auf die Straße hinausschauen. Die an dir vorübergehen, werden in diesem Jahr sterben. Da hat sich bei uns im vorigen Jahr die alte Uljana auf die Kirchenstufen gesetzt.»

«Nun, hat sie jemand gesehen?» fragte Kostja voll Neugierde.

«Wie denn nicht? Zuallererst saß sie lange, lange und sah und hörte niemand ... Nur ein Hündchen bellte irgendwo. Plötzlich sieht sie: auf dem Wege kommt daher — ein Knabe, der nur mit einem Hemdchen bekleidet war. Sie schaute aufmerksam hin — Iwaschka Fedosjew war's!»

«Der, welcher im Frühjahr gestorben ist?» unterbrach Fedja den Erzähler.

«Derselbe. Er geht und hebt das Köpfchen nicht. Und die alte Uljana hat ihn dann doch erkannt... Nun, und dann schaut sie: es kommt ein altes Weiblein daher. Sie schaut, schaut — ach, du mein Gott, das ist ja sie selber! Sie selber, die alte Uljana, kommt des Wegs daher!»

«Ist denn das möglich — sie selber?» fragte Fedja.

«Bei Gott — sie selbst!»

«Nun, meinetwegen; aber sie ist doch nicht gestorben!»

«Es ist ja auch das Jahr noch nicht um ... Schau sie dir aber nur an! Nur noch Haut und Knochen ist sie. Ein Wunder, daß sich die Seele noch in ihr hält.»

Darüber wurden wieder alle still. Pawluscha warf eine Handvoll dürrer Zweige auf die Glut; sie schwärzten sich in den plötzlich aufflackernden Flammen, begannen zu knacken, zu qualmen, sich zu krümmen, mit den brennenden Spitzen nach oben. Der Feuerschein zuckte nach allen Seiten, besonders nach oben. Plötzlich kam, Gott weiß woher, ein weißes Täubchen geflogen, direkt auf den Feuerschein zu, drehte sich erschreckt auf der Stelle, wie übergossen vom heißen Glanz, und verschwand schwirrenden Flügelschlags.

«Die hat sich wahrscheinlich verirrt», bemerkte Pawluscha. «Jetzt wird sie herumfliegen, bis sie auf ein Hindernis stößt, und dort bleibt sie bis zum Morgen.»

«Was meinst du, Pawluscha», sagte Kostja, «kann es denn nicht die Seele eines Gerechten gewesen sein, die in den Himmel flog?»

Pawluscha warf eine zweite Handvoll Zweige auf die Glut.

«Vielleicht», antwortete er endlich.

«Höre, Pawluscha», begann Fedja, «war denn auch bei euch in Schalamowo das Himmelszeichen zu sehen?»

«Wo die Sonne nicht zu sehen war? Wie denn nicht?»

«Wahrscheinlich wart ihr auch nicht wenig erschrocken?»

«Und nicht nur wir Bauern! Unser Barin, der uns zuvor erklärt hat, daß es sozusagen eine Sonnenfinsternis geben werde, ist, als es dunkel wurde, selber so erschrocken, daß er ganz hin war. Und in der Gesindestube hat die alte Köchin, als es dunkel wurde, mit der Topfgabel alle Töpfe zerschlagen. ‚Wer wird jetzt ans Essen denken', sagte sie, ‚der Jüngste Tag ist da, das Ende der Welt ist gekommen.' So ist denn die ganze Kohlsuppe ausgeronnen! Bei uns im Dorf ist ein Gerücht umgegangen, daß sozusagen weiße Wölfe über die Erde laufen und die Menschen fressen werden, auch werde ein Raubvogel geflogen kommen, und sogar den Trischka* werde man zu sehen bekommen.»

«Was ist das für ein Trischka?» fragte Kostja.

«Das weißt du nicht?» mischte sich Iljuscha hitzig ins Gespräch. «Na, Bruder, woher kommst du denn, daß du den Trischka nicht kennst! Ihr seid doch richtige Ofenhocker, ihr da, in eurem Dorf! Der Trischka, das ist ein wundersamer Mensch, der einst kommen wird. Er wird kommen, und man wird ihn nicht greifen können. Nichts wird man ihm antun können — ein so wundersamer Mensch wird es

* Nach dem Volksglauben der Antichrist.

sein. Es werden ihn zum Beispiel die Christen packen wollen. Sie werden mit Knütteln auf ihn losgehen und ihn umzingeln. Er aber wird ihnen die Augen so verblenden, daß sie sich gegenseitig mit ihren Prügeln totschlagen werden. Man wird ihn ins Gefängnis setzen — er aber wird um ein wenig Wasser in einem Krüglein bitten. Man wird ihm das Krüglein bringen, und er wird darin untertauchen, und weg ist er! Man wird ihn in Ketten legen — er aber wird nur in die Hände klatschen, und die Ketten werden von ihm abfallen. Dieser Trischka nun wird durch die Dörfer und Städte gehen, und er, der hinterlistige Mensch, wird das christliche Volk in Versuchung führen und zum Bösen verleiten ... Und nichts wird man ihm anhaben können ... Ein so wundersamer, hinterlistiger Mensch ist dieser Trischka!»

«Nun ja», fuhr Pawluscha in seiner ruhigen Weise fort, «so ist er! Ihn eben hat man auch bei uns erwartet. Die Alten haben es gesagt: wenn die Sonnenfinsternis kommt, kommt auch Trischka. Und da beginnt auf einmal die Finsternis. Alles Volk strömt auf die Straßen und aufs Feld hinaus und wartet, was da werden soll. Wir stehen auf einem erhöhten Platz, von wo aus alles gut zu sehen ist. Man schaut und schaut: plötzlich kommt da von der Siedlung her, den Berg herunter, ein Mensch, der etwas Wundersames an sich hat, besonders am Kopf ... Und wir alle schreien ‚oi, Trischka! Trischka geht dort, oi, Trischka!!‘

und jeder läuft davon. Unser Starost hat sich in den Straßengraben geworfen, die Starostin ist unterm Brett beim Zaun, das den Schweinen den Weg versperrt — dort wollte sie ins Haus hinein —, stecken geblieben und schreit ganz mörderlich; ihr eigener Hofhund ist darüber so erschrocken, daß er sich von der Kette losgerissen hat, über den Zaun gesprungen und in den Wald hinausgestürmt ist. Und Kuskins Vater, Dorofeytsch, ist ins Haferfeld gesprungen, hat sich dort niedergekauert und hat angefangen, wie eine Wachtel zu schlagen: ‚Vielleicht', dachte er, ‚wird der Feind der Menschheit, dieser Seelenmörder, wenigstens mit einem Vogel Mitleid haben.' So also sind sie denn alle in Verwirrung geraten. Und der Mensch da, das war unser Faßbinder Wawila; er hatte sich eine neue hölzerne Kanne gekauft und sie sich über den Kopf gestülpt wie einen Hut.»

Die Knaben lachten und wurden für einen Augenblick still, wie das oft bei Leuten ist, die im Freien miteinander sprechen. Ich blickte auf; feierlich und majestätisch wölbte sich der Nachthimmel über uns. Die feuchte Frische des späten Abends hatte einer trockenen Wärme Platz gemacht, die noch lange, wie eine weiche Decke, über die eingeschlafenen Felder gebreitet bleiben mußte; denn es war noch weit bis zum ersten Vogelgezwitscher und zum Tau des morgenden Tages. Der Mond stand nicht am Himmel; er ging um diese

Jahreszeit spät auf. Die unzähligen goldenen Sterne schienen sich alle langsam in der Richtung auf die Milchstraße zuzubewegen, und wenn man auf sie hinblickte, hatte man ein, wenn auch undeutliches Gefühl von dem ungestümen, unaufhaltsamen Flug der Erde . . .

Ein sonderbarer, schneidender und schier schmerzlicher Schrei ertönte plötzlich zweimal hintereinander über dem Fluß und wiederholte sich nach einigen Augenblicken aus weiterer Entfernung . . .

Kostja erbebte. «Was war das ?»

«Das war ein Reiher», erwiderte Pawluscha ruhig.

«Ein Reiher ? . . .», wiederholte Kostja. «Und was ist das, Pawluscha ? — ich habe es gestern abend gehört — aber du weißt es vielleicht schon ?»

«Was hast du gehört ?»

«Das will ich dir gleich sagen. Ich bin gestern von Kamennaja Grjada nach Schaschkino gegangen, zuerst durch unser Haselgebüsch, dann über das Wieslein — weißt du, dort, wo es plötzlich mit jäher Biegung vortritt —, und dort ist doch dieser Tümpel, der ganz mit Schilf überwachsen ist; nun denn, an diesem Tümpel bin ich vorbeigegangen, und plötzlich fängt da jemand aus diesem Tümpel heraus so jämmerlich zu klagen und zu stöhnen an: ‚hu-hu . . . hu-hu . . . hu-hu!' Da ist mir, meine Brüderchen, ein arger Schreck in die Glieder gefahren: es war ja schon spät am

Abend, und die Stimme klang so wehmütig! Da ist einem, als ob man gleich selber zu weinen anfangen müßte ... Was kann das wohl gewesen sein? Hm?»

«In diesem Tümpel haben Diebe im vorvorletzten Sommer den Forstaufseher Akim ertränkt», bemerkte Pawluscha, «und so kann es sein, daß seine Seele so klagt.»

«O ja, das kann es gewesen sein», antwortete Kostja, und seine ohnedies sehr großen Augen wurden noch größer ... «Ich hab' es nicht gewußt, daß man den Akim in diesem Tümpel ertränkt hat. Hätt' ich's gewußt, wär' ich noch ganz anders erschrocken.»

«Auch sagt man», fuhr Pawluscha fort, «es gebe eine gewisse Art ganz kleiner Frösche, die so kläglich quaken.»

«Frösche? Na, hör einmal! Das waren ganz gewiß keine Frösche ... Und was ist das?» (Der Reiher schrie wieder überm Fluß.) «Hört doch! Schreit er nicht wie'n richtiger Waldteufel?»

«Der Waldteufel schreit nicht, er ist stumm», warf Iljuscha rasch ein, «er klatscht nur in die Hände und schnattert.»

«Hast du ihn vielleicht gesehen, den Waldschrat?» unterbrach ihn Fedja in spöttischem Ton.

«Nein, gesehen hab' ich ihn nicht, und behüte Gott, daß ich je einen sehe; aber andere haben ihn gesehen! Erst dieser Tage hat er bei uns einen Muschik genarrt: führte ihn im Wald immer rundum, und erst gegen Morgen konnte er mit Weh und Ach sein Heim erreichen.»

«Nun, und hat *Der* ihn gesehen?»

«Freilich hat er ihn gesehen! ‚Steht da einer', sagt er, ‚groß, groß, dunkel, vermummt, wie hinter einem Baum versteckt, man kann nicht herausbekommen, wie er ist, er versteckt sich vor dem Mondlicht und schaut, glotzt nur so mit seinen Glasbatzen, und blinzelt, blinzelt ...!'»

«Hör auf! Hör auf!» schrie Fedja, leicht zusammenfahrend und die Achseln zuckend; er spuckte aus: «tfu!»

«Wozu ist dieser Unrat überhaupt in der Welt?» bemerkte Pawluscha. «Das erkläre mir einer!»

«Schelte nicht! Er hört alles!» bemerkte Iljuscha.

Es entstand wieder eine kleine Pause.

«Schaut nur, schaut, Brüderchen», ertönte plötzlich die kindliche Stimme Wanjas, «schaut auf Gottes Sternlein! Wie Bienlein schwärmen sie!»

Er steckte sein frisches Gesichtchen aus der Bastmatte heraus, stützte sich auf das Fäustchen und hob langsam seine großen, stillen Augen nach oben. Die Augen aller Knaben erhoben sich zum Himmel und senkten sich nicht so bald hernieder.

«Sage, Wanja», begann Fedja mit dem Kleinen freundlich zu plaudern, «was macht dein Schwesterchen Anjutka? Ist sie gesund?»

«Sie ist gesund», antwortete Wanja, der beim Sprechen mit der Zunge leicht anstieß.

«Warum kommt sie denn nicht mehr zu uns ?»

«Ich weiß es nicht.»

«Sag ihr, sie solle kommen!»

«Werd es ihr sagen.»

«Sag ihr, daß ich ihr was Schönes schenken werde.»

«Und mir gibst du nichts?»

«Auch du wirst etwas bekommen.»

Wanja seufzte.

«Nun, nein, ich brauche nichts. Gib lieber alles ihr: sie ist so gut, ach, so gut!»

Und Wanja legte sein Köpfchen wieder auf die Erde nieder. Pawluscha stand auf und nahm das leere Kesselchen in die Hand.

«Wohin gehst du?» fragte Fedja.

«Zum Fluß, Wasser holen; ich möchte trinken.»

Die Hunde erhoben sich und gingen hinter ihm her.

«Gib acht, daß du nicht in den Fluß fällst!» schrie ihm Iljuscha nach.

«Warum soll er denn in den Fluß fallen?» sagte Fedja. «Er wird schon aufpassen!»

«Ja, aufpassen! Was passiert nicht alles? Er könnte sich hinunterbeugen, um Wasser zu schöpfen, und der Wassergeist packt ihn beim Arm und zieht ihn hinab. Nachher wird es heissen: der arme Junge ist ins Wasser gefallen ... Da! Jetzt ist er ins Schilfrohr hineingekrochen!» fügte er, aufmerksam lauschend, hinzu.

Man hörte wirklich, wie das Schilfrohr auseinandergeschoben wurde und rauschte.

«Ist es denn auch wahr», fragte Kostja, «daß die Akulina von Sinnen ist, seitdem sie damals ins Wasser ging?»

«Von Sinnen, ja, das ist sie seit jener Zeit. Man sagt, sie sei einmal sehr schön gewesen. Und wie sieht sie jetzt aus! Der Wassergeist hat sie behext, er hat, sozusagen, nicht erwartet, daß man sie so schnell herausziehen werde. Aber verschandelt hat er sie, als sie auf dem Grund des Flusses lag, furchtbar, das muß man schon sagen!»

(Ich selbst bin dieser Akulina oft begegnet. Mit Lumpen bedeckt, entsetzlich mager, kohlschwarz im Gesicht, mit Augen, die wie gebrochen aussahen, dabei mit ewig gefletschten Zähnen, trampelte sie stundenlang auf einem und demselben Fleck herum, preßte ihre knochigen Arme fest an die Brust und trat schaukelnd von einem Fuß auf den andern, gerade wie ein wildes Tier im Käfig. Sie versteht gar nichts, man mag ihr sagen, was man will, und nur dann und wann lacht sie krankhaft auf.)

«Und man sagt, sie habe sich in den Fluß gestürzt, weil ihr Geliebter sie betrogen hat.»

«So kann es wohl gewesen sein.»

«Und erinnerst du dich an Wassja?» fügte Kostja betrübt hinzu.

«Welchen Wassja meinst du denn?» fragte Fedja.

«Nun den, der ertrunken ist», antwortete Kostja, «ertrunken in diesem selben Fluß. Und was war das für ein Knabe, ach, was für ein Knabe war das! Seine Mutter, Feklista, wie hat sie ihn, ihren Wassja, liebgehabt! Es war, als ob sie gefühlt hätte, daß ihr Wassja im Fluß umkommen werde. Es kam ja vor, daß Wassja mit uns Kindern zum Fluß baden ging. Dann zitterte sie am ganzen Leib wie Espenlaub. Die andern Weiber watscheln mit ihren Trögen vorbei und denken an nichts; Feklista aber stellt ihren Trog nieder und beginnt zu rufen: ‚komm heim, komm heim, mein Herzchen! Ach, komm schnell heim, mein Sonnelein!' Und ertrunken ist er, Gott weiß, wieso! Er spielte am Ufer, die Mutter war auch da, sie hat Heu zusammengerecht. Plötzlich hört sie ein Geräusch, wie wenn jemand im Wasser Blasen aufsteigen läßt; sie schaut — dort schwimmt Wassjas Mützchen auf den Wellen ... Seitdem ist die Feklista ganz wirr im Kopf. Sie kommt zum Fluß und legt sich auf der selben Stelle nieder, wo ihn die Wellen fortgerissen haben; sie legt sich nieder, meine Brüderchen, und beginnt das Liedchen anzustimmen, das — ihr erinnert euch — Wassja immer gesungen hat; und eben dieses Liedchen stimmt sie an, und dabei weint sie bitterlich und klagt Gott ihr Leid...»

«Aber da kommt Pawluscha!» sagte Fedja.

Pawluscha trat mit einem vollen Kesselchen zum Feuer heran.

«Was soll ich euch sagen, Kinder», begann er, nachdem er eine Zeitlang geschwiegen hatte. «Da geht etwas nicht mit rechten Dingen zu . . .»

«Was denn? was denn?» fragte Kostja rasch.

«Ich habe Wassjas Stimme gehört . . .»

Alle erzitterten.

«Was . . . du? Was . . . du?» lallte Kostja, dem der Schreck die Zunge lähmte.

«Gott ist mein Zeuge! Kaum, daß ich mich zum Wasser hinunterbeuge, höre ich plötzlich vom Grund herauf Wassjas Stimmchen: ‚Pawluscha! Pawluscha! komm herunter zu mir!' Ich schaute, daß ich weiterkam. Wasser hab' ich aber doch geschöpft.»

«Ach, du mein Gott! Ach, du mein Gott!» ächzten die Kinder und bekreuzigten sich.

«Da hat dich doch der Wassergeist gerufen, Pawluscha», bemerkte Fedja . . . «Und wir hier haben gerade zur gleichen Zeit auch von Wassja gesprochen.»

«Oh weh, das ist ein böses Zeichen», sagte Iljuscha.

«Ach, nur nicht bange sein!» sagte Pawluscha mit entschiedener Stimme. «Seinem Geschick entgeht doch keiner!»

Die Knaben blieben still. Man sah, daß die Worte Pawluschas auf sie einen tiefen Eindruck gemacht hatten. Sie machten vor dem Feuer Anstalten, um sich zum Schlafen niederzulegen.

«Was ist denn das wieder?» fragte Kostja plötzlich und hob den Kopf. Pawluscha lauschte.

«Das sind kleine Bekassinen im Flug.»

«Wohin fliegen sie denn?»

«Dorthin, wo es, wie man sagt, keinen Winter gibt.»

«Gibt es denn so eine Gegend?»

«Die gibt es.»

«Ist es weit bis dorthin?»

«Weit, weit, hinterm warmen Meer.»

Kostja seufzte und schloß die Augen.

Schon mehr als drei Stunden waren verflossen, seitdem ich mich zu den Knaben gesetzt hatte. Der Mond war endlich aufgegangen; ich hatte ihn nicht gleich bemerkt, so klein und schmal war seine Sichel. Diese mondlose Nacht blieb herrlich wie vorher ... Aber schon neigten sich viele Sterne, die erst vor kurzem hoch am Himmel standen, dem dunklen Rand der Erde zu. Ringsumher war es vollkommen still geworden, so still, wie es nur gegen Morgen wird: alles schlief den festen, tiefen Schlaf kurz vor Tagesanbruch. In der Luft lag nicht mehr der so starke Duft — dafür verbreitete sich jetzt wieder ein Hauch von Feuchtigkeit ... Kurz ist die Sommernacht ... Das Gespräch der Knaben erlosch zugleich mit dem Feuer. Sogar die Hunde schlummerten. Die Pferde kauerten, soweit ich ihre Gestalten in dem schwachen Dämmerschein unterscheiden konnte, am Boden und ließen die Köpfe hängen ... Ein

Gefühl der Selbstvergessenheit kam über mich, und ich schlummerte ein.

Ein frischer Windhauch berührte mein Gesicht. Ich öffnete die Augen: der Morgen graute bereits. Noch nirgends zeigte sich das Morgenrot, aber es wurde schon hell im Osten. Man konnte schon alles, wenn auch undeutlich, erkennen. Der blaßgraue Himmel hellte sich auf und begann blau zu werden. Die Sterne verloren ihre Helligkeit und verschwanden, einer nach dem andern. Der Boden wurde feucht, auf den Rasen senkte sich der Tau. Allerlei Geräusche und Stimmen wurden laut, und ein dünnes Morgenwindchen begann zu wehen. Meinen Körper durchzuckte ein angenehmer Schauder. Ich erhob mich schnell und trat zu den Knaben; sie schliefen alle wie tot rings um das noch glimmende Feuer; doch erhob sich Pawluscha halb und schaute mich aufmerksam an.

Ich nickte ihm zu und machte mich auf den Weg. Ich ging dem Flusse entlang, über dem ein leichter Dampf hing und hatte noch keine zwei Werst zurückgelegt, als über die breite, nasse Wiese, über die grünen Hügel und dunklen Wälder, über den langen, staubigen Weg, über die glitzernden, rot angehauchten Sträucher und über den Fluß, der unter dem dünner werdenden Nebel erblaute, sich zuerst hellrote, hernach rote, goldene Ströme des jungen heißen Lichtes ergossen . . . Alles begann sich zu regen, zu erwachen, zu singen, zu rauschen, zu sprechen. Überall funkelten mir, wie strahlende Diamanten, große Tautropfen rotblaugrüngelb entgegen. In der Luft zitterten reine und klare, gleichsam in der Frische des Morgens gewaschene Glockentöne. Und plötzlich jagte wie ein Sturmwind die ausgeruhte Pferdeherde, von den uns bekannten Knaben getrieben, an mir vorbei.

Leider muß ich hinzufügen, daß Pawluscha noch im selben Jahr gestorben ist. Nicht daß er ertrunken wäre: er stürzte vom Pferd und war auf der Stelle tot. Wie traurig! Er war ein so lieber Knabe.

JERMOLAJ UND DIE MÜLLERIN

Eines Abends begab ich mich mit dem Jäger Jermolaj auf den «Schnepfenstrich» . . . Aber vielleicht wissen nicht alle Leser, was ein «Schnepfenstrich» ist. Hören Sie also, meine Herren!

Eine Viertelstunde vor Sonnenuntergang, im Frühling, begibt man sich mit der Flinte, ohne Hunde, in den grünen Hain. Man sucht sich am Saum des Wäldchens eine passende Stelle aus, schaut nach dem Piston an seinem Perkussionsgewehr, winkt dem Kameraden zu. Eine Viertelstunde ist verstrichen. Die Sonne ist untergegangen, aber im Wald ist es noch hell. Die Luft ist rein und durchsichtig. Die Vögel zwitschern langhin, als ob sie sich miteinander besprächen. Das junge Gras glänzt mit dem hellen Schimmer des Smaragds. Man wartet geduldig. Im Waldesinnern wird es dunkel. Das hellrote Licht der Abendröte gleitet über die Wurzeln und Äste der Bäume hin, erhebt sich höher und immer höher, geht über von den unteren, fast nackten Ästen, zu den unbeweglichen, schlummernden Wipfeln... Und nun sind auch die höchsten Spitzen dunkel geworden. Der hochrote Himmel nimmt eine bläuliche Färbung an. Der Duft des Waldes macht sich stärker bemerkbar. Ein warmer, feuchter Lufthauch, der sich erhoben hat, erstirbt in der Nähe. Die Vögel entschlummern, doch nicht alle zugleich, sondern je nach den Arten: jetzt sind die Buchfinken verstummt, nach einigen Augenblicken werden auch die Grasmücken still, und nach ihnen die Goldammern. Im Wald wird es dunkler und immer dunkler. Die Bäume verschmelzen zu wuchtigen schwarzen Gebilden. Am blauen Himmel treten schüchtern die ersten Sternchen hervor. Alle Vögel schlafen. Einzig die Gartenrotschwänzchen und die kleinen Spechte lassen noch hin und wieder einen schläfrigen Ruf erschallen . . . Aber nun sind auch sie still geworden. Noch einmal ertönt über uns die klangreiche Stimme des Goldhähnchens, irgendwo erschallt der klagende Ruf der Goldamsel, die Nachtigall läßt sich zum erstenmal vernehmen. Mühsam schlägt unser Herz in Erwartung des Kommenden. Und plötzlich — aber nur die Jäger werden mich verstehen —, plötzlich ertönt in dieser tiefen Stille ein eigentümlich klangloses Schnarren, man hört den gleichmäßigen Schlag hurtiger Flügel — und eine Waldschnepfe hebt sich, den langen Schnabel in schöner Haltung abwärts neigend, schwebenden Flugs aus dem Düster hinter der schwarzen Birke hervor und zieht direkt unserem Schuß entgegen.

Das heißt: «auf dem Schnepfenstrich sein.»

So begab ich mich also eines Abends mit Jermolaj auf den «Schnepfenstrich» — aber entschuldigen Sie, meine Herren, ich muß Sie zuerst mit Jermolaj bekannt machen.

Dieser Jermolaj war ein Mann von etwa fünfundvierzig Jahren; er war hochgewachsen, hager, hatte eine lange, schmale Nase, eine enge Stirn, graue Augen, struppichtes Haar, und immer hatte er ein spöttisches Lächeln auf den breiten Lippen. Winters und sommers trug er denselben gelblichen, nach deutscher Manier zugeschnittenen Nankingkaftan, vervollständigt durch einen breiten russischen Gurt, dazu blaue Buxen und eine Lammfellmütze, die ihm ein ruinierter Gutsbesitzer in einem Anfall übermütiger Geberlaune geschenkt haben mochte. Am Gurt hatte er zwei Beutel angebunden, einen vorn, kunstvoll in zwei Hälften gedreht für Pulver und Schrot, einen hinten — fürs Wild. Die Wolle für die Gewehrpfropfen zog er aus seiner, wie es schien, unerschöpflichen Mütze. Für das Geld, das er beim Verkauf des Wildes löste, hätte er sich leicht eine Patronentasche und ein Pulverhorn kaufen können, aber nicht im entferntesten war ihm jemals dieser Gedanke gekommen. Er blieb dabei, seine Flinte in der altgewohnten Weise zu laden und setzte die Zuschauer durch die Kunst, mit der er es vermied, Schrot und Pulver zu verschütten oder zu vermischen, in helles Erstaunen. Seine

Flinte war einläufig, mit einem Steinschloß, die noch die üble Eigenschaft hatte, grausam zu «schlagen», weshalb denn auch die rechte Wange bei Jermolaj immer dicker war als die linke. Wie er mit dieser Flinte treffen konnte, hätte der scharfsinnigste Mensch nicht enträtseln können; aber er traf mit absoluter Sicherheit sein Ziel. Er hatte auch einen Wachtelhund mit dem Zunamen Waletka, ein ganz absonderliches Tier. Jermolaj fütterte ihn nie.

«Soll ich einen Hund füttern?» vernünftelte er. «Der Hund ist doch ein sehr gescheites Tier und kann sich die Nahrung selbst finden.»

Und wahrlich: obgleich Waletka sogar einen völlig gleichgültig Vorübergehenden durch seine außerordentliche Magerkeit in Erstaunen setzte, lebte er und lebte lange. Und trotz seiner bejammernswerten Lage ging er kein einziges Mal verloren, und kein einziges Mal drückte er den Wunsch aus, seinen Herrn zu verlassen. Nur einmal, in seinen Jugendjahren, hatte er sich, von Liebe hingerissen, auf zwei Tage entfernt; aber diese Jugendtorheit legte er bald und für immer ab. Die bemerkenswerteste Eigenschaft Waletkas war seine unbegreifliche Gleichgültigkeit der ganzen Welt gegenüber. Wenn hier die Rede nicht von einem Hund wäre, würde ich für seinen Seelenzustand den Ausdruck «Vom Leben enttäuscht» gebrauchen. Er saß gewöhnlich, den kurzen Schwanz untergeschoben, mit verdrießlicher Miene da, schauderte von Zeit zu Zeit und lächelte nie. (Bekanntlich haben Hunde die Fähigkeit, zu lächeln, und sogar sehr lieb zu lächeln!) Er war äußerst häßlich, und kein müßig herumlungernder Hausknecht ließ sich die Gelegenheit entgehen, über Waletkas Jammergestalt witzige Bemerkungen zu machen. Aber allen Hohn und Spott, ja sogar Schläge, ertrug Waletka mit bewunderungswürdigem Gleichmut. Auf der Jagd zeichnete er sich durch seine Unermüdlichkeit und durch seine feine Witterung aus. Wenn er aber zufällig einen Hasen, der eine Schrotladung im Leib hatte, einholte, verzehrte er ihn bis auf das letzte Knöchelchen, irgendwo im Grünen rastend, in ehrerbietiger Entfernung von Jermolaj, der in allen bekannten und unbekannten Dialekten fluchte und schimpfte.

Jermolaj gehörte einem meiner Nachbarn, einem Gutsbesitzer vom alten Schlag. Diese altväterischen Leute können an Schnepfen keinen Gefallen finden; sie ziehen Hausgeflügel vor. Nur bei ganz besonderen Anlässen, wie Geburtstagen, Namenstagen und Adelswahlen, gehen die Köche der alten Gutsbesitzer an die Zubereitung langnäsiger Vögel, und in der Hazard-Stimmung, in die ein russischer Mensch immer kommt, wenn er nicht weiß, was er machen soll, erfinden sie Zutaten, die so raffiniert sind, daß die Gäste zwar neugierig und aufmerksam betrachten, was auf den Tisch kommt, die Speisen zu kosten sich aber nicht entschließen. Jermolaj hatte Befehl, für die herrschaftliche Küche einmal im Monat ein Paar Birkhühner oder Rebhühner zu liefern; im übrigen war ihm gestattet zu leben, wo und wie er wollte. Man hatte ihn aufgegeben als einen Menschen, der zu gar nichts taugte, als einen «unnützen Brotesser», wie man bei uns zu sagen pflegt. Pulver und Schrot lieferte man ihm nicht. Seine Herrschaft folgte darin genau demselben Grundsatz, nach welchem Jermolaj seinen Hund nicht fütterte. Es war ein sonderbarer Kauz, dieser Jermolaj: sorglos, wie ein Vogel unterm Himmelszelt, ziemlich gesprächig, zerstreut, unbeholfen, linkisch. Einem Schluck Branntwein war er nicht abgeneigt; unstet irrte er umher; er hatte einen huschenden Gang und warf sich dabei von einer Seite auf die andere. Huschend und watschelnd, machte er dennoch seine fünfzig Werst im Tag. Er setzte sich unverdrossen den schlimmsten Fährlichkeiten aus: übernachtete in Sümpfen, auf Bäumen, auf Dächern, unter Brücken. Mehr als einmal war er in Heuböden, Kellern und Schuppen eingeschlossen worden, hatte er seine Flinte, seinen Hund verloren, die allernötigsten Kleidungsstücke eingebüßt und grausame Schläge bekommen. Und als ob nichts geschehen wäre, kehrte er nach einiger Zeit, mit Rock und Hose bekleidet, mit Flinte und Hund nach Hause zurück. Einen heiteren Gesellen konnte man ihn nicht nennen, obzwar er fast immer in einer wenigstens erträglichen Gemütsstimmung war. Es haftete ihm überhaupt etwas Wunderliches an. Jermolaj plauderte zu Zeiten gern mit einem guten Menschen, insonderheit bei einem Gläschen Wodka; aber nicht lange. Plötzlich stand er auf und ging weg.

«Wohin denn, alter Teufel? 's ist Nacht draußen!»

«Nach Tschaplino.»

«Was hast du denn in Tschaplino zu suchen? Es ist ja zehn Werst bis hin!»

«Zum Bauern Sophron, übernachten.»

«Übernachte doch hier!»

«Nein, unmöglich.»

Und Jermolaj geht mit seinem Hund in die finstere Nacht hinaus, wandert durch Busch und Wald, watet durch Pfützen, und das Bäuerlein Sophron läßt ihn am Ende gar nicht ein, oder er walkt ihn zu guter Letzt noch tüchtig durch: «Ich werde dir geben, ehrsame Leute in später Nacht aus dem Bett zu scheuchen!»

Dafür kam ihm aber niemand in der Kunst gleich, im Frühling, wenn die Flüsse aus ihren Ufern treten, Fische zu fangen, Krebse mit den Händen aus ihren Schlupflöchern herauszuziehen, Wild vermöge eines besonderen Spürsinns aufzupirschen, Wachteln durch besondere Locktöne zu betören, Habichte abzurichten und Nachtigallen zu fangen.

Das alles konnte er; nur Hunde abrichten konnte er nicht; dazu fehlte ihm die Geduld.

Er hatte auch eine Frau. Er besuchte sie einmal in der Woche. Sie lebte in einer elenden, halbzerfallenen Hütte und brachte sich irgendwie mit irgend was durch, und sie wußte am Vorabend nie, ob sie anderntags ein Stück Brot haben werde; sie hatte überhaupt ein bitteres Los. Jermolaj, dieser sorglose und gutmütige Geselle, behandelte sein Weib schroff und grob. War er zu Hause, dann nahm sein Gesicht einen düster-drohenden Ausdruck an, und sein armes Weib wußte nicht, womit sie ihm gefällig sein konnte, bebte unter seinem Blick, kaufte ihm für ihre letzten Kopeken Branntwein und deckte ihn sklavisch mit ihrem Schafpelz zu, wenn er sich großartig auf dem Ofen ausstreckte, um einen festen Schlaf zu schlafen. Ich selbst hatte bei ihm mehr als einmal den unwillkürlichen Ausbruch einer finsteren Wildheit beobachtet. Der Ausdruck seines Gesichts, wenn er einen angeschossenen Vogel mit den Zähnen totbiß, mißfiel mir im höchsten Grad. Jermolaj blieb nie länger als einen Tag zu Hause, und unter fremden Leuten verwandelte er sich wieder in «Jermolka» («Käppchen»), wie man ihn landauf, landab zu nennen pflegte und wie er sich selbst manchmal nannte.

Der letzte Hofknecht fühlte sich diesem Vaganten überlegen, und vielleicht eben darum ging er mit ihm freundschaftlich um. Zuerst hatten auch die Bauern ihren Spaß mit ihm gehabt, indem sie ihn wie einen Hasen hetzten, herumtrieben und einfingen. Nachdem er aber einmal als wunderlicher Kauz erkannt war, ließen sie ihn in Ruhe, schenkten ihm Brot und plauderten wohl auch mit ihm . . . Diesen Mann also, der mir als Jäger dienen sollte, nahm ich mit auf den Schnepfenstrich am Ufer der Ista, wo es einen großen Birkenhain gab.

Viele russische Flüsse haben, wie die Wolga, ein hohes, bergiges und ein niedriges, flaches Ufer, und das letztere ist meist eine grasreiche Wiese. Dieselbe Bodenbeschaffenheit findet man auch bei dem Fluß Ista. Das ist ein kleiner Fluß, er macht viele, recht launenhafte Windungen, kriecht wie eine Schlange dahin, keine halbe Werst weit fließt er gerade, und von der Höhe eines steilen Hügels sieht man auf eine Entfernung von zehn Werst an seinen Ufern die Dämme, die Teiche, die Mühlen, die mit Weiden umgebenen Gemüsegärten und die dichtbelaubten Obstgärten. In der Ista gibt es Fische im Überfluß, namentlich Weißfische, die von den Bauern an heißen Sommertagen unterm Gebüsch am Ufer mit bloßen Händen gefangen werden. Kleine Bekassinen fliegen schrill pfeifend von Ort zu Ort, dem steinigen Ufer entlang, das von kalten und klaren Quellen übersät ist. Wildenten fliegen bis zur Mitte des Teiches und sehen sich vorsichtig um. Reiher treten aus dem Schatten der Buchten unter den steilen Abhängen hervor . . .

Wir brachten auf dem Ansitz etwa eine Stunde zu, schossen zwei Paar Bekassinen, und da wir am andern Morgen bei Sonnenaufgang unser Glück noch einmal versuchen wollten (auf die Schnepfenjagd kann man auch des Morgens gehn), beschlossen wir, in der nächsten Mühle zu übernachten. Wir verließen den Hain und gingen den Hügel hinunter. Der Fluß rollte seine dunklen Wellen dahin. Die mit nächtlicher Feuchtigkeit geschwängerte Luft drückte auf die Brust. Wir klopften an das Tor. Die Hunde schlugen wie rasend an.

«Wer ist da?» ertönte eine heisere und verschlafene Stimme.

«Jäger. Laß uns ein. Wir suchen ein Nachtlager.»

Keine Antwort.

«Wir werden bezahlen.»

«Ich werde den Wirt fragen ... Kuscht euch!» schrie er den Hunden zu. «Krepiert, verdammte Hundsviecher!»

Wir hörten, wie der Knecht in die Isba hineinging; er kehrte bald zum Tor zurück.

«Nein», sagte er. «Der Wirt hat befohlen, nicht hereinzulassen.»

«Warum nicht?»

«Er fürchtet eben: ihr seid Jäger, seid imstande, die Mühle anzuzünden. Das sieht doch jeder, was ihr da für Gewehre habt!»

«Unsinn!»

«Im vorigen Jahr ist bei uns die Mühle abgebrannt: Fischhändler haben übernachtet und wahrscheinlich irgendwie Feuer gelegt.»

«Aber wie denkst du dir das, Bruder, sollen wir im Freien übernachten?»

«Ihr müßt selber wissen, wie ihr euch helfen wollt.»

Er ging, mit den Stiefeln hart aufstampfend, weg.

Jermolaj wünschte ihm verschiedene Unannehmlichkeiten an den Hals.

«Gehen wir ins Dorf», sagte er mit einem Seufzer.

Aber bis zum Dorf waren es etwa zwei Werst...

«Übernachten wir hier», sagte ich. «Hier draußen ist es warm. Der Müller wird uns für Geld und gute Worte ein Bund Stroh herausschicken.»

Jermolaj erklärte sich ohne Widerspruch einverstanden. Wir begannen wieder ans Tor zu pochen.

«Ja, was wollt ihr denn schon wieder?» hörten wir den Knecht sagen. «Man hat euch doch gesagt, es geht nicht!»

Wir erklärten ihm, was wir wollten. Er ging wieder ins Haus, um sich mit dem Wirt zu beratschlagen und kehrte mit diesem selbst zurück. Ein Pförtchen knarrte. Der Müller erschien, ein Mann von hohem Wuchs, mit einem feisten Gesicht, einem Stiernacken, einem runden, großen Bauch. Er war mit meinem Vorschlag einverstanden. Etwa hundert Schritte von der Mühle entfernt befand sich ein nach allen Seiten hin offenes Wetterdach. Man brachte uns dorthin Stroh, Heu;

der Knecht stellte auf der Wiese beim Fluß den Samowar auf, hockte sich daneben hin und blies eifrig die Glut an ... Die aufflackernden Holzkohlen beleuchteten hell sein jugendliches Gesicht. Der Müller lief, seine Frau zu wecken. Nun bot er mir selber an, in der Isba zu übernachten, aber ich zog es vor, in der frischen Luft zu bleiben. Die Müllerin brachte uns Milch, Eier, Kartoffeln und Brot. Bald begann auch das Wasser im Samowar zu brodeln, und wir begannen Tee zu trinken. Überm Fluß stiegen leichte Nebel auf. Es war windstill. Von überallher hörte man den Ruf des Riedhuhns. Wassertropfen gluckten beim Mühlrad. Man hörte ein leises Rieseln von der Schleuse her. Wir zündeten ein kleines Feuer an. Während Jermolaj die Kartoffeln briet, hatte ich Zeit, mich ein wenig hinzulegen und zu schlafen ... Ein leises zurückhaltendes Flüstern weckte mich. Ich hob den Kopf: vor dem Feuer, auf einem umgestülpten Zuber, saß die Müllerin und sprach wispernd mit meinem Jäger. Ich hatte schon früher an der Art, wie sie sich kleidete, den Körper bewegte und sprach, ein ehemaliges Kammerzöfchen in ihr erkannt; sie war jedenfalls keine aus dem Bauernstand, und auch eine Kleinbürgerin war sie nicht. Jetzt konnte ich mir ihr Gesicht genauer betrachten. Sie war, dem Aussehen nach, vielleicht dreißig Jahre alt, und ihr schmales, blasses Gesicht zeigte noch Spuren früherer bemerkenswerter Schönheit. Sie hatte große, schwermütig blickende Augen. Sie saß, die Ellbogen auf die Knie gestützt, das Gesicht mit den Händen verhüllend. Jermolaj saß mit dem Rücken zu mir und war damit beschäftigt, Reisig auf die Glut zu werfen.

«In Scheltuchina ist wieder die Viehseuche ausgebrochen», sagte die Müllerin. «Beim Popen Iwan sind beide Kühe umgestanden ... Daß Gott erbarm!»

«Schlimm. Und die Schweine?»

«Die gedeihen.»

«Ach, wenn ihr mir so'n kleines Ferkelchen schenken könntet!»

Die Müllerin schwieg, dann seufzte sie.

«Mit wem bist du da?»

«Mit einem Barin; er ist aus Kostomarow.»

Jermolaj warf einige Tannenzweiglein ins Feuer, die sofort zu knistern begannen, und ein dichter weißer Rauch schlug ihm direkt ins Gesicht.

«Warum hat uns dein Mann nicht ins Haus hineinlassen wollen?»

«Aus Angst.»

«Dacht' ich's doch! Dieser Dickwanst! ... Täubchen, Arina Timofejewna, kannst du mir nicht einen Tropfen Branntwein verschaffen?»

Die Müllerin stand auf und verschwand in der Dunkelheit. Jermolaj trällerte vor sich hin:

«Bin solang zur Liebsten geschlichen,
Bis ich all meine Schühlein zerschlissen.»

Arina kehrte mit einer kleinen Karaffe und einem Glas zurück. Jermolaj richtete sich halb auf, bekreuzigte sich und leerte das Glas mit einem Zuge. «Das tut gut!» fügte er hinzu.

Die Müllerin setzte sich wieder.

«Nun, Arina Timofejewna, bist wohl kränklich?»

«Ja, kränklich.»

«Was ist's?»

«Der Husten quält mich in den Nächten.»

«Der Barin ist, scheint's, eingeschlafen», sagte Jermolaj nach einem kurzen Schweigen. «Geh zu keinem Arzt, Arina. Es wird nur schlimmer.»

«Ich gehe sowieso zu keinem.»

«Aber zu mir komm, als Gast.»

Arina senkte den Kopf.

«Die Meine würd' ich in dem Fall schon wegjagen», fuhr Jermolaj fort. «Bestimmt!»

«Sie sollten lieber den Barin wecken, Jermolaj Petrowitsch: Sehn Sie, die Kartoffeln sind schon gebraten.»

«Er soll nur weiterschlafen!» bemerkte mein treuer Diener in recht gleichgültigem Ton. «Ist herumgelaufen; jetzt schnarcht er wie ein Murmeltier.»

Ich fing an, mich auf dem Heu herumzuwälzen. Jermolaj stand auf und trat zu mir.

«Die Kartoffeln sind gar. Ist es gefällig?»

Ich trat unterm Schutzdach hervor. Die Müllerin stand auf und wollte sich entfernen. Ich hielt sie zurück und fragte sie:

«Habt ihr die Mühle schon lange in Pacht?»
«Seit Pfingsten, schon das zweite Jahr.»
«Woher ist dein Mann?»
Arina hatte mich nicht recht verstanden.
«Von woher dein Mann ist», wiederholte Jermolaj, indem er die Stimme erhob.
«Aus Bjelow. Er ist Kleinbürger aus Bjelow.»
«Bist du denn auch aus Bjelow?»
«Nein, ich bin eine herrschaftliche Leibeigene ... war eine Leibeigene.»
«Wessen Leibeigene?»
«Des Herrn Swjerkow. Jetzt bin ich frei.»
«Von welchem Swjerkow sprichst du?»
«Von Alexander Silytsch.»
«Warst du nicht Zimmermädchen bei seiner Frau?»
«Woher wissen Sie das? Ich war es.»
Ich betrachtete Arina nun mit doppelter Neugier und Teilnahme.
«Ich kenne deinen Herrn», fuhr ich fort.
«Sie kennen ihn?» sagte sie mit leiser Stimme und senkte den Kopf.
Ich muß nun dem Leser erklären, weshalb ich Arina mit solcher Teilnahme anblickte. Zur Zeit meines Aufenthalts in Petersburg hatte ich zufällig die Bekanntschaft des Herrn Swjerkow gemacht. Er bekleidete damals einen sehr wichtigen Posten und galt als kenntnisreicher und tüchtiger Mann. Er hatte eine Frau, die korpulent, sentimental, larmoyant und böse war, eine vom Dutzend, ein schwieriges Geschöpf. Es war auch ein Spröß-

ling da, das richtige Herrensöhnchen, ein verzogener, dummer Knabe. Das Äußere des Herrn Swjerkow nahm wenig für ihn ein: aus dem breiten, fast viereckigen Gesicht schauten ein Paar listige Mausäuglein hervor, mitten im Gesicht steckte eine große, spitze Nase mit offenen Nasenlöchern, die kurzgeschnittenen weißen Haare erhoben sich wie Borsten über der stark gefurchten Stirn; die dünnen Lippen bewegten sich unaufhörlich und lächelten widerwärtig. Herr Swjerkow stand gewöhnlich mit gespreizten Beinen da, die dicken Händchen in den Hosentaschen.

Einst traf es sich, daß ich mit ihm zu zweit in einer Kutsche aufs Land hinausfuhr. Wir kamen miteinander ins Gespräch. Als erfahrener und tätiger Mann begann Herr Swjerkow sofort, mich auf den «Weg der Wahrheit» zu leiten.

«Erlauben Sie mir, Ihnen zu bemerken», piepste er endlich, «ihr alle, wie ihr da seid, ihr jungen Leute, redet und orakelt über alle möglichen Gegenstände. Ihr kennt aber Rußland, euer Vaterland, nur wenig; Rußland ist euch überhaupt unbekannt — so ist es! ... Ihr lest immer nur deutsche Bücher. Reden wir zum Beispiel vom leibeigenen Hausgesinde ... Gut, ich streite nicht, alles, was recht ist; aber Sie kennen diese Leute nicht, Sie wissen nicht, was das für ein Volk ist. (Herr Swjerkow schneuzte sich laut und nahm eine Prise.) Erlauben Sie mir, Ihnen zur Illustration des

Gesagten, ein kleines Anekdötchen zu erzählen, das Sie sicherlich interessieren wird. (Herr Swjerkow räusperte sich und hustete sich gut aus.) Sie wissen doch, daß ich eine Frau habe — eine Frau, sag' ich Ihnen, wie Sie eine bessere schwerlich finden werden; geben Sie das nur ohne weiteres zu! Die Dienstmädchen haben bei ihr ein Leben — das reinste Paradies. Aber *einen* Grundsatz hat meine Frau: verheiratete Dienstboten duldet sie nicht! Das ist auch ganz richtig! Denken Sie sich: es kommen Kinder, bald ist das, bald jenes, na, wie soll denn da das Zimmermädchen nach ihrer Gnädigen schauen, wie soll sie sich, frage ich Sie, da nach den Gewohnheiten ihrer Herrin richten, wie es sich doch für eine Kammerzofe geziemt?! Ist sie nun verheiratet, hat sie anderes im Sinn — das versteht jeder. Man ist ja Mensch. Na, schön — wir fahren da einmal durch unser Dorf, es war so vor . . . na, was soll ich sagen, um nicht zu lügen? . . . vor gut fünfzehn Jahren. Wir schauen. Da sehn wir auf einmal: der Dorfälteste, der Starosta, hat ein Mädel, eine Tochter, ein sehr hübsches Kind. Sie hat so was Demütig-Liebes an sich! Meine Frau sagt zu mir: ‚Koko' — Sie verstehen, sie nennt mich so; ein Kosename, Sie verstehen? — ‚Koko', sagt sie zu mir, ‚das Mädel nehmen wir mit nach Petersburg! Dieses Kind gefällt mir außerordentlich, Koko!' — ‚O mit Vergnügen', antworte ich. ‚Nehmen wir sie mit!'

Der Starosta, überglücklich, fällt uns natürlich sofort zu Füßen. Das Mädel, freilich, weint ein bißchen. Aus Dummheit. Im Anfang war es mit ihr schwer. Bangte nach ihren Leuten. Nun ja, daran ist ja nichts Erstaunliches. Später aber hat sie sich schön bei uns eingewöhnt. Zuerst kam sie in die Mägdestube. Sie mußte doch etwas lernen. Und denken Sie! Das Mädel macht unglaubliche Fortschritte! Meine Frau ist ganz verliebt in sie, hängt leidenschaftlich an ihr und erhebt sie schließlich, indem sie sogar eine andere übergeht, zu einer speziell an ihre Person attachierten Kammerzofe! ... Halten Sie das fest! ... Man muß übrigens gerecht sein und sagen, daß meine Frau ein solches Zimmermädchen noch nicht gehabt hat. Dienstfertig. Bescheiden. Gehorsam. Kurz, alles, was man nur verlangen kann. Dafür aber hat meine Frau sie, ich muß es schon sagen, direkt verzogen. Sie gab ihr die besten Kleider, Speisen bekam sie von der herrschaftlichen Tafel, ja sogar Tee ließ man ihr reichen, mit einem Wort: was man sich nur vorstellen kann! — Auf diese Weise diente sie bei meiner Frau etwa zehn Jahre. Plötzlich, eines schönen Morgens, stellen Sie sich vor, kommt Arina — wir nannten sie Arina — ohne Anmeldung zu mir ins Arbeitszimmer und stürzt sich zu meinen Füßen ... Ich kann das, offen gestanden, nicht leiden. Der Mensch darf seine Würde nie vergessen — oder?

‚Was willst du?‘

‚Väterchen, Alexander Silytsch, ich bitte um eine Gnade.‘

‚Was für eine?‘

‚Erlauben Sie mir, zu heiraten.‘

Ich gestehe Ihnen: ich war verwundert.

‚Du weißt doch, verrückte Urschel, daß die Barynja kein zweites Zimmermädchen hat!‘

‚Ich werde der Barynja dienen wie früher.‘

‚Unsinn! Die Barynja duldet keine verheirateten Dienstboten.‘

‚Malanja kann meine Stelle einnehmen.‘

‚Bitte, keine Ratschläge!‘

‚Wie Sie befehlen.‘

Ich war starr. Dabei muß ich Ihnen sagen: ich bin einmal so beschaffen, daß mich nichts, aber nichts so furchtbar kränken kann wie Undankbarkeit. Ihnen brauche ich ja nichts zu erzählen: Sie *wissen*, was für eine Frau ich habe: einen Engel in Menschengestalt, die reinste Güte. Ich glaube, der größte Bösewicht würde mit ihr Mitleid haben. Ich jagte Arina fort. Ich dachte mir natürlich, sie werde sich besinnen, in sich gehen. Wissen Sie: es sträubt sich etwas in mir, an das Böse im Menschen zu glauben, schwarzen Undank für möglich zu halten. Und was meinen Sie? In einem halben Jahr beliebt es ihr, sich wieder mit derselben Bitte an mich zu wenden! Diesmal, ich gesteh' es, wurde ich wütend und jagte sie mit Schimpf und Schande davon. In meiner Empörung drohte ich ihr, alles meiner Frau zu sagen! ... Aber stellen

Sie sich meine Perplexheit vor: nach Verlauf einiger Zeit kommt meine Frau zu mir, in Tränen aufgelöst und so aufgeregt, daß ich furchtbar erschrocken bin.

‚Was ist geschehen?'

‚Arina . . .'

Sie verstehen? . . . Ich schäme mich, es auszusprechen.

‚Unmöglich!! . . . Wer?!'

‚Petruscha! Der Lakai . . .'

Ich war außer mir. Nun bin ich so ein Mensch: halbe Maßregeln liebe ich nicht! . . . Petruscha . . . ist unschuldig. Man kann ihn bestrafen, aber schuldig ist er nach meiner Meinung nicht. Arina . . ., das ist ein anderes Kapitel. Aber was ist da viel zu reden? Selbstverständlich hab' ich befohlen, ihr die Haare abzuschneiden, sie in einen Kattunkittel zu stecken und aufs Dorf zurückzuschicken. Meine Frau verlor an ihr zwar ein ausgezeichnetes Zimmermädchen, aber da war nichts zu machen: Unordnung im Haus kann man nicht dulden. Ein krankes Glied haut man am besten gleich ab . . . Nun, urteilen Sie jetzt selber. Nun also: Sie kennen doch meine Frau; das ist doch, das ist . . ., na, der reinste Engel! . . . Sie war dieser Arina so zugetan, und die Arina hat das wohl gewußt! Und doch hat sie sich nicht geschämt . . . Hm? Was sagen Sie dazu, hm? Aber was ist da zu reden! Es war auf jeden Fall nichts zu machen . . . Mich aber, mich hat die Undankbarkeit dieses Mädels lange betrübt. Sagen Sie, was Sie wollen: ... Herz ..., Gemüt ..., bei diesen Leuten suchen Sie es vergebens. Wie gut man einen Wolf auch füttert — er lugt doch immer nach dem Wald! ... Schluß! Das soll mir in der Zukunft eine Lehre sein! Aber ich wollte Ihnen nur beweisen ...»

Herr Swjerkow beendete seine Rede nicht, wandte den Kopf weg und wickelte sich fester in seinen Mantel, indem er mannhaft eine unwillkürliche Aufregung, die sich seiner bemächtigt hatte, unterdrückte.

Der Leser wird jetzt sicherlich begreifen, weshalb ich Arina so teilnahmsvoll betrachtete.

«Bist du mit dem Müller schon lange verheiratet?» fragte ich sie endlich.

«Zwei Jahre.»

«So hat es dir der Barin erlaubt?»

«Man hat mich losgekauft.»

«Wer?»

«Sawelij Alexejewitsch.»

«Wer ist das?»

«Mein Mann.»

Jermolaj lächelte verstohlen.

«Hat Ihnen der Barin von mir gesprochen?» fügte Arina nach kurzem Schweigen hinzu.

Ich wußte nicht, was ich antworten sollte.

«Arina!» schrie der Müller von weitem.

Sie stand auf und ging weg.

«Ist ihr Mann ein guter Mensch?» fragte ich Jermolaj.

«Es geht.»

«Haben sie denn Kinder?»

«Eins haben sie gehabt. Es ist gestorben.»

«Hat sie dem Müller so gut gefallen? Oder wie war das?»

«Das weiß ich nicht. Sie kann gut schreiben und lesen. Im Geschäft ist das von großem Vorteil. So wird sie ihm wohl gefallen haben.»

«Und du — kennst du sie schon lange?»

«Jaja, schon lange. Bin früher öfter zu ihrer Herrschaft gekommen. Es ist ja nicht weit von hier.»

«Hast du denn auch den Lakai Petruschka gekannt?»

«Pjotr Wassiljewitsch? Wie denn nicht? Gewiß hab' ich ihn gekannt.»

«Wo ist er jetzt?»

«Man hat ihn unter die Soldaten gesteckt.»

Wir schwiegen beide.

«Sie ist, wie es scheint, krank?» fragte ich Jermolaj nach einer Weile.

«Auf keinen Fall die Gesündeste! . . . Aber morgen wird's auf dem Schnepfenstrich fein sein! Hätten Sie nicht Lust, sich wieder hinzulegen?»

Eine Kette wilder Enten flog pfeilschnell über uns vorbei, wir hörten, wie sie sich unweit von uns auf dem Flusse niederließen. Es war nun schon ganz dunkel, und es begann kühl zu werden. Im Hain schlug hell die Nachtigall. Wir vergruben uns im Heu und schliefen ein.

HIMBEERWASSER

In den ersten Tagen des August wird bei uns die Hitze oft ganz unerträglich, besonders um die Mittagszeit, bis Nachmittag drei Uhr, und dann hält es der eifrigste Jäger nicht mehr aus, die Jagd fortzusetzen, und der willigste Hund beginnt, dem Jäger «die Sporen zu lecken», das heißt, er trottet hinter ihm her, blinzelt krankhaft, läßt die Zunge in ihrer ganzen Länge heraushängen, und wenn sein Herr ihm Vorwürfe macht, wedelt er nur demütig mit dem Schweif, und in seinem Gesicht malt sich Verwirrung; doch vorwärts bewegt er sich nicht.

Just an einem solchen Tag passierte es mir, daß ich auf der Jagd war. Lange widerstand ich der Versuchung, mich irgendwo, wenn auch nur für einen Augenblick, niederzulegen und lange trieb sich mein unermüdlicher Hund in den Gebüschen umher, obzwar er sich offenbar von seiner fieberhaften Tätigkeit selber keinen rechten Erfolg versprach. Die erstickende Sonnenglut zwang mich endlich, an Schonung unserer letzten Kräfte und Fähigkeiten zu denken. Ich schleppte mich, so gut es gehen mochte, zu dem Flüßchen Ista hin, das meinen nachsichtigen Lesern bereits bekannt ist, kletterte den steilen Abhang hinunter und schritt über den gelben und feuchten Sand in der Richtung auf eine Quelle zu, die im ganzen Distrikt unter dem Namen «Himbeerwasser» bekannt ist. Die Quelle entspringt aus einem Riß des Ufergeländes, der sich alsbald zu einer kleinen, aber tiefen Schlucht erweitert; aus der Quelle wurde so ein Bach, der in einer Entfernung von ungefähr zwanzig Schritten mit munterem Geplätscher in den Fluß mündet. Über die Abhänge der Schlucht hat sich ein Gebüsch von jungen Eichen ausgebreitet; neben der Quelle sprießt junges, kurzes, samtenes Gras; die Sonnenstrahlen berühren fast nie die kalte, silberne Welle.

Ich näherte mich der Quelle. Dort lag ein Schöpfgefäß aus Birkenrinde, das ein vorbeiwanderndes Bäuerlein zum allgemeinen Besten zurückgelassen hatte. Ich trank mich satt, legte mich im Schatten nieder und schaute mich in der Gegend um.

Bei der Bucht, die sich dort gebildet hatte, wo der Bach in den Fluß einmündete, und die dadurch beständig mit kleinen, schäumenden Wellen bedeckt war, saßen, mit dem Rücken zu mir, zwei Bauern. Der eine, ein ziemlich fester und hochgewachsener Mann, der einen dunkelgrünen, sauberen Kaftan anhatte und auf dessen Kopf eine wollige Mütze saß, fischte; der andere, ein hageres Männlein in einem mit Flicken übersäten Röckchen und ohne Kopfbedeckung, hielt auf seinen Knien einen Topf mit Regenwürmern. Dann und wann strich er mit der Hand über sein Köpflein mit dem stark ergrauten Haar, wie wenn er es vor der Sonne schützen wollte. Ich schaute aufmerksamer hin und erkannte in diesem Muschik Stepan aus dem Dorf Schumichino. Es sei mir gestattet, diesen Menschen meinem Leser vorzustellen.

Einige Werst von meinem Gut entfernt liegt das große Dorf Schumichino, das eine steinerne Kirche besitzt, die zu Ehren der zwei Heiligen Kusma und Damian erbaut worden ist. Dieser Kirche gegenüber stand einst in seiner ganzen Pracht ein umfangreiches Herrenhaus, das umgeben war von allerlei Nebengebäuden, Gesindestuben, Werkstätten, Pferdeställen, Wagenremisen, Badehäuschen, Waschküchen, Wohnungen für Gäste und Verwalter, ferner von Orangerien, Schaukeln fürs Volk und anderen mehr oder weniger nützlichen Baulichkeiten. Hier lebte ein steinreicher Gutsbesitzer und alles ging gut, bis eines Tages ein Brand ausbrach, der dieses mächtige Gut in Asche verwandelte. Die Herrschaft übersiedelte in ein anderes Nest, die riesige Brandstätte verwandelte sich in einen Gemüsegarten, in dem nur hier und da noch Grundmauern und Ziegelhaufen zu sehen waren. Aus den nicht ganz verbrannten Balken hatte man rasch ein Hüttchen gezimmert, das Dach mit Brettern gedeckt, und zwar mit Brettern, die vor ungefähr zehn Jahren gekauft worden waren, um daraus ein Gartenhäuschen in «gotischem» Stil zu errichten; und in dieses Hüttchen setzte man den Gärtner Mitrofan mit seinem Weib Aksinja und seinen sieben Kindern. Dem Gärtner ward befohlen, für den Herrschaftstisch in eine Entfernung von hundertfünfzig Werst Grünzeug und Gemüse zu liefern; der Aksinja wurde die Aufsicht über eine Tiroler Kuh anvertraut, die man für schweres Geld in Moskau gekauft hatte, die aber bedauerlicherweise jeglicher Fähigkeit zur Propagation beraubt war und daher schon seit dem Zeitpunkt ihres Ankaufs keine Milch mehr gab; außerdem gab man einen rauchfarbenen Enterich mit Schopf in ihre Obhut, den einzigen «herrschaftlichen» Vogel auf dem ganzen Grundstück; den Kindern übertrug man in Anbetracht ihrer Minderjährigkeit kein besonderes Amt, was sie aber trotzdem nicht faul werden ließ.

Es traf sich nun zwei-, dreimal, daß ich bei diesem Gärtner übernachten mußte, bezog auch gelegentlich Gurken von ihm, die sich, Gott weiß warum, schon im Sommer durch ihre maßlose Größe, ihren üblen, wässerigen Geschmack und namentlich durch ihre dicke gelbe Haut auszeichneten. Bei diesem Gärtner erblickte ich den obenerwähnten Stepan, der gewöhnlich Stjopuschka genannt wurde. Außer Mitrofan mit seiner Familie und einem alten tauben Kirchenvorsteher namens Gerassim, der um Christi willen in einem Kämmerlein bei einer einäugigen Soldatenwitwe wohnte, war kein einziger Mensch von dem früheren Hofgesinde in Schumichino geblieben — ich sage «kein einziger», weil Stjopuschka, mit dem ich den Leser bekannt machen will, weder als Mensch noch als Leibeigener registriert war.

Jeder Mensch hat doch irgendeine Position in der Gesellschaft, irgendwelche Beziehungen; jedem Hofknecht gibt man, wenn auch nicht gerade einen Lohn, so doch wenigstens das sogenannte Deputat, das heißt eine Entlöhnung in Nahrungsmitteln «nach Gewicht». Stjopuschka erhielt nicht die mindeste Unterstützung, er hatte keine Verwandten, und niemand nahm Notiz von seiner Existenz. Dieser Mensch hatte sogar keine Vergangenheit gehabt; von ihm war überhaupt nie die Rede, und bei der sogenannten Seelenrevision wurde er kaum mitgezählt. Ein dunkles Gerücht wollte wissen, er sei einst bei irgend jemand Kammerdiener gewesen; aber wer er selber sei, woher er stamme, wer sein Vater gewesen sei, wie er unter die Untertanen von Schumichino geraten sei, woher er den alten «asiatischen» Kaftan habe, wovon er lebe, wo er lebe: — über all das wußte niemand Auskunft zu geben, und, um die Wahrheit zu sagen, es interessierte sich auch niemand dafür. Einzig das Großväterchen Trofimitsch, der die Abstammung aller Hofbediensteten aufwärts bis ins vierte Glied kannte, erinnerte sich von ungefähr, daß dieser Stjopuschka ein naher Verwandter einer Türkin sein konnte, die der verstorbene Gutsherr, ein Brigadier Alexej Romanytsch, mit der übrigen Bagage aus dem Feldzug mitzubringen geruht habe . . .

Selbst an hohen Feiertagen, an Tagen herrschaftlicher Freigebigkeit, allwo das Gesinde mit Salz und Brot, mit Buchweizengrütze und grünem Branntwein bewirtet wird, nach gutem, altem russischem Brauch: selbst an solchen Glückstagen erschien Stjopuschka nicht bei den im Hof aufgestellten Tischen und Fässern; und er kam nicht, um die Herrschaft zu begrüßen und die Hand des Barin zu küssen, nicht um das volle Glas unter den wohlwollenden Augen des Barin in einem Zug auszutrinken — auf das Wohl und zur Gesundheit der ganzen herrschaftlichen Familie. Höchstens daß es einer mitleidigen Seele einfiel, ihm im Vorübergehen ein nicht ganz aufgegessenes Stück Pirogge zuzustecken. Zu Ostern tauscht man mit ihm die Osterküsse und ruft auch ihm zu: «Christus ist auferstanden!» Und er antwortet: «Wahrlich, er ist auferstanden!» Aber er langt nicht, wie die andern, ein rotes Ei aus der rückwärtigen Hosentasche, um es, vor Aufregung keuchend und aus lauter Ehrerbietung mit den Augen blinzelnd, dem jungen Barin oder sogar der Barynja höchstselbst zu überreichen.

Im Sommer haust er in der Klete, das ist der ungeheizte, hinterste Teil einer Isba, neben dem Hühnerstall, im Winter aber in dem «Pred» genannten Raum vor dem Badhäuschen; ist der Frost ganz arg, dann übernachtet er auf dem Heuboden. Man war gewohnt, ihn zu sehen, manchmal gab man ihm auch einen Fußtritt; aber niemand fiel es ein, sich mit ihm in ein Gespräch einzulassen, und er selber hat, wie es scheint, in seinem ganzen Leben den Mund nicht aufgetan.

Nach dem Brand des Herrenhauses hat dieser Ärmste bei dem Gärtner Mitrofan eine Art Bleibe gefunden. Der Gärtner ließ ihn ungeschoren; er erlaubte ihm nicht, zu bleiben, jagte ihn aber auch nicht fort. Aber eigentlich wohnte er auch beim Gärtner nicht, sondern «schwebte» sozusagen im Garten; er ging und bewegte sich ohne Geräusch, nieste und hustete in die schalldämpfende Hand, dabei nicht ohne Angst, jemandens Unwillen zu erregen; und immer war er im Stillen geschäftig bemüht wie eine Ameise, und immer nur um des lieben Brotes willen, einzig und allein darum. Und in der Tat: wenn er sich nicht von früh bis spät bemüht hätte, sich Nahrung zu verschaffen, wäre Stjopuschka verhungert. Es ist schlimm, wenn man am Morgen nicht weiß, wovon man am Tag und gegen Abend satt werden soll. Bald sitzt Stjopuschka hinter einem Zaun und nagt an einem Rettich, oder er saugt an einer Rübe, oder er schneidet einen Kohlkopf in lauter kleine Stücke, die er nach und nach verzehrt; bald schleppt er irgendwo einen Eimer hin und keucht; bald macht er ein kleines Feuerlein an und hängt einen alten Topf darüber, in den er irgendwelche schwarze Stücke wirft, die er aus dem Brustlatz gezogen hat; bald klopft er in seinem Rumpelkämmerlein mit einem Stück Holz einen Nagel ein, um dort ein Wandbrettchen anzubringen für sein Brötlein. Und das alles tut er schweigend und wie verstohlen; man schaut hin, und schon ist er verhuscht! Oder er verschwindet plötzlich für zwei, drei Tage. Natürlich wird seine Abwesenheit von niemand beachtet, kaum bemerkt. Aber kehr-um-die-Hand ist er wieder da und legt irgendwo am Zaun stillerweise Spänchen unter einen kleinen Dreifuß. Sein Gesicht ist klein, die Äuglein sind gelb, die Haare beginnen dicht bei den Augenbrauen, das Näslein ist spitz, die Ohren sind groß und durchsichtig wie bei einer Fledermaus, der Bart sieht aus, wie wenn er vor zwei Wochen abrasiert worden und dann mit den Stoppeln stehengeblieben wäre. Dieser Stjopuschka also begegnete mir am Ufer der Ista in Gesellschaft eines anderen Alten.

Ich ging auf sie zu, begrüßte sie und setzte mich zu ihnen. In dem Kumpan Stjopuschkas fand ich auch einen Bekannten: das war ein Freigelassener des Grafen Peter Iljitsch * * *, Michailo Saweljew, mit dem Beinamen Tuman (Nebel). Er wohnte in Bolchow bei einem schwindsüchtigen Kleinbürger, Inhaber eines Einkehrwirtshauses, wo ich sehr oft abstieg. Junge Beamte und andere unbeschäftigte Leute, die auf der großen Heerstraße von Orjol dahinfahren (die in ihre gestreiften Federdecken eingehüllten Kaufleute, die denselben Weg nehmen, interessieren sich nicht dafür), können noch jetzt unweit von dem großen Dorf Troizkoje ein mächtiges zweistöckiges Holzhaus bemerken, das vollkommen verödet ist. Das Dach ist eingestürzt, die Fenster sind zugenagelt, das Haus steht hart an der Straße‘ und wenn man an einem hellen, sonnigen Tag an dieser traurigen Ruine vorbeifährt, kann man sich eines trüben Gefühls nicht erwehren.

Hier lebte einst der Graf Peter Iljitsch, ein zu seiner Zeit berühmter, reicher, gastfreier Herr, einer der Granden des vergangenen Jahrhunderts. Es kam vor, daß sich bei ihm das ganze Gouvernement versammelte, man tanzte und unterhielt sich glänzend bei der betäubenden Musik der Hauskapelle, beim Krachen der Schwärmer und im Glanz der bengalischen Feuer, und wohl manche Greisin, die jetzt an dem verödeten Bojarenpalast vorüberfährt, mag sich seufzend der vergangenen Tage und der entschwundenen Jugend erinnern.

Lange Jahre gab der Graf herrliche Feste, bei welchen er freundlich lächelnd in der Menge der den gleichen Leidenschaften und Genüssen frönenden Gäste umherzugehen pflegte; aber seine Reichtümer langten unglücklicherweise nicht fürs ganze Leben. Total ruiniert, begab er sich nach Petersburg, um eine Stelle zu suchen, starb aber, bevor er noch etwas erreicht hatte, im Zimmer eines Gasthofs.

Tuman hatte bei ihm als Haushofmeister gedient und noch bei Lebzeiten des Grafen einen Freibrief erhalten. Das war ein Mann von etwa siebzig Jahren, mit einem regelmäßigen, angenehmen Gesicht. Er lächelte fast immer, wie jetzt nur mehr Leute aus den Zeiten Katharinas lächeln: gutmütig und stolz; beim Sprechen schob er langsam die Lippen vor zu einem Schnäuzchen und preßte sie dann wieder zusammen; auch näselte er ein bißchen. Wenn er schnupfte, tat er dies mit gehöriger Gemessenheit, wie wenn er eine wichtige Sache vollführte.

«Nun, wie geht's, Michailo Sawelitsch», sagte ich, «hast du schon etwas gefangen?»

«Oh, nicht der Rede wert. Belieben Sie selbst in das Körbchen zu sehen: zwei Bärschchen und Weißfische, etwa fünf Stück ... Zeig her, Stjopka!»

Stjopuschka streckte den Korb zu mir herüber.

«Nun, wie geht es dir, Stepan?»

«Iii ... immer rrr ... recht ggg ... gut, Vvv ... Väterchen, halt lll ... langsam», erwiderte Stepan stockend, wie wenn er Pudgewichte im Munde wälzte.

«Und Mitrofan? Ist er gesund?»

«Ggg... gesund, Vvv... Väterchen. Www... wie denn nnn ... nicht?»

Der bedauernswürdige Mensch wandte sich ab. «Ja, schlecht beißen sie heute an! Die Fische haben sich alle hinter die Büsche versteckt und schlafen. Steck einen Wurm an, Stjopa!» Stjopuschka nahm einen Wurm heraus, legte sich denselben auf die flache Hand, klopfte zwei- oder dreimal darauf, steckte ihn auf den Angelhaken, spuckte darauf und reichte ihn Tuman. «Danke, Stjopa», fuhr er fort, «und Sie», wandte er sich an mich, «belieben zu jagen?»

«Wie du siehst.»

«Ja, so ist's ... Und Ihr Hündchen da — ist es ein ‚inglitschanisches' oder irgendein ‚furländisches'?»

Der Alte liebte es, bei Gelegenheit zu zeigen, daß er in der großen Welt gelebt habe.

«Ich weiß nicht, von welcher Rasse er ist, aber gut ist er.»

«Soso ... Und jagen Sie immer mit Hunden? Haben Sie viele?»

«Ungefähr zwei Koppeln.»

Tuman lächelte und wiegte den Kopf hin und her. «Es ist präzis so: der eine ist ein Hundeliebhaber, der andere kann Hunde nicht ausstehen. Ich, in meinem einfachen Verstand, meine so: Hunde muß man, sozusagen, mehr des ‚Pristisches' wegen haben, auch Pferde, damit alles geht, wie es sich gehört und alles in Ordnung ist und alles auf seinem Platz: die Hundewärter und alles. Der verstorbene Graf — Gott habe ihn selig — war zeitlebens kein Jäger, das muß man schon sagen, aber Hunde hielt er, und etwa zweimal im Jahr geruhte er auf die Jagd zu fahren. Da versammelten sich die Hundewärter im Hof, alle in roten, mit goldenen Tressen besetzten Kaftanen, und bliesen in die Jagdhörner. Seine Erlaucht beliebte herauszutreten und man führte Seiner Erlaucht das Pferd vor. Seine Erlaucht bestieg das Pferd, und der Oberjäger schob dessen Füßchen in die Steigbügel. Dann nahm der Oberjäger die Mütze ab und überreichte darin Seiner Erlaucht die Zügel. Seine Erlaucht beliebte dann mit der Peitsche zu knallen und die Hundewärter setzten sich mit lustigem Geschrei in Bewegung, hinaus aus dem Hof, ins Freie. Der Steigbügelhalter reitet hinter dem Grafen, und selbst führt er an einer seidenen Leine die zwei Lieblingshündchen des Barin und lugt scharf nach allen Seiten aus. Und er sitzt, der Steigbügelhalter, hoch auf einem Kosakensattel, so 'n rotwangiger, und er rollt nur so die Augen! Nun, und Gäste sind bei solchen Gelegenheiten selbstverständlich in Überzahl dabei. Und man begrüßt sich und tauscht Höflichkeiten aus, alles, wie es sich geziemt . . . Ach, losgerissen hat er sich, der Asiat!» fügte er plötzlich hinzu und zog die Schnur mit der leeren Angel ein.

«Nun, und weiter: man sagt, der Graf habe in Saus und Braus gelebt?»

Der Alte spie auf den Wurm und warf die Angel aus.

«Ein sehr vornehmer Herr war er, das ist bekannt. Die höchsten Herrschaften aus Petersburg waren oft bei ihm zu Gast. Mit himmelblauen Ordensbändern saßen sie da und speisten. Nun, und im Bewirten war er ein Meister. Er pflegte mich kommen zu lassen:

‚Tuman', sagte er dann wohl, ‚hörst du? Ich muß morgen früh unbedingt lebende Sterlete haben! Hast du gehört?'

‚Zu Diensten, Ew. Erlaucht!'

So ging das bei uns zu. Na, und seine gestickten Kaftane, seine Perücken, seine Spazierstöcke, seine Parfums — ‚Ladekolons' erster Sorte! —, seine Tabatièren und seine Bilder, es waren das ungeheuer große Bilder, das ließ er alles aus Paris kommen, und wenn er ein Bankett veranstaltete — Herr, du meine Güte! —, da gab es Feuerwerke, Rennen, sogar aus Kanonen wurde geschossen! Die Musikkapelle bestand aus vierzig Personen, und Kapellmeister war ein Deutscher; aber der Deutsche nahm sich zu viel heraus, er wollte gar an der herrschaftlichen Tafel speisen; und da machte Seine Erlaucht kurzen Prozeß: ‚Bei mir', sagte er, ‚verstehen die Musikanten auch so ihre Sache.' Und jagte ihn fort! Es ist eben der herrschaftliche Wille. Das wissen alle. — Nun, und wenn sie sich dem Tanz hingaben, tanzten sie bis in den hellen Morgen hinein, und am meisten ‚Lakosäs' (Ecossaise) und ‚Madradura' (Mazurka) . . . He! he! he! haben wir dich erwischt, Bruder!» Der Alte zog einen kleinen Barsch aus dem Wasser. «Da, nimm, Stjopa! — Der Barin war ein Barin, wie es sich gehört», fuhr der Alte fort, indem er die Angel wieder auswarf, «eine Seele von einem Menschen: er konnte einen durchhauen, daß einem die Schwarte krachte, und kehr-um-die-Hand, hatte er's vergessen! Nur das eine: er hat halt viele ‚Matresken' (Maitressen) ausgehalten. Oh, diese ‚Matresken'! Verzeihe ihm Gott! Die nämlich haben ihn zugrunde gerichtet! Dabei hat er sie immer nur aus dem einfachen Volk genommen. Man sollte denken: was wollten sie mehr? Aber nein: gib her, was es nur vom Teuersten in ganz ‚Ewropien' gibt! . . . Und auch das muß man sagen: warum soll einer nicht das Leben genießen? Das ist Herrensache. Aber daß man sich ruiniert, das ist nicht nötig! Da war besonders eine, Akulina hieß sie. Jetzt ist sie tot — Gott habe sie selig! Dieses Mädel war die Tochter eines einfachen Aufsehers, dabei aber ein Luder. Sie pflegte den Grafen zu ohrfeigen. Ganz und gar hatte sie ihn behext. Meinem Neffen hat sie die Stirnhaare abscheren lassen, und Soldat hat er werden müssen, obwohl an ihm nicht die Reihe war. Und warum? Auf ein neues Kleid von ihr hat er ‚Stekolad' (Schokolade) fallen lassen! . . . Und nicht ihn allein hat sie unter die Soldaten gesteckt! Jaja . . . Aber es waren doch schöne Zeiten!» fügte der Alte mit einem tiefen Seufzer hinzu, senkte den Kopf und schwieg.

«Er war doch etwas streng, euer Barin, wie ich sehe?» fing ich nach einer Weile von neuem an.

«Das war damals so der Brauch, Väterchen», erwiderte der Alte, den Kopf hin- und herwiegend.

«In unserer Zeit kommt das nicht mehr vor», bemerkte ich, ohne die Augen von ihm zu lassen.

Er sah mich von der Seite an.

«Jetzt ist es sicherlich besser», murmelte er und warf die Angelschnur weit aus.

Wir saßen im Schatten, aber auch im Schatten war es drückend heiß. Die schwere, schwüle, glutheiße Luft stand wie erstarrt; das glühende Gesicht lechzte nach einem frischen Windhauch, aber es war eben kein Wind. Die pralle Sonne sandte vom blauen, verdunkelten Himmel ihre sengenden Strahlen herab; gerade uns gegenüber, am andern Ufer, erglänzte gelb ein Haferfeld, das da und dort mit Wermut durchwachsen war; ach, wenn sich nur ein einziger Halm gerührt hätte! Etwas weiter weg stand ein Bauerngaul bis über die Knie im Fluß und fächelte sich mit dem nassen Schweif träge Luft zu; dann und wann schwamm unter den Büschen ein großer Fisch hervor, ließ Blasen aufsteigen und tauchte still wieder auf den Grund hinab, eine leichte Wellenbewegung auf der Wasseroberfläche zurücklassend; Heuschrecken zirpten im rostbraungelb gewordenen Gras; Wachteln schlugen gleichsam widerwillig; Habichte zogen ihre Kreise über den Feldern und hielten oft an einer Stelle an, sehr rasch die Flügel bewegend und den Schweif fächerförmig ausbreitend.

Wir saßen unbeweglich, niedergedrückt durch die Hitze. Plötzlich wurde hinter uns in der Schlucht ein Geräusch hörbar; offenbar kam jemand zur Quelle herunter. Ich schaute mich um und erblickte einen etwa fünfzigjährigen, staubbedeckten Muschik in Bastschuhen, der einen geflochtenen Quersack trug und seinen Rock über der Achsel hängen hatte. Er stieg zur Quelle hinunter, trank gierig und erhob sich.

«He! Wlass!» rief Tuman, nachdem er den Mann scharf ins Auge gefaßt hatte. «Guten Tag, Bruder! Wo kommst du her?»

«Guten Tag, Michailo Sawelitsch», sagte der Muschik, indem er zu uns herantrat, «von weit her komme ich.»

«Wo warst du denn? Plötzlich warst du verschwunden!»

«In Moskau war ich, beim Barin.»

«Wozu?»

«Ihn bitten bin ich gegangen.»

«Um was denn?»

«Daß er den Obrok* herabsetzt, oder daß er mich fronpflichtig macht, oder daß er mich umsiedelt, oder sonst was ... Der Sohn ist

* Der zeitweilig aus der Fronpflicht entlassene Leibeigene mußte für die Benützung eines Stückes Land oder für die Erlaubnis, anderswo irgendeinen Beruf auszuüben, eine bestimmte Abgabe, den *Obrok*, zahlen. Anm. d. Übers.

gestorben, und allein kann ich nicht mehr fertig werden.»

«Dein Sohn ist gestorben?»

«Ja, gestorben. Ist selig», fügte der Alte hinzu und schwieg. «Als Droschkenkutscher hat er in Moskau gelebt. Für mich, muß ich gestehen, hat er den Obrok bezahlt.»

«So sind Sie jetzt auf Obrok gesetzt?»

«Ja, auf Obrok.»

«Nun, und was hat denn der Barin geantwortet?»

«Der Barin? Weggejagt hat er mich! ,Wie wagst du, direkt zu mir zu gehen?' sagt er. ,Dafür ist doch der Verwalter da! Du', sagt er, ,bist verpflichtet, zuerst dem Verwalter Bericht zu erstatten! . . . Und wohin soll ich dich denn umsiedeln? Du', sagt er, ,zahle zuerst, womit du im Rückstand bist!' Ganz bös ist er geworden!»

«Nun, und was weiter? Dann bist du gegangen?»

«Ja, gegangen. Ich bin zum Fuhrhalter gegangen . . . Wollte doch erfahren, ob der Verstorbene nicht irgendwelche Habseligkeiten hinterlassen hat; es war aber nichts zu machen. ,Ich bin nämlich', sag' ich zu seinem Wirt, ,der Vater von Filipp', und er darauf: ,Woher soll ich das wissen? Und dein Sohn hat nichts hinterlassen! Er ist mir im Gegenteil noch etwas schuldig gelieben.' Nun, und da bin ich eben gegangen.»

«Und jetzt gehst du nach Hause?»

«Wohin soll ich denn gehen? Nach Hause. Mein Weib, denk ich, pfeift jetzt vor Hunger in die Faust.»

«Aaaaa ... aber dddd ... du ssss ... solltest ...», begann Stjopuschka plötzlich zu stottern, wurde konfus, schwieg und stocherte im Topf herum.

«Und zum Verwalter willst du nicht gehen?» fragte Tuman, der nicht ohne Verwunderung Stjopa angeschaut hatte.

«Wozu soll ich zu ihm gehen? Ich bin nun einmal mit dem Obrok im Rückstand. Der Sohn ist halt vor seinem Tod etwa ein Jahr krank gewesen. So hat er auch für sich den Obrok nicht bezahlt. Aber mein Kummer ist nur halb. Denn mir kann man nichts nehmen. Wie schlau sie auch alles eingerichtet haben — es nützt alles nichts: bei mir ist nichts und wieder nichts zu holen!» Der Muschik lachte. «Da mag der Verwalter Quintilian Semjonitsch klügeln soviel er will —, wo nichts ist, da ist auch nichts zu holen!»

Und Wlass lachte abermals.

«Warum lachst du? Das ist schlecht, Bruder Wlass», äußerte Tuman nach einer Weile.

«Wieso denn schlecht? Meinst du denn ...» Seine Stimme versagte. «Puh, was für eine Hitze!» fügte er hinzu und wischte sich das Gesicht mit dem Hemdärmel ab.

«Wer ist euer Barin?» fragte ich.

«Graf***, Walerian Petrowitsch.»

«Der Sohn von Pjotr Iljitsch?»

«Derselbe», antwortete Tuman. «Der Verstorbene hat ihm das Dorf noch bei seinen Lebzeiten zugeteilt.»

«Nun, und ist er gesund?»

«Das ist er, Gott sei Dank», erwiderte Wlass. «Er ist so rot geworden, und sein Gesicht ist wie ausgepolstert.»

«Da haben wir's, Väterchen», sagte Tuman, indem er sich zu mir wendete. «Dem geht's gut in Moskau, und die hier setzt er auf Obrok!»

«Wie hoch ist der Fronzins?»

«Fünfundneunzig Rubel jährlich», murmelte Wlass.

«Nun, da sehen Sie!» bemerkte Tuman. «Und Land ist nur sehr wenig da; es ist ja fast alles Wald!»

«Aber der soll auch schon verkauft sein!» sagte der Bauer.

«Sehen Sie! . . . Stjopa, gib einen Wurm her! Ah, Stjopa — bist du eingeschlafen? Oder was ist mit dir?»

Stjopuschka zuckte zusammen. Der Bauer setzte sich zu uns. Wir waren wieder still geworden. Am andern Ufer stimmte jemand ein Lied an, aber es war so traurig . . . Meinem armen Wlass wurde weh ums Herz . . .

Nach einer halben Stunde gingen wir auseinander.

DER KREISARZT

Einst, im Herbst, auf dem Rückweg von einer Jagdpartie aus einer weit entfernten Gegend, erkältete ich mich und wurde krank. Es war noch ein Glück, daß mich das Fieber in einer Kreisstadt ereilte, wo ich in einem Gasthof abgestiegen war. Ich schickte nach dem Arzt. Nach einer halben Stunde erschien der Kreisarzt, ein mittelgroßer, magerer, schwarzhaariger Mann. Er verschrieb mir das übliche schweißtreibende Mittel und ließ mir ein Senfpflaster auflegen. Sehr geschickt ließ er den Fünfrubelschein im Ärmelaufschlag verschwinden, hustete dabei trocken und schaute zur Seite. Er war im Begriff, wegzugehen, kam aber irgendwie ins Reden und blieb. Das Fieber quälte mich; ich sah eine schlaflose Nacht vor mir; so war ich denn im Grunde froh, mit einem guten Menschen plaudern zu können. Man reichte uns den Tee. Mein Arzt wurde gesprächig. Das war kein dummer Mensch. Er drückte sich gewandt aus, man konnte ihm gern ein Weilchen zuhören. Sonderbar geht's in der Welt zu: mit dem einen Menschen ist man jahrelang bekannt und befreundet, aber kein einziges Mal kommt es zu einer herzlichen Aussprache; mit einem andern aber hat man kaum Zeit gehabt, näher bekannt zu werden, und schon öffnet einer dem andern sein Herz und hat keine Geheimnisse mehr vor ihm. Ich weiß nun nicht, wodurch ich das Vertrauen meines neuen Freundes verdient hatte, es war jedoch so, daß er sich plötzlich sozusagen einen Ruck gab und anfing, mir einen ziemlich bemerkenswerten Fall aus seiner Praxis zu erzählen; ich bringe seine Erzählung jetzt zur Kenntnis meines Lesers.

«Sie kennen wohl kaum den hiesigen Richter Mylow, Pawel Lukitsch?» begann er mit schwacher und zittriger Stimme (dies ist die Wirkung einer gewissen, besonders schädlichen Sorte Schnupftabaks, die er gebrauchte). «Sie kennen ihn nicht, nun einerlei.» (Er hustete sich aus, rieb sich die Augen.) «Sehen Sie, die Sache war so: es war — wie soll ich sagen, um nicht zu lügen — zur Zeit der großen Fasten, und es war Tauwetter, wie immer um diese Zeit. Ich sitze also bei ihm, das heißt bei unserm Kreisrichter, und spiele mit ihm eine Partie ‚Préférence'. Unser Kreisrichter ist ein sehr guter Mensch, und er spielt mit Vorliebe ‚Préférence'. Plötzlich (mein Arzt liebte das Wort ‚plötzlich') sagt man mir: ein Mann steht draußen und fragt nach Ihnen. Ich sage: was will er? Man antwortet mir: er hat einen Zettel gebracht, darauf steht alles. Aha, das ist wahrscheinlich von einem Kranken! Gib den Zettel her, sag' ich. Stimmt: es ist von einem Kranken ... Nun schön, das ist ja, verstehen Sie, unser Brot. Aber die Sache ist die: es schreibt mir da eine Gutsbesitzerin, eine Witwe, und sie berichtet, ihre Tochter liege sozusagen im Sterben, ich solle um Gottes willen kommen, Pferde habe man mir schon entgegengeschickt ... Nun, das alles läßt sich hören ... Aber sie wohnt weit draußen, in einer Ortschaft, die mindestens zwanzig Werst von unserer Stadt entfernt ist; und es ist Nacht draußen; und die Wege sind in einem Zustand, daß einen das Grausen packt. Und die Witwe selber ist wahrscheinlich nicht die reichste; auf mehr als zwei Rubel ist da nicht zu rechnen, und auch das ist zweifelhaft; es ist möglich, daß man mit einem Stück Leinwand oder mit einem Säcklein Korn abgefunden wird. Jedoch die Pflicht, verstehen Sie: die Pflicht vor allem! Ein Mensch stirbt! Da gibt es kein Zögern. Ich übergebe also meine Karten dem ständigen Mitglied unseres Kollegiums, Kaljopin, und begebe mich nach Hause. Was sehe ich? Ein Wägelchen steht vor der Treppe; die Pferde sind Bauernpferde, dickbäuchige, mehr als dickbäuchige Krampen, das Fell auf ihrem Rücken ist schon kein Fell mehr, sondern Filz, richtiger Filz, und der Kutscher steht, aus Achtung mit abgenommener Mütze, bei den Pferden. Na, denke ich: deine Herrschaft, Bruder, schwimmt nicht in Ueppigkeit ... Sie belieben zu lachen; aber ich sage Ihnen: unsereiner, arm wie man ist, muß alles in Betracht ziehen ... Wenn der Kutscher oben sitzt, wie ein Fürst, und die Mütze nicht lüftet, sondern nur so in seinen Bart lächelt und mit der Peitsche tändelt, kann man ruhig auf zwei Banknoten rechnen. Und hier, sehe ich, schaut nicht viel heraus. Nichts zu machen, denk' ich: die Pflicht zuallererst. Ich nehme die nötigsten Arzneien mit und fahre hin. Aber glauben Sie mir: ich war halb tot, als ich hinkam. Ein höllischer Weg: Bäche, Schnee, Schlamm, Pfützen, und plötzlich ein neues Hindernis: die Wassermassen hatten den Damm durchbrochen. Es war ein Elend. Aber endlich komme ich doch an. Das Gutshaus ist klein, das Dach mit Stroh gedeckt ... In den Zimmern ist Licht; es scheint, man erwartet mich. Entgegen wankt mir eine Alte, die ein so ehrwürdiges Aussehen hat, in einem Häubchen. ‚Retten Sie sie! Sie stirbt!' Ich sage: ‚Wollen Sie sich beruhigen ... Wo ist die Kranke?' — ‚Hier herein, bitte!' Ich schaue: das Zimmerchen ist sauber, im Winkel ist ein Lämpchen vor dem Heiligenbild, im Bett liegt ein Mädchen, etwa zwanzig Jahre alt, besinnungslos. Fieberhitze strömt nur so von ihr aus; sie atmet schwer: hitziges Fieber. Hier stehen auch zwei andere Fräulein, Schwestern, beide erschrocken, in Tränen. ‚Da', sagen sie, ‚gestern noch war sie ganz gesund, hat noch mit Appetit gegessen; heute früh klagte sie über Kopfschmerzen, und plötzlich, jetzt am Abend, ist sie in diesem Zustand' ... Ich sage wiederum: ,Belieben Sie sich nicht zu beunruhigen' — ärztliche Pflicht, wissen Sie! — und ging ans Werk. Zuerst Aderlaß, dann ein Senfpflaster, hierauf verschrieb ich eine Medizin. Währenddessen schaue ich sie an, schaue: ein so schönes Gesicht hab' ich, bei Gott, in meinen ganzen Leben nicht gesehen ... Mit einem Wort: eine Schönheit! Mich durchschauert tiefes Mitleid. Ihre Züge sind so angenehm, die Augen ... Ah, Gott sei Dank, sie ist ruhiger geworden, Schweiß ist ausgebrochen, sie ist jetzt anscheinend aus ihrer Ohnmacht erwacht. Sie blickt um sich, fährt sich mit der Hand über das Gesicht ... Die Schwestern beugen sich über sie, fragen sie: ,Was ist mit dir?' — ,Nichts', sagt sie und dreht sich auf die andere Seite. Ich schaue — sie ist eingeschlafen. ,Nun', sage ich, ,jetzt muß man die Kranke in Ruhe lassen.' Da sind wir denn alle auf den Fußspitzen hinausgegangen; bei ihr blieb nur das Zimmermädchen, für jeden Fall. Und im Gastzimmer stand schon der Samowar auf dem Tisch, auch ein Fläschchen Jamaika-Rum: in unserm Beruf kann man ohne das gar nicht auskommen. Man schenkte mir Tee ein, bat mich, über Nacht zu bleiben ... Ich war einverstanden: wohin hätte ich jetzt fahren können? Die Alte ächzte noch immer. ,Was haben Sie denn?' sage ich; ,Ihre Tochter wird am Leben bleiben. Beunruhigen Sie sich nicht. Ruhen Sie sich aus. Es ist schon zwei Uhr!' — ,Aber Sie werden mich wecken lassen, wenn etwas passieren sollte?' — ,Ich werde Sie wecken lassen!' Die Alte begab sich weg, und die jungen Mädchen zogen sich ebenfalls in ihre Zimmer zurück. Mir hatte man ein Bett im Gastzimmer aufgeschlagen. Ich legte mich hin, konnte aber nicht einschlafen. Kein Wunder, denn was hatte ich mich heute schon abgemüht! Und immer geht mir meine Kranke durch den Sinn. Endlich hielt ich's nicht mehr aus und stand auf. ,Ich gehe einmal hinüber und schaue, was die Kranke macht', dachte ich. Das Schlafzimmer ist in einer Reihe mit dem Gastzimmer. So stand ich denn auf, öffnete leise die Tür — und mir klopft das Herz. Ich schaue: das Zimmermädchen schläft, den Mund weit aufgesperrt, und schnarcht sogar, die Bestie! Und die Kranke liegt mit dem Gesicht zu mir, hat die Arme auseinandergeworfen, das bedauernswürdige Kind! Ich trat näher. Plötzlich schlug sie die Augen auf und starrte mich an . . . ,Wer ist das? Wer ist das?' Ich wurde verlegen. ,Haben sie keine Angst', sage ich, ,Madame: ich bin der Arzt, ich komme nur, um zu sehen, wie es Ihnen geht.' — ,Sie sind der Arzt?' — ,Jaja, der Arzt! Ihr Mütterchen hat mich aus der Stadt kommen lassen. Wir haben Ihnen, Madame, zur Ader gelassen, und jetzt wollen Sie, bitte, ruhen. In zwei, drei Tagen sind Sie wieder wohlauf, so Gott will.' — ,Ach ja, ja, Doktor, lassen Sie mich nicht sterben . . . bitte, bitte! . . .' — ,Was reden Sie da, Gott mit Ihnen!‘ Sie hat wieder Fieber, denke ich still für mich und fühle ihr den Puls. Richtig — Fieber! Sie blickte mich an und faßte plötzlich meine Hand. ‚Ich werde Ihnen sagen, warum ich nicht sterben will — ich werde es Ihnen sagen, werde es sagen... Jetzt sind wir allein... Nur, bitte, niemandem . . . Hören Sie . . .‘ Ich beugte mich zu ihr, sie näherte ihre Lippen meinem Ohr, ihre Haare streiften mein Gesicht — ich gestehe, mir selbst ging der Kopf rund —, und nun begann sie zu flüstern . . . Ich verstehe kein Wort. Ach ja, sie phantasiert ja . . . Flüsterte, flüsterte, es ging sehr rasch, schien gar nicht russisch zu sein, hörte plötzlich auf, schauerte zusammen, ließ das Haupt auf die Kissen sinken und drohte mir mit dem Finger. ‚Sehen Sie zu, Doktor, aber — niemandem . . .!‘ Sie schien sich beruhigt zu haben, ich gab ihr zu trinken, weckte das Zimmermädchen und ging hinaus.»

Förmlich mit Erbitterung stopfte sich der Arzt die Nase mit Tabak voll und starrte vor sich hin.

«Indes», fuhr er fort, «hatte sich am andern Tag bei der Kranken, entgegen meiner Erwartung, keine Besserung gezeigt. Ich überlegte, überlegte und beschloß zu bleiben, obzwar mich meine anderen Patienten erwarteten . . . Und Sie begreifen: in unserm Beruf darf man nicht lax sein, die Praxis leidet darunter. Aber erstens befand sich die Patientin wirklich in Gefahr, und zweitens fühlte ich, um die Wahrheit zu gestehen, eine starke Zuneigung zu ihr. Dabei gefiel mir die ganze Familie. Es waren dies zwar unbemittelte Leute, aber hochgebildete Menschen, wie man schon sagen muß. Der Vater war ein Gelehrter, ein Dichter gewesen; freilich war er in Armut gestorben, seinen Kindern aber hatte er eine ausgezeichnete Erziehung gegeben; auch eine große Bibliothek hat er ihnen hinterlassen. War es nun deswegen, weil ich um die Kranke so eifrig bemüht war, oder aus irgendwelchen anderen Gründen: kurz, ich darf sagen, daß sie mich alle wie einen eigenen Verwandten liebgewonnen hatten ... Mittlerweile waren die Wege noch schrecklicher geworden; alle Verbindungen mit der Welt waren sozusagen abgeschnitten; sogar die Arzneimittel konnte man nur mit größter Mühe aus der Stadt erlangen ... Der Zustand der Kranken besserte sich nicht. So vergingen Tage und Tage. Aber da ... (Der Arzt verstummte.) Ich weiß gewiß nicht, wie ich Ihnen das auseinandersetzen soll ... (Er schnupfte Tabak, stieß einen tiefen Seufzer aus und trank einen Schluck Tee.) Nun, ich werde es Ihnen ohne Umschweif sagen: meine Kranke ... wie bringe ich das nur heraus? ... na, verliebte sich in mich, oder wie ... Aber nein, nicht, daß sie sich in mich verliebt hätte ... Übrigens ... Ich weiß wahrhaftig nicht, wie ich das ... (Der Arzt senkte den Kopf und errötete.)»

«Nein, nein», fuhr er fort und wurde dabei wieder ganz lebhaft, «was sag' ich, ,verliebt! Man muß sich über sich selbst im klaren sein. Sie war ein gebildetes Mädchen, klug, belesen, und ich habe sogar mein bißchen Latein vergessen. Mit meiner Figur (der Arzt schaute lächelnd an sich hinunter) ist auch nicht Staat zu machen. Aber als Narr bin ich, gottlob, nicht geboren: ich werde, was weiß ist, nicht schwarz nennen; auch bin ich nicht begriffstützig. Ich begriff zum Beispiel sehr gut, daß Alexandra — man nannte sie Alexandra Andrejewna — nicht etwa Liebe zu mir verspürte, daß es also nicht etwa echte Liebe war, sondern einfach ein freundschaftliches, aus Achtung und Zuneigung gemischtes Gefühl oder dergleichen. Wenn sie selber sich über den Charakter ihrer Neigung irrte — nun, so war doch auch ihre seelische Lage eine besondere, bedenken Sie das selbst! . . . Übrigens», fügte der Arzt hinzu, «habe ich mich da verheddert.» Er hatte all diese abgerissenen Sätze nur so hervorgesprudelt, fast ohne Atem zu schöpfen, anscheinend in arger Verwirrung. «Sie können natürlich aus meinen Reden nicht klug werden. Ich will Ihnen nun alles schön der Reihe nach erzählen.»

Er trank sein Glas Tee aus und sprach dann in ruhigerem Tone weiter.

«So also war's. Meine Kranke wurde täglich kränker. Sie sind nicht Mediziner, Herr, können sich daher auch nicht recht vorstellen, wie es in unserer Seele aussieht, wenn wir zu erraten beginnen, daß alle Anstrengungen nutzlos sind, daß die Krankheit mit uns fertig wird, nicht wir mit ihr. Wohin entschwindet dann unser Selbstvertrauen! Man wird so bange, daß man es gar nicht ausdrücken kann. Es ist einem, als ob man alles vergessen hätte, was man früher gewußt hat. Man hat den Eindruck, daß der Kranke einem nicht mehr traut; daß auch die andern merken, daß man ratlos ist. Geben sie nicht auch schon widerwillig Auskunft über die Symptome? Schauen sie einen nicht schon finster an? Tuscheln sie nicht untereinander? ... He, das ist schlimm! Aber es muß doch ein Mittel gegen diese Krankheit geben! Man muß es nur finden. Ob es nicht *das* ist? Man probiert's — nein, dieses ist es nicht! Man gibt dem Medikament nicht Zeit zu wirken, wie es sich gehört ... Bald greift man nach diesem, bald nach jenem Mittel. Man blättert im Rezeptbuch nach: das muß es sein, hier ist es, hier! ... Und manchmal, wahrhaftig, schlägt man's auf gut Glück auf: vielleicht hilft ein glücklicher Zufall, eine Fügung des Himmels ... Und inzwischen stirbt der Mensch. Und ein anderer Arzt hätte ihn vielleicht gerettet ... Ein Konzilium muß abgehalten werden, sagst du. Aber als welcher Narr steht man dann da! Nun, mit der Zeit gewöhnt man sich an alles. Ein Mensch ist gestorben. Das ist nicht deine Schuld, denn du hast ihn nach allen Regeln der Kunst behandelt. Eine weitere Qual ist noch die: man sieht, daß einem blindes Vertrauen entgegengebracht wird; selber aber weiß man, daß man nicht imstand ist, zu helfen. Und gerade ein solches Vertrauen hatte die Familie Alexandra Andrejewnas zu mir gefaßt; sie dachten nicht im entferntesten, daß Alexandra in Gefahr schwebe. Ich meinerseits versicherte stets, es gehe gut, während ich längst den Mut verloren hatte. Zu allem Unglück waren die Wege grundlos, der Kutscher brauchte einen ganzen Tag, um die Medizin herbeizuschaffen. Und ich bin Tag und Nacht bei der Kranken, kann mich nicht losreißen, erzähle ihr allerhand spaßhafte Geschichten, spiele mit ihr Karten. Tatsächlich, ganze Nächte versitze ich bei ihr. Die Alte dankt mir mit Tränen in den Augen, und ich denke für mich: deine Dankbarkeit verdiene *ich* nicht. Ich gestehe Ihnen aufrichtig, zu verbergen ist da nichts: ich selbst hatte mich in meine Kranke verliebt, und auch Alexandra fühlte sich zu mir hingezogen; zuletzt wollte sie schon niemand außer mir ins Zimmer kommen lassen. Sie spricht mit mir, fragt mich aus, wo ich studiert habe, wie ich lebe, wer meine Verwandten sind, wen ich zu besuchen pflege. Und ich fühle, daß ich sie eigentlich nicht so viel sollte sprechen lassen, aber ihr das Sprechen zu verbieten, bringe ich nicht über das Herz. Manchmal faßte ich mich an den Kopf: was tust du, Elender! Oder so — sie nimmt meine Hand in ihre Hand, hält sie lange fest, schaut mich lange, lange an, wendet sich, seufzt, ihre Augen sind groß, schmachtend, ‚Ja', sagt sie, ‚Sie sind ein guter Mensch, Sie sind lieb, Sie sind nicht so, wie unsere Nachbarn ... Nein, Sie sind nicht so einer ... Warum habe ich Sie nicht früher kennengelernt!' — ‚Alexandra, Alexandra, beruhigen Sie sich', sage ich. ‚Glauben Sie mir, ich fühle alles; ich weiß aber nicht, wodurch ich verdient habe ... Nur: beruhigen Sie sich, um Gottes willen! Beruhigen Sie sich ... alles wird noch gut werden.' Inzwischen muß ich Ihnen sagen», fügte der Arzt hinzu, indem er sich nach vorn beugte und die Augenbrauen hochzog, «daß sie mit den Nachbarsleuten wenig Verkehr hatten, weil die einen, Habenichtse wie sie, keine Bildung hatten, die andern aber, die Reichen, zu hochnäsig waren, so daß mit diesen zu verkehren ihnen der Stolz verbot. Ich sage Ihnen: eine außerordentlich gebildete Familie war das, und so war es mir, wissen Sie, angenehm. Nur aus meinen Händen wollte die Kranke die Arznei nehmen. Mit meiner Hilfe erhebt sie sich, die Ärmste, und blickt mich an ... und mir schlägt das Herz bis in den Hals hinauf. Und inzwischen wird's mit ihr schlimmer und immer schlimmer: sie wird sterben, denke ich still bei mir, sie wird unfehlbar sterben. Glauben Sie mir: ich selber wäre gern für sie ins Grab gestiegen. Und da beobachten mich die Mutter, die Schwestern, schauen mir in die Augen ... und das Vertrauen vergeht. ‚Nun, wie steht's?' — ‚Oh, recht ordentlich!' Ja, ordentlich! Den Verstand kann man darüber verlieren.

Einmal sitze ich nachts bei ihr. Das Zimmermädchen sitzt auch da und schnarcht wie ein Flußpferd. Nun ja, die arme Magd ist nicht zu tadeln, auch sie mußte viel herumspringen. Alexandra Andrejewna fühlte sich den ganzen Abend über sehr schlecht; das Fieber quälte sie. Bis Mitternacht warf sie sich hin und her; endlich war sie, so schien es, eingeschlafen; wenigstens rührte sie sich nicht. Sie liegt ruhig, das Lämpchen vor dem Heiligenbild brennt. Ich sitze, wissen Sie, mit gesenktem Kopf und schlummere auch. Plötzlich ist mir, als ob mir jemand einen Stoß versetzt hätte. Ich wandte mich um . . . Großer Gott! Alexandra Andrejewna schaut mich mit großen Augen an . . . die Lippen sind geöffnet, die Wangen glühen nur so. — ‚Was ist mit Ihnen?' — ‚Doktor, ich werde doch sterben.' — ‚Gott behüte!' — ‚Nein, Doktor, sagen Sie mir nicht, daß ich leben bleibe . . . sagen Sie es nicht . . . Wenn Sie wüßten . . . Hören Sie . . . Um Gottes willen, verbergen Sie es nicht vor mir!' Und dabei fliegt ihr Atem nur so. ‚Wenn ich gewiß wüßte, daß ich sterben muß, dann würde ich Ihnen alles sagen, alles!' — ‚Alexandra Andrejewna, bedenken Sie doch . . .!' — ‚Hören Sie: ich habe keinen Moment geschlafen, ich schaue Sie schon lange an . . . Um Himmels willen, sagen Sie mir: bin ich gefährlich krank?' —

‚Was soll ich Ihnen denn sagen, Alexandra Andrejewna? Bedenken Sie ...!' — ‚Um Gottes willen, ich flehe Sie an!' — ‚Ich kann vor Ihnen, Alexandra Andrejewna, nicht verbergen, daß Sie wirklich in Gefahr sind, aber Gott ist gnädig ...!' — ‚Ich werde sterben, ich werde sterben!' Und es klang fast fröhlich, ihr Gesicht hellte sich auf und ich erschrak. ‚Aber haben Sie keine Angst, fürchten Sie nichts, mich schreckt der Tod durchaus nicht.' Sie erhob sich plötzlich und stützte sich auf den Ellbogen. ‚Jetzt ..., ja jetzt kann ich Ihnen sagen, daß ich Ihnen dankbar bin, dankbar von ganzem Herzen, und daß Sie ein guter, lieber Mensch sind, daß ich Sie liebe ...' Ich schaue sie an wie ein Verrückter; es ist mir bange, wissen Sie. ‚Hören Sie: ich liebe Sie ...' — ‚Alexandra Andrejewna, wofür hab' ich das verdient!' — ‚Nein, nein, Sie verstehen mich nicht ... Du verstehst mich nicht ...' Und plötzlich streckte sie die Arme nach mir aus, ergriff meinen Kopf und küßte mich ... Glauben Sie mir, ich hätte bald aufgeschrien ... Ich warf mich auf die Knie und vergrub meinen Kopf in den Kissen. Sie schweigt. Ihre Finger zittern auf meinem Haar. Ich höre: sie weint. Ich fing an, sie zu trösten, ihr zu versichern ... ich weiß wahrhaftig selber nicht mehr, was ich in diesem Moment zu ihr gesagt habe. ‚Sie werden die Magd aufwecken, Alexandra Andrejewna', sagte ich; ‚ich danke Ihnen ... glauben Sie mir ... beruhigen Sie sich.' — ,Ach, lass' das!' wiederholte sie ein paarmal. ,Gott mit Ihnen! Nun, sie werden erwachen, nun, sie werden kommen — es ist doch gleich: ich werde ja doch sterben ... Warum bist du denn so mutlos? Was fürchtest du? Hebe den Kopf ... Oder lieben Sie mich vielleicht gar nicht? Vielleicht habe ich mich getäuscht? ... In diesem Fall — entschuldigen Sie mich!' — ,Alexandra Andrejewna, was reden Sie da? Ich liebe Sie, Alexandra Andrejewna!' Sie schaute mir direkt in die Augen, breitete die Arme aus. ,So umarme mich doch!' ... Ich sage Ihnen aufrichtig: ich verstehe nicht, wie ich in jener Nacht nicht wahnsinnig geworden bin. Ich fühle, daß meine Kranke sich völlig zugrunde richtet; ich sehe, daß sie nicht mehr alle Sinne beisammen hat; ich verstehe auch, daß sie, wenn sie sich nicht dem Tode nah gefühlt, an mich nicht gedacht hätte. Sonst ist es doch, es sei, wie dem sei, schaurig, mit fünfundzwanzig Jahren zu sterben, ohne je geliebt zu haben, und gerade das hat sie gequält, und eben deshalb hat sie sich, in der Verzweiflung ihres Herzens, wenigstens an mich geklammert —, verstehen Sie jetzt? Aber sie läßt mich nicht aus ihren Armen. — ,Schonen Sie mich, Alexandra Andrejewna, und schonen auch Sie selbst sich', sage ich. — ,Wozu denn?' sagt sie. ,Wovor soll ich mich denn noch hüten? Ich muß ja doch sterben!' ... Das wiederholte sie mehrere Male. ,Ja, wenn ich gewiß wüßte, daß ich am Leben bleibe und wieder zu den anständigen Fräulein gehören werde, ja, dann würde ich mich schämen, wirklich schämen . . . Aber so!?' — ‚Wer hat Ihnen denn gesagt, daß Sie sterben werden?' — ‚Ach, bitte, hör' auf: mich wirst du nicht betrügen. Du kannst nicht lügen. Schau dich nur selber im Spiegel!' — ‚Sie werden am Leben bleiben, Alexandra Andrejewna, ich werde Sie kurieren, wir werden von Ihrer Mutter den Segen erbitten . . . Heilige Bande werden uns vereinigen. Wir werden glücklich sein.' — ‚Nein, nein, ich habe Ihr Wort. Ich muß sterben. Du hast mir versprochen . . . du hast mir gesagt . . .' Es war mir bitter, vieler Ursachen wegen — bitter. Und denken Sie daran, was für Dinge sich manchmal zutragen; es scheint nichts zu sein, schmerzt aber dennoch tief. Ihr war eingefallen, mich nach meinem Namen zu fragen, das heißt: nicht nach meinem Familiennamen, sondern nach meinem Vornamen. Nun heiße ich mit meinem Vornamen unglückseligerweise Trifon. Jaja, Trifon Iwanowitsch. Im Haus hat man mich immer Doktor genannt. Nichts zu machen: ich sage also: ‚Trifon ist mein Name, Madame.' Sie kniff die Augen zu, schüttelte den Kopf, flüsterte ein paar Worte auf französisch, es war etwas Nichtgutes, dann lachte sie, und das klang auch nicht gut. Und so verbrachte ich bei ihr fast die ganze Nacht. Gegen Morgen verließ ich ihr Zimmer wie betäubt und betrat es erst wieder bei Tag, nach dem Tee. Mein Gott, mein Gott! Nicht zu erkennen war sie: Schönere legt man ins Grab hinein. Ich schwöre Ihnen, ich schwöre es bei meiner Ehre: ich verstehe nicht, wie ich diesen Jammer ausgehalten habe. Drei Tage und drei Nächte wimmerte sie noch. Und was waren das für Nächte! Was sagte sie nicht alles zu mir! Und in der letzten Nacht, stellen Sie sich vor, sitze ich an ihrem Bett und bitte bereits Gott, sie rascher zu sich zu nehmen, und mich auch gleich mit ... Da tritt ihre Mutter plötzlich ins Zimmer ... Ich hatte ihr schon am Abend vorher gesagt, daß es sozusagen nur mehr wenig Hoffnung gebe, es stehe schlecht, es wäre vielleicht nicht übel, den Priester kommen zu lassen. Als nun die Kranke ihre Mutter erblickte, sagte sie: ‚Ach, wie gut, daß du gekommen bist ... Sieh' deine Kinder! ... Wir lieben einander, haben einander das Jawort gegeben.' — ‚Was redet sie da, Doktor? Was sagt sie?' Ich wurde leichenblaß. ‚Sie phantasiert', sag' ich. ‚Es ist das Fieber, das aus ihr spricht.' Und darauf sie: ‚Hör auf, hör auf, du hast mir soeben etwas ganz anderes gesagt und einen Ring von mir angenommen ... Was verstellst du dich? Meine Mutter ist gut, sie wird verzeihen, sie wird verstehen; ich aber sterbe ja, ich brauche nicht zu lügen; gib mir die Hand ...' Ich sprang auf und lief hinaus. Die Alte hatte den Zusammenhang selbstverständlich erraten. — Ich werde Sie mit meiner Geschichte nicht länger ermüden, und mir selbst ist es, wie ich gestehen muß, unheimlich, mich an all das zu erinnern. Meine Kranke starb am andern Morgen. Gott habe sie selig!» fügte der Arzt schnell sprechend und mit einem tiefen Seufzer hinzu. «Bevor sie für immer entschlief, bat sie ihre Angehörigen, hinauszugehen und mich mit ihr allein zu lassen. — ‚Verzeihen Sie mir', sagte sie, ‚ich bin vor Ihnen vielleicht schuldig geworden ... die Krankheit . . . aber glauben Sie mir, ich habe niemand mehr als Sie geliebt ... Vergessen Sie mich nicht ... bewahren Sie meinen Ring.'»

Der Arzt wandte sich ab; ich griff nach seiner Hand.

«Ach», sagte er, «lassen Sie uns von etwas anderm reden, oder wollen Sie lieber eine ‚Préférence' spielen, nur um eine Kleinigkeit? Für unsereinen, wissen Sie, schickt es sich nicht, sich so erhabenen Gefühlen hinzugeben. Unsereiner darf nur daran denken: Wie mach' ich es, daß die Kinder nicht plärren, daß die Frau nicht zankt? Ich bin doch seitdem in den, wie man sagt, heiligen Stand der Ehe getreten ... Was will man ... Die Tochter eines Kaufmanns hab' ich genommen: Siebentausend Mitgift. Sie heißt Akulina; das paßt eben zu Trifon. Ein böses Weib, muß ich Ihnen sagen; eine wahre Wohltat, daß sie den ganzen Tag schläft ... Also, was halten Sie von einer ‚Préférence'-Partie?»

Wir spielten ‚Préférence' um eine Kopeke. Trifon Iwanowitsch gewann mir zweieinhalb Rubel ab und ging spät weg, höchlichst zufrieden ob seinem Sieg.

AUS VERGANGENEN TAGEN*

«Fahren wir doch einmal nach Lgow», sagte der dem Leser schon bekannte Jermolaj zu mir, «wir werden dort Enten in Hülle und Fülle schießen.»

Obzwar die Wildente für den echten Jäger keinen besonderen Reiz hat, so befolgte ich doch den Rat meines Jagdhelfers (anderes Wild mangelte um diese Jahreszeit — Anfang September —: die Waldschnepfen waren noch nicht gekommen, und über die Felder den Rebhühnern nachzulaufen, war mir zuwider geworden), und so machten wir uns denn auf nach Lgow.

Lgow ist ein großes Steppendorf mit einer ziemlich alten Steinkirche und zwei Mühlen an dem sumpfigen Flüßchen Rossota. Dieses Flüßchen verwandelt sich etwa fünf Werst von Lgow entfernt in einen breiten Teich, der an den Rändern und hie und da auch in der Mitte mit dichtem Schilfrohr bewachsen ist. Auf diesem Teiche, in kleinen Buchten oder an geschützten Stellen mitten im Schilfrohr, brüteten und hielten sich unzählige Enten

* Im Russischen «Lgow» betitelt. Anm. d. Übers.

auf, Enten von allen Arten: Krikenten, Halbkrikenten, Fasanenten, Tauchenten usw. Kleine Ketten von diesen Enten flogen und eilten beständig über das Wasser hin und her und wenn ein Schuß ertönte, erhoben sich davon gleich ganze Wolken, so daß der Jäger sich unwillkürlich am Kopf faßte und ein langgedehntes ‚O-o-o-o-o-o!' hören ließ.

Ich und Jermolaj gingen am Ufer des Teiches entlang, doch die Ente, ein sehr vorsichtiger Vogel, hält sich in der Nähe des Ufers nicht auf, und wenn sich sogar eine zurückgebliebene und unerfahrene Krikente unseren Schüssen ausgesetzt und dabei ihr Leben verloren hätte, so wären doch unsere Hunde nicht imstande gewesen, sie aus dem dichten Röhricht herauszuholen: trotz edelster Selbstverleugnung konnten sie ja im Schilf weder schwimmen noch mit den Füßen den Grund des Teiches erreichen, so daß sie sich höchstens an den scharfen Rändern des Schilfrohrs ihre kostbaren Nasen zerschnitten hätten.

«Nein, nein», äußerte sich Jermolaj, «das geht nicht so. Wir müssen uns ein Boot verschaffen . . . Gehen wir nach Lgow zurück.»

Wir machten uns auf den Weg, hatten aber kaum ein paar Schritte gemacht, als uns aus dem dichten Weidengebüsch ein recht elend aussehender Wachtelhund entgegenlief, und hinter ihm erschien ein Mann mittleren Wuchses, der einen sehr abgetragenen blauen Ueberrock, ein gelbliches Gilet und Hosen von der

Farbe *gris de lin* oder *bleu d'amour* anhatte. Diese Hosen hatte er schlampig in die zerrissenen Röhrenstiefel gesteckt. Um den Hals hatte er ein rotes Tüchlein gebunden . . . Über der Schulter trug er ein einläufiges Gewehr.

Während unsere Hunde mit dem ihrer Rasse eigenen chinesischen Zeremoniell die fremde Hundepersönlichkeit berochen, kam der Unbekannte auf uns zu und begrüßte uns außerordentlich höflich. Er war dem Anschein nach nicht mehr als fünfundzwanzig Jahre alt; seine langen hellbraunen Haare starrten, da sie mit Kwaß getränkt waren, in lauter kleinen Büscheln nach allen Seiten, und seine winzigen braunen Äuglein blinzelten uns freundlich an; das ganze Gesicht aber war mit einem schwarzen Tuch umbunden, als ob er Zahnweh hätte, und dieses Gesicht lächelte uns lieblich zu.

«Erlauben Sie, daß ich mich vorstelle», begann er mit weicher, einschmeichelnder Stimme. «Ich bin der hiesige Jäger Wladimir. Da ich von Ihrer Ankunft gehört habe und erfuhr, daß Sie beliebt haben, sich am Ufer unseres Teiches zu ergehen, habe ich mich entschlossen, Ihnen, falls es Ihnen nicht zuwider ist, meine Dienste anzubieten.»

Der Jäger Wladimir hatte genau dieselbe Sprechweise wie ein Provinzschauspieler, der erste Liebhaberrollen spielt. Ich nahm seinen Vorschlag an und war noch nicht in Lgow angelangt, als ich von ihm schon seine ganze Geschichte erfahren hatte. Es erwies sich, daß er ein ehemaliger Leibeigener war, den sein Herr freigelassen hatte. Er hatte in seiner Jugend Musikunterricht bekommen. Dann hatte er als Kammerdiener fungiert. Er konnte sogar lesen und schreiben, las auch, wie ich bemerken konnte, irgendwelche Büchlein. Und jetzt lebte er, wie viele in Rußland leben, ohne einen Groschen bares Geld, ohne regelmäßige Beschäftigung und nährte sich augenscheinlich doch nicht nur von himmlischer Manna. Er drückte sich ungemein zierlich aus und war auf seine feinen Manieren offenbar nicht wenig stolz. Ein Schürzenjäger war er wahrscheinlich auch, und vermutlich hatte er auf diesem Gebiet auch nicht wenig Erfolg, denn die russischen Landmädchen haben eine Schwäche für mundfertige Liebhaber. Er ließ durchblicken, daß er zuweilen benachbarte Gutsbesitzer besuche, daß er gelegentlich auch in die Stadt fahre, um dort ‚Préférence' zu spielen, und daß er unter den Stadtleuten Bekannte habe. Lächeln konnte er meisterhaft und auf die verschiedensten Arten; besonders gut stand ihm ein bescheidenes, zurückhaltendes Lächeln, das um seine Lippen spielte, wenn er fremden Reden zuhörte. Er hörte sie bis zum Ende an, erklärte sich mit allem vollkommen einverstanden, behielt jedoch dabei sein würdiges Aussehen, das auszudrücken schien, er könnte, wenn es darauf ankäme, wohl auch gelegentlich eine eigene Meinung äußern. Jermolaj, als ein nicht sehr gebildeter Mensch, der an «Subtilitäten» nicht gewöhnt war, fing ohne weiteres an, ihn zu duzen. Da mußte man gesehen haben, wie Wladimir ihn mit einem prononcierten «Sie» und einem vornehmen und hörbaren Einziehen der Luft durch die Zähne in den Senkel stellte: «Sie — sss!»

«Wozu haben Sie das Tuch umgebunden?» fragte ich ihn. «Haben Sie Zahnweh?»

«Nein — sss!» saugte er wieder die Luft durch die Zähne ein. «Das war die heillose Konsequenz — sss! einer Unvorsichtigkeit. Ich hatte einen Freund, es war ein guter Mensch — sss!, aber gar kein Jäger, wie das zuweilen vorkommt — sss! Da sagte er eines Tages zu mir — sss: ‚Mein lieber Freund, nimm mich mit auf die Jagd: ich bin wirklich neugierig, zu erfahren, worin eigentlich das Jagdvergnügen besteht!' Ich wollte dem Freunde selbstverständlich keinen *refus* erteilen — sss!, verschaffte ihm meinerseits ein Gewehr — sss! und nahm ihn mit auf die Jagd — sss! Wir jagten also wie es sich gehört; endlich fiel es uns ein, auszuruhen — sss! Ich nahm Platz unter einem Baum — sss!, er aber fing an, sich im Gebrauch des Gewehres zu üben und zielte auf mich — sss! Ich bat ihn, aufzuhören, er aber in seiner Unerfahrenheit — sss! gehorchte mir nicht: der Schuß ging los, und ich verlor mein Kinn und den Zeigefinger meiner rechten Hand — sss!»

Wir langten in Lgow an. Wladimir und Jermolaj waren beide zur Überzeugung gelangt, daß man hier ohne Kahn nicht jagen könne.

«Sutschok hat einen Kahn aus Brettern, ich weiß nur nicht, wo er ihn hingetan hat!» rief Wladimir aus. «Einer von uns muß hinlaufen und ihn fragen.»

«Von wem ist denn die Rede?» fragte ich.

«Von Sutschok! Es lebt hier ein Mensch namens Sutschok.»

Wladimir und Jermolaj begaben sich zu Sutschok. Ich sagte ihnen, ich würde sie bei der Kirche erwarten.

Auf dem kleinen Friedhof von Grab zu Grab wandelnd, stieß ich auf eine schwärzliche viereckige Urne mit folgenden Inschriften. Auf der einen Seite stand in französischen Lettern: «*Ci-gît Théophile Henri Vicomte de Blangy*»; auf der andern Seite: «In diesem Grabe liegt die sterbliche Hülle des französischen Untertanen, Graf Blangy, geboren 1737, gestorben 1799, im Alter von 62 Jahren.» Auf der dritten Seite stand: «Ruhe sanft», und auf der vierten:

«Unter diesem Stein liegt begraben
Ein französischer Emigrant von vornehmer Abkunft,
Der, seine gemordete Frau und Familie beweinend,
Sein Vaterland verließ, das von Tyrannen zertretene,
Schutz suchend, die ruhigen Gestade
Der russischen Erde erreichte,
Hier im Alter ein gastliches Dach fand
Als Lehrer wißbegieriger Kinder
Und als Friedensrichter im Kreis der Erwachsenen,
Dem nun ewigen Frieden beschieden
der allerhöchste Richter.»

Die Ankunft Jermolajs und Wladimirs riß mich aus meinem Sinnen; sie brachten den Mann mit dem sonderbaren Spitznamen «Sutschok» (Knörzlein) mit. Das war ein barfüßiger, in Lumpen gehüllter Greis mit wirrem Haar, dem Aussehen nach ein ehemaliger Hofknecht.

«Hast du einen Kahn?» fragte ich ihn.

«Es ist einer da», antwortete er mit dumpfer, wie zersprungener Stimme, «aber ein sehr schlechter.»

«Was ist denn damit geschehen?»

«Auseinandergeplatzt ist er, und aus den Ritzen sind die Verdichtungen herausgefallen.»

«Was hat denn das zu besagen?» fiel Jermolaj ein. «Man verstopft die Ritzen einfach mit Werg.»

«Das ginge!» pflichtete Sutschok ihm bei.

«Wer aber bist denn du?»

«Der herrschaftliche Fischer.»

«Was bist du für ein Fischer, wenn das Boot bei dir in so unordentlichem Zustand ist?»

«In unserm Fluß gibt's doch gar keine Fische!»

«Der Fisch liebt den Sumpf nicht», bemerkte mein Jäger mit der ihm eigenen Gravität.

«Also gut», sagte ich zu Jermolaj, «gehe jetzt, sieh zu, daß du Werg bekommst und mache uns das Boot zurecht, aber möglichst rasch, bitte!»

Jermolaj entfernte sich.

«Aber auf diese Weise werden wir wohl gar untersinken?» sagte ich zu Wladimir.

«Gott ist gnädig», antwortete er, «und man muß auf jeden Fall annehmen, daß der Teich nicht tief ist.»

«Nein, tief ist er nicht», bemerkte Sutschok, der eine sonderbare Art zu sprechen hatte: wie aus dem Schlaf. «Und auf dem Grund ist Schlamm und es sind Schlingpflanzen drunten; auch gibt es dort allerhand Untiefen.»

«Wenn es dort viele Wasserpflanzen gibt, wird man nicht rudern können», meinte Wladimir.

«Aber wer rudert denn auch auf Flachbooten? Man muß sich mit einer Stange versehen und das Boot stoßen. Ich werde mit Ihnen fahren, ich habe dort eine kleine Stange. Sonst kann man auch eine Schaufel nehmen!»

«Mit einer Schaufel geht es nicht gut, denn an manchen Stellen wird man damit nicht auf den Grund kommen», sagte Wladimir.

«Es geht damit wirklich nicht gut, das ist wahr», pflichtete ihm Sutschok bei.

Ich setzte mich, Jermolajs Rückkehr erwartend, auf ein Grab. Wladimir trat aus Respektgründen ein wenig beiseite und setzte sich dort nieder. Sutschok blieb stehen, wo er stand, hielt den Kopf gesenkt und barg nach alter Gewohnheit die Hände auf dem Rücken.

«Sage, bitte», begann ich, «bist du schon lange hier als Fischer?»

«Das siebente Jahr», antwortete er, zusammenfahrend.

«Und womit hast du dich früher beschäftigt?»

«Früher fuhr ich als Kutscher.»

«Wer hat dich denn als Kutscher abgesetzt?»

«Nun, doch die neue Barynja!»

«Was für eine Barynja?»

«Nun die doch, die uns gekauft hat. Sie belieben wohl nicht zu wissen: Aljona Timofejewna, so eine Dicke . . ., nicht mehr ganz jung.»

«Wie kam sie denn darauf, dich als Fischer anzustellen?»

«Weiß Gott . . . Sie kam zu uns gefahren, aus Tambow, wo sie ihren Stammsitz hat, ließ das ganze Hofvolk sich versammeln und kam zu uns heraus. Wir sind zuerst zu ihrem Händchen gegangen, und sie, nun sie läßt's geschehen, ist gar nicht bös . . . Nachher fragte sie uns der Reihe nach aus: ‚Womit hast du dich beschäftigt?' ‚Was hast du für ein Amt gehabt?' und so weiter. Zuletzt kam die Reihe an mich. Da fragte sie: ‚Was bist du gewesen?' Ich sage: ‚Kutscher!' Sie darauf: ‚Kutscher? Du — ein Kutscher? Wie kannst denn du ein Kutscher sein? Du sollst nicht Kutscher sein! Sei von nun an Fischer, und den Bart rasiere weg! Jedesmal, wenn ich hierherkomme, bringst du zum Herrschaftstisch die Fische, verstanden? . . .' Seitdem bin ich Fischer. ‚Und den Teich', sagte sie, ‚halte in Ordnung!' . . . Aber wie soll ich ihn denn in Ordnung halten?»

«Wem hast du früher gehört?»

«Nun, doch Sergej Sergejewitsch Pechterow! Wir sind ihm mit der Erbmasse zugefallen, aber er hat uns nicht lange besessen, nur sechs Jährchen . . . Bei ihm eben habe ich als Kutscher gedient . . . Aber nicht in der Stadt, dort hat er andere gehabt . . . Nur im Dorf.»

«Und bist du von jung auf immer Kutscher gewesen?»

«I wo! Kutscher bin ich geworden bei Sergej Sergejewitsch, früher aber war ich Koch, und auch nicht städtischer Koch, sondern nur so im Dorf.»

«Bei wem warst du denn Koch?»

«Koch war ich beim früheren Barin, bei Afanassij Nefjodytsch, dem Onkel Sergej Sergejewitschs. Gekauft hat das Gut Lgow der frühere Barin, geerbt hat es von ihm Sergej Sergejewitsch.»

«Von wem hat denn der frühere Barin Lgow gekauft?»

«Doch von der Tatjana Wassiljewna!»

«Was für eine Tatjana Wassiljewna?»

«Nun, von der, die im vorigen Jahr gestorben ist! . . . In Bolchowo, oder doch in Karatschewo? . . . als alte Jungfer . . . Sie war nie verheiratet. Sie belieben den Hergang nicht zu wissen: wir sind ihr nämlich von Vatersseite zugefallen, er, der Vater, hieß Wassilij Semjonowitsch. Sie hat uns lange besessen! . . . Etwa zwanzig Jährchen.»

«Ja, warst du denn auch bei ihr Koch?»

«Im Anfang, ja, aber später bin ich dort Koffischenka geworden.»

«Was bist du geworden?»

«Koffischenka.»

«Was ist das für eine Stelle?»

«Ich weiß es eben auch nicht, Väterchen. Beim Büfett stand ich und hieß Anton, nicht Kusjma. So hat's der Barynja beliebt, mich zu nennen.»

«Dein richtiger Name ist also Kusjma?»

«Kusjma.»

«Und bist du dort die ganze Zeit ‚Koffischenka' gewesen?»

«Nein, nicht die ganze Zeit: ich bin auch Achtjor (acteur) gewesen.»

«Ist's möglich?»

«Wie denn nicht? Ich war's. Ich habe auf dem Kijater (Theater) gespielt. Die Barynja hat bei uns ein Kijater eingerichtet.»

«Was für Rollen hast du denn gespielt?»

«Wie beliebt?»

«Was du auf dem Kijater gemacht hast?»

«Das wissen Sie nicht? Da nimmt man mich, putzt mich heraus, ich gehe so, wie ich bin: geputzt, herum, oder ich stehe, oder sitze, wie es eben kommt. Man sagt mir: ‚Sage das!' Und so sag ich's auch. Einmal hab' ich einen Blinden dargestellt. Unter jedes Augenlid hat man mir ein Erbslein gesteckt ... Wie denn nicht? ...»

«Was warst du nachher?»

«Dann bin ich wieder als Koch eingetreten.»

«Und warum hat man dich denn dann als Koch wieder abgesetzt?»

«Ach, es ist da ein Bruder von mir durchgebrannt.»

«Nun, und beim Vater deiner ersten Barynja — was warst du denn bei dem?»

«Verschiedenes ... Zuerst war ich dort Kosak (als Kosak gekleideter Bedienter), dann Faleter (Vorreiter), dann Gärtner, dann Hundeaufseher.»

«Hundeaufseher? Du bist wohl bei Jagden mit den Hunden ausgeritten?»

«So war es auch: bin mit den Hunden ausgeritten, bin aber vom Pferd gestürzt und habe mich verletzt und auch das Pferd hat einen Schaden davongetragen. Unser alter Barin war ein strenger Mann. Er befahl, mich durchzupeitschen und mich in die Lehre zu einem Schuster in Moskau zu geben.»

«Wie?! In die Lehre? Du bist doch nicht schon als Kind Hundeaufseher gewesen?»

«Das nicht: ich war schon etliche zwanzig Jahre alt.»

«Wie kann man mit zwanzig Jahren in die Lehre gehen?»

«Es war so. Folglich geht's. Wenn's doch der Barin befohlen hat! Er ist aber zum Glück bald gestorben, und da hat man mich wieder ins Dorf zurückgenommen.»

«Wann hast du denn kochen gelernt?»

Sutschok erhob sein mageres und gelbes Gesicht und lächelte.

«Kochen? Muß man denn das lernen? Das machen doch die Weiber!»

«Nun, Kusjma!» sagte ich. «Komischen Ansichten bist du in deinem Leben begegnet! Was machst du jetzt als Fischer, wo ihr doch in eurem Teich keine Fische habt?»

«Ich, Väterchen, beklage mich nicht! Ich danke Gott, daß man mich zum Fischer ernannt hat. Hat man doch einen andern, der auch so alt war wie ich, in die Papierfabrik gesteckt: das war Andrej Pupyrj, und die Barynja befahl, ihn in der Papierfabrik an die Schöpfmaschine zu stellen, denn es ist sündhaft, sagte sie, ihr Brot umsonst zu essen. Und dieser Pupyrj hat noch immer auf eine Gnade gewartet, weil ja sein zweitgliedriger Neffe im herrschaftlichen Kontor als Kontorist angestellt war. Der hatte versprochen, sich für ihn bei der Barynja zu verwenden. Was hat's genützt? ... Und Pupyrj, das hab' ich mit meinen eigenen Augen gesehen, hat sich vor seinem Neffen bis zur Erde verneigt.»

«Hast du Familie? Bist du verheiratet?»

«Nein, Väterchen, das nicht. Tatjana Wassiljewna, Gott habe sie selig, hat niemand erlaubt zu heiraten. Gott bewahre! Sie pflegte zu sagen: lebe ich doch auch so, als Jungfer! Was ist das für eine Ausgelassenheit! Was soll das alles?»

«Wovon lebst du jetzt? Bekommst du Gehalt?»

«Was für einen Gehalt, Väterchen? ... Eßwaren werden ausgegeben, Gott sei Dank! Ich bin zufrieden. Möge der liebe Gott das Leben unserer Herrin verlängern.»

Jermolaj kehrte zurück.

«Das Boot ist ausgebessert», sagte er mit düsterer Miene. «Geh jetzt und hol die Stange — du! . . .»

Sutschok lief weg, um die Stange zu holen. Die ganze Zeit hindurch, während ich mit dem armen Alten gesprochen, hatte ihn der Jäger Wladimir mit einem verächtlichen Lächeln angeblickt.

«Ein dummer Mensch — sss!» sagte er, als jener weggegangen war. «Ein vollkommen ungebildeter Mensch, ein Muschik — sss!, nichts anderes — sss! Einen Hofknecht kann man ihn wahrhaftig nicht nennen — sss! Und wie er renommiert! Der will ein Akteur gewesen sein — belieben Sie selbst zu urteilen — sss! Umsonst haben Sie beliebt, sich im Gespräch mit ihm zu beunruhigen — sss!»

Eine Viertelstunde später saßen wir schon im Flachboot Sutschoks. (Die Hunde hatten wir in der Isba und unter Aufsicht eines Kutschers Jehudiil gelassen.) Bequem hatten wir's in diesem Boot keineswegs, aber ein Jäger muß sich in die Umstände schicken. Beim stumpfen hinteren Ende stand Sutschok und stocherte mit seiner Stange im Wasser und Schlamm. Ich und Wladimir saßen auf den Querbalken des Bootes. Jermolaj hatte auf der äußersten Spitze des Nachens Platz genommen. Ungeachtet allen Abdichtens der Bootswände mit Werg, zeigte sich sehr bald Wasser unter unseren Füßen. Zum Glück war es windstill und der Teich wie eingeschlafen.

Unser Nachen schwamm ziemlich langsam dahin. Der Alte zog seine lange Stange mit Mühe aus dem zähen Schlamm und brachte mit ihr jedesmal grüne Gräser die Menge mit an die Oberfläche. Nicht wenig hinderten auch die dichten, runden Blätter der Sumpflilien den Gang unseres Bootes. Endlich gelangten wir bis zum Schilf, und nun ging der Spektakel los. Die Enten erhoben sich geräuschvoll, rissen sich, erschreckt durch unser plötzliches Erscheinen, flügelschlagend vom Wasser ab, hinter ihnen her ertönten unsere Schüsse; es war lustig, zu sehen, wie sich die Enten in der Luft überschlugen und herniederpurzelten, schwer auf das Wasser aufschlagend. Zwar alle Enten, die wir angeschossen hatten, bekamen wir nicht: die leicht verwundeten tauchten unter; andere, die auf der Stelle tot waren, fielen in so dichtes Röhricht, daß sie sogar von den Luchsaugen Jermolajs nicht entdeckt werden konnten; aber trotzdem war unser Nachen gegen Mittag bis zum Rande vollgestopft mit toten Wildenten.

Wladimir war, zur größten Genugtuung Jermolajs, gar nicht der große Weidmann, als den er sich ausgegeben hatte; seine Schüsse gingen meist fehl, und nach jedem mißglückten Schuß wunderte er sich über sein Pech, beschaute sein Flinte von allen Seiten, blies sogar ins Rohr, begriff immer noch nicht die Ursache seiner Fehlschüsse; aber endlich fand er doch eine Erklärung und trug sie uns vor. Jermolaj schoß, wie immer, ohne zu fehlen, ich aber schoß, wie gewöhnlich, ziemlich schlecht. Sutschok betrachtete uns mit den demütigen Augen eines Menschen, der sein Leben lang in herrschaftlichen Diensten gestanden; von Zeit zu Zeit schrie er: «Hier ist noch eine Ente!» und kratzte sich den Rücken, aber nicht mit den Händen, sondern indem er sich mit den Achseln einen Ruck gab.

Das Wetter war herrlich: weiße, runde Wolken schwebten hoch und ruhig über uns, im Wasser klar sich abspiegelnd; im Schilf rauschte und wisperte es; stellenweise blitzte der Teich wie Stahl in der Sonne. Wir wollten eben nach dem Dorf zurückkehren, als sich mit uns plötzlich etwas sehr Unangenehmes begab.

Schon lange hatten wir bemerkt, daß sich am Boden unseres Nachens Wasser ansammelte. Wladimir hatte den Auftrag, es mit einer Schöpfkelle, die mein umsichtiger Jäger einem gaffenden Weib im Dorf gestohlen hatte, auszuschöpfen. Alles ging gut, solange Wladimir seinen Pflichten nachkam. Aber gegen das Ende der Jagd, wie zum Abschied, erhoben sich die Enten in so dichten Scharen, daß wir kaum Zeit hatten, unsere Gewehre zu laden. In der Hitze des Gefechts achteten wir nicht mehr darauf, ob Wasser im Boot war oder nicht, und plötzlich, bei einer heftigen Bewegung Jermolajs (er wollte einen toten Vogel aus dem Wasser herausfischen und stemmte sich mit ganzer Wucht auf die eine Seite des Flachkahns), ging unser stolzes Fahrzeug mit majestätischer Langsamkeit unter; zum Glück an einer nicht sehr tiefen Stelle. Wir schrien alle entsetzt auf, aber es war zu spät: einen Augenblick später standen wir bis zum Hals im Wasser, umringt von den Körpern der toten Enten, die das Wasser wieder an die Oberfläche gehoben hatte.

Jetzt kann ich nicht, ohne laut aufzulachen, mich an die erschrockenen und totenblassen Gesichter meiner Kameraden erinnern (aber wahrscheinlich hat auch mein Antlitz sich nicht durch gesunde Röte der Wangen ausgezeichnet); in jenem Moment jedoch, das will ich nur gestehen, war mir gar nicht zum Lachen! Jeder von uns hielt sein Gewehr in die Höhe, und Sutschok, getreu seiner Gewohnheit, es in allen Stücken seiner Herrschaft recht zu machen, hielt seine Stange auch recht hoch. Der erste, der sein Schweigen brach, war Jermolaj.

«Pfui Teufel», brummte er, ins Wasser spuckend, «eine schöne Geschichte, das! Und an allem bist du schuld, alter Teufel!» wandte er sich an Sutschok. «Was ist das für ein Kahn, den du uns da aufgehalst hast!»

«Auch du bist mir einer!» wandte er sich an Wladimir. «Wo hast du deine Augen gehabt? Warum hast du das Wasser nicht ausgeschöpft — du, du, du . . .!»

Aber Wladimir dachte nicht an Erwiderungen; er zitterte wie Espenlaub, hörbar klapperten seine Zähne aufeinander, und auf seinem Gesicht lag ein völlig sinnloses Lächeln. Wohin war seine Wohlredenheit, wohin sein Gefühl für feinen Anstand und eigene Würde entschwunden?

Das verdammte Flachboot schaukelte sanft unter meinen Füßen. In dem Augenblick, als unser Schiff unterging, kam uns das Wasser kalt vor; später aber fanden wir's erträglich und nahmen das Bad eine Zeitlang geduldig hin. Nachdem der erste Schrecken vorüber war, schaute ich mich nach allen Seiten um und erblickte in einer Entfernung von etwa zehn Metern Schilf. Das Ufer aber war in weiter Entfernung zu sehen. ‚Schlimm!' dachte ich ...

«Was ist zu machen?» fragte ich Jermolaj.

«Das werden wir gleich sehen», antwortete er. «Und auf keinen Fall wollen wir hier übernachten ... Da!» sagte er zu Wladimir, «halte mein Gewehr!»

Wladimir gehorchte ohne Widerspruch.

«Ich gehe jetzt und suche eine seichte Stelle», fuhr Jermolaj fort, und sagte das mit einer solchen Bestimmtheit, als ob es in jedem Teich seichte Stellen geben müßte. Dem Sutschok nahm er die Stange ab und ging, den Grund vorsichtig abtastend, in der Richtung auf das Ufer zu fort.

«Aber kannst du denn auch schwimmen?» fragte ich ihn.

«Nein, das kann ich nicht», ertönte seine Stimme schon vom Schilfrohr her.

«Der wird sicher ertrinken», bemerkte im Ton eines Unbeteiligten Sutschok, der vorhin nicht wegen der Gefahr erschrocken war, in der wir alle schwebten, sondern weil er unsern Zorn gefürchtet hatte. Diesertwegen beruhigt, stand er da und schien keine Notwendigkeit zu verspüren, seine Lage zu ändern; nur atmete er etwas schwer.

«Und niemand wird davon je Nutzen haben — sss!» fügte Wladimir melancholisch hinzu.

Jermolaj blieb länger als eine Stunde fort. Uns schien es eine Ewigkeit. Anfänglich hatten wir uns gegenseitig noch zugerufen; hernach wurden seine Antworten seltener, und endlich schwieg er ganz. Im Dorf läutete man zum Abendsegen ... Ein Gespräch zwischen uns andern im Wasser entspann sich nicht: wir bemühten uns sogar, uns gegenseitig nicht anzusehen. Enten flogen über unsern Köpfen dahin; einige beabsichtigten sogar, sich in unserer Nähe niederzulassen, stiegen aber plötzlich bolzgerade in die Luft und flogen mit Geschrei davon. Allmählich fingen wir an, zu erstarren. Sutschok blinzelte schon mit den Augen, als ob er sich zum Schlafen anschickte.

Zu unserer unbeschreiblichen Freude kehrte Jermolaj endlich doch zurück.

«Nun, was? Rede!»

«Ich war beim Ufer, habe die Furt gefunden ... Gehen wir!»

Wir wollten uns sofort auf den Weg machen, Jermolaj aber langte erst einmal in seine

Hosentasche und zog eine lange Schnur hervor, an die er die toten Enten band. Die beiden Enden der Schnur nahm er dann in die Zähne und schritt aus. Gleich hinter ihm ging Wladimir, ich ging hinter Wladimir her, und Sutschok schloß die Prozession. Bis zum Ufer waren es etwa zweihundert Schritte. Jermolaj ging kühn und ohne Halt zu machen vorwärts (so gut hatte er sich den Weg gemerkt); nur dann und wann rief er uns zu: «Mehr links! Hier rechts ist ein Loch!» oder: «Ein wenig mehr nach rechts, hier links wirst du versinken!» ... Manchmal ging das Wasser uns bis zur Kehle, und Sutschok, der der Kleinste von uns war, schluckte zwei- oder dreimal Wasser und ließ Luftblasen aufsteigen.

«Na! na!» schrie ihn Jermolaj streng an.

Und Sutschok arbeitete sich aus einer Vertiefung wieder heraus, indem er wild mit den Händen das Wasser peitschte und mit den Beinen beinahe kunstgerechte Tempi machte. Unter keinen Umständen jedoch hätte er sich entschlossen sich an meinen Rockschößen festzuhalten.

Todmüde, über und über mit Schlamm bedeckt, patschnaß, erreichten wir endlich das Ufer ...

Ungefähr zwei Stunden später saßen wir schon alle, halb und halb getrocknet, in einem großen Heuschober und schickten uns an, das Abendbrot einzunehmen. Der Kutscher Jehudiil, ein außerordentlich langsamer, schwer in Bewegung zu setzender, bedächtiger und verschlafener Mensch, stand am Tor und traktierte Sutschok freigebig mit Schnupftabak. (Ich habe die Beobachtung gemacht, daß die Kutscher in Rußland sich sehr rasch mit jedermann befreunden.) Sutschok schnupfte mit unglaublicher Gier, ein Wunder, daß ihm nicht schlecht wurde: er spuckte, hustete, nieste und fühlte sich allem Anschein nach wunderbar wohl. Wladimir sah melancholisch drein, neigte den Kopf seitwärts und sprach wenig. Jermolaj wischte unsere Gewehre ab. Die Hunde wedelten wie verrückt mit ihren Schwänzen in Erwartung eines Haferbreis. Die Pferde stampften und wieherten unter dem Schutzdach ... Die Sonne ging unter. Breite, purpurne Strahlen schossen nach allen Seiten auseinander. Goldene Wölkchen breiteten sich, kleiner und immer kleiner werdend, am Himmel aus, der einer durchsichtigen Woge glich, mit kleinen, schaumgekrönten Wellen ... Im Dorfe hörte man Lieder.

KASSIAN

Ich kehrte in einem holpernden Bauernwagen von der Jagd zurück. Überwältigt von der stickigen Glut eines trüben Sommertages (es ist bekannt, daß an solchen Tagen die Hitze noch lästiger ist als an hellen Tagen, besonders wenn kein Wind weht), fiel ich von Zeit zu Zeit in einen unruhigen Schlummer, wurde hin und her gerüttelt und ertrug mit griesgrämiger Geduld das Aufgefressenwerden durch den feinen weißen Staub, der unaufhörlich von den ausgefahrenen Radspuren eines Dorfweges unter den eingetrockneten und knarrenden Rädern emporwirbelte —, als plötzlich meine Aufmerksamkeit durch die ungewöhnliche Unruhe und die fahrigen Bewegungen meines Kutschers geweckt wurde, der bis zu diesem Zeitpunkt fester geschlafen hatte, als ich. Er begann an dem Lenkseil zu zerren, rückte auf dem Bock hin und her, schrie auf die Pferde ein und äugte fortwährend nach einer bestimmten Seite hin. Ich schaute mich um. Wir fuhren durch eine weite, frisch gepflügte Ebene, in welche außerordentlich schräge, wellenartige Abdachungen naher, nicht eben hoher und gleichfalls beackerter Hügel hineinmündeten. Der Blick umfaßte im ganzen etwa fünf Werst öden Raumes. In der Ferne unterbrachen kleine Birkenhaine mit ihren abgerundetzackigen Wipfeln allein den geraden Strich des Horizontes. Schmale Weglein zogen sich durch die Felder, verloren sich in Hohlwegen, wanden sich auf die Hügelchen hinan, und auf einem dieser Weglein, das unser Weg in einer Entfernung von etwa fünfhundert Schritten durchschneiden mußte, unterschied ich etwas in der Art einer Prozession. Und gerade dorthin schaute mein Kutscher.

Das war ein Leichenbegängnis. Voran fuhr langsam in einer, mit nur einem Pferd bespannten Telega der Geistliche. Der Diakon saß neben ihm und lenkte das Pferd. Hinter der Telega schritten vier Bauern mit entblößten Häuptern einher, die einen mit weißen Linnen bedeckten Sarg trugen. Zwei Frauen gingen hinter dem Sarge her. Die dünne, klagende Stimme der Jüngeren drang plötzlich an mein Ohr. Ich horchte hin. Sie weinte und klagte, und es war wie ein eintöniger Singsang, inmitten dieser leeren Felder, hoffnungslos-traurig. Der Kutscher trieb die Pferde an, er wollte dem Trauerzug zuvorkommen. Eine Leiche, die unsern Weg kreuzt —, dies gilt als böses Omen. Es gelang ihm auch wirklich, das Weglein im Galopp zu überqueren, bevor der Zug die Wegkreuzung erreicht hatte. Aber wir waren noch keine hundert Meter weitergefahren, als unsere Telega plötzlich einen heftigen Stoß bekam und sich auf die Seite legte: wir wären beinahe umgekippt. Der Kutscher hielt die Pferde, die noch im Schwung waren, an, machte mit der Hand eine vielsagende Gebärde und spuckte aus.

«Was ist denn geschehen?»

Mein Kutscher stieg schweigend und ohne sich zu beeilen ab.

«Was geschehen ist, frage ich!»

«Die Vorderachse ist gebrochen ... Durchgebrannt», antwortete er mürrisch, und mit solcher Wut riß er beim Seitenpferd das Geschirr zurecht, daß das Pferd zur Seite wankte; es behielt jedoch das Gleichgewicht, schnaubte, schüttelte sich und fing ganz ruhig an, sich mit den Zähnen am Vorderbein unterm Knie zu kratzen.

Ich stieg ab und stand einige Zeit auf dem Weg, versunken in allerlei unangenehme Betrachtungen. Das rechte Vorderrad war fast ganz unter die Telega geraten und schien mit stummer Verzweiflung seine Nabe nach oben zu recken.

«Was ist jetzt zu machen?» fragte ich.

«Der da ist schuld!» sagte mein Kutscher, indem er mit der Peitsche auf den Leichenzug wies, der unterdessen die Wegkreuzung erreicht hatte und im Begriff war, auf unsern Weg einzubiegen. «Ich habe das immer und immer wieder gesehen», fuhr er fort, «daß es ein Unglück gibt, wenn einem ein Leichenzug begegnet ... jaja!»

Wieder plagte er das Nebenpferd, das, als es die üble Laune und die Roheit des Kutschers bemerkte, sich entschlossen zeigte, unbeweglich stehenzubleiben und nur zuweilen bescheiden den Schwanz zu bewegen. Ich ging ein wenig hin und her und blieb wieder vor dem Rad stehen.

Mittlerweile hatte uns der Leichenzug eingeholt. Still zog er an unserer Telega vorbei, indem er vom Weg auf den Grasboden abbog. Wir, der Kutscher und ich, nahmen die Mützen herunter, begrüßten den Geistlichen und tauschten mit den Trägern Blicke der Teilnahme. Mühsam schritten sie einher, ihre breiten Brüste hoben und senkten sich unter den schweren Atemzügen. Von den beiden Frauen, die hinter dem Sarg gingen, war die eine sehr alt und bleich; ihre unbeweglichen Züge, grausam entstellt durch ewigen Kummer, bewahrten einen Ausdruck von feierlicher Strenge. Schweigend schritt sie dahin. Von Zeit zu Zeit führte sie ihre magere Hand an die schmalen, eingesunkenen Lippen. Bei der andern, einer jungen Frau, die nicht älter als etwa fünfundzwanzig Jahre sein mochte, waren die Augen gerötet und naß, und das ganze Gesicht war geschwollen von vielem Weinen. Als der Zug näher kam, hörte sie auf, laut zu weinen und verdeckte mit dem Ärmel ihr Gesicht . . . Nun war der Zug vorbei und alle gingen nun wieder auf dem gebahnten Weg weiter, und wieder ertönte ihr klagender, die Seele zerreißender

Schmerzensgesang . . . Mein Kutscher, der den Zug wortlos mit den Augen begleitet hatte, wandte sich jetzt an mich und sagte:

«Da beerdigt man Martin den Zimmermann; den aus Rjaba.»

«Woher weißt du das?»

«Ich habe ja da die Weiber gesehen: die eine ist seine Mutter, die andere — seine Frau.»

«War er krank, oder was?»

«Ja . . . Ein Hitzfieber. Vorgestern hat der Verwalter nach dem Dochtur (Doktor) geschickt; aber man hat den Dochtur nicht angetroffen . . . War sonst ein guter Zimmermann, — der da! Hat wohl auch einmal ein Glas über den Durst getrunken, als Zimmermann aber war er gut . . . Man sieht, wie das Weib vor Schmerz vergeht. Nun ja, Weibertränen! Die sind billig. Weibertränen sind nichts als Wasser . . . jaja!»

Er hockte sich nieder, kroch unter dem Lenkseil des Nebenpferdes durch und packte das Krummholz mit beiden Händen.

«Was sollen aber wir nun machen?» fragte ich.

Mein Kutscher stemmte das Knie gegen die Schulter des Deichselpferdes, rüttelte ein paarmal am Krummholz, schob das verrutschte Geschirr zurecht, kroch dann wieder unterm Lenkseil des Nebenpferdes durch, dem er im Vorbeigehen einen Stups vor die Nase versetzte, trat dann an das Rad heran, blieb davor stehen, zog, ohne den Blick vom Rad abzuwenden, hinterm Schoß seines Kaftans gemächlich eine hölzerne Tabakdose hervor, schob den Deckel an dem kleinen Riemchen heraus, steckte zwei dicke Finger gemächlich in die Dose (in der sie kaum Platz fanden), zerrieb den Tabak, zog die Nase im voraus kraus, nahm eine Prise, dann noch eine, wobei er jede Nase voll mit einem langdauernden Ächzen begleitete und die tränenden Augen blinzelnd zusammenkniff. Dann versank er in ein tiefes Nachdenken. —

«Nun, was meinst du?» sagte ich, ein wenig ungeduldig.

Mein Kutscher schob die Schnupftabakdose behutsam in die hintere Hosentasche, lüpfte, ohne die Hände zu gebrauchen, durch eine bloße Bewegung der Stirnhaut, die Mütze, die ihm dann bis über die Augen herunterfiel; dann kroch er tief in Gedanken auf das Kutscherbänklein.

«Wohin kriechst du?» fragte ich ihn verwundert.

«Belieben Sie nur, sich wieder in den Wagen zu setzen», antwortete er ruhig und zog die Zügel an.

«Wie sollen wir denn fahren?»

«Wir — werden — fahren!»

«Aber die Achse ...?»

«Belieben Sie nur, sich in den Wagen zu setzen!»

«Die Achse ist doch zerbrochen!»

«Zerbrochen ... Gewiß ist sie zerbrochen. Aber bis zur nächsten Siedlung wird's schon gehen ... Schrittweise, heißt das ... Hier, gleich hinter dem Wäldchen, rechts, gibt's eine Siedlung, Judino heißt sie.»

«Und du glaubst, daß wir so bis dorthin kommen?»

Der Kutscher würdigte mich keiner Antwort.

«Ich werde lieber zu Fuß gehen», sagte ich.

«Wie's beliebt ...»

Er schwang die Peitsche, und die Pferde bewegten sich.

Und wir sind wirklich bis zur Siedlung gelangt, obzwar das rechte Vorderrad sich kaum an der zerbrochenen Achse hielt und ganz sonderbare Umdrehungen vollführte. Auf einem Hügel wäre es beinahe abgesprungen; aber mein Kutscher schrie nur, aufs höchste erbost, und so kamen wir denn auch glücklich den Hügel hinunter.

Die Siedlung Judino bestand aus sechs niedrigen, kleinen Bauernhütten, die schon wieder windschief dastanden, obzwar sie höchstwahrscheinlich erst vor kurzem aufgestellt worden waren; und die Höfe waren nicht bei allen mit einem geflochtenen Zaun umgeben.

Als wir in diese Siedlung einfuhren, sahen wir keine menschliche Seele; nicht einmal Hühner waren auf der Straße zu sehen; ja nicht einmal Hunde; nur ein einzelner, schwarzer Hund mit kurzem Schwanz sprang bei unserer Ankunft von einem vollkommen ausgetrockneten Wassertrog weg, zu dem ihn wohl der Durst getrieben hatte, und schleunigst verzog er sich, ohne zu bellen, hinter ein Tor.

Ich ging in die erstbeste Isba hinein, öffnete die Flurtür, rief nach den Wirtsleuten — niemand antwortete mir. Ich rief nochmals: ein hungriges Miauen ertönte hinter einer zweiten Tür. Ich stieß sie mit dem Fuß auf; eine magere Katze huschte an mir vorbei, mit grünfunkelnden Augen. Ich steckte den Kopf in die Kammer hinein, schaute mich darin um: es war dunkel, rauchig und leer. Ich begab mich in den Hof. Im Verschlag blökte ein Kalb; eine lahme graue Gans watschelte etwas zur Seite. Ich ging in eine zweite Isba hinein — auch in der zweiten: keine Menschenseele. Ich betrat wieder den Hof.

Just in der Mitte des grell von der Sonne beschienen Hofes, just an einer der Sonnenglut am stärksten ausgesetzten Stelle, lag, mit dem Gesicht zur Erde und den Kopf mit einem Bauernkittel zugedeckt, ein Knabe, wie mir schien. Ein paar Schritte neben ihm, neben einem schlechten Wägelchen, stand unter einem Schutzdach aus Stroh ein mageres Pferdchen in einem zerrissenen Geschirr. Der Sonnenschein, der in Strahlen durch schmale Ritzen des verfallenen Wetterdaches fiel, schimmerte bunt, mit kleinen hellen Flecken, auf seinem struppigen rotbraunen Haar. Hier auf dem Hof, in einem hohen Starkästchen, plapperten Stare, die mit ruhiger Neugierde aus ihrem luftigen Häuschen auf uns herab schauten. Ich trat an den Schlafenden heran und begann ihn zu wecken.

Er hob den Kopf, erblickte mich und sprang sofort auf die Beine.

«Was wünschen Sie? Was gibt es denn?» murmelte er, noch ganz verschlafen.

Ich antwortete ihm nicht gleich: so sehr hatte mich seine äußere Erscheinung überrascht. Ein Zwerg war es, in den Fünfzigern, mit einem winzigen braunen, verschrumpften Gesicht, einem spitzen Näslein, braunen, kaum bemerkbaren Äuglein und mit gekräuseltem, dichtem schwarzem Haar, das, wie der Hut auf einem Pilz, breit auf seinem winzigen Köpflein saß. Sein ganzer Körper war sehr schwächlich und mager; aber ganz unmöglich ist mit Worten zu schildern, wie ungewöhnlich und sonderbar sein Blick war.

«Was wünschen Sie?» fragte er mich noch einmal.

Ich erklärte ihm, um was es sich handelte; er hörte mir zu, ohne seine träge blinzelnden Augen von mir abzuwenden.

«Könnten wir also nicht eine neue Achse bekommen?» sagte ich zum Schluß. «Ich will sie gerne bezahlen.»

«Aber was seid Ihr für Leute? Jäger, oder dergleichen?» fragte er, indem er mich mit *einem* Blick von oben bis unten maß.

«Jäger.»

«Also auf die Vögel des Himmels schießt Ihr ... Auf die Tiere des Waldes? Es dünkt

Euch also keine Sünde, Gottes Geschöpfe zu töten, unschuldiges Blut zu vergießen?»

Das sonderbare Alterchen sprach gedehnt. Der Klang seiner Stimme berührte mich auch sehr seltsam; es war darin nicht nur nichts Gebrechliches, sondern etwas erstaunlich Süßes, Junges und Fraulichzartes.

«Eine Achse habe ich nicht.» fügte er nach einem längeren Schweigen hinzu. «Diese da (er zeigte auf sein Wägelchen) taugt Euch nichts; Ihr habt eben wahrscheinlich eine große Telega.»

«Aber im Dorf? Könnte man nicht dort eine größere finden?»

«Was für ein Dorf? Hier hat keiner eine ... Es ist auch niemand daheim: alle sind bei der Arbeit. Geht fort!» sagte er plötzlich und legte sich wieder auf dem Boden nieder.

Diesen Schluß hatte ich nicht im geringsten erwartet.

«Höre, Alter», sagte ich, und berührte dabei seine Schulter, «tu uns den Gefallen und hilf uns!»

«Geh mit Gott! Ich bin müde. War in der Stadt», sagte er und zog sich den Armjäk über den Kopf.

«Tu uns doch diese Gefälligkeit», fuhr ich fort, «ich ... ich werde alles bezahlen.»

«Ich brauche dein Geld nicht.»

«Wenn ich dich doch bitte, Alter ...»

Er richtete sich halb auf, setzte sich nieder und kreuzte die dünnen Beinchen übereinander.

«Ich könnte dich schließlich zu der gerodeten Waldstelle hinfahren. Kaufleute haben hier den Wald gekauft . . . Gott sei ihnen gnädig! . . . Sie holzen ihn gerade ab . . . Auch ein Kontor haben sie hier eingerichtet . . . Gott wird ihr Richter sein! Dort könntest du eine Achse bestellen oder eine fertige kaufen.»

«Ausgezeichnet!» rief ich voll Freude aus. «Sehr gut! Gehen wir!»

«Eine aus Eichenholz», fuhr er fort, ohne sich von seinem Platz zu erheben. «Eine gute Achse!»

«Ist es weit bis zur Waldrodung?»

«Drei Werst.»

«Nun gut. Was ist denn dabei? Wir können in deinem Wägelchen hinfahren.»

«In meinem . . . ? Nein, nein . . .»

«Warum denn nicht? Also komm», sagte ich, «gehen wir, Alter! Der Kutscher wartet draußen auf der Straße.»

Der Alte stand widerwillig auf und folgte mir auf die Straße. Mein Kutscher befand sich in einem gereizten Gemütszustand. Er hatte die Pferde tränken wollen, aber es erwies sich, daß im Brunnen recht wenig Wasser war; auch hatte das Wasser einen üblen Beigeschmack, während doch, wie die Kutscher sagen, beim Wasser der Geschmack die Hauptsache ist . . . Beim Anblick des Alten aber lächelte er, nickte mit dem Kopf und schrie:

«Ah, Kassianlein! Guten Tag!»

«Guten Tag, Jerofej, gerechter Mensch!» antwortete Kassian mit Betrübnis in der Stimme.

Ich teilte meinem Kutscher sogleich den Vorschlag mit, den Kassian mir gemacht hatte, und Jerofej erklärte sich einverstanden. Er kam auch gleich mit Pferd und Wagen in den Hof gefahren. Während nun der Kutscher die Pferde mit bedächtiger Geschäftigkeit ausspannte, stand der Alte am Tor, an das er sich mit einer Schulter anlehnte, und schaute mißmutig bald auf ihn, bald auf mich. Er schien verdutzt, und er war, soviel ich bemerken konnte, über unseren plötzlichen Besuch nicht sehr erfreut.

«Hat man denn auch dich hier angesiedelt?» fragte ihn plötzlich Jerofej und nahm dabei das Krummholz herunter.

«Ja, auch mich.»

«Sss!» sagte der Kutscher durch die Zähne, bedauernd. «Weißt du: Martin, der Zimmermann ... Du kennst ihn doch, Martin aus Rjabow?»

«Ich kenne ihn schon.»

«Nun, der ist gestorben. Wir sind soeben seinem Sarg begegnet.»

Kassian schauderte zusammen.

«Gestorben?» sagte er und senkte das Haupt.

«Ja, gestorben ... Warum hast denn du ihn nicht kuriert, hm? Du verstehst dich doch aufs Kurieren, sagt man.»

Mein Kutscher machte sich offenbar über Kassian ein wenig lustig.

«Und das hier», fügte er hinzu und zeigte mit der Schulter auf das Wägelchen des Alten, «das ist doch deine Telega? Oder nicht?»

«Jaja, meine.»

«Na, das ist mir nun einmal eine Telega ... eine Telega!» wiederholte er, ergriff sie bei der Deichsel und kehrte sie beinahe mit dem Boden nach oben um ... «Eine Telega! Und damit willst du zur Waldrodung fahren? In diese Deichsel kann man ein Pferd ja gar nicht einspannen! Unsere Pferde sind groß, diese Te-le-ga aber ... Wie soll denn das gehen?»

«Ich weiß eben auch nicht, wie das gehen soll», antwortete Kassian. «Vielleicht, wenn Ihr mein eigenes Pferdchen einspannt», fügte er seufzend hinzu.

«Mit diesem da sollten wir fahren?» sagte Jerofej, indem er an Kassians Schindmähre herantrat und sie mit dem Mittelfinger der rechten Hand verächtlich in den Hals stupfte. «Sieh da», fügte er, mit deutlichem Vorwurf in der Stimme, hinzu, «sie ist sogar eingeschlafen, die Krähe!»

Ich bat Jerofej, das Pferdchen rasch einzuspannen. Ich bekam nun selber Lust, mit Kassian zu der gerodeten Waldstelle zu fahren: es mußte dort Birkhühner geben ... Als dann das Wägelchen zur Abfahrt bereit war und ich schon irgendwie mit meinem Hund auf dem krummen Bastboden Platz genommen hatte und auch Kassian, zu einem Klümpchen zusammengeballt, mit demselben traurigen Gesicht wie vorhin auf dem vorderen Kutschbock saß, trat Jerofej mit geheimnisvollem Getue auf mich zu und flüsterte:

«Da haben Sie gut daran getan, Väterchen, mit ihm zu fahren. Es ist ja mit ihm nicht ganz geheuer ... Man kann nicht wissen ... Ein Jurodiwyj*! ... Er hat den Beinamen: Floh ... Ich begreife nicht, wie Sie sich mit ihm verständigen konnten!»

Ich wollte Jerofej sagen, Kassian sei mir bis jetzt als ein ganz vernünftiger Mensch erschienen; aber mein Kutscher setzte sein Getuschel fort:

«Sie müssen nur schauen ... dingsda! Geben Sie gut acht, ob er Sie auch wirklich dorthin bringt, wo Sie hinwollen! ... Auch die Achse belieben Sie selbst auszuwählen! Belieben Sie, eine haltbare Achse zu nehmen. — Nun sag einmal, Floh», fügte er mit lauter Stimme hinzu, «kann man hier bei euch ein Stück Brot bekommen?»

«Suche, vielleicht findest du etwas», antwortete Kassian, rührte leicht die Zügel, und wir rollten dahin.

Sein Pferdchen lief, zu meiner größten Verwunderung, gar nicht schlecht. Auf dem ganzen Weg bewahrte Kassian ein hartnäckiges Schweigen. Auf meine Fragen antwortete er nur abgerissen und unwillig. Wir waren bald bei der

* Ein «Narr in Christo». Anm. d. Übers.

gerodeten Stelle im Walde angelangt, sahen dort auch das Kontor, eine hohe Isba, die einsam am Rande einer kleinen Schlucht stand, die man mit rascher Hand abgedämmt und in einen künstlichen Teich verwandelt hatte. Im Kontor fand ich zwei junge Handlungsgehilfen, die schneeweiße Zähne, süße Äuglein und eine gewandte Zunge hatten, in Verbindung mit einem süß-schelmischen Lächeln; ich wurde wegen der Achse mit ihnen handelseinig und begab mich auf die gerodete Waldstelle. Ich dachte, Kassian werde bei seinem Pferdchen bleiben wollen, allein er kam plötzlich auf mich zu.

«Du gehst also Vögel schießen, nein?» sagte er.

«Ja, wenn ich welche finde.»

«Ich gehe mit. Darf ich?»

«Du darfst, warum denn nicht?»

Und so gingen wir denn. Die ausgerodete Stelle hatte einen Umfang von ungefähr einer Werst im Quadrat. Ich gestehe, daß ich mehr auf Kassian als auf meinen Hund schaute. Nicht umsonst hatte man ihn «Floh» benannt. Sein schwarzer, mit nichts bedeckter Kopf (übrigens konnten seine Haare eine beliebige Mütze abgeben) verhuschte alle Augenblicke im Gebüsch. Er bewegte sich ungemein flink, hüpfte gleichsam im Gehen, beugte sich fortwährend nieder, pflückte irgendwelche Kräuter, steckte sie sich in den Brustlatz, murmelte, mit sich selbst sprechend, etwas durch die

Nase und schaute immer auf mich und meinen Hund, aber mit einem so forschenden, eigentümlichen Blick! Im Busch und Strauchwerk sowie in gerodeten Waldgebieten halten sich oft kleine graue Vögelchen auf, die unausgesetzt von Bäumchen zu Bäumchen huschen, hinüber- und herüberfliegen, piepsen und pfeifen und sich plötzlich im Flug zur Erde niedersenken. Kassian ahmte sehr geschickt ihr Gezwitscher nach, ja er und sie riefen einander zu und antworteten einander. Junge Wachtelchen flogen zwitschernd unter seinen Füßen weg — er zwitscherte gleich hinter ihnen her; eine Lerche ließ sich tirilierend nieder, und er ahmte ihr wohllautendes Liedchen sogleich nach. Mit mir sprach er noch immer kein Wort.

Das Wetter war prächtig, prächtiger als zuvor, aber die Hitze wollte nicht weichen. Hoch am klaren Himmel zogen nicht sehr hohe, dünne Wolken dahin, gelblich-weiß wie verspäteter Frühlingsschnee, flach und länglich wie schlaffe Segel. Ihre bemusterten Ränder, flaumig und leicht wie Baumwolle, veränderten sich langsam, aber augenscheinlich mit jedem Augenblick: sie zergingen und warfen keinen Schatten. Ich durchstreifte mit Kassian lange die gerodeten Waldstellen. Die jungen Triebe, die noch nicht Zeit gehabt hatten, sich höher als dreiviertel Meter zu erheben, umringten mit ihren dünnen, glatten Gerten die schwarzgewordenen, niedrigen Baumstümpfe; die runden, schwammartigen

Auswüchse mit den grauen Rändern, jene Baumwucherungen, aus denen man durch Auskochen Zunder gewinnt, klebten an diesen Stümpfen; die Walderdbeere sandte darunter ihre Ranken aus; Schwärme saßen hier in ganzen Familien beisammen. In dem langen Gras, das dank der heißen Sonne überhoch aufgeschossen war, blieb man unaufhörlich stecken; überall flimmerte es einem vor den Augen von all dem bunten metallischen Glanz der jungen rötlichen Blätter auf den Bäumen; überall war der Boden mit farbigen Punkten übersät: von den blauen Dolden der Kranicherbse, den goldenen Kelchen des Hahnenfußes, den halb lila, halb gelben Blütenblättchen der Viola. Hie und da, neben abseitigen Wegen, auf denen die Spuren von Rädern noch als Streifen rötlicher Gräser sichtbar waren, lag geklaftertes Holz, auch schon dunkel geworden von Wind und Regen; das Holz warf einen schwachen schrägen Schatten; andern Schatten gab es nirgends. Ein leichter Wind erhob sich dann und wann; dann wurde wieder alles still. Er bläst einem plötzlich direkt ins Gesicht und es ist, als ob ein Sturm draus werden wollte: alles rings umher beginnt zu rauschen, zu nicken, sich zu bewegen; graziös biegen sich die zackigen Blätter des Farnkrauts; man freut sich des erfrischenden Hauches . . . Aber da ist schon wieder alles erstarrt und still geworden. Nur die Grashüpfer zirpen, was das Zeug hält, wie erbost, und dieser unaufhörliche schrille und trockene Laut wirkt ermüdend; er paßt zu der unnachgiebigen Hitze des Mittags; er ist wie von ihr gezeugt, wie von ihr aus der durchglühten Erde hervorgerufen.

Nachdem wir nirgends auch nur ein einziges ausgebrütetes Junges angetroffen, gelangten wir schließlich zu den erst jüngst gerodeten Waldstellen. Dort lagen reihenweise kürzlich abgehauene Espenbäume am Boden, traurig anzusehen, und erdrückten durch ihr Gewicht Gras und Buschwerk; auf einigen waren die Blätter noch grün, aber sie hingen tot und schlaff an den unbeweglichen Zweigen; auf anderen waren sie schon vertrocknet und zusammengeschrumpft. Von den frischen goldhellen Spänchen, die in Haufen neben den noch vom Saft feuchten Baumstümpfen herumlagen, wehte ein besonderer, überaus angenehmer bitterlicher Duft her. In der Ferne, wo der Wald begann, ertönten dumpfe Axtschläge, und von Zeit zu Zeit sank feierlich und still, gleichsam als ob er sich mit ausgebreiteten Armen grüßend verneigte, ein buschiger Baum zur Erde nieder.

Lange fand ich kein Wild; endlich flog aus einem ganz mit Wermut durchwachsenen Eichengebüsch eine Ralle auf. Ich schoß, sie drehte sich in der Luft und fiel zur Erde nieder. Als Kassian den Schuß hörte, verdeckte er seine Augen schnell mit der Hand und rührte sich nicht, solange ich damit beschäftigt war, meine Flinte neu zu laden und die Ralle aufzuheben. Ich setzte meinen Weg fort, er aber ging zu der Stelle, wo der getötete Vogel gelegen hatte, bückte sich nieder zum Gras, auf dem wohl noch einige Tropfen Blut zu sehen waren, schüttelte den Kopf und schaute sich furchtsam nach mir um . . . Ich hörte nachher, wie er murmelte:

«Eine Sünde! Was für eine Sünde!»

Die Hitze zwang uns endlich, in den Wald hineinzugehen. Unter einem hohen Haselnußgebüsch, über das ein junger, schlanker Ahornbaum schön seine leichten Blätter ausbreitete, setzte ich mich nieder. Kassian hockte sich auf den Baumstrunk einer gefällten Birke. Ich sah ihn an. Die Blätter wiegten sich sanft in der Höhe, und ihre dünnen grünlichen Schatten liefen über seinem mageren Körper, der in einem dunklen Armjäk irgendwie eingemummt war, und über seinem kleinen Gesichtchen hin und her. Er hob den Kopf nicht. Gelangweilt durch sein Schweigen, legte ich mich auf den Rücken und begann das friedliche Spiel der verworrenen Blätter auf dem Hintergrund des weiten hellen Himmels zu bewundern. Es ist eine merkwürdig angenehme Beschäftigung, im Wald auf dem Rücken zu liegen und nach oben zu schauen! Es ist einem dann, als ob man ein bodenlos tiefes Meer *unter* sich hätte, wo es sich endlos ausbreite, und daß die Bäume sich nicht von der Erde nach oben erhöben, sondern gleichsam die Wurzeln ungeheurer Pflanzen wären und senkrecht in jene glasklaren

Wellen hinunterhingen; die Blätter auf den Bäumen schimmern bald in smaragdenem Glanz, bald in einem goldenen, fast dunklen Grün. Irgendwo weit steht am äußersten Ende eines Zweigleins unbeweglich ein einzelnes Blättchen auf einem hellblauen Fleck des durchsichtigen Himmels, und neben diesem wiegt sich ein anderes, das durch seine Bewegung an das Spiel einer Fischflosse erinnert, wie wenn die Bewegung eine selbständige wäre, nicht hervorgerufen durch den Wind. Magischen submarinen Inseln gleich, schwimmen runde weiße Wolken leise heran und ziehen vorbei, und nun, ganz plötzlich, beginnt alles, dies ganze Meer, diese hellstrahlende Luft, diese Ästchen und Blätter, übergossen von Sonnenstrahlen, zu rieseln, in flüchtigem Glanze zu zittern, und es erhebt sich ein frisches, lebendiges Raunen, ähnlich dem unendlich feinen Plätschern einer plötzlich ans Ufer schlagenden Rieselwelle. Man liegt still, schaut nur, und unmöglich ist es, mit Worten auszudrücken, wie wonnig, wie ruhig, wie selig einem da zumute wird. Man schaut — und dieses tiefe, reine Azurblau erregt ein Entzücken, das so rein ist, wie dieses Blau selbst, wie diese Wolken am Himmel, und es ist, wie wenn, zusammen mit ihnen, in langsamem Zug Erinnerungen an glückliche Zeiten kämen und gingen. Tief und immer tiefer dringt der Blick in diesen ruhigen, leuchtenden Abgrund, man fühlt sich mit hinab-, hinaufgezogen, und es ist unmöglich, sich von dieser Höhe, dieser Tiefe loszureißen . . .

«Barin! Hören Sie, Barin!» sagte Kassian mit seiner klangvollen Stimme.

Ich erhob mich verwundert; bis jetzt hatte er kaum auf meine Fragen geantwortet, und jetzt fing er selber an zu sprechen.

«Was willst du denn?» fragte ich.

«Nun sag' einmal: warum hast du das Vögelchen getötet?» begann er, indem er mir direkt in die Augen sah.

«Warum? Warum? Die Ralle ist Wildbret, ein schmackhafter Vogel!»

«Nicht darum hast du sie getötet, Barin: wie wirst du das essen! Um deines Vergnügens willen hast du sie getötet!»

«Aber du selber ißt doch wohl Hühner, Gänse zum Beispiel?»

«Diese Vögel sind von Gott selbst für den Menschen bestimmt, eine Ralle aber ist ein freier Vogel, der Wald ist seine Heimat. Und nicht dieser allein: der Wald ist voll von allerlei Kreatur, auch im Feld, im Fluß, im Sumpf lebt allerlei Getier, und es ist Sünde, es zu töten; möge es doch auf Erden leben bis zu seinem natürlichen Ende! . . . Dem Menschen aber ist eine andere Nahrung zugewiesen, und ein anderes Getränk: Brot, die Gottesgabe, Wasser, das vom Himmel kommt, und die Haustiere, schon von den Erzvätern her.»

Ich schaute Kassian verwundert an. Ungesucht, frei ergossen sich seine Worte; er sprach mit stiller Begeisterung und sanfter Würde, indem er zuweilen die Augen schloß.

«Darf man nach deiner Meinung auch Fische nicht töten?» fragte ich ihn.

«Die Fische haben kaltes Blut», antwortete er mit Bestimmtheit. «Der Fisch ist ein stummes Geschöpf. Er fürchtet sich nicht, er freut sich nicht: der Fisch ist ein wortloses Geschöpf. Der Fisch fühlt nicht, in ihm ist das Blut nicht lebendig ... Das Blut», fuhr er fort, nachdem er eine Zeitlang geschwiegen hatte, «das Blut ist etwas Heiliges! Das Blut sieht Gottes Sonnelein nicht, das Blut verbirgt sich vor dem Licht ... Es ist eine große Sünde, dem Lichte Blut zu zeigen! Eine große Sünde und Angst ... oh, eine sehr große!»

Er seufzte und schlug die Augen nieder. Ich gestehe: höchst verwundert schaute ich den sonderbaren Alten an. Das war nicht die Art zu reden, wie bei uns die Bauern reden; so spricht das gewöhnliche Volk bei uns eben nicht, und auch die sogenannten Gebildeten sprechen nicht so. Wie dieser Alte sprach, das klang bedacht-feierlich und eigenartig ... Ich hatte nie Ähnliches gehört.

«Sage, bitte, Kassian», begann ich, ohne meinen Blick von seinem leicht geröteten Gesicht abzuwenden, «womit beschäftigst du dich, womit verdienst du dein Brot?»

Er antwortete nicht gleich auf meine Frage. Sein Blick begann für einen Augenblick unruhig zu werden.

«Ich lebe nach Gottes Wort», sagte er endlich, «und beschäftigen — nein, beschäftigen tue ich mich mit nichts, treibe keinen Handel, bin zu allem ungeschickt, schon von Kindheit an; ich arbeite, soweit die Kräfte reichen, aber ich bin ein schlechter Arbeiter ... wie könnte es auch anders sein? Meine Gesundheit ist schlecht, und meine Hände sind dumm. Nun, im Frühling fange ich Nachtigallen.»

«Nachtigallen fängst du? ... Hast du nicht eben gesagt, daß man jegliche Kreatur in Wald und Feld schonen müsse?»

«Töten darf man sie nicht; das ist wahr; der Tod läßt seine Beute sowieso nicht fahren. Da hat ein Mann gelebt, er hieß Martin, der Zimmermann ... Nicht lange hat er gelebt, und nun ist er gestorben; sein Weib vergeht vor Schmerz, weil ihr Mann gestorben und sie mit den Kinderchen allein geblieben ist ... Dem Tod gegenüber versagt die List des Menschen sowie jeder Kreatur. Der Tod läuft nicht weg, aber von ihm weglaufen kann man auch nicht, und noch weniger darf man ihm helfen. Und die Nachtigallen tu ich ja nicht töten, Gott behüte! Ich fange sie nicht, um sie zu quälen, nicht, um ihnen an Leib und Leben zu schaden, sondern zur Mehrung des Heils für die Menschen, zu ihrem Trost und zu ihrer Freude.»

«Gehst du nach Kursk, um sie zu fangen?»

«Ich gehe nach Kursk und weiter noch, wie es kommt. Ich übernachte in Sümpfen und jenseits der Waldzone allein im Feld und an abgelegenen Orten: hier schnarren die Schnepfen, hier schreien die Hasen, hier schnattern die Enten ... An den Abend-lein beobachte ich, an den Morgen-lein lausche ich, bei den Morgenröten überwerfe ich die Sträucher mit dem Netz ... Manch Nachtigallchen singt dann so klagend, so süß, so herzzerreißend ...»

«Und du verkaufst sie dann?»

«Ich gebe sie guten Leuten.»

«Und was treibst du sonst?»

«Wie meinen Sie?»

«Womit du dich sonst beschäftigst?»

Der Alte schwieg eine Zeitlang.

«Mit nichts; ich habe keine Beschäftigung; ich bin ein schlechter Arbeiter. Lesen und Schreiben kann ich jedoch.»

«So? Lesen und Schreiben kannst du?»

«Das kann ich. Gott hat mir geholfen und gute Leute haben es mich gelehrt.»

«Sag: hast du Frau und Kinder?»

«Nein.»

«Wieso denn? ... Gestorben? Oder?»

«Nein, sondern so ist es: dieser Aufgabe im Leben war ich nicht gewachsen. Aber das alles waltet Gott. Gott hat uns alle in seiner Hut. Aber gerecht muß der Mensch sein, das ist es. Ein Gott wohlgefälliges Leben muß er führen, darauf kommt es an.»

«Hast du denn auch keine Verwandten?»

«Doch ... die hab' ich ... das schon ...»

Der Alte stockte.

«Sage, bitte», begann ich, «habe ich richtig gehört: mein Kutscher hat dich gefragt, warum du, sozusagen, den Martin nicht geheilt hast? Verstehst du dich denn aufs Kurieren?»

«Dein Kutscher ist ein gerechter Mensch», antwortete er nachdenklich, «aber nicht ohne Sünde. Man nennt mich heilkundig. Was bin ich für ein Arzt! . . . Und wer kann denn wirklich heilen? Das liegt alles in Gottes Hand. Aber es gibt . . . es gibt Kräuter, Blumen . . . die helfen wirklich. Und wenn es auch nur das Gabelkraut ist, zum Beispiel —, es nützt immer; oder der Spitzwegerich —, auch der ist gut; von solchen Kräutern zu reden, ist nicht tadelnswert: es sind reine Kräutlein Gottes. Nun ja: andere sind wieder nicht so: sie helfen auch, aber es ist eine Sünde; von solchen auch nur zu sprechen, ist schon Sünde. Vielleicht, wenn man dazu betet, geht es noch . . . Freilich, freilich gibt es auch solche Worte . . . Und wer glaubt, wird selig», fügte er hinzu, die Stimme senkend.

«Dem Martin hast du nichts gegeben?» fragte ich.

«Hab' es zu spät erfahren», antwortete der Alte. «Nun, und was! Wie es jedem bestimmt ist. Das war keiner von den Langlebigen — der Zimmermann Martin; dem war es nicht bestimmt, auf dieser Erde alt zu werden. Das ist schon so. Nein: wenn einem Menschen das Leben auf dieser Erde kurz zubemessen ist, dann wärmt ihn auch das Sonnelein nicht mehr so, wie es einen andern wärmt, und das liebe Brot nährt ihn auch nicht mehr, es schlägt nicht an, wie bei einem andern; es ist, wie wenn etwas ihn abberufen würde ... Jaja, Gott schenke ihm die ewige Ruhe!»

«Ist es schon lange her, seitdem man euch in unsere Gegend versetzt hat?» fragte ich nach einem kleinen Schweigen.

Kassian fuhr wie aus dem Schlafe auf.

«Nein, unlängst erst: etwa vier Jahre ist's her. Beim alten Barin lebten wir alle am alten Ort; aber dann ist die Vormundschaftsbehörde gekommen und hat uns hierher versetzt. Der alte Barin war eine gute Seele, ein frommer Mensch. Gott habe ihn selig! Nun, und das Vormundschaftsgericht hat wohl alles gut erwogen; es hat halt, wie es scheint, so sein müssen.»

«Wo habt ihr denn früher gelebt?»

«Wir sind von den Ufern der schönen Metsch.»

«Ist das weit von hier?»

«Etwa hundert Werst.»

«War es dort besser?»

«Gewiß besser ... Dort sind die Ortschaften in einer weiten, wasserreichen Gegend. Dort ist unser Nest. Hier ist es eng, der Boden ist dürr. Hier sind wir Waisen. Dort, ja dort, bei uns, an der schönen Metsch, wenn man den Hügel hinansteigt. Herr, du mein Gott, was ist das für ein Anblick! Hier ist der Fluß, dort sind Wiesen, dort blaut der Wald. Hier ist die Kirche, und dort sind wieder Wiesen, soweit das Auge reicht. Man schaut, schaut, ach ... wahrhaftig ... Nun ja, hier ist die Erde besser: guter Lehmboden gemischt mit Sand, sagen die Bauern; aber für mich wird es ja überall für ein Stücklein Brot reichen.»

«Und nun, Alter, rede die Wahrheit: möchtest du die Heimat wiedersehen?»

«Das möchte ich wohl; doch überall ist es gut. Ich bin ein einsamer Mensch, sitze nicht gern an einem Ort fest. Wozu auch? Was käme dabei heraus? Wie ganz anders ist es, wenn man sich auf die Wanderschaft begibt», sagte er, plötzlich lebhaft werdend. «Da geht man, und es wird einem ums Herz so leicht. Das Sonnelein scheint so warm auf dich nieder, es ist, als ob Gott selbst dich mehr im Auge hätte, und es singt sich besser im Freien. Du gehst im Gras, ein Kräutlein leuchtet dir entgegen, du pflückst es. Hier gibt es Wasser: ein Born, ein Springquell: heiliges Wasser. Und du löschest deinen Durst. Da merkst du auch: die Vögel des Himmels singen ... Und hinter Kursk fangen die Steppen an. Was für Steppen! Wunder über Wunder! Eine Lust dem Menschen ist diese herrliche Weite, über der Gottes Segen liegt. Und diese Steppen reichen, sagen die Leute, bis an die warmen Meere, wo der Vogel Gamajun mit der süßen Stimme lebt und die Blätter weder im Winter noch im Herbst von den Bäumen fallen, wo goldene Äpfel auf silbernen Zweigen wachsen, wo jeder Mensch alles zur Genüge hat und in Gerechtigkeit leben kann. Dorthin möchte ich ziehen, wahrhaftig . . . Ich bin auch schon recht viel herumgewandert! Nach Romny bin ich gegangen, und nach der ruhmvollen Stadt Simbirsk, und sogar die goldenen Zinnen der Stadt Moskau hab' ich gesehen; an der Oka, der Ernährerin, und an der Zna, der Taube, und an der Wolga, dem Mütterchen, bin ich gewesen, und viele Menschen hab' ich gesehen, gute Christen, und in rechtschaffenen Städten bin ich gewesen . . . Nun, sehen Sie, ich würde gehen und gehen. Und nicht ich allein, sündiger Mensch, habe diese Lust. Denn viel Christen in Bastschuhen ziehen über Berg und Tal und suchen die Wahrheit . . . Aber da, bei uns zu Hause . . . nun, sagen Sie selbst: ist denn in den Leuten Wahrheit? Nein, und das ist es eben . . .»

Die letzten Worte sprach er schnell vor sich hin, sie waren fast unverständlich; nachher sagte er noch etwas, was ich gar nicht mehr verstehen konnte, und sein Gesicht nahm dabei einen so sonderbaren Ausdruck an, daß mir unwillkürlich die Benennung «Jurodiwyi» (Gottesnärrchen) wieder in den Sinn kam. Er schlug wie verlegen die Augen nieder, hustete ein paarmal und kam gleichsam wieder zu sich.

«Dieses Sonnelein!» sagte er halblaut. «Was für ein Segen, großer Gott! Wie warm ist es im Wald!»

Er bewegte schaukelnd die Achseln, schwieg ein kleines Weilchen, schaute zerstreut drein und begann plötzlich leise zu singen. Ich konnte nicht alle Worte seines langgedehnten Liedchens erhaschen; die folgenden aber vernahm ich:

«Nach dem Kirchenbuch heiße ich so,
Aber die Leute nennen mich Floh . . .»

,Ei!' dachte ich, ,er dichtet ja! . . .' Plötzlich fuhr er zusammen und schwieg. Er schaute aufmerksam in den dichten Wald. Ich wandte mich um und erblickte ein kleines Bauernmädchen, das etwa acht Jahre alt sein mochte. Es hatte ein blaues Röcklein an, ein gewürfeltes Tuch auf dem Kopf, und auf dem sonnverbrannten nackten Arm trug es ein geflochtenes Körbchen. Sie hatte wahrscheinlich nicht erwartet, uns zu begegnen; unbeweglich im grünen Wald der Nußbäume auf einer schattigen kleinen Waldwiese stehend, blickte sie mit ihren schwarzen Augen ängstlich auf mich. Ich hatte sie noch kaum recht ins Auge fassen können, als sie auch schon hinter einem Baum verschwunden war.

«Annuschka! Annuschka! komm nur her, fürchte dich nicht!» rief sie der Alte freundlich an.

«Fürchte mich!» ertönte ihr dünnes Stimmchen.

«Fürchte dich nicht, komm zu mir.»

Annuschka verließ schweigend ihr Versteck, das sie leise umging — ihre Kinderfüßchen verursachten kaum ein Geräusch im dichten Gras —, trat aus dem dichten Wald hervor und näherte sich dem Alten. Das war ein Mädchen — nicht von acht Jahren, wie sie dem Wuchse nach hätte sein können, sondern von dreizehn oder vierzehn Jahren. Ihr ganzer Körper war klein und mager, aber sehr zierlich und graziös, und ihr hübsches Gesichtchen wies eine auffallende Ähnlichkeit mit Kassian selbst auf, wiewohl dieser keineswegs schön war. Es waren dieselben scharfen Züge, es war derselbe sonderbare listige und vertrauliche, nachdenkliche und durchdringende Blick wie bei Kassian. Er warf einen raschen Blick auf sie; sie stand seitlich neben ihm.

«Nun, hast du Pilze gesammelt?»

«Ja, Pilze», antwortete sie mit einem zaghaften Lächeln.

«Hast du viele gefunden?»

«Ja, viele.» (Sie schaute ihn rasch an und lächelte wieder.)

«Sind auch Weiße darunter?»

«Auch Weiße gibt es.»

«Zeig einmal, zeig . . .»

(Sie stellte das Körbchen nieder und hob das breite Blatt der Klette halb ab.)

«Ui!» sagte Kassian, der sich über das Körbchen gebeugt hatte. «Und was für schöne! Ei! ei! Annuschka!»

«Das ist deine Tochter, Kassian, nicht wahr?» (Das Gesichtchen Annuschkas hatte sich leicht gerötet.)

«Nein, nur eine Verwandte», sagte Kassian in verstellt-nachlässigem Tone. «Nun, Annuschka, geh jetzt», und sofort fügte er hinzu: «Geh mit Gott. Und paß auf!»

«Warum soll sie denn zu Fuß nach Hause gehen?» unterbrach ich ihn. «Wir können sie ja im Wagen mitnehmen.»

Annuschka wurde feuerrot, griff mit beiden Händen nach dem Schnürchen am Korb, das als Henkel diente, und schaute den Alten in unruhiger Erwartung an.

«Nein, nein, sie wird schon auch so heimkommen», erwiderte er mit derselben gespielten Gleichgültigkeit. «Was macht es ihr aus ... jaja, sie kommt auch so nach Hause. Geh nur!»

Annuschka ging mit hurtigen Schritten weg in den Wald. Kassian schaute ihr nach, senkte den Kopf und lächelte. In diesem langen Lächeln, in den wenigen Worten, die er zu Annuschka gesagt hatte und in dem Klang seiner Stimme, als er mit ihr sprach, war eine unbeschreibliche Liebe und Zärtlichkeit. Er schaute wieder nach der Richtung, in der sie weggegangen war, lächelte wieder, rieb sich das Gesicht und schüttelte ein paarmal den Kopf.

«Warum hast du sie so weggeschickt?» fragte ich ihn. «Ich hätte ihr gern Pilze abgekauft.»

«Ach, Sie werden zu Hause genug bekommen, wenn Sie welche werden haben wollen», antwortete er, indem er zum erstenmal das Wort «Sie» gebrauchte.

«Du hast da eine sehr hübsche ...»

«Nein ... ach, woher denn ... sie ist nur so ...» antwortete er, gleichsam widerwillig, und vom selben Moment an verfiel er in dieselbe Schweigsamkeit wie vorher.

Da ich sah, daß all meine Anstrengungen, ihn zum Reden zu bringen, nutzlos sein würden, begab ich mich zu der gerodeten Waldstelle. Die Hitze hatte nachgelassen, aber mein Pech blieb dasselbe, und ich kehrte mit nur einer Ralle und einer neuen Achse nach der Siedlung zurück. Als ich mich schon dem Hof Kassians näherte, wandte er sich plötzlich zu mir.

«Barin, hören Sie, Barin!» sagte er. «Ich bin vor dir schuldig geworden. Das war doch ich, der dir das ganze Wild vertrieben hat!»

«Wie hast du denn das gemacht?»

«Ich weiß schon, wie ... Du hast zwar einen dressierten Hund, und einen sehr guten Hund, aber er konnte doch nichts dagegen tun! Wenn man bedenkt, was die Menschen treiben! Und hier ist ein Tier, und was hat man aus ihm gemacht!»

Ich hätte mich wohl vergebens bemüht, Kassian von der Idee, er habe das Wild durch seine Zaubersprüche vertrieben, abzubringen, und deshalb antwortete ich ihm nichts. Übrigens waren wir bald im Hof angelangt.

In der Isba war Annuschka nicht. Sie war aber schon da gewesen und hatte das Körbchen mit den Pilzen zurückgelassen. Jerofej paßte die neue Achse an, nachdem er sie zuvor einer strengen und sogar unbarmherzigen Prüfung unterzogen hatte. Nach einer Stunde fuhren wir weg. Kassian hatte etwas Geld bekommen, das er zuerst nicht annehmen wollte, dann aber eine Zeitlang in der hohlen Hand hielt und es schließlich in seinem Hemdlatz versorgte. Im Verlauf dieser Stunde sprach er fast kein Wort, lehnte wie früher am Tor, antwortete auf die Vorwürfe meines Kutschers nicht und nahm ziemlich kühl von mir Abschied.

Schon bei der Rückkehr aus dem Wald hatte ich bemerken können, daß mein Jerofej sich wieder in einer düsteren Gemütsverfassung befand. Nicht ohne Grund! Denn im ganzen Dorf hatte er nichts Eßbares gefunden, und die Pferdetränke war schlecht. Wir fuhren weg. Mit einer Unzufriedenheit, die sich sogar in seinem Nacken ausdrückte, saß er auf dem Bock und hatte augenscheinlich ein schreckliches Verlangen, mit mir zu reden; aber in Erwartung meiner ersten Frage, beschränkte er sich vorerst darauf, halblaut zu brummen und den Pferden teils belehrende, teils bissige Sprüche an den Kopf zu werfen.

«Ein ‚Dorf'!» murmelte er. «Ein ‚Dorf' nennt es sich! Puh! . . . Frage nach etwas Trinkbarem . . . doch wenigstens Kwaß; aber auch Kwaß ist nicht da! . . . Herrgott noch einmal! Und das Wasser — pfui!» (Er spuckte aus, so laut er konnte.) «Weder Gurken noch Kwaß — nichts . . . Na, du», fügte er laut hinzu, indem er sich an das rechte Seitenpferd wandte, «ich kenne dich, du faule Trine! Ah, sich gehen lassen — das wär' so nach deinem Geschmack ... (Und er versetzte dem Seitenpferd einen leichten Schlag mit der Peitsche.) Voller Listen, Pfiffe und Schliche ist sie geworden; und war doch sonst ein frommes Tier! ... Na, schau dich noch um, du ...!»

«Sage, bitte, Jerofej», begann ich, «was ist das für ein Mensch, dieser Kassian?»

Jerofej antwortete nicht gleich; er war überhaupt ein bedächtiger Mann und zeigte niemals Eile; aber ich erriet, daß meine Frage ihn aufgemuntert und beruhigt hatte.

«Der Floh?» sagte er endlich. «Der da? Ein sonderbarer Mensch, ein Jurodiwyj ... Einen zweiten, wie den, findet man nicht bald ... Der ist doch gerade so, wie unser hellbraunes Pferd — unverbesserlich! ... in der Arbeit, mein' ich. Nun, freilich, was kann das auch für ein Arbeiter sein; kaum daß die Seele sich hält in ihm —, nun, und dennoch! ... Er ist so von Kindheit an. Zuerst war er bei seinen Onkeln im Fuhrwesen beschäftigt; sie hatten drei Troiken; und nachher ist ihm das wahrscheinlich langweilig geworden, hat's aufgegeben. Begann zu Hause zu leben. Aber auch zu Hause ist er nicht geblieben, er ist nun einmal ein unruhiger Mensch, der richtige Floh. Einen Barin hat er gehabt, gottlob einen guten Mann. Der nötigte ihn zu nichts. Und seitdem treibt er sich herum wie ein ruheloses Schaf. Und doch ... etwas Merkwürdiges ist an ihm. Gott allein weiß, was das für ein Mensch ist: bald schweigt er wie ein Baumstumpf; bald schwatzt er, daß einem die Ohren welken ... Weiß Gott, was er dann zusammenredet! Ist denn das eine Art? Das ist keine Art. Na, mit einem Wort: ein irgendwie nicht zurecht gekommener, ein widervernünftiger Mensch ... Aber singen tut er gut ... Ergreifend ... Da ist nichts zu sagen. Sehr gut macht er das.»

«Er kuriert doch Kranke? Oder?»

«Wie wird denn der jemanden kurieren! ... Der — und kurieren! ... So sieht er aus! ... Mich aber hat er tatsächlich von den Skrofeln geheilt ... Aber sonst? Wie könnte er? Ein so dummer Mensch, wie er nun einmal ist», fügte er nach einer Weile hinzu.

«Kennst du ihn schon lange?»

«O ja, schon sehr lange! Wir in Sytschowka waren Nachbarn von ihnen an der schönen Metsch.»

«Nun, und das Mädchen, das wir im Wald gesehen haben: die kleine Annuschka: ist das eine Verwandte von ihm, oder was?»

Jerofej schaute über die Achsel zu mir zurück und lächelte mit wohlgefälligem Behagen übers ganze Gesicht.

«Heja! ... eine Verwandte ... Sie ist eine Waise. Hat keine Mutter. Es ist nicht bekannt, wer ihre Mutter war. Nun, wahrscheinlich ist sie eine Verwandte; sieht ihm aber sehr ähnlich ... Nun, sie lebt bei ihm. Ein flinkes, riegelsames Mädchen, man kann es nicht anders sagen; und ein braves Mädchen; und der Alte liebt es unsinnig. Ja, das Mädchen ist brav und lieb. Und er wird ihr noch, glauben Sie es oder nicht, das Lesen und Schreiben beibringen. Wahrhaftig: von ihm kann man sich alles erwarten. Das ist nun schon einmal so ein ungebräuchlicher Mensch, einer, der nirgends zu Hause ist und nirgends hinpaßt ... He! he! he!» unterbrach mein Kutscher sein Selbstgespräch, hielt die Pferde an, beugte sich nach der einen Seite hin und begann zu schnuppern.

«Ist das nicht ein Brandgeruch? Jawohl, so ist es! Schon wieder die Achse! Die neue! Und wie ich die geschmiert habe! ... Muß sehen, wo ich Wasser kriege ... Und da ist, wie gerufen, auch ein kleiner Teich!»

Jerofej stieg langsam ab, nahm den Eimer, ging zum Teich, brachte Wasser und hörte nicht ohne Vergnügen, wie die Radnabe zischte, als er sie übergoß. Etwa sechsmal auf einem Weg von etwa zehn Werst mußte er die Achse mit Wasser begießen, und es war spät am Abend, als wir zu Hause anlangten.

DIE SÄNGER

Das kleine Dorf Kolotowka, das einst einer Gutsbesitzerin gehört hatte, die wegen ihres bösen und raschen Wesens in der ganzen Nachbarschaft nur unter dem Spottnamen «Strychnicha» bekannt war (ihr wirklicher Name blieb mir unbekannt), und das jetzt einem Petersburger Deutschen gehört, liegt am Abhang eines kahlen Hügels, der von oben bis unten durch eine schreckliche Schlucht zerspalten ist, die sich, gähnend wie ein Abgrund, von den Wassern zerrissen und aufgewühlt, just mitten in der Straße hinunterzieht und, schlimmer als ein Fluß, den man immerhin zu überbrücken pflegt, das arme Dörfchen in zwei Teile teilt. Einige magere Weiden steigen ängstlich die sandigen Abhänge hinunter. Auf dem Grund der Schlucht, der trocken und gelb ist wie Messing, liegen mächtige Tonschieferplatten. Kein erfreulicher Anblick, muß man schon sagen — indes ist der Weg nach Kolotowka allen von der Nachbarschaft gut bekannt; sie fahren gern und oft hin.

Gerade am Gipfel des Hügels, nur ein paar Schritte von dem Punkt entfernt, wo die

Schlucht mit einem schmalen Spalt beginnt, steht eine kleine viereckige Isba, sie steht da ganz allein, abgesondert von den anderen. Sie ist mit Stroh bedeckt, hat nur einen Rauchfang; ein Fenster ist, einem scharfen Auge gleich, gegen die Schlucht gerichtet, und an den Winterabenden, wo es von innen her beleuchtet ist, ist es im trüben Nebel des Frosts weit zu sehen und hat manchem vorbeifahrenden Bäuerlein als Leitstern gedient. Über der Tür der kleinen Isba ist ein blaues Schildchen angebracht, auf dem zu lesen steht: «Zur Eintracht.» Es ist eine Schenke, und darin wird viel Branntwein verkauft, der hier wahrscheinlich nicht billiger ist als anderswo, aber man besucht diese Schenke nun einmal viel fleißiger als alle andern Pinten in der Umgebung. Woher das kommt? Es liegt an dem Pintenwirt Nikolaj Iwanytsch.

Nikolaj Iwanytsch — einst ein schlanker, kraushaariger, rotwangiger Bursche, jetzt aber ein ungewöhnlich dicker, schon grauhaariger Mann, mit gedunsenem Gesicht, schlauen, gutmütigen Augen und fetter Stirn, die von schnurgeraden Falten durchzogen ist — lebt nun schon mehr als zwanzig Jahre in Kolotowka . . . Nikolaj Iwanytsch ist ein gewandter und findiger Mann, wie die meisten Schankwirte. Er zeichnet sich nicht eben durch besondere Liebenswürdigkeit aus, ist auch nicht sehr gesprächig; aber er verfügt über die Gabe, die Gäste anzuziehen und festzuhalten, denen es irgendwie unterhaltsam vorkommt, vor seinem Schanktisch zu sitzen, unter dem ruhigen und freundlichen, dabei aber scharfen Blick des phlegmatischen Wirtes. Er besitzt viel gesunden Menschenverstand; er kennt die Lebensart sowohl des Gutsbesitzers als auch des Bauern und des Kleinbürgers; in schwierigen Fällen könnte er wohl einen nicht dummen Rat geben, aber als vorsichtiger Mann und Egoist zieht er es vor, sich hübsch fernzuhalten, höchstens daß er gelegentlich und wie nebensächlich ein Wort fallen läßt, um seine verehrten Gäste auf den Weg der Wahrheit zu führen. Er weiß trefflich Bescheid in allen Dingen, die einen russischen Menschen interessieren können, als da sind: Pferde, Hornvieh, Federvieh, Wald, Ziegel, Geschirr, Schnittwaren, Lederwaren, Lieder und Tänze. Wenn er keine Gäste hat, sitzt er mit untergeschlagenen Beinen wie ein Sack vor der Tür seiner Isba auf der Erde und wechselt hin und wieder mit den Vorübergehenden ein paar freundliche Worte. Er hat viel gesehen in seinem Leben, er hat Dutzende von diesen kleinen Landjunkern, die bei ihm einkehrten, um «Destillierten» zu trinken, überlebt, er weiß alles, was im Umkreis von hundert Werst geschieht und plaudert nicht aus, was er weiß, läßt nicht einmal merken, daß ihm bekannt ist, was der scharfsinnigste Stanovoj nicht ahnt. Er weiß das Seinige, schweigt, lächelt und rührt nur die Gläschen, die vor ihm stehen, flüchtig an. Die Nachbarn achten ihn; General Schtscherepetenko, der angesehenste Gutsbesitzer im ganzen Kreis, grüßt ihn jedesmal herablassend, wenn er an seinem Häuschen vorbeifährt. Nikolaj Iwanytsch ist eben ein einflußreicher Mann: einmal zwang er einen berüchtigten Pferdedieb, das Pferd zurückzugeben, welches dieser vom Hof eines seiner Bekannten weggeführt hatte; ein andermal brachte er Bauern zur Vernunft, die sich einem neuen Verwalter nicht fügen wollten. Übrigens tat er das nicht etwa aus Rechtsgefühl — nein, er trachtete nur, alles zu vermeiden, was irgendwie seine Ruhe stören könnte. Nikolaj Iwanytsch ist verheiratet, er hat auch Kinder. Sein Weib, eine gewandte, spitznäsige Kleinbürgerin, hat in der letzten Zeit auch etwas zugenommen, ähnlich wie ihr Mann. Er verläßt sich ganz auf sie, auch das Geld hält sie unter Schloß und Riegel. Saufbrüder, die plärren, mag sie nicht, und diese wieder fürchten sie. «Man hat wenig Nutzen von ihnen», sagt sie, «aber viele Scherereien.» Die Schweigsamen, düster vor sich Hinbrütenden sind ihr lieber. Die Kinder Nikolaj Iwanytschs sind noch klein; die ersten sind gestorben; die aber geblieben sind, sind alle den Eltern nachgeraten; es ist erheiternd, sich diese gesunden Kinderchen mit ihren klugen Gesichtern zu betrachten.

Es war ein unerträglich heißer Julitag, als ich, schleppenden Schritts, zusammen mit meinem Hund, die Schlucht emporstieg, der Schenke «Zur Eintracht» entgegen. Die Sonne brannte unbarmherzig vom Himmel herab. Die Luft war mit stickigem Staub erfüllt. Die Saatkrähen und die Raben sperrten die Schnäbel auf und schauten kläglich auf die Vorübergehenden, gleichsam um Teilnahme bittend; nur die Spatzen allein schienen sich wohl zu fühlen; sie plusterten ihre Federchen auf, zirpten, lieferten sich Kämpfe, flogen schwarmweise von der staubigen Straße auf und trieben in grauen Wolken über die grünen Hanffelder hin. Durst quälte mich, Wasser war in der Nähe nicht zu finden; in Kolotowka, wie übrigens in vielen anderen Steppendörfern, trinken die Bauern, da Quellen nicht vorhanden und Brunnen selten sind, den grünen Schlamm aus dem Teich . . . Aber wer kann diesen widerlichen Trank Wasser nennen? Ich wollte bei Nikolaj Iwanytsch ein Glas Bier oder Kwaß trinken.

Man muß gestehen: zu keiner Jahreszeit bietet Kolotowka einen erfreulichen Anblick; aber noch trauriger sieht das Nest aus, wenn die pralle Sonne all diese dunkelbraunen, halb zerrütteten Strohdächer bescheint, diese gräßliche Schlucht und den verbrannten, staubigen Weideplatz, auf dem magere, langbeinige Hühner hoffnungslos herumlaufen, die grauen Balkenwände aus Espenholz mit den Löchern statt Fenstern, Überreste des ehemaligen Herrensitzes, das Ganze umwuchert von

Brennesseln, Steppengras, Beifuß und bedeckt mit Gänseflaum, den schwarzen, gewissermaßen glühenden Teich, dessen Uferrand aus vertrocknetem Schlamm besteht, und den Damm, der geborsten ist und neben dem auf der zertrampelten Erde Schafe, kaum atmend und nießend vor Hitze, sich jämmerlich aneinanderdrängen und in trauriger Geduld den Kopf so tief wie möglich bücken, wie wenn sie abwarten wollten, wann denn endlich diese infernalische Glut vorbeigehen werde . . .

Mit müden Schritten näherte ich mich der Behausung Nikolaj Iwanytschs und erregte dabei, wie das schon so vorkommt, bei den Kindern eine bis zur äußersten Verblüffung gehende Verwunderung, bei den Hunden jedoch eine tiefe Empörung, die sich in einem derart heiseren und bösartigen Kläffen Luft machte, daß es aussah, als ob sich jetzt und jetzt ihr ganzes Inneres losreißen würde, so daß sie selber nachher husten und keuchen mußten. Da erschien plötzlich eine Mannsperson auf der Schwelle der Pinte; er war ziemlich groß, barhäuptig, und hatte ein Frieswams an, um das ein blauer Gürtel geschlungen war. Dem Aussehen nach war dies irgendein Gutsbediensteter; die grauen Haare standen wirr über seinem dürren und verrunzelten Gesicht. Er rief jemand und winkte ihm mit Gesten, die wohl umfangreicher ausfielen, als nötig gewesen wäre, denn er hatte schon, wie zu bemerken war, ein paar Gläser hinter die Binde gegossen . . .

«So mach doch rascher, Morgatsch!» lallte er mit schwerer Zunge, indem er die dichten Augenbrauen mühsam hochzog. «Komm Brüderchen, man erwartet dich schon! Was kriechst du denn so langsam einher? Mach doch rascher, Brüderchen!»

«Ich komme schon, ich komme schon!» ließ sich eine knarrende Stimme vernehmen, und von rechts, hinter der Isba, kam ein zwerghafter, dicker und lahmer Mann zum Vorschein. Er hatte einen ziemlich sauberen langen Tuchrock nur über die Achsel gehängt, einen Arm im Rockärmel. Eine hohe, spitze Mütze, die ihm völlig auf den Augenbrauen saß, gab seinem runden, vollen Gesicht einen spitzbübischen, spöttischen Ausdruck. Seine kleinen gelben Äuglein liefen ruhelos hin und her, von den dünnen Lippen verschwand ein zurückhaltendes und dabei gezwungenes Lächeln keinen Augenblick, und die lange, spitze Nase ragte keck hervor, wie der Schnabel einer Galeere.

«Ich komme schon, mein Lieber», fügte er hinzu und wandte sich, einen Fuß nachschleppend, dem Eingang der Pinte zu. «Was rufst du mich? Wer erwartet mich denn?»

«Weswegen ich dich rufe?!» sagte, mit einem deutlichen Vorwurf in der Stimme, der Mann im Frieswams. «Du bist wirklich ein merkwürdiger Mensch, Brüderchen! Man ruft dich in die Schenke, und du fragst noch: warum? wozu? weshalb? So wisse denn: lauter gute Leute erwarten dich: der Türken-Jaschka, der Wilde Barin und der Maurerpolier aus Shisdra. Jaschka hat mit dem Polier gewettet, und der Verlierer zahlt ein Achtelfaß Bier. Wer den andern im Gesang besiegt — verstehst du?»

«Jaschka wird singen?» fragte der Mann, den der andere Morgatsch genannt hatte. «Lügst du nicht, Obaldui?»

«Ich lüge nicht», antwortete würdevoll der mit dem Spitznamen «Obaldui», «aber *du* lügst wie ein roter Hund. Natürlich wird Jaschka singen, da er ja gewettet hat, Mondkalb, das du bist!»

«Na, so komm halt, heilige Einfalt!» erwiderte Morgatsch.

«Ja, aber dann küß mich zuerst, du mein Herzensjunge», lispelte der betrunkene Obaldui und breitete die Arme aus.

«Ei, seh sich einer diesen schnurrenden Kater an!» antwortete Morgatsch verächtlich und gab seinem Kumpan einen Stoß. Dann gingen beide, sich bückend, durch die niedrige Tür in die Schenke.

Dieses kurze Gespräch, das ich mitangehört, hatte meine Neugierde erregt, denn schon oft hatte ich von Jaschka-Türk gehört, der als der beste Sänger in der ganzen Gegend bekannt war, und nun war mir plötzlich Gelegenheit gegeben, ihn im Wettkampf mit einem andern Meister zu hören. Ich verdoppelte meine Schritte und betrat die Wirtsstube.

Es hatte sich schon eine ziemlich zahlreiche Gesellschaft eingefunden. Der Wirt stand hinterm Schanktisch und goß, mit einem lässigen Lächeln auf den dicken Wangen, für die eben eingetretenen Kumpane Morgatsch und Obaldui zwei Gläser mit Branntwein voll; hinter ihm, in einem Winkel, neben dem Fenster, war seine scharfäugige Frau sichtbar. In der Mitte der Stube stand Jaschka-Türk, ein hagerer, wohlgestalteter Mensch, der etwa dreiundzwanzig Jahre alt sein mochte. Er sah wie ein flotter Fabrikler aus, einer besonders guten Gesundheit schien er sich aber nicht zu erfreuen: seine eingefallenen Wangen, die großen unruhigen grauen Augen, die gerade Nase mit den dünnen, nervös-beweglichen Nasenflügeln, die weiße schräge Stirn mit den zurückgeworfenen hellbraunen Locken und die großen, aber schönen und ausdrucksvollen Lippen und sein ganzes Gesicht ließ einen eindrucksempfänglichen und leidenschaftlichen Menschen erkennen. Er war in großer Erregung, zwinkerte mit den Augen, sein Atem flog, seine Hände zitterten wie im Fieber, und er hatte wirklich Fieber: jenes fliegende Fieber mit Herzklopfen und Benommenheit, das alle kennen, die in einer Versammlung reden, singen, sich produzieren sollen. Neben ihm stand ein Mann von etwa vierzig Jahren, breitschultrig, mit breiten Backenknochen, niedriger

Stirn, schmalen tatarischen Augen, einer kurzen und flachen Nase, einem viereckigen Kinn und mit schwarzen glänzenden Haaren. Den Ausdruck seines graubraunen Gesichts, auf dem ein stumpfer Bleiglanz lag, hätte man grausam nennen können, wenn es nicht so ruhig-nachdenklich gewesen wäre. Er machte fast gar keine Bewegungen, schaute nur langsam um sich, wie wenn er in einem Joch steckte. Man nannte ihn den Wilden Barin. Ihm gegenüber, auf einer Bank unter den Heiligenbildern, saß Jaschkas Rivale, der Maurerpolier aus Shisdra. Das war ein mittelgroßer, robuster Mann von etwa dreißig Jahren, pockennarbig, kraushaarig, stulpnäsig, mit lebhaften braunen Augen und einem dünnen Bärtchen. Er blickte mit einem forschen Ausdruck um sich, hatte die Hände unter seinen Hintern geschoben, schwatzte unermüdlich und trommelte mit den Füßen, die elegant beschuht waren, auf dem Fußboden. Er trug einen neuen, feinen Armjäk aus grauem Tuch mit einem Plüschkragen, von welchem sich grell der Rand des hochroten Hemdes abhob, dessen Kragen seinen Hals eng umschloß. Im entgegengesetzten Winkel, rechts von der Tür, saß am Tisch irgendein Bäuerlein in einem engen, abgetragenen Bauernkittel, dessen Rücken ein großes Loch aufwies. Das Sonnenlicht brach mit einem dünnen gelben Schein durch die verstaubten Scheiben der zwei recht kleinen Fenster und konnte die gewöhnliche Dunkelheit im Zimmer nicht vertreiben: alle Gegenstände waren schwach beleuchtet, gleichsam mit gelben Flecken übersät. Dafür aber war es im Lokal hübsch kühl, und das Gefühl der Beklemmung und drückenden Hitze fiel wie eine Last von meinen Schultern, sobald ich nur die Schwelle überschritten hatte.

Mein Kommen hatte — wie ich wohl bemerken konnte — die Gäste Nikolaj Iwanytschs zuerst ein wenig gestört und verwirrt; aber da sie sahen, daß der Wirt mich wie einen Bekannten begrüßte, kam alles wieder ins Gleiche, und sie nahmen hinfort von mir nicht mehr Notiz. Ich bestellte ein Glas Bier und setzte mich in einen Winkel neben den Bauern im zerlumpten Bauernkittel.

«Nun, wie ist's?» rief Obaldui, der sein Glas Branntwein in einem Zug hinuntergegurgelt hatte, plötzlich aus, indem er mit seinen Armen wieder in der Luft herumfuchtelte. «Worauf wartet man denn noch? Anfangen! Anfangen! Na, was meinst du, Jaschka? . . .»

«Jawohl, anfangen, anfangen!» stimmte Nikolaj Iwanytsch bei.

«So fangen wir denn an», sagte der Polier kaltblütig und begleitete seine Worte mit einem Lächeln des Selbstvertrauens. «Ich bin bereit!»

«Ich bin auch bereit», sagte der aufgeregte Jaschka.

«So fangt denn an, Kinderchen, fangt an!» rief nun auch Morgatsch mit seiner Fistelstimme.

Aber ungeachtet des Wunsches aller Anwesenden, daß angefangen werden solle, fing keiner von den beiden Sängern an; der Polier stand nicht einmal von seiner Bank auf, und alle schienen noch auf etwas zu warten.

«Einer muß anfangen!» sagte nun mit finsterer Miene und schroff der Mann, den man den Wilden Barin nannte.

Jaschka zuckte zusammen. Der Maurerpolier stand auf, lockerte den Gürtel und räusperte sich. «Wer soll denn anfangen?» erkundigte er sich beim Wilden Barin, der immer noch unbeweglich in der Mitte des Zimmers stand, die dicken Beine gegrätscht und die massigen Arme fast bis zu den Ellbogen in den Taschen seiner Pluderhose.

«Du, du, Polier!» lallte Obaldui.

Der Wilde Barin schaute ihn finster an, Obaldui piepste etwas, stockte, schaute irgendwohin, zur Decke empor, zuckte die Achseln und schwieg.

«Man muß das Los entscheiden lassen!» bestimmte der Wilde Barin. «Und ein Achtelfäßchen sofort auf den Tisch!»

Nikolaj Iwanytsch bückte sich, hob ächzend ein Fäßchen Branntwein vom Boden auf und stellte es auf den Tisch.

Der Wilde Barin schaute Jaschka scharf an und sagte: «Nun? Wird's bald?»

Jaschka wühlte in seiner Tasche, holte einen Groschen heraus und biß ein Zeichen hinein. Der Polier holte hinter den Schößen seines

Kaftans ein neues Ledertäschchen hervor, löste in aller Gemütlichkeit die Schnur und suchte aus einer Menge Kleingeld, das er in seine Hand geschüttet hatte, einen funkelnagelneuen Groschen heraus. Obaldui legte seine abgetragene Mütze mit dem zerbrochenen und nachhängenden Mützenschirm hin. Jaschka warf seinen Groschen hinein, der Polier tat desgleichen.

«Du ziehst!» sagte der Wilde Barin, indem er sich zu Morgatsch wandte.

Morgatsch nahm die Mütze mit einem selbstzufriedenen Lächeln in beide Hände und fing an, sie zu schütteln.

In diesem Augenblick herrschte im ganzen Lokal tiefe Stille. Man hörte das schwache Geräusch der aneinanderschlagenden Münzen. Ich warf einen musternden Blick auf die ganze Versammlung. Alle Gesichter zeigten einen Ausdruck gespannter Erwartung. Der Wilde Barin kniff die Augen zu. Mein Nachbar, das Bäuerlein im durchlöcherten Bauernkittel, reckte neugierig den Hals. Morgatsch griff in die Mütze und holte den Groschen des Maurerpoliers hervor. Alle atmeten auf. Jaschka wurde rot, der Polier aber fuhr sich mit der Hand übers Haar.

«Ich hab's gleich gesagt: Du mußt anfangen, du!» schrie Obaldui. «Ich hab's erraten!»

«Na, na! Quatsche nicht!» bemerkte mit einem verächtlichen Seitenblick der Wilde Barin. «Und du — beginne!» fuhr er fort, indem er dem Polier durch eine Kopfbewegung das Zeichen zum Anfangen gab.

«Was soll ich denn singen?» fragte der Polier, der sichtlich in Erregung geriet.

«Singe, was du willst, was dir in den Sinn kommt», meinte Morgatsch.

«So ist es», stimmte Nikolaj Iwanytsch bei und verschränkte langsam die Arme. «In dieser Hinsicht brauchst du dich nach keinem kaiserlichen Ukas zu richten: du singst, was du willst, nur singe gut. Und wir werden dann schon nach bestem Wissen und Gewissen urteilen.»

«Selbstverständlich nach Wissen und Gewissen», fiel Obaldui ein und leckte den Rand seines leeren Schnapsglases.

«Wartet, Brüderchen, ich muß mich zuerst ein bißchen aushusten», begann der Polier und nestelte mit den Fingern am Plüschkragen seines Kaftans herum.

«Na, na! Was willst du dich erst abkühlen! Fange an!» entschied der Wilde Barin.

Der Polier dachte ein wenig nach, schüttelte den Kopf und trat einige Schritte vor. Jaschka saugte sich mit den Augen an ihn fest.

Aber bevor ich den Wettkampf beschreibe, halte ich es für nicht überflüßig, einige Worte über jede der handelnden Personen meiner Erzählung zu sagen. Das Leben einiger der in der Pinte versammelten Leute war mir schon von früher her bekannt, über die andern sammelte ich erst später einige Auskünfte.

Beginnen wir mit Obaldui. Sein wirklicher Name war Jewgraf Iwanow. Aber niemand in der ganzen Gegend nannte ihn so, er war nur unter seinem Spitznamen «Obaldui» (Nichtsnutz, Tölpel) bekannt, und er selbst titulierte sich nicht anders: so gut paßte der Spitzname auf ihn. Und in der Tat paßte dieser Name zu diesem unbedeutenden, ewig aufgeregten Gesicht, wie er nicht besser passen konnte. Das war ein Herumtreiber, ein lediger Hofknecht, den die eigene Herrschaft längst aufgegeben hatte. Er hatte keine Stelle, keinen Groschen im Sack, fand aber nichtsdestoweniger Mittel und Wege, auf fremder Leute Kosten zu zechen und ein fideles Leben zu führen. Er hatte eine Menge Bekannte, die ihn mit Branntwein und Tee traktierten, ohne selber zu wissen, wozu sie das taten, denn er wußte nicht nur nicht zu unterhalten, sondern fiel im Gegenteil durch sein sinnloses Geschwätz, seine Zudringlichkeit, seine verrückten Gebärden und sein unaufhörliches dummes Lachen allen zur Last. Er konnte weder singen noch tanzen und hatte in seinem ganzen Leben nicht *ein* gescheites oder auch nur brauchbares Wort gesagt; er konnte nur schwadronieren, und er log wie telegraphiert — der richtige Taugenichts. Inzwischen gab es im Umkreis von vierzig Werst kein Trinkgelage, ohne daß auch dort seine lange Figur unter den Gästen auftauchte; man hatte sich an ihn gewöhnt wie an ein unvermeidliches Übel. Es ist richtig: man ging mit ihm nicht glimpflich um, aber eigentlich bändigen konnte ihn nur der Wilde Barin.

Morgatsch hatte nicht die mindeste Ähnlichkeit mit Obaldui; der Spitzname, den er trug, Morgatsch (der Blinzler), paßte aber auch auf ihn ausgezeichnet, obgleich er nicht *mehr* mit den Augen zwinkerte als andere Menschen ... Es ist bekannt, daß das russische Volk geradezu eine Meisterschaft darin hat, Spitznamen zu erfinden. Ungeachtet aller Mühe, die ich mir gegeben habe, die Vergangenheit dieses Menschen genauer auszuforschen, sind für mich, wie wahrscheinlich für viele andere, einige Abschnitte seines Lebens dunkel geblieben. Ich habe nur erfahren können, daß er einst bei einer alten, kinderlosen Gutsbesitzerin Kutscher gewesen war und von dort mit der ihm anvertrauten Kutsche und drei Pferden durchgebrannt sei, daß er aber nach Verlauf eines Jahres, nachdem er sich wahrscheinlich vom Nachteil und von der Mühsal des Nomadenlebens überzeugt hatte, reumütig, aber schon hinkend, zurückgekehrt war; er warf sich seiner Herrin zu Füßen, erhielt Verzeihung und machte im Verlauf von einigen Jahren durch eine musterhafte Aufführung sein Vergehen wieder gut. Er wußte sich immer mehr in der Gunst der Barynja zu befestigen, gewann ihr volles Vertrauen, wurde Verwalter ihres Gutes, und nach dem Tod der Barynja erwies er sich als ein, unbekannt auf welche Weise, Freigelassener, ließ sich als Kleinbürger eintragen, pachtete ein Gemüsefeld in der Steppe, wurde wohlhabend und lebt jetzt in guten Verhältnissen. Das ist ein routinierter Geschäftsmann, der weiß, was er will, ist nicht böse und nicht gut, der Hauptsache nach aber eben ein berechnender Kopf. Er ist gerissen, kennt die Menschen, weiß sich ihrer für seine Zwecke zu bedienen, ist vorsichtig und zu gleicher Zeit unternehmungslustig wie ein Fuchs. Er ist geschwätzig wie ein altes Weib, und er verschnappt sich dennoch nie; aber jeden andern zwingt er, sich ihm zu eröffnen. Übrigens spielt er nicht den schlichten Menschen, wie das andere listige Leute desselben Kalibers gerne tun, er konnte sich nicht verstellen. Ich habe selten Augen gesehen, die so scharf und klug blickten wie die seinen. Das waren nicht Augen, um zu schauen, sondern um zu spähen und heimlich lauernd zu beobachten. Morgatsch überlegte manchmal ganze Wochen ein anscheinend einfaches Geschäft, und ein andermal stürzte er sich unvermittelt in ein waghalsiges Unternehmen, so daß man meinte, er werde sich diesmal das Genick brechen; aber nein, die Sache gelingt, es ist gegangen wie geschmiert. Er ist also in all seinen Unternehmungen glücklich, und er vertraut auch auf sein Glück. Er glaubt an Vorzeichen, wie er denn überhaupt abergläubisch ist. Man liebt ihn nicht, weil ihm auch an niemand etwas liegt, aber man achtet ihn. Seine ganze Familie besteht aus einem

Söhnchen, das er unsinnig liebt. Der Vater erzieht seinen Sprößling selbst, der es daher noch weit bringen kann. «Das Morgatschlein ist dem Papa nachgeraten», sagen schon jetzt die alten Leute, die an Sommerabenden auf dem Rasenbänklein vor ihrer Hütte sitzen und miteinander plaudern; und alle verstehen, was das bedeutet und fügen kein Wort hinzu.

Über Jaschka-Türk und den Maurerpolier ist nicht viel zu sagen. Jaschka hat den Beinamen «Türk», weil er wirklich der Sohn einer gefangenen Türkin ist; seiner Seele nach war er ein Künstler im besten Sinn des Wortes, von Beruf aber war er Schöpfer in der Papiermühle eines Kaufmannes.

Was den Polier betrifft, dessen Lebensschicksale mir, wie ich gestehe, unbekannt geblieben sind, so schien er mir ein recht gewandter Kleinbürger zu sein, der sich in allen Lebenslagen zu helfen wußte. Aber über den Wilden Barin lohnt es sich, ausführlicher zu reden.

Der erste Eindruck, den der Anblick dieses Menschen hervorruft, ist das Gefühl: hier ist eine brutale, schwerfällige, aber unüberwindliche Kraft. Er ist plump gebaut, aber ein Herkules, und ein Hauch unzerstörbarer Gesundheit ist um ihn. Dabei war seine bärenmäßige Gestalt — eine sonderbare Sache — einer eigenartigen Grazie doch nicht beraubt; sie lag vielleicht gerade in der ruhigen Sicherheit, mit der er auf seine Leibeskraft vertraute. Auf den ersten Blick ließ sich kaum erraten, welchen Beruf dieser Kraftmensch haben konnte. Er sah weder einem Hofknecht ähnlich, noch glich er einem Kleinbürger; und auch wie ein ruinierter Edelmann sah er nicht aus. Er war eben ein Typus eigener Art. Niemand wußte, woher er kam, man sagte, er stamme von Einhofbauern, ein anderer wollte wissen, er habe in einer früheren Zeit beim Militär gedient, aber niemand wußte Genaueres, und er selbst gab keine Auskunft; es gab keinen schweigsameren und düstereren Menschen als ihn. Ebenso konnte niemand sagen, wovon er lebte. Er betrieb kein Gewerbe, besuchte niemand, verkehrte mit niemand, aber Geld hatte er immer, wenn auch nicht viel. Nicht, daß er bescheiden gelebt hätte — Bescheidenheit war für ihn wohl überhaupt ein fremder Begriff —, nein: er lebte einfach so, als ob er um sich herum niemand bemerke und niemand benötige. Der Wilde Barin (so hatte man ihn benamst, sein wirklicher Name war Perewlessow) hatte einen unglaublichen Einfluß im ganzen Distrikt; man unterwarf sich ihm sofort und gern, obzwar er nicht nur kein Recht hatte, irgend jemand zu befehlen, sondern selber auch nicht den mindesten Anspruch erhob, daß ihm die Leute, mit denen er zufällig zusammenkam, gehorchen sollten. Er sprach, und man unterwarf sich ihm; seine Kraft imponierte eben. Er war kein Schnapstrinker, hatte keinen Verkehr mit Frauen und liebte nur eines leidenschaftlich:

den Gesang. In diesem Menschen steckte etwas Rätselhaftes; irgendwelche okkulten Kräfte schienen in ihm zu leben, die, einmal losgelassen, alles, was sie berührten, zerstören konnten. Ich müßte mich grausam irren, wenn es im Leben dieses Menschen nicht schon einmal eine derartige Explosion gegeben haben sollte und daß er nun, durch Erfahrung bekehrt, mit aller Macht sich selbst überwachte, nachdem er sich mit Mühe vom Untergang gerettet. Was mich am meisten in Erstaunen setzte, das war diese besondere Mischung von Grausamkeit und angeborenem Edelmut, die ihm eigentümlich war — eine Mischung, die ich noch bei keinem andern Menschen beobachtet hatte. —

Der Maurerpolier trat also einen Schritt vor, drückte die Augen halb zu und begann im höchsten Falsett. Er hatte eine ziemlich angenehme, dabei süß flötende, aber etwas heisere Stimme; er spielte mit dieser Stimme wie mit einem Kreisel; von den höchsten Tönen ging es in melodischen Übergängen nach unten, und immer wieder kehrte er zu den oberen Noten zurück, die er möglichst lange aushielt und mit besonderer Sorgfalt dehnte; er hielt einen Augenblick inne und kehrte wieder zu der früheren Melodie zurück, mit einer verwegenen und hochmütigen Bravour. Die Übergänge waren manchmal sehr kühn, manchmal ziemlich drollig; einem Kenner hätten sie gefallen müssen, einem Deutschen hätten sie nur Ärger bereitet. Das war ein russischer *tenor léger*. Er sang ein heiteres Tanzlied, dessen Text, soweit ich ihn durch die unaufhörlichen Fiorituren erhaschen konnte, etwa lautete:

Ich werde beackern,
Du Junge!
Mein kleines Gärtelein;
Ich werde säen,
Du Junge!
Und rote Blümelein
Werden erblühen,
Du Junge!

Er sang, und alle lauschten mit großer Aufmerksamkeit. Er fühlte offenbar, daß er es mit kundigen Leuten zu tun habe und strengte sich außerordentlich an. Und in der Tat verstehen sich die Leute bei uns auf guten Gesang; nicht umsonst ist das Dorf Sergejewskoje an der großen Orjoler Straße in ganz Rußland berühmt, weil dort so schön gesungen wird. Lange sang der Polier, ohne bei seinen Zuhörern besonders starke Emotionen auszulösen; es fehlte ihm offenbar die Unterstützung des Chors; endlich aber, bei einem vorzüglich gelungenen Übergang, der selbst den Wilden Barin zu einem Lächeln nötigte, konnte Obaldui nicht mehr an sich halten und schrie auf vor Entzücken. Auch alle andern durchzuckte es. Obaldui und Morgatsch begannen halblaut mitzusummen, und bisweilen schrien sie auf: «Dieser Satan! ... Großartig! ... Jetzt noch einmal, Schuft! ... Ah, dieser Hund! ... Verkaufe, Herodes, deine Seele!» und andere Liebenswürdigkeiten. Nikolaj Iwanytsch hinter dem Schanktisch nickte beifällig mit dem Kopf. Obaldui begann zuletzt gar mit den Füßen aufzustampfen, herumzutanzen und sich wie ein Narr zu gebärden. Jaschkas Augen glühten wie Kohlen, er zitterte am ganzen Körper und lächelte fassungslos. Der Wilde Barin allein verzog keine Miene und stand wie vordem unbeweglich auf seinem Platz. Aber der Blick, mit dem er den Sänger ansah, hatte nun einen sanfteren Ausdruck, obgleich der verächtliche Zug um seinen Mund nicht weichen wollte. Durch den allgemeinen Beifall ermutigt, legte sich der Polier jetzt erst recht ins Zeug und begann solche Triller zu exekutieren, derart mit der Zunge zu knallen und zu schnalzen und aus voller Kehle zu singen, daß, als er endlich, bleich, ermüdet und mit Schweiß bedeckt, den letzten ersterbenden Ton aushauchte, ihm ein allgemeiner Aufschrei antwortete. Obaldui fiel dem Sänger um den Hals und würgte ihn mit seinen langen, knochigen Fingern; auf dem feisten Gesicht des Wirtes trat Farbe hervor und er wurde gleichsam jünger; Jaschka schrie wie ein Wahnsinniger: «Teufelskerl! Teufelskerl!» Sogar mein Nachbar, der Bauer im zerfetzten Kittel, hielt es nicht aus und schrie: «Ah, ha! Der Teufel hol's! Sehr gut!» Dabei schlug er mit der Faust auf den Tisch und spie mit Nachdruck zur Seite.

«Na, Bruder», schrie Obaldui, der den ganz kraftlos gewordenen Polier nicht aus seiner Umarmung entließ, «ein wahres Fest hast du uns bereitet, ein Vergnügen hast du uns verschafft, nicht zum Sagen! Gewonnen, Bruder, gewonnen! Ich gratuliere — das Achtel ist dein! Jaschka ist nicht wert, dir die Schuhriemen zu lösen! Der steht tief unter dir, glaub mir's nur!» Und er drückte den Polier abermals an seine Brust.

«Laß ihn doch los, Hundsfott», sagte Morgatsch voll Ärger zu ihm, «laß ihn sich niedersetzen, siehst du nicht, daß er müde ist? Was bist du doch für ein Einfaltspinsel, Bruder, ein richtiger Trottel. Hängt sich an ihn wie eine Klette!»

«Na, schön, mag er sich setzen, und ich werde unterdessen auf seine Gesundheit trinken», sagte Obaldui und trat zum Schanktisch. «Auf deine Rechnung, Bruder», fügte er hinzu, dem Polier zunickend.

Jener nickte mit dem Kopf, setzte sich auf die Bank nieder, langte aus seiner Mütze ein Tuch hervor und wischte sich den Schweiß ab. Obaldui aber goß sich gierig ein Glas Branntwein in den Schlund und stöhnte nachher nach der Weise wüster Säufer und schnitt dazu ein betrübtes Gesicht.

«Du singst gut, Bruder, wirklich gut», bemerkte Nikolaj Iwanytsch in seiner freundlichen Art. «Aber jetzt bist du an der Reihe», wandte er sich an Jaschka. «Schau, sei nicht blöd. Wir wollen sehen: wer — wen. Das wollen wir sehen. Der Polier hat gut gesungen.»

«Sehr gut», bestätigte auch die Frau des Wirts.

«Gut-ha!» wiederholte mein Nachbar mit halblauter Stimme.

Sofort stürzte Obaldui auf den Bauern zu: «Haha! Einer aus Poljessije*! Ein Poljech! Ha! badjä!» Er zeigte mit dem Finger auf ihn, begann herumzuhüpfen und lachte laut. «Poljecha! Poljecha! Wie kommst du hierher?» Und er lachte immer lauter. Der arme Bauer wurde verlegen; er wollte aufstehen und weggehen; da wurde plötzlich die metallene Stimme des Wilden Barin vernehmbar.

«Was treibt sich da für ein unausstehliches Vieh herum?» donnerte er los und knirschte mit den Zähnen.

«Ich . . . oh nichts . . . nur so . . .», stammelte Obaldui.

«Nun gut, aber schweige!» antwortete der Wilde Barin. «Jaschka, beginne!»

Jaschka betastete seinen Hals.

* Das Poljessije ist ein waldiges Gebiet im Süden der Gouvernements Grodno und Minsk; «Poljechi» werden die Bewohner an der Grenze zwischen den Distrikten von Bolochow und Shisdra genannt; sie unterscheiden sich durch allerlei Eigentümlichkeiten in Sitten und Bräuchen sowie in ihrem Dialekt und ihrer Sprechweise von den anderen Russen; so haben sie die Gewohnheit, fast bei jedem Wort ein «ha» oder «badjä» hinzuzufügen. Anm. d. Übers.

«Ich weiß nicht, ob ich kann», sagte er. «Es ist da . . . Wahrhaftig, es wird nicht gehen . . . heute.»

«Na, genug, sei nicht so schüchtern, schäme dich!» sagte der Wilde Barin. «Was für Ausflüchte! Singe, wie Gott es dir gegeben hat.» Und er senkte den Kopf, wie einer, der nun etwas hören will.

Jaschka schwieg, blickte um sich und verdeckte sich das Gesicht mit der Hand. Alle Anwesenden hefteten ihre Blicke auf ihn, insbesondere der Polier, auf dessen Antlitz sich trotz all seiner Selbstsicherheit eine gewisse Unruhe malte. Er lehnte sich an die Wand und schob seine Hände hinter sich. Als Jaschka sein Gesicht aufdeckte, war es bleich, wie bei einem Toten, er hatte die Augenlider halb geschlossen, der Glanz seiner Augen schien erloschen. Er seufzte tief auf und begann zu singen . . . Der erste Ton, den er hervorbrachte, war schwach, ungleich und schien gar nicht aus seiner Brust zu kommen, sondern von irgendwoher ins Zimmer geflogen zu sein. Dieser bebende, klingende Ton machte auf uns alle einen sonderbaren Eindruck; wir schauten einander an, und die Wirtin reckte sich nach vorn, um besser zu hören. Diesem ersten Ton folgte ein zweiter, der schon stärker erklang und länger dauerte, aber immer noch zitterte wie eine Saite, wenn sie, von einem kräftigen Finger angeschlagen, in ihren letzten Schwingungen bebenden Tones erstirbt. Nach dem zweiten folgte der dritte Ton, und allmählich, wärmer werdend und sich verbreiternd, erklang ein wehmutvolles Lied. «Nicht nur ein Pfad führt durchs Feld», sang er, und uns allen wurde süß und bang ums Herz. Ich gestehe: selten habe ich eine solche Stimme gehört; sie war leicht beschlagen und klang wie gesprungen, sie hörte sich zuerst sogar wie krankhaft an; aber es war in ihr auch eine echte, tiefe Leidenschaft, und Jugend, und Kraft, und Lieblichkeit, und irgendein hinreißend sorglos-trauriges Weh. Eine russische, wahrhafte, glühende Seele klang und atmete in ihr, und diese Stimme griff jedem von uns ans Herz und rührte an das allgemein Russische in unseren Herzen. Das Lied wuchs, dehnte sich strömend. Jaschka schien sich in einem Rauschzustand zu befinden; er war jetzt nicht die Spur schüchtern, sondern gab sich ganz und gar einer seligen Eingebung hin; seine Stimme zitterte nicht mehr, aber er selbst bebte mit dem kaum merkbaren Beben der Leidenschaft, das sich dem Zuhörer, auch seine Seele mit Glück und Freude erfüllend, mitteilte. Und diese Stimme wurde immer mächtiger, klangvoller, und sie schien sich zu verbreiten über unendliche Weiten. Ich erinnere mich: ich sah einst, abends, zur Zeit der Ebbe, auf dem flachen, sandigen Ufer des Meeres, das drohend und schwer in der Ferne rollte, eine große weiße Möwe; sie saß unbeweglich, die wie Seide glänzende weiße Brust den roten

Strahlen der untergehenden Sonne zugewandt, und nur von Zeit zu Zeit breitete sie ihre langen Flügel aus, dem vertrauten Meere, der schon tiefstehenden purpurnen Sonne entgegen. An diese Möwe erinnerte ich mich, als ich Jaschka zuhörte. Er sang und vergaß sowohl seinen Rivalen als auch uns, fühlte sich aber augenscheinlich wie ein wackerer Schwimmer, den die Wellen tragen, gehoben durch unsere stille, leidenschaftliche Teilnahme. Er sang, und aus jedem Ton seiner Stimme wehte es uns heimatlich entgegen, wie wenn sich vor unseren Augen die unendlichen Weiten der russischen Ebene geöffnet hätten. In meinem Herzen regte sich ein mit Lust gemischtes Weh, Tränen stiegen mir in die Augen, ein dumpfes, mit Mühe zurückgehaltenes Schluchzen neben mir erschütterte mich. Ich sah mich um: Die Frau des Schankwirtes weinte, die Brust gestützt auf das Fenstergesims. Jaschka warf einen raschen Blick auf sie und sang noch klangvoller, noch inniger als früher. Nikolaj Iwanytsch ließ den Kopf sinken. Morgatsch wandte sich ab. Obaldui stand mit stumm aufgerissenem Mund da und schien gerührt. Das unscheinbare Bäuerlein schluchzte leise in seinem Winkelchen und flüsterte, den Kopf hin- und herwiegend, bittere Worte vor sich hin, und der Wilde Barin legte ihm die Hand auf die Schulter und — schwieg.

Wir standen alle wie erstarrt. Der Polier stand leise auf und trat auf Jaschka zu.

«Du . . . dein . . . du hast gesiegt», brachte er mit Mühe hervor und lief aus dem Zimmer.

Seine rasche, entschiedene Handlung hatte gleichsam die Verzauberung, in der wir uns befanden, gelöst, und alle begannen nun plötzlich laut und heiter zu sprechen. Obaldui sprang auf, lallte etwas und schwang die Arme, wie eine Windmühle ihre Flügel dreht; Morgatsch ging auf Jaschka zu, um ihn zu küssen; Nikolaj Iwanytsch stand auf und verkündete feierlich, er werde von sich aus noch ein Achtel hinzufügen; der Wilde Barin hatte ein gutmütiges Lächeln auf seinen Lippen, das ich bei ihm zu sehen durchaus nicht erwartet hatte; das graue Bäuerlein wiederholte in seinem Winkelchen, indem es sich mit beiden Ärmeln die Augen, die Wangen, die Nase und den Bart abwischte, immerfort die Worte: «Schön-ha! gut, bei Gott-ha!», und die Gattin Nikolaj Iwanytschs, die im Gesicht ganz rot war, stand rasch auf und entfernte sich. Jaschka genoß seinen Sieg wie ein Kind, sein ganzes Gesicht hatte sich verwandelt, besonders seine Augen strahlten vor Glück. Man schleppte ihn zum Schanktisch; er rief das Bäuerlein, das nun schon einmal ins Weinen gekommen war und nicht mehr aufhören konnte, zum Tisch, und den Polier ließ er durch das Söhnchen des Schankwirts suchen, der jedoch nicht gefunden wurde, und nun begann ein Fest. «Du mußt uns noch etwas singen, wir haben noch bis zum Abend Zeit, singe uns noch eins!» lärmte Obaldui und fuchtelte mit seinen langen Armen wild in der Luft herum.

Ich blickte mich noch einmal nach Jaschka um und ging hinaus. Ich wollte nicht länger bleiben — ich fürchtete, daß der Eindruck, den ich empfangen hatte, durch das Weitere zerstört werden konnte. Aber die Hitze war unerträglich; sie hing gleichsam direkt über der Erde wie eine dichte, schwere Schicht; es schien, als ob sich auf dem tiefblauen Himmel winzige helle Funken in einer sehr dünnen schwarzen Staubschicht drehten. Alles war still; es war etwas Hoffnungsloses, Niederdrückendes in diesem tiefen Schweigen der entkräfteten Natur. Ich gelangte bis zum Heustadel und legte mich auf das soeben abgemähte, aber schon fast vertrocknete Gras. Lange konnte ich nicht einschlafen; lange noch klang mir unabweisbar die Stimme Jaschkas im Ohr . . . Endlich aber taten Hitze und Ermüdung ihre Wirkung und ich verfiel in einen tiefen Schlaf. Als ich erwachte, war schon die Dunkelheit hereingebrochen. Das auseinandergebreitete Gras duftete stark und war leicht feucht geworden. Zwischen den Stangen des halb offenen Daches blinkten die Sterne. Ich ging hinaus. Das Abendrot war längst erloschen, und am Horizont schimmerte weiß seine letzte Spur; aber in der Luft, die vor kurzem glühend heiß gewesen war, spürte man noch die Wärme, und die Brust dürstete noch immer nach einem Hauch der Kühle. Nicht das leiseste Windchen wehte, am Himmel war keine einzige Wolke zu sehen, und dieser Himmel selbst wölbte sich durchsichtig-dunkel, still schimmernd mit seinen zahllosen, aber kaum sichtbaren Sternen, über mir. Aus der nicht weit entfernten, hell beleuchteten Schenke tönte wirrer Lärm, und es schien mir, wie wenn ich zwischendurch die Stimme Jaschkas vernähme. Von Zeit zu Zeit hörte ich ein explosiv ausbrechendes Gelächter. Ich näherte mich der Schenke und blickte durch die Fensterscheibe in die Wirtsstube hinein und sah ein unerfreuliches, wiewohl sehr buntes und grelles Bild: alle waren betrunken, alle, angefangen mit Jaschka. Er saß mit entblößter Brust auf auf der Bank, sang mit schon ganz heiserer Stimme irgendeinen Gassenhauer und zupfte dazu träge die Saiten einer Gitarre. Das nasse Haar hing ihm in Büscheln über das erschreckend bleiche Gesicht. In der Mitte des Gastzimmers tanzte Obaldui, der ganz außer Rand und Band geraten war, herum; er umhüpfte das Bäuerlein im grauen Kaftan, das seinerseits mit seinen schwachgewordenen Beinen den Fußboden scharrte und sinnlos lächelnd Gebärden machte, wie wenn er sagen wollte: «Nun sei's gewagt!» Morgatsch, krebsrot im Gesicht, blähte die Nasenlöcher und lächelte giftig. Nur Nikolaj Iwanytsch bewahrte, wie es sich für einen Wirt geziemt, seine Kaltblütigkeit. In der Stube hatten sich mehrere neue Personen versammelt; den Wilden Barin sah ich nicht mehr.

Ich wandte mich ab und ging mit schnellen Schritten den Hügel, auf dem Kolotowka liegt, hinab. Am Fuß dieses Hügels breitet sich eine große Ebene aus. Nebelschwaden lagen auf ihr und verstärkten noch das Bild einer grauen Grenzenlosigkeit, die in den verdunkelten Himmel mündete. Ich ging mit großen Schritten den Weg entlang, als plötzlich die Stimme eines Knaben erklang.

«Antropka! Antropka! . . .» schrie er mit Verzweiflung und Tränen in der Stimme, die letzte Silbe lang ausdehnend. Er schwieg einige Augenblicke und begann dann wieder zu schreien. Seine Stimme verbreitete sich klangreich in der unbeweglichen Nachtluft. Mindestens dreißigmal schrie er den Namen «Antropka» ins Leere, bis plötzlich, wie aus einer anderen Welt, die kaum hörbare Antwort kam:

«Was denn . . . ?»

Froh und zugleich erbost ertönte jetzt die Knabenstimme:

«So komm doch, Waldteufel!»

«Was gibt's?» antwortete die ferne Stimme.

«Das gibt es, daß dich der Vater durchhauen wird», antwortete die erste Stimme.

Die zweite Stimme ließ sich nicht mehr vernehmen, und der Knabe begann wieder zu rufen:

«Antropka! Antropka!»

Seine Rufe, die allmählich seltener und schwächer wurden, gelangten an mein Ohr, als es schon ganz dunkel geworden war und ich am Rand des Waldes abbog, der mein Dörfchen umgibt, das etwa vier Werst von Kolotowka entfernt ist . . .

«Antropka-a-a-a!» Immer noch schien mir dieser Name in der Luft zu schweben, die von den Schatten der Nacht erfüllt war.

DAS STELLDICHEIN

Es war im Herbst, etwa Mitte September. Ich saß in einem Birkenwäldchen. Vom frühen Morgen an regnete es fein, doch brach von Zeit zu Zeit die Sonne durch; das Wetter war unbeständig. Bald war der Himmel von lockeren weißen Wolken überzogen, bald lichtete es sich da droben für einen Moment, und dann zeigte sich zwischen den Wolken ein helles, freundliches Lasurblau, vergleichbar einem schönen Auge. Ich saß da, schaute mich nach allen Seiten um und lauschte. Die Blätter über meinem Kopf rauschten, und bloß nach der Art dieses Rauschens konnte man schon wissen, um welche Jahreszeit es war. Denn das war nicht das fröhlich-liebliche Beben des Frühlings, nicht das weiche Flüstern, nicht das lange Gespräch des Sommers, nicht das schüchterne und kalte Schwatzen des Spätherbstes, sondern ein kaum hörbares, einschläferndes Raunen. Ein schwacher Windzug bewegte kaum merklich die Wipfel. Im Innern des regenfeuchten Waldes zeigte sich ein stets wechselndes Bild, je nachdem ob die Sonne schien oder Wolken den Himmel bedeckten: bald ward es ganz hell, und alles schien plötzlich wie von einem Lächeln überstrahlt; die dünnen Stämme der nicht sehr dicht stehenden Birken nahmen mit einemmal den zarten Abglanz weißer Seide an; die auf der Erde liegenden kleinen Blätter funkelten im Nu bunt und im Goldglanz, und die hübschen Stengel der hohen krausen Farnkräuter, schon im Schmuck ihrer Herbstfarbe, der Farbe von überreifen Weintrauben, bildeten vor meinen Augen ein Filigran in ihrer unendlichen Verstrickung und Einanderdurchkreuzung. Aber von einem Moment zum andern erloschen die hellen Farben, die Birken standen dann alle in reinem Weiß da, ohne Glanz, wie frisch gefallener Schnee, der von dem kalten, spielenden Strahl der Wintersonne noch nicht berührt worden ist; und ganz still, heimlich, gleichsam verstohlen, begann ein winziger Regenschauer über dem Wald sein feines Gesäusel. Fast alles Laub auf den Birken war noch grün, obzwar es schon einen blasseren Ton angenommen hatte; hie und da stand aber auch eine junge Birke, deren Laub ganz rot oder ganz golden war, und man muß gesehen haben, wie ein solches Birklein plötzlich hell aufblitzt, wenn die Sonne ihre Strahlen durch das dichte Netz der dünnen Zweiglein schickt, auf denen noch die Regentropfen funkeln. Kein einziger Vogel war zu hören; alle hatten irgendwo einen Unterschlupf gefunden und schwiegen nun still; nur selten ertönte wie ein stählernes

Glöcklein das spöttische Stimmchen der Meise. Bevor ich mich in diesem Birkenhain niedergesetzt hatte, war ich mit meinem Hund durch einen Wald mit hohen Espenbäumen gekommen. Ich gestehe, daß ich diesen Baum nicht sehr liebe — diese Espe mit ihrem blaßlilafarbenen Stamm und ihrem graugrünen, metallisch glänzenden Laub, das sie so hoch wie möglich als einen zitternden Fächer in der Luft ausbreitet; ich liebe das ewige Schaukeln ihrer runden, unangenehmen Blätter nicht, die so ungeschickt an langen Stielen hängen. Die Espe ist schön nur an manchen Sommerabenden, wenn sie, inmitten niedriger Gebüsche allein emporragend, den rot werdenden Strahlen der untergehenden Sonne gegenübersteht und glänzt und zittert, von den Wurzeln bis zu den Wipfeln übergossen von einer gleichmäßig gelblichen Abendröte, oder auch, wenn an einem klaren, windigen Tag alles an ihr rieselt und sie geräuschvoll schwatzt und am blauen Himmel jedes Blatt sich abzeichnet, wie es vom Luftstrom erfaßt ist und sich losreißen will, um wegzufliegen und davonzujagen in die Ferne. Ich mag diesen Baum aber überhaupt nicht, und darum hatte ich im Espenwald nicht Halt gemacht, um auszuruhen, sondern war bis zum Birkenwäldchen weitergegangen, wo ich mich unter einem Bäumchen eingenistet hatte, bei dem die Ästchen tief unten am Boden begannen und mich somit vor dem Regen schützen konnten. Nachdem ich dann die ganze

Umgebung genugsam bewundert hatte, legte ich mich hin und schlief den ungetrübten, sanften Schlaf, der nur dem Jäger allein zuteil wird.

Ich kann nicht sagen, wie lange ich geschlafen habe, aber als ich die Augen öffnete, war das ganze Waldesinnere voll Sonne, und von allen Seiten blinkte durch das fröhlich säuselnde Laub der hellblaue Himmel: denn die Wolken waren verschwunden, vertrieben durch den frohlockenden Wind; das Wetter hatte sich aufgeklärt, und in der Luft spürte man jene trockene Frische, die, das Herz mit junger Freude füllend, fast immer einen friedlichen und klaren Abend nach einem regnerischen Tag voraussagt. Ich war im Begriffe, aufzustehen und nochmals mein Glück als Jäger zu versuchen, als meine Blicke plötzlich auf eine unbewegliche menschliche Gestalt fielen. Ich schaute aufmerksam hin: das war ein junges Bauernmädchen. Sie saß etwa zwanzig Schritte von mir entfernt, mit nachdenklich gesenktem Kopf, beide Hände im Schoß; in der einen, halbgeöffneten Hand lag ein großer Strauß von Feldblumen, und bei jedem ihrer Atemzüge glitt er auf dem karierten Rock hin und her. Das reine weiße Hemd, geschlossen am Hals und an den Handgelenken, schmiegte sich in kurzen, weichen Falten um ihre Taille; große gelbe Glasperlen, zweireihig, hingen vom Hals zur Brust hinab. Sie war sehr hübsch. Dichtes blondes Haar von einer prachtvollen

Aschenfarbe teilte sich in zwei sorgfältig gekämmten Halbkreisen auseinander, gehalten von einem schmalen hellroten Band, das fast bis zur Stirn hinunterging, die weiß war wie Elfenbein; der übrige Teil des Gesichtes war von der Sonne gebräunt, jedoch nur mit dem goldigen Braun, das sich auf einer sehr zarten Haut unter der Einwirkung der Sonne bildet. Ich konnte ihre Augen nicht sehen, sie hob den Kopf nicht; aber ich merkte wohl ihre feinen, hochgeschwungenen Augenbrauen und ihre langen Wimpern; sie waren feucht, und auf ihrer Wange glänzte in der Sonne eine Tränenspur, die bei den leicht blaß gewordenen Lippen endete. Ihr ganzes Köpfchen war sehr lieb; sogar die leicht dickliche und runde Nase verdarb den Eindruck nicht. Mir gefiel hauptsächlich der Ausdruck ihres Gesichtes, der so einfach und sanft war, so traurig und so voll kindlicher Ratlosigkeit ihrem eigenen Kummer gegenüber. Sie erwartete augenscheinlich jemand. Im Wald wurde ein leises Rascheln hörbar. Sie hob sofort den Kopf und blickte sich um. In dem durchsichtigen Schatten des Waldes blitzten für einen Moment ihre Augen auf, große, helle, furchtsame Augen wie bei einem Reh. Einige Minuten lauschte sie, ohne die weit offenen Augen von dem Ort abzuwenden, woher das schwache Geräusch zu kommen schien, dann seufzte sie, wandte sich still zurück, beugte das Haupt noch tiefer und begann langsam die Blumen zu ordnen. Ihre

Lider röteten sich, bitter zuckten ihre Lippen, und eine neue Träne rollte unter den dichten Wimpern hervor und blieb auf der Wange als ein glänzender Punkt stehen. Es verging so eine geraume Zeit; das arme Mädchen bewegte sich nicht; nur zuweilen hob sie ihre Hand zu einer kummervollen Gebärde, und immer horchte sie und lauschte . . . Wieder hörte man ein Rascheln — sie fuhr zusammen. Das Geräusch verstummte nicht, wurde deutlicher hörbar, näherte sich, und man unterschied endlich Schritte, die sich rasch näherten. Das Mädchen raffte sich zusammen, schien von einer Bangigkeit ergriffen, ihre Augen, die so gespannt blickten, begann unruhig zu flackern, vor Erwartung, wie es schien. Zwischen den Bäumen und Sträuchern tauchte die Figur eines Mannes auf, verschwand wieder und tauchte wieder auf. Sie schaute schärfer hin, erglühte plötzlich, lächelte froh und glücklich, wollte aufstehen, nahm aber gleich wieder ihre frühere Haltung ein, wurde blaß, verlegen — und erst dann hob sie den bebenden, fast flehenden Blick empor zu dem Ankömmling, als der neben ihr stehen blieb.

Neugierig musterte ich von meinem Versteck aus den Mann. Ich gestehe, daß er keinen guten Eindruck auf mich machte. Das war, nach allen Anzeichen, ein verwöhnter Kammerdiener eines jungen, reichen Barin. Seine Kleidung sollte von dem guten Geschmack und der eleganten Nachlässigkeit des Mannes zeugen, der sie trug; es war dies ein kurzer bronzefarbener Paletot, wahrscheinlich von den Schultern seines Herrn, zugeknöpft bis hinauf, eine rosa Krawatte mit lilafarbenen Fransen, dazu eine schwarze Samtmütze mit Goldborte, die er fast auf den Augenbrauen sitzen hatte. Der hohe Stehkragen seines weißen Hemdes reichte ihm bis an die Ohren und schnitt ihn unbarmherzig in die Wangen; die auf Hochglanz gebügelten Manschetten verdeckten die Hand bis zu den roten und krummen Fingern, die mit silbernen und goldenen Ringen geschmückt waren; es war auch ein Ring mit einem Vergißmeinnicht aus kleinen Türkisen darunter. Sein Gesicht, rot, frisch und frech, gehörte zur Zahl jener Gesichter, die, soviel ich bemerkt habe, fast stets den Männern widerwärtig sind, während sie bedauerlicherweise sehr oft den Frauen gefallen. Er bemühte sich augenscheinlich, seinen groben Zügen einen verächtlichen und gelangweilten Ausdruck zu verleihen; unaufhörlich kniff er seine milchig-grauen Augen, die ohnedies klein waren, noch mehr zu, runzelte die Stirn, bog die Mundwinkel herab, gähnte gezwungen, fuhr sich mit einer Nonchalance, die nur zu sehr gekünstelt war, in die rötlichen, in einer verwegenen Tolle emporstehenden Haare, oder er zupfte an den gelben Härchen, die auf seiner dicken Oberlippe vorstanden, mit einem Wort, er tat furchtbar wichtig, als der unausstehliche Hanswurst, der er war. Mit dieser Wichtigtuerei hatte er in dem Moment begonnen, wo er des Bauernmädchens, das ihn erwartete, ansichtig geworden war: langsam, breitspurig schritt er auf sie zu, stand ein wenig, zuckte die Achseln, schob beide Hände in die Taschen seines Palesots, würdigte das arme Mädchen kaum eines flüchtigen und gleichgültigen Blickes und hockte sich nieder.

«Nun sag», begann er und schaute dabei wie vorher irgendwohin zur Seite, wobei er das eine Bein schlenkernd bewegte und zum Gähnen den Mund aufriß, «bist du schon lange da?»

Das Mädchen konnte ihm nicht gleich antworten.

«Schon lange, Wiktor Alexandrowitsch», sagte sie endlich mit kaum hörbarer Stimme.

«Ah!» Er nahm die Mütze ab, strich sich vornehm über das dicht gelockte Haar, das beinahe bei den Augenbrauen begann, und blickte sich würdevoll nach allen Seiten um; hernach bedeckte er wieder sorgfältig sein kostbares Haupt. «Ich hätte es beinahe vergessen. Und du siehst ja, es hat geregnet, leicht, aber doch!» Er gähnte wieder. «Arbeit gibt es, massenhaft. Manches übersieht man. Gleich wird man gescholten. Na, wir fahren morgen ...»

«Morgen ...?» sagte das Mädchen und sah ihn erschrocken an.

«Morgen ... Na, na, na! Bitte!» sprudelte er hervor und sah sie so zornig an, daß sie sogleich zu zittern begann und still den Kopf senkte. «Bitte, Akulina, weine nicht. Du weißt, ich kann das nicht ausstehen.» Und er rümpfte seine stumpfe Nase. «Sonst gehe ich sofort weg! ... Was für Dummheiten! Was soll das Gewimmer?»

«Nun, ich werde nicht, werde nicht», brachte Akulina hervor, mit Mühe ihre Tränen schluckend, «so fahren Sie also morgen fort?» fügte sie nach einem kurzen Schweigen hinzu. «Wann wird Gott es so fügen, daß wir uns wiedersehen, Wiktor Alexandrowitsch?»

«Ach, wir werden uns schon wiedersehen! Und wenn nicht im nächsten Jahr, so später einmal. Der Barin wünscht, wie mir vorkommt, in Petersburg zu dienen», fuhr er fort und sprach dabei so obenhin und etwas durch die Nase. «Und vielleicht gehen wir auch ins Ausland.»

«Sie werden mich vergessen, Wiktor Alexandrowitsch», sagte Akulina traurig.

«Nein, warum denn? Ich werde dich nicht vergessen: nur sei gescheit, mache keine Dummheiten, gehorche dem Vater ... Ich aber werde dich nicht vergessen — da kannst du ganz ruhig sein!» Und er reckte sich und gähnte wieder.

«Vergessen Sie mich nicht, Wiktor Alexandrowitsch», fuhr sie mit flehender Stimme fort. «Habe ich Sie denn nicht liebgehabt? Habe ich Ihnen denn nicht ... Sie sagen, ich solle meinem Vater gehorchen, Wiktor Alexandrowitsch. Aber wie soll ich denn, wie kann ich denn ...?»

«Was denn, was denn?» Er sprach die Worte wie ein Bauchredner, auf dem Rücken liegend, die Hände im Nacken.

«Ach, Wiktor Alexandrowitsch, als ob Sie nicht wüßten . . .!»

Sie schwieg. Wiktor spielte mit dem stählernen Kettchen seiner Uhr.

«Akulina», begann er endlich zu sprechen, «du bist doch sonst kein dummes Mädchen. Darum rede keinen Unsinn. Ich wünsche dein Bestes, verstehst du mich? Du bist ja nicht dumm. Weder du noch deine Mutter seid so richtiges Bauernvolk. Aber Bildung hast du keine! Folglich mußt du gehorchen und tun, was man dir sagt.»

«Aber ich habe solche Angst, Wiktor Alexandrowitsch!»

«Papperlapapp! Das ist alles Unsinn, meine Liebe! Was dir schon Angst macht! Was hast du denn da?» fügte er hinzu, indem er sich näher zu ihr hinschob. «Blumen?»

«Ja, Blumen», antwortete Akulina niedergeschlagen. «Da habe ich Schafgarbe gepflückt», fuhr sie in etwas muntererem Tone fort, «das ist für die Kälbchen gut; dann hab' ich hier Katzenzunge, gut gegen Skropheln; und dieses Blümchen, schauen Sie! Wie schön! Mein Lebtag hab' ich kein so schönes gesehen! Und diese Blaublümelein sind wie Vergißmeinnicht! Und das da», fügte sie hinzu und holte unter den anderen Blumen ein kleines Sträußlein von hellblauen Kornblumen hervor, das mit einem dünnen Grashalm umbunden war. «Wollen Sie es haben?»

Wiktor langte träge nach den Blumen, roch daran herum und drehte sie zwischen den Fingern, mit einem furchtbar nachdenklichen Blick nach oben. Akulina schaute ihn an ... In ihrem traurigen Blick lag so viel zarte Anhänglichkeit, andächtige Ergebenheit und so viel Liebe! Sie fürchtete ihn und wagte nicht zu weinen und verabschiedete sich in diesem Moment von ihm und bewunderte ihn zum letztenmal; und er lag, nachlässig hingestreckt, wie ein Sultan da und ertrug großmütig und herablassend ihre Anbetung. Ich muß gestehen, daß ich mit Entrüstung auf dieses rote Gesicht schaute, das unter der Maske einer verächtlichen Gleichgültigkeit den Ausdruck einer befriedigten, ja einer übersättigten Eigenliebe trug. Akulina war so schön in diesem Moment: ihre ganze Seele tat sich vertrauensvoll, leidenschaftlich vor ihm auf, drängte sich, schmeichelte sich an ihn heran, und er ... er ließ die Kornblumen auf die Erde fallen, langte aus der Seitentasche des Paletots ein rundes Gläschen in einer Metallfassung und begann es in die Augenhöhle hineinzupressen; aber wie er sich auch bemühte, es so festzuhalten, indem er die Augenbrauen, die Wange und sogar die Nase zu Hilfe nahm — das Gläschen fiel immer wieder heraus, und er fing es mit der Hand.

«Was ist das?» fragte die erstaunte Akulina nach einer Weile.

«Eine Lorgnette», erwiderte er mit wichtiger Miene.

«Wozu ist das?»

«Nun, natürlich, daß man besser sieht!»

«Zeigen Sie es mir.»

Wiktor runzelte unzufrieden die Stirn, reichte ihr das Gläschen aber doch.

«Gib nur ja acht, daß du es nicht zerbrichst!»

«Hab' keine Angst, ich werde es nicht zerbrechen.»

Sie hob das Gläschen schüchtern zum Auge.

«Ich sehe nichts», sagte sie unschuldig.

«Du mußt das Auge zukneifen!» schrie er sie mit der Stimme eines unzufriedenen Lehrers an.

Sie kniff das Auge zu, vor dem sie das Gläschen hielt.

«Nicht das, nicht das, das andere, du Dumme!» schrie Wiktor; er gestattete ihr nicht, ihren Fehler zu korrigieren, sondern nahm ihr das Gläschen weg.

Akulina wurde rot und wandte sich mit einem leichten Lächeln weg.

«Das paßt, wie's scheint, für unsereins nicht», sagte sie.

«Na, das fehlte noch!»

Die Arme schwieg und seufzte tief.

«Ach, Wiktor Alexandrowitsch, wie wird mir zumute sein, wenn Sie nicht mehr da sind?» sagte sie plötzlich.

Wiktor wischte sein Monokel mit dem Zipfel seines Rockes ab und versorgte es in seiner Tasche.

«Jaja», sagte er endlich, «zuerst wird es für dich wohl schwer sein; ganz richtig . . .» Er klopfte ihr voller Nachsicht sachte auf die Schulter; sie griff leise nach dieser Hand und führte sie schüchtern an ihre Lippen. «Nun ja, ja, ja, du bist ein recht gutes Ding», fuhr er, selbstzufrieden lächelnd, fort. «Aber was ist zu machen? Urteile selbst: können wir, ich und der Barin, hier im Dorf sitzenbleiben? Jetzt ist bald der Winter da, und im Dorf den Winter zuzubringen... puh!... einfach scheußlich! Da ist doch Petersburg etwas ganz anderes! Dort sind solche Wunderdinge zu sehen, daß du in deiner Einfalt dir's gar nicht vorstellen kannst. Was für Häuser, was für Straßen, und die Gesellschaft, und eine Bildung! Es ist einfach zum Staunen! . . .» Akulina hörte ihm mit atembeklemmender Aufmerksamkeit, die Lippen leicht geöffnet wie bei einem Kind, ehrerbietig zu. «Aber wozu erzähle ich das», fügte er hinzu und legte sich wieder auf den Rücken, «du wirst es ja doch nie begreifen.»

«Warum denn, Wiktor Alexandrowitsch? Ich habe alles ganz gut verstanden. Alles habe ich verstanden!»

«Ah, ah! Da schaut her! Was für ein Kreuzköpfchen!»

Akulina ließ den Kopf sinken.

«Früher haben Sie mit mir nicht so gesprochen, Wiktor Alexandrowitsch», sagte sie, ohne die Augen zu erheben.

«Früher? ... Früher! Sieh da! ... Früher!» bemerkte er, voll Unmut, wie es schien.

Eine Zeitlang schwiegen beide.

«Ja, aber für mich ist es Zeit, zu gehen», sagte Wiktor, und schon hatte er sich mit einem Ruck auf die Ellbogen gestützt.

«Warten Sie noch ein Weilchen», brachte Akulina mit flehender Stimme hervor.

«Warten? Auf was denn? Ich habe doch schon Abschied von dir genommen!»

«Warten Sie!» wiederholte sie.

Wiktor legte sich wieder hin und fing an, ein Liedchen zu pfeifen. Akulina wandte ihre Augen von ihm nicht ab. Ich konnte beobachten, wie sich ihrer allmählich eine große Erregung bemächtigte: ihre Lippen bewegten sich konvulsivisch, eine leichte Röte überzog ihre bleichen Wangen.

«Wiktor Alexandrowitsch», begann sie endlich mit stockender Stimme, «Sie begehen eine Sünde ..., eine große Sünde, Wiktor Alexandrowitsch, bei Gott!»

«Was für eine Sünde?» fragte er, die Augenbrauen finster zusammenziehend; dabei hob er leicht den Kopf und drehte ihr das Gesicht zu.

«Es ist eine Sünde, Wiktor Alexandrowitsch ... Wenn Sie mir nur ein Wörtlein zum Abschied sagen wollten, nur ein Wörtlein, mir Armen, mir Verwaisten ...»

«Ja, was soll ich dir denn eigentlich sagen?»

«Ich weiß es nicht; Sie müssen es besser wissen, Wiktor Alexandrowitsch. Da fahren

Sie weg . . ., nur ein Wörtlein . . . Womit habe ich das verdient?»

«Du bist mir aber eine Sonderbare! Was kann ich denn tun?»

«Ach, wenn Sie mir nur ein Wörtlein . . .»

«Da schwatzt sie nun immer ein und dasselbe», sagte er ärgerlich und stand auf.

«Seien Sie mir nicht böse, Wiktor Alexandrowitsch», fügte sie hastig hinzu; sie hielt ihre Tränen nur mit Mühe zurück.

«Ich bin dir nicht böse, du aber bist dumm... Was willst du eigentlich? Ich kann dich doch nicht heiraten! Ich *kann* doch nicht. Nun also, was willst du dann? Was? Rede!» Er näherte sein Gesicht dem ihrigen, spreizte die Finger auseinander und stierte sie, Antwort heischend, an.

«Ich will nichts . . . nichts will ich», antwortete sie stockend und stotternd und wagte kaum, ihm ihre bebenden Hände entgegenzustrecken, «aber wenn Sie mir nur ein Wörtchen . . ., ein Wörtchen . . ., zum Abschied...» Und eine Flut von Tränen ergoß sich über ihre Wangen.

«Nun, jetzt geht auch noch das Geflenne an», bemerkte Wiktor kaltblütig, indem er seiner Mütze hinten einen Klaps gab, so daß sie vorn bis zu den Augen herunterflog.

«Ich will nichts», fuhr sie schluchzend und das Gesicht mit beiden Händen bedeckend fort, «aber wie ist mein Leben jetzt in der Familie? Wie ist mir ums Herz? Was soll aus mir werden? Was soll mit mir Armen geschehen? Mit einem ungeliebten Mann wird man mich verheiraten, mich arme Waise! Ach, mein Kopf, mein armer Kopf!»

«Na, sing mir noch eins, singe!» brummte er halblaut und drehte sich unschlüssig auf der Stelle.

«Und wenn er nur ein Wörtlein, nur eines, sagen wollte. Nur zum Beispiel: ‚Akulina, so und so, ich . . .'»

Ein unerwartetes, herzzerreißendes Schluchzen ließ sie die Rede nicht vollenden; sie warf sich mit dem Gesicht ins Gras und weinte bitterlich . . . Ihr ganzer Körper zuckte wie im Krampf, ihr Nacken hob und senkte sich. Der lange zurückgehaltene Jammer stürzte endlich in einem Strom von Tränen hervor.

Wiktor stand über ihr, stand eine Weile, zuckte die Achseln und ging mit großen Schritten davon.

Es vergingen einige Minuten . . . Sie wurde stiller, hob den Kopf, sprang auf, schaute sich um und schlug die Hände über dem Kopf zusammen; schier wollte sie ihm nachlaufen, aber die Beine knickten unter ihr zusammen; sie fiel auf die Knie . . . Ich hielt es nicht mehr aus, stürzte zu ihr hin; sie aber, kaum daß sie Zeit gehabt hatte, einen Blick auf mich zu werfen, stieß einen Schrei aus, stand auf — woher sie nur die Kräfte nahm! — und verschwand hinter den Bäumen; die durcheinander geworfenen Blumen blieben auf der Erde liegen.

Ich stand eine Weile, hob das Sträußchen mit den Kornblumen auf, verließ den Hain und trat auf das Feld hinaus. Die Sonne stand schon tief auf dem bleichen, klaren Himmel; ihre Strahlen schienen mir auch irgendwie welk und kalt; sie glänzten nicht, sie verbreiteten sich in einem gleichmäßigen, fast wässerigen Licht. Bis zum Abend blieb nur mehr eine halbe Stunde, das Abendrot begann unmerklich aufzuleuchten. Ein heftiger Wind jagte über das gelbe Stoppelfeld her mir entgegen; kleine verwelkte Blätter wirbelten empor und stoben den Weg an der Lisière des Waldes entlang dahin; die ganze dem Feld zugekehrte Wand des Waldes flimmerte; deutlich, aber nicht grell, waren kleine Fünklein zu sehen; auf dem rötlichen Gras, auf den Grashälmchen, auf den Strohhälmchen, überall glänzten und bewegten sich die langen Fäden herbstlicher Spinngewebe. Ich blieb stehen. Mir wurde traurig zu Sinn. Durch das fröhliche, immer noch frische Lächeln der herbstenden Natur war schon etwas wie Angst vor dem Herannahen des Winters zu spüren. Hoch über mir, schwer und scharf die Luft mit den Flügeln durchschneidend, flog ein vorsichtiger Rabe; er drehte den Kopf nach der Seite, schaute hinunter auf mich, schwang sich höher empor und verschwand, abgehackt krächzend, hinterm Wald; ein großer Schwarm Tauben flog pfeilschnell von irgendeiner Tenne her, und plötzlich sich wie eine Säule drehend, ließen sie sich geschäftig auf das Feld nieder — auch dies ein Zeichen des frühen Herbstes. Hinter dem kahlen Hügel fuhr jemand vorbei, das laute Gerassel einer leeren Telega war zu hören . . .

Ich kehrte nach Hause zurück; aber das Bild der armen Akulina wollte nicht aus meinem Gedächtnis weichen, und ihre schon längst verwelkten Kornblumen bewahre ich bis jetzt bei mir auf.

PJOTR PETROWITSCH KARATAJEW

Es ist etwa fünf Jahre her, und es war im Herbst, ich war unterwegs von Moskau nach Tula, da passierte es mir, daß ich auf einer elenden Poststation, weil die Pferde mangelten, fast einen ganzen Tag zubringen mußte. Ich kam von der Jagd und hatte die Unvorsichtigkeit begangen, mein Dreigespann nach Hause vorauszuschicken. Der Stationsaufseher, ein mürrischer Greis, dem die Haare fast bis auf die Nase herabhingen und mit Augen, die klein und verschlafen blinzelten, antwortete auf all meine Beschwerden und Bitten nur mit einem abgerissenen Brummen; voller Unwillen schmetterte er die Tür hinter sich zu, wie wenn er selber seinen Dienst zum Teufel wünschte, und draußen, auf der Vortreppe, schalt er die Kutscher aus, die im Hof, im Schmutz watend, schwere Krummhölzer herumschleppten oder, auf einer Bank sitzend, sich gähnend rekelten, unbekümmert um die Scheltreden ihres Patrons. Ich hatte mir schon etwa dreimal Tee geben lassen, hatte schon einige Male — und immer vergebens — versucht, einzuschlafen, hatte schon alle Inschriften an den Fensterscheiben und an den Wänden gelesen, und eine schreckliche Langeweile plagte mich. Mit kalter, hoffnungsloser Verzweiflung blickte ich auf die nach oben gerichtete Femerstange meines Tarantaß, als plötzlich Schellengeklingel hörbar wurde und eine kleine, mit drei abgetriebenen Pferden bespannte Telega an der Vortreppe hielt. Der Ankömmling sprang aus dem Wagen und trat mit dem Rufe: «Rasch neue Pferde!» ins Zimmer. Während er mit der gewöhnlichen sonderbaren Verblüffung die Antwort des Stationsaufsehers, es seien keine Pferde da, anhörte, hatte ich Zeit, mit der ganzen gierigen Neugierde eines sich zu Tode langweilenden Menschen meinen neuen Gefährten von Kopf bis zu Füßen zu beschauen. Dem Aussehen nach war er etwa dreißig Jahre alt. Die Pokken hatten auf seinem mageren, gelblichen, unangenehm kupferig glänzenden Gesicht unverlöschliche Spuren hinterlassen. Seine langen schwarzen, bläulich schimmernden Haare lagen hinten in Ringelchen auf seinem Rockkragen, vorne bildeten sie eine verwegene, der einen Schläfe zugeneigte Locke. Seine kleinen Augen mit den verschwollenen Lidern guckten in die Welt — und nichts weiter! An seiner Oberlippe standen einige Härchen hervor. Angezogen war er wie eben liederliche Gutsbesitzer, die sich auf den Pferdemärkten herumtreiben, angezogen sind: er trug einen bunten, ziemlich verschmutzten «asiatischen» Morgenrock, dazu ein verschossenes lilafarbenes seidenes Halstuch, eine Weste mit Messingknöpfen und eine graue, nach Art eines Butterfasses sich nach unten verbreiternde Hose, die kaum die Spitzen seiner ungeputzten Stiefel sehen ließ. Er roch stark nach Tabak und Wodka. An seinen roten und dicken Fingern, die von den Ärmeln seines Hausrockes fast verdeckt waren, sah man silberne und tulasilberne Ringe. Solchen Gestalten begegnet man in Rußland recht häufig; mit solchen Leuten bekannt zu sein, bereitet sicherlich kein Vergnügen; das muß, der Wahrheit zuliebe, gesagt sein; aber trotz der Voreingenommenheit, mit der ich auf den Ankömmling schaute, konnte ich nicht umhin, zu bemerken, daß er ein sorglos-heiteres und leidenschaftliches Gesicht hatte.

«Da, dieser Herr», sagte der Stationsvorsteher, indem er auf mich deutete, «wartet auch schon eine volle Stunde.»

Mehr als eine Stunde! Der Kerl machte sich vielleicht über mich gar noch lustig!

«Ja, dieser Herr hat es wohl nicht so eilig wie ich», antwortete der Ankömmling.

«Das können wir nicht wissen», antwortete der Patron mürrisch.

«Ist es möglich, daß es keine Pferde gibt? Kann denn das sein? Ist es absolut unmöglich, welche zu bekommen?»

«Unmöglich. Es ist kein einziges Pferd vorhanden!»

«Nun, dann lassen Sie mir den Samowar aufstellen. Dann warten wir halt: Nichts zu machen!»

Der Ankömmling nahm auf der Bank Platz, warf die Mütze auf den Tisch und fuhr sich mit allen Fingern durch die Haare.

«Haben *Sie* denn schon Tee getrunken?» fragte er mich.

«Ja.»

«Und möchten Sie, um mir Gesellschaft zu leisten, nicht noch ein Glas trinken?»

Ich willigte ein, ein viertes Mal Tee zu trinken. Ein dickbauchiger kupferner Samowar erschien. Ich holte eine Flasche Rum hervor. Wie ich richtig vermutet hatte, erwies sich mein Tischnachbar als ein mäßig begüterter Landedelmann. Sein Name war: Pjotr Petrowitsch Karatajew.

Wir kamen miteinander ins Gespräch. Noch war keine halbe Stunde seit seiner Ankunft vergangen, als er mir mit der herzlichsten Aufrichtigkeit schon seine ganze Geschichte erzählt hatte.

«Jetzt fahre ich nach Moskau», sagte er mir und trank sein viertes Glas Tee aus. «Auf dem Land habe ich nichts mehr zu tun.»

«Wieso denn?»

«Ach, die Wirtschaft ist in Unordnung geraten, die Bauern habe ich ins Elend gebracht, muß ich schon gestehen; ein paar schlechte Jahre, Mißernten, und dann, wissen Sie, gab's verschiedene Unannehmlichkeiten . . . Aber schließlich», fügte er hinzu, «was bin ich denn auch für ein Landwirt!» Und er schaute mutlos drein.

«Aus welchem Grund . . .»

«Aber nein», unterbrach er mich, «Landwirte sehen anders aus. Nun ja», fuhr er fort, indem er sich zur Seite wandte und eifrig paffend seine Pfeife besser in Brand setzte, «es ist ja möglich, daß Sie, auf den ersten Blick, mich auch für einen . . . Ich muß Ihnen jedoch gestehen, daß ich nur eine sehr mittelmäßige Erziehung genossen habe. Es war immer kein Geld da. Sie entschuldigen schon, wenn ich von meinen Miseren spreche; ich bin ein aufrichtiger Mensch, und dann . . .»

Er beendete seine Rede nicht, deutete nur durch eine Handbewegung seine Mutlosigkeit an. Ich versicherte ihm sogleich, daß ich sehr froh sei, ihm begegnet zu sein und bemerkte unter anderm, es schiene mir, daß man, um ein Gut zu verwalten, doch keine besonders großen Kenntnisse benötige.

«Ich bin mit Ihnen einverstanden», antwortete er, «vollkommen einverstanden. Aber man muß doch wenigstens eine gewisse Eignung für den Beruf eines Landwirts haben! Ein anderer macht weiß Gott was, und es geht! Ich aber . . . Entschuldigen Sie die Frage: sind Sie aus Piter* oder aus Moskau?»

«Ich bin aus Petersburg.»

* Die Bauern sagen «Piter» statt Petersburg. Anm. d. Übers.

Er stieß aus den Nasenlöchern Rauch hervor und sagte:

«Ich aber fahre nach Moskau, um irgendein Amt anzutreten.»

«Denken Sie an Staatsdienst oder eher an Militärdienst?»

«Ich weiß noch nicht recht, was sich da ergeben wird. Ich gestehe Ihnen: ich fürchte den Dienst. Eine enorme Verantwortung lastet da auf einem. Wissen Sie, ich habe doch immer auf dem Land gelebt; ich bin es so gewohnt ... Aber da ist nichts zu machen ... Die Not zwingt einen! Och, die Not!»

«Aber dafür werden Sie in der Residenz leben!»

«In der Residenz ... Nun und? Ich wüßte nicht, was es dort so Erfreuliches zu sehen gäbe! Aber immerhin! Vielleicht geht's auch dort. Aber besser als auf dem Land kann es nirgends sein.»

«Ist es Ihnen denn unmöglich, länger auf Ihrem Gut zu leben?»

Er seufzte.

«Unmöglich. Leider. Das Gut ist ja auch wahrscheinlich nicht mehr mein.»

«Wie ging das zu?»

«Einfach: es lebt da ein guter Kerl; ein Nachbar findet sich ein; ein Wechsel wird unterschrieben ...»

Der arme Pjotr Petrowitsch fuhr sich mit der Hand über das Gesicht, sann eine Weile und schüttelte den Kopf.

«Nun, was ist da zu reden! Auch muß ich gestehen», fügte er nach einer kleinen Pause hinzu, «ich darf mich über niemand beklagen, bin selber an allem schuld. Die Großtuerei war mein Fehler; das großtuerische Wesen — ich hab' es noch, der Teufel soll mich holen!»

«Sie haben dort wohl zu flott gelebt?» fragte ich ihn.

«Ich hatte, Herr», antwortete er und machte eine vielsagende Pause, wobei er mir direkt in die Augen schaute, «nicht weniger als zwölf Jagdhunde in einer Koppel, Jagdhunde, sage ich Ihnen, wie es nicht viele gibt.» Er betonte: «Nicht viele! Einen Feldhasen hatten sie im Nu bei den Löffeln, und auf Rotwild gingen sie, man kann es nicht anders sagen, wie Schlangen. Auch meine Windhunde waren nicht schlecht. Jetzt ist das alles vorbei, und zum Lügen hab' ich keinen Grund. Auch mit der Flinte hab' ich gejagt. Ich hatte eine Hündin, ‚Comtesslein' mit Namen, die war von ungewöhnlicher Ausdauer, und eine Spürnase hatte die! Ich jage zum Beispiel im Moor und sage zu ihr: ‚*cherche!*' Wenn sie nun nicht zu suchen beginnt, weiß ich, daß man hier mit einem Dutzend Hunden durchbrechen könnte und doch nichts finden würde; hat sie aber eine Spur erwittert, dann ist sie vom Platz einfach nicht wegzubringen, und wenn du sie tötest! . . . Und im Zimmer — wie ist sie dann so manierlich! Reicht man ihr das Brot mit der linken Hand und sagt: ‚ein *vilain* hat angebissen!‘ dann wird sie das Brot nicht anrühren; reicht man es ihr aber mit der rechten Hand und sagt dazu: ‚Ein hübsches Fräulein hat angebissen!‘, hui, da nimmt sie es mit Ekstase und verschlingt’s. Es war da ein Junges von ihr da, ein prächtiges Hündchen, das ich mit nach Moskau nehmen wollte; aber ein Freund von mir hat es mir samt der Flinte abgebettelt; er sagt: ‚In Moskau, Bruder, wird dir anders zu Sinn sein; dort, Bruder, gibt’s ganz etwas anderes zu tun.‘ Nun da hab’ ich ihm denn das Hündchen und auch die Flinte geschenkt. Es ist nun schon sowieso alles dort geblieben.»

«Ja, aber Sie hätten doch auch in der Umgebung Moskaus jagen können.»

«Ach, wozu! ... Und dann: wie man sich bettet, so schläft man ... Übrigens wollte ich fragen: wie ist das Leben in Moskau? Teuer?»

«Nein, nicht sehr teuer.»

«Nicht? ... Nun aber sagen Sie mir, bitte: es leben doch Zigeuner in Moskau?»

«Was für Zigeuner meinen Sie denn?»

«Nun, die, die auf allen Jahrmärkten zu sehen sind.»

«Solche gibt’s dort allerdings.»

«Ach, das freut mich. Ich liebe die Zigeuner. Hol’s der Teufel, ich habe sie wirklich gern.»

Und in den Augen des wackeren Landedelmannes erschien ein lustiges Fünkchen. Aber gleich darauf begann er unruhig hin- und herzurücken, er wurde nachdenklich, senkte den Kopf und streckte mir das leere Glas hin.

«Geben Sie mir noch ein wenig von Ihrem Rum», sagte er.

«Ja, aber es ist kein Tee mehr da!»

«Macht nichts; ich trinke ihn auch so ... Ach, ach ...»

Karatajew stützte sich mit den Ellbogen auf den Tisch und legte den Kopf in seine Hände. Ich machte mich schon ganz darauf gefaßt, jetzt eine Jeremiade zu hören und Tränen zu sehen, wie das von einem Betrunkenen immer zu erwarten ist; aber als er den Kopf hob, war ich sehr erstaunt, das muß ich gestehen, über den tieftraurigen Ausdruck seines Gesichtes.

«Ja, was ist denn mit Ihnen?»

«Ach, nichts ... Es ist mir so allerhand durch den Kopf gegangen ... Anekdotisches, sozusagen ... Ich würd' es Ihnen erzählen, aber es ist mir gegen das Gewissen, Sie zu beunruhigen.»

«Ach, warum nicht gar! Erzählen Sie.»

«Ja, es sind das so Sachen», sagte er mit einem Seufzer, «Dinge, die sogar mir passieren können ... Na, meinetwegen. Wenn Sie wollen, erzähle ich Ihnen die Geschichte. Übrigens weiß ich wirklich nicht, ob ich soll? ...»

«Erzählen Sie, lieber Pjotr Petrowitsch!»

«Gut, obzwar es da allerlei gibt ... Nun also», begann er, «... aber ich weiß wirklich nicht ...»

«Na hören Sie auf, lieber Pjotr Petrowitsch!»

«Na, meinetwegen ... Gut ... Hören Sie also, was mit mir sozusagen geschah. Ich lebte auf meinem Gut. Plötzlich fand ich Gefallen an einem Mädchen! Ach, und was war das für ein Mädchen ... Eine Schönheit ersten Ranges, klug und gut, ach, wie gut war sie! Sie hieß Matrjona, war aber nur ein einfaches Mädchen, eine Leibeigene. Sie verstehen? Einfach — eine Magd, nichts weiter. Leider gehörte sie nicht mir, sondern andern, und das war eben das Malheur! Nun gut, ich hatte sie also liebgewonnen ... das hört sich so an wie eine richtige Anekdote ... und auch bei ihr war es dasselbe ... Da fing nun Matrjona an, mich zu bitten, ich solle sie, sozusagen, von ihrer Herrin käuflich erwerben, und genau dasselbe hatte ich mir selber auch schon gedacht. Ihre Herrin war aber ein sehr reiches, schreckliches altes Weibsstück. Ihr Gut war etwa fünfzehn Werst von dem meinigen entfernt. Und da, eines schönen Tages, wie man sagt, ließ ich mir in die Droschke eine Troika einspannen — ein Dreigespann, sag ich Ihnen! ... In der Gabel ging ein Paßgänger, ein ganz ungewöhnlicher Asiate, der deshalb auch ‚Lampurdos' hieß —, zog bessere Kleider an und fuhr zu Matrjonas Barynja hinüber. Diese Barynja bewohnte ein großes Haus, es war ein förmlicher Palast mit Seitenflügeln. Ein riesiger Garten war auch dabei ... Bei der Anfahrt erwartete mich Matrjona, sie wollte mir offenbar etwas sagen, küßte mir aber nur die Hand und entfernte sich. Ich komme also ins Vorzimmer und frage: ‚Ist man zu Hause?' Da spricht so ein hochgewachsener Lakai zu mir: ‚Wen darf ich melden?‘ Ich sage: ‚Melde, Bruder, halt den Gutsbesitzer Karatajew, in einer geschäftlichen Angelegenheit.‘ Der Lakai geht weg; ich warte und überlege. Wie wird die Sache ausgehen? Wahrscheinlich wird sie einen unverschämt hohen Kaufpreis nennen, die Bestie, obgleich sie so reich ist. Zirka fünfhundert Rubel wird sie wohl fordern ... Endlich kehrt der Lakai zurück und sagt: ‚Wollen Sie eintreten!‘ Ich betrete also hinter ihm das Gastzimmer. In einem Lehnsessel hockt ein altes Weiblein, gelb im Gesicht; sie blinzelt mit den Augen: ‚Was beliebt?‘ Natürlich erkläre ich zuerst einmal, wie glücklich ich sei, die Bekanntschaft der würdigen Greisin zu machen; aber sie riß mich sogleich aus dem Traum, indem sie mir zu verstehen gab, sie selbst sei nicht die Gutsbesitzerin, sondern eine Verwandte von ihr ... ‚Was wünschen Sie?‘ Ich drückte dann eben den Wunsch aus, die Wirtin selbst sprechen zu dürfen. ‚Marja Iljinischna empfängt heute nicht: sie ist unpäßlich. Was wünschen Sie ...?‘ Nichts zu machen, denk' ich mir; es bleibt nichts anderes übrig, als dieser da die Sachlage zu erklären. Die Alte hörte mich an. ‚Matrjona? Welche Matrjona?‘— ‚Nun, Matrjona Fjodorowa, Kulikows Tochter!‘ — ‚Fjodor Kulikows Tochter? Ja, aber wie kommen Sie dazu, sie zu kennen?‘ — ‚Ganz zufällig bin ich mit ihr bekannt geworden.‘ — ‚Und ist ihr, dieser Matrjona, Ihre Absicht bekannt?‘ — ‚Jawohl, die ist ihr bekannt.' . . . Die Alte schwieg eine Weile . . . ,Na, *der* werde ich's aber geben!' — Sehr verwundert, muß ich schon gestehen, fragte ich sie: ,Weshalb denn? Erbarmen Sie sich . . . Ich bin ja bereit, eine Summe zu bezahlen, Sie brauchen sie nur zu bestimmen!' — Das alte Weibsstück begann nun zu zischeln: ,Was fällt Ihnen ein? Wozu brauchen wir Ihr Geld? Aber *die* wird mich kennenlernen! . . . Diese Albernheit werde ich ihr schon austreiben!' — Ein Hustenanfall erstickte die Alte in ihrer Bosheit fast. ,Hat sie es bei uns etwa nicht gut, oder was?! Ach, diese Teufelin! Gott, verzeih' mir die Sünd'!' — Ich gestehe, in mir kochte es. ,Warum drohen Sie dem armen Mädchen? Was hat sie denn verbrochen?' — Die Alte bekreuzigte sich: ,Mein Gott, habe ich denn . . .' — ,Aber sie gehört doch gar nicht Ihnen!' — ,Na, Marja Iljinischna weiß Bescheid . . . Das ist nicht Ihre Sache, Väterchen . . . Aber *der* werd' ich's zeigen, *die* wird mich kennenlernen!' — Ich gestehe, ich war drauf und dran, mich auf die verfluchte Alte zu stürzen; doch erinnerte ich mich noch rechtzeitig an Matrjona und ließ die Arme sinken . . . Ich war so verdattert, daß es unmöglich zu beschreiben ist; ich begann die Alte zu bitten: ,Verlangen Sie, was Sie wollen!'— Sie darauf: ,Wozu brauchen Sie sie denn?' — Ich: ,Ach, sie gefällt mir eben, Mütterchen! Versetzen Sie sich in meine Lage.' . . . Und ich trieb es so weit, ihr die Hand zu küssen. — ,Nun also', zischelte die Hexe, ,ich werde mit Marja Iljinischna reden, und wie sie befehlen wird, so wird es geschehen! Kommen Sie in etwa zwei Tagen wieder!' — Ich fuhr in großer Unruhe nach Hause. Ob ich die Sache nicht am falschen Ende angepackt hatte? Wozu mußte ich der alten Vettel meine Herzensneigung verraten? Zu spät ... Zwei Tage später begab ich mich wieder zur Barynja. Man führte mich in ihr Boudoir. Eine Unmenge von Blumen ... Eine prächtige Ausstattung ... Die Barynja selber sitzt dort in einem ganz eigenartigen Lehnsessel, den Kopf in den Kissen verborgen; und die mir schon hinlänglich bekannte Verwandte sitzt auch da, und dann ist noch irgendein Fräulein anwesend, eine sehr blonde Person, mit weißen Augenbrauen und Wimpern, gehüllt in ein grasgrünes Kleid, und sie hat einen schiefen Mund; das ist wahrscheinlich eine Gesellschafterin der Barynja, oder etwas dergleichen. Die Alte begann zu näseln: ‚Bitte, Platz zu nehmen!' Ich setzte mich. Sie begann mich auszufragen, wie alt ich sei, wo ich gedient habe, was meine künftigen Absichten wären, und das alles so von oben herab. Ich gab ausführlich Bescheid. Die Alte nahm ein Tüchlein vom Tisch, fächelte sich frische Luft zu, fächelte ... ‚Mir', sagt sie dann, ‚hat Katerina Karpowna von Ihrer Absicht erzählt; aber', sagt sie, ‚ich habe es mir zur Regel gemacht, meine Leute nicht in fremden Dienst zu geben. In einem anständigen Haus schickt sich so etwa nicht und es taugt auch zu nichts. Ich habe übrigens schon die nötigen Anordnungen getroffen‘, sagt sie, ‚Sie brauchen sich daher diesbezüglich nicht mehr zu bemühen.‘ — ‚Von Bemühen‘, sage ich, ‚kann doch gar nicht die Rede sein; aber benötigen Sie denn die Matrjona? . . .‘ — ‚Nein‘, sagt sie, ‚ich benötige sie nicht.‘ — ‚Ja, warum wollen Sie sie mir dann nicht abtreten?‘ — ‚Weil es mir nicht beliebt, nicht beliebt! Das ist alles! Ich habe auch schon angeordnet, daß sie in ein Steppendorf geschickt wird.‘ Dieses Wort der Alten wirkte auf mich wie ein Donnerschlag. Sie sprach dann noch ein paar Worte mit dem grünen Fräulein auf französisch. Das Fräulein ging hinaus. ‚Ich‘, sagte sie, ‚bin eine Frau mit strengen Grundsätzen, auch habe ich eine schwache Gesundheit. Unruhe kann ich nicht vertragen. Sie sind ja noch ein junger Mann, ich aber bin schon eine alte Frau und habe das Recht, Ihnen Ratschläge zu erteilen. Ist es nicht besser für Sie, einen eigenen Hausstand zu gründen, indem Sie sich standesgemäß verheiraten? Reiche Bräute sind selten; aber ein armes Fräulein, das dafür auf eine gute Conduite hinweisen kann, ließe sich finden.‘ —

Ich, wissen Sie, schaue die Alte an und weiß nicht, was sie da zusammenplappert. Ich höre, daß sie vom Heiraten redet, während mir immerfort das Steppendorf in den Ohren nachklingt. Heiraten! . . . Was für ein Teufel . . .!» Hier hielt der Erzähler plötzlich inne und schaute mich prüfend an.

«Sie sind doch nicht verheiratet?»

«Nein.»

«Hab' ich mir gleich gedacht. Nun also, ich platze los: ,Aber, bitte, Mütterchen, was schwatzen Sie da für Unsinn? Von welcher Heirat sprechen Sie? Ich wünsche doch nur zu erfahren, ob Sie mir das Mädchen Matrjona abtreten können, oder nicht?' — Die Alte begann zu stöhnen: ,Ach, ach, er hat mich so aufgeregt! Ach, ach, er soll fortgehen, ach! . . .' Ihre Verwandte sprang ihr zu Hilfe und fing an, auf mich einzuschreien. Und die Alte hört nicht auf, zu stöhnen: ,Womit, ach, womit hab' . . . ich . . . das . . . verdient? So bin ich also in meinem eigenen Hause nicht mehr die Herrin? Ach, aaach!' Ich ergriff den Hut und lief hinaus.»

«Vielleicht», fuhr der Erzähler fort, «werden Sie mich dafür verurteilen, daß ich mich von einem Mädchen niedrigen Standes so habe fesseln lassen. Nun, ich habe nicht die Absicht, mich zu verteidigen . . . So ist es eben gekommen. Glauben Sie mir: weder bei Tag noch bei Nacht hatte ich von nun an meine innere Ruhe . . . Ich quäle mich: warum habe ich das unselige Mädchen ins Unglück gebracht?! Wenn ich mir vorstellte, daß sie jetzt auf Befehl der Barynja irgendwo im Steppendorf Gänse hüten mußte, strafweise in einen gestreiften Bauernkittel gekleidet, gehunzt von einem Starosten in Teerstiefeln, der ihr ekle Schimpfreden an den Kopf wirft, — wenn ich mir das vorstellte, dann fühlte ich, daß sich mein Körper mit kaltem Schweiß bedeckte. Nun gut, ich hielt es einfach nicht mehr aus. Ich erkundigte mich, wohin man sie gebracht hatte, setzte mich aufs Pferd und ritt hin. Erst am andern Tag gegen Abend langte ich in dem betreffenden Steppendorf an. Es scheint, man hatte von mir eine so unschickliche Handlungsweise nicht erwartet und im Dorf daher auch keinen mich betreffenden Befehl gegeben. Ich ging direkt zum Starosten, als Nachbar sozusagen, komme auf den Hof, schaue: da sitzt Matrjona auf der Stufe zur Vortreppe und stützt den Kopf in die Hand. Sie schrie laut auf, ich aber drohte ihr mit dem Finger und zeigte nach dem Hinterhof im Feld. Ging dann zum Starosten hinein, plauderte eine Weile mit ihm, log ihm die Ohren voll, paßte den Moment ab und ging zur Matrjona aufs Feld hinaus. Die Ärmste fiel mir um den Hals. Sie sah blaß aus, abgemagert, mein Täubchen. Ich, wissen Sie, sage ihr: ‚Laß gut sein, Matrjona, weine nicht‘, und mir selber rinnen die Tränen nur so herunter ... Aber zuletzt habe ich doch angefangen, mich zu schämen und sage zu ihr: ‚Matrjona, mit Weinen und Klagen ist einem Unglück nicht abzuhelfen; man muß vielmehr handeln, entschlossen handeln, wie man sagt. Du mußt mit mir fliehen, siehst du? So muß man handeln.‘ Die Arme fiel vor Schreck beinahe in Ohnmacht ... ‚Wie kann man denn ...? Ich werde ja umkommen! Man wird mich verfolgen und ganz zugrunde richten!' — ,Du bist aber dumm: wer wird dich denn finden, wenn du bei mir bist?' — ,Ganz bestimmt werden sie mich finden, ganz bestimmt . . . Ich danke Ihnen, Pjotr Petrowitsch, danke Ihnen für all Ihre Lieb' und Güte. Aber jetzt lassen Sie mich. Das ist nun schon einmal, wie's scheint, mein Los.' — ,Eh, Matrjona, Matrjona, ich habe dich doch für ein charaktervolles Mädchen gehalten!' Und sie hatte wirklich Charakter, viel Charakter. Das war eine Seele von einem Weib, und sie hatte ein goldenes Herz. — ,Warum willst du da bleiben? Es ist doch alles eins! Schlimmer als hier kann's dir nirgends gehen. Nun, zum Beispiel . . . Erzähle! . . . Hast du schon die Fäuste des Starosten zu spüren bekommen? Ha?' — Matrjona wurde bis über die Ohren rot und ihre Lippen begannen zu beben. ,Ja, aber meinetwegen wird man meiner ganzen Familie das Leben sauer machen!' — ,Ach, hör' auf: wird man denn deine ganze Familie in die Steppe verbannen?' — ,Jawohl, das wird man. Den Bruder wird man ganz gewiß verbannen.' — ,Und den Vater: wird man auch den verbannen?' — ,Den Vater nicht, weil er der einzige Schneider im Dorfe ist.' — ,Nun siehst du. Und der Bruder wird deswegen auch nicht umkommen, wenn man ihn verbannt.' — Glauben Sie mir, es kostete mich unendliche Mühe, sie zu überreden; dann ist ihr gar noch eingefallen, *ich* würde die Sache zu verantworten haben. ‚Aber das ist', sage ich ihr, ‚nicht deine Sache.' Zuletzt habe ich sie doch noch weggebracht . . . nicht diesmal, sondern in der folgenden Nacht. Kam mit einer Telega und führte sie weg.»

«Sie haben sie wirklich entführt?»

«Entführt, jawohl! Sie hat sich nun also dann bei mir einquartiert. Ich hatte ein kleines Haus, wenig Dienerschaft. Meine Leute, das kann ich ruhig behaupten, haben mich geachtet und hätten mich um keinen Preis verraten. Es fing dann ein schönes Leben an mit Matrjonuschka, ich ruhte aus, erholte mich, und ich wurde ihr nur immer mehr zugetan . . . Und was war das auch für ein Mädchen! Woher sie das alles hatte! Und singen konnte sie, und tanzen, und auf der Gitarre spielen! . . . Den Nachbarn zeigte ich sie nicht, ich wollte alles Geschwätz vermeiden. Ich hatte jedoch einen Freund, meinen Busenfreund Gornostajew Pantelej. Sie belieben ihn nicht zu kennen? Der hing an ihr mit ganzer Seele; er pflegte ihr die Hände zu küssen wie einer richtigen Barynja. Und ich sage Ihnen: Gornostajew ist nicht so einer wie ich; das ist ein durch und durch gebildeter Mensch, den ganzen Puschkin hat er gelesen! Wenn er mit mir und Matrjona sprach, spitzten wir die Ohren. Er hat ihr sogar das Schreiben beigebracht, dieser wunderliche Kerl! Und wie habe ich sie mit Kleidern ausstaffiert! Sie sah darin besser aus als irgendeine Gouverneurin. Eine Jacke hatte ich ihr machen lassen aus himbeerfarbenem Samt, mit einem Pelzkragen. Und wie ihr dieser Pelz gut stand! Ich hatte ihn in Moskau von einer erstklassigen Schneiderin nach der neuesten Mode — mit einer Taille! — machen lassen. Ein wunderbares Geschöpf, sag' ich Ihnen. Sie pflegte oft stundenlang dazusitzen und den Boden anzustarren; und ich saß vor ihr und sah sie an und konnte mich an ihr nicht sattsehen. Sie lächelt, und in mir hüpft das Herz vor Freude. Oder sie lacht, scherzt, tanzt; und sie umarmt mich so heiß, so fest, daß mir der Kopf rund geht. Von früh bis spät hab' ich nur *einen* Gedanken: womit kann ich ihr heute Freude machen? Und glauben Sie mir: ich habe sie nur deswegen beschenkt, um zu sehen, wie sie, mein Seelchen, sich freut, wie sie rot wird vor Freude, wie sie ein neues Kleid anprobiert, wie sie sich darin bewundern läßt und mich küßt. Es ist mir unbekannt, wie ihr Vater, Kulik, ihren Aufenthalt erfahren hat: er kam, schaute uns an ... Und nun beginnt der Alte gar zu weinen! — Auf diese Weise nun hatten wir fünf Monate gelebt, und ich wäre bereit gewesen, ewig so mit ihr zu leben; aber ich bin nun schon einmal so ein Unglücksmensch ... Plötzlich war es aus.»

«Was war denn geschehen?» fragte ich voll Teilnahme.

Er machte eine abwehrende Bewegung mit der Hand.

«Alles ging zum Teufel. Und sie, die Matrjona, habe ich auch ins Unglück gestürzt . . . Es war so: Matrjona fuhr schrecklich gern Schlitten und pflegte selbst zu lenken. Sie zog ihr Pelzchen an, dicke Fausthandschuhe, und dann begann eine lustige Fahrt: sie schrie vor Vergnügen! Wir fuhren immer nur am Abend spazieren, wissen Sie: um niemand zu begegnen. Und da kam nun wieder einmal so ein schöner Tag, wissen Sie: frostig, klar, windstill . . . Wir machten wieder so eine abendliche Schlittenpartie. Matrjona nahm die Lenkriemen. Ich schaue — wohin fährt sie denn? Ist's möglich: nach Kukujewka, ins Dorf ihrer Barynja!? Ja, richtig, nach Kukujewka. Ich sage zu ihr: ‚Du Verrückte, wohin fährst du?' Sie schaut über die Achsel zu mir zurück und lächelt. Es ist, als ob sie sagen wollte: ‚Da schau einmal, wie kühn ich bin!' Nun, dachte ich, wir wollen unser Glück versuchen. Es ist doch etwas Schönes, am Herrenhaus vorbeizufahren. Finden Sie nicht? Nun also, wir fahren weiter. Mein Paßgänger schwimmt nur so, das Seitenpferd — ich sage Ihnen, es begann einfach wie der Sturmwind dahinzusausen —, und da ist auch schon die Kirche von Kukujewka zu sehen . . . Auf dem Weg kriecht uns ein altes grünes Schlittchen entgegen, und ein Lakai steht hinten auf dem Trittbrett . . . Die Barynja, die Barynja fährt da heran. Ich bekam Angst. Matrjona aber schlägt wieder mit dem Lenkriemen auf die Pferderücken und unser Schlitten schießt pfeilgeschwind auf der Schlittbahn fort, direkt jenem Schlittchen entgegen. Der Kutscher dort! Der sieht, verstehen Sie, der sieht etwas Schimärisches ihm entgegenrasen; er will zur Seite ausweichen, machte aber eine zu schroffe Wendung und schmiß das herrschaftliche Schlittenkütschchen in einen Schneehaufen. Das Glas zerbrach, die Barynja schrie: ‚Ai! ai! ai! ai! ai!', und die Gesellschafterin pipste: ‚Haltet sie! Haltet sie!' Und wir baten Gott um flinke Beine und sausten vorbei! Wir jagten dahin, und ich dachte: schlimm, schlimm; wie dumm, daß ich ihr erlaubt habe, nach Kukujewka zu fahren. Und was glauben Sie? Die Barynja hat uns richtig erkannt, das alte Rabenvieh, und reichte flugs eine Klage gegen mich ein, ungefähr so: ‚Meine Leibeigene hat sich zu dem Edelmann Karatajew geflüchtet, er hat sie entführt, Entschädigung wird verlangt.' Ich schaue, da kommt wirklich eines Tages der Polizeiinspektor. Mit dem war ich gut bekannt, Stepan Sergejewitsch Kusowkin hieß er, ein guter Kerl, das heißt im Grunde ein schlechter Mensch. Er kommt also gefahren und sagt: ‚So und so, Pjotr Petrowitsch, wie ist denn das zugegangen ... Sie haben da eine große Verantwortung auf sich geladen, und die Gesetze sind diesbezüglich sehr streng.' Ich antworte: ‚Nun ja, darüber werden wir noch sprechen; aber wollen Sie nicht, nach dem langen Weg, etwas zu sich nehmen?' Einen Bissen wollte er nicht verschmähen, kam aber immer wieder darauf zurück, die Gerechtigkeit verlange ... und so weiter, und so weiter. — ‚Die Gerechtigkeit und die Justiz überhaupt in Ehren', sage ich, ‚aber was ich noch sagen wollte: hätten Sie nicht Lust, Ihr Pferdchen, den Rappen, gegen meinen Lampurdos umzutauschen? Das Mädchen Matrjona aber ist gar nicht bei mir.' — ‚Nun, Pjotr Petrowitsch', sagt er, ‚das Mädel ist bei Ihnen, wir leben doch nicht in der Schweiz ..., was aber Ihren Lampurdos betrifft, so will ich Ihnen gern einen Gefallen tun: man kann tauschen, ich nehme ihn aber auch so.' Kurz und gut, ich konnte den Mann diesmal noch auf gute Art wegbringen. Die alte Barynja hörte aber nicht auf, zu rumoren, ja sie trieb es jetzt noch viel ärger. ‚Um zehntausend Rubel wird es mir nicht leid tun ...!' soll sie gesagt haben; sie meinte: ‚um mir eins am Zeug zu flicken.' Stellen Sie sich vor: sie war, als sie mich erblickte, auf die Idee gekommen, mich mit ihrer grünen Gesellschafterin zu verheiraten! Das habe ich erst später erfahren. Und darum ist sie so bös geworden! Was diese alten Barynjas nicht alles aussinnen!... Vor Langeweile wahrscheinlich. Nun, die Sache nahm eine schlimme Wendung. Alles ging flöten. Die Matrjona mußte ich verstecken. Man setzte mir von allen Seiten zu. Ich geriet in Schulden. Mit der Gesundheit ging's bergab. Da liege ich einmal zu Hause in meinem Bett und allerlei Gedanken gehen mir durch den Kopf. Gott, mein Gott, weshalb muß ich so leiden? Was soll ich tun, da ich nun ja doch nicht aufhören kann, sie zu lieben? Ich kann nicht, und damit basta! — Plötzlich tritt Matrjona zu mir ins Zimmer. Ich hatte sie damals auf dem Gehöft, etwa zwei Werst weiter draußen, untergebracht. Sie können sich denken, wie ich erschrak! ‚Ja, hat man dich denn dort auch schon entdeckt?' — ‚Nein, Pjotr Petrowitsch', sagt sie, ‚niemand hat mich in Baburino beunruhigt. Aber wird es denn noch lange dauern, bis man mich auch dort entdeckt? Es zerreißt mir das Herz, Pjotr Petrowitsch ... Ich kann nicht mehr mitansehen, wie Sie leiden ... Mein Lebtag werde ich nicht vergessen, daß Sie mich liebgehabt haben ... Aber nun bin ich gekommen, um von Ihnen Abschied zu nehmen.' — ‚Was redest du da? Bist du wahnsinnig geworden? Abschied willst du nehmen? Wie willst du denn Abschied nehmen?' — ‚Nun so, ich werde hingehen und mich ihnen ausliefern.' — ‚Du wirst hingehen? Ich aber werde dich doch auf dem Estrich einsperren! Willst du mich denn überhaupt zugrunde richten? Willst du mir nur Qual bereiten, oder was?' — Das Mädchen schweigt und heftet den Blick auf den Boden.— ‚Nun, rede doch, rede!' — ‚Ich will Ihnen nicht mehr im Wege sein, Pjotr Petrowitsch.' — ‚Nun geh, rede mit ihr! ... Weißt du, Närrin, denn nicht ... weißt du denn, verr ... Verrückte ...'»

Und Pjotr Petrowitsch fing bitterlich zu weinen an.

«Und was glauben Sie?» fuhr er fort, indem er mit der Faust auf den Tisch schlug, dabei bemüht, die Tränen zurückzuhalten, die ihm jedoch immer weiter über die erhitzten Wangen kollerten. «Sie ging hin und überlieferte sich der Barynja!»

«Es ist eingespannt!» rief der Stationsaufseher, der soeben ins Zimmer trat, mit feierlicher Betonung.

«Und was ist aus Matrjona geworden?» fragte ich.

Karatajew machte nur eine abwehrende Handbewegung.

Ein Jahr nach meiner Begegnung mit Karatajew traf es sich, daß ich mich nach Moskau begeben mußte. Dort, im Ochotny-Rjad, befindet sich ein Original-Moskauer Kaffeehaus, und dort ging ich eines Tages hinein. Im Billardzimmer konnte man in den Schwaden bläulichen Tabakrauches gerötete Gesichter, Schnurrbärte, Haarschöpfe, altmodische Husarenjacken und neumodische Swjatoslavki-Röcke, wie sie die Slavophilen liebten, durchschimmern sehen. Ältliche Herren lasen hier ihre Zeitung. Die Marqueure flitzten, das Präsentierbrett schwingend, auf weichen Sohlen vorüber. Kaufleute saßen da, die, mit sichtlicher Anstrengung, ihr, Gott weiß wievieltes, Teeglas austranken. Plötzlich kam aus diesem

Billardzimmer ein Mann mit verwirrtem Haar heraus, der, wie es schien, nicht mehr ganz fest auf seinen Beinen stand. Die Hände hatte er in die Taschen gesteckt, und so stand er, mit gesenktem Kopfe, da, sinnlos umherschauend.

«Ach nein! Ist es denn möglich? Sie sind's, Pjotr Petrowitsch? Na, wie geht's?»

Es fehlte nicht viel, daß Pjotr Petrowitsch mir um den Hals gefallen wäre, und so schleppte er mich, leicht auf seinen Beinen schwankend, in ein kleines Nebenzimmer.

«So, so, hier», sagte er, nachdem er mir dienstfertig einen Stuhl besorgt hatte, «hier werden Sie es gut haben. Kellner, Bier! Nein, Champagner muß es sein! Nun, ich gestehe: ich hab' es nicht erwartet, nicht erwartet ... Schon lange hier? Für lange? Das trifft sich ja wunderbar, daß wir ...»

«Ja, erinnern Sie sich?»

«Wie sollte ich mich denn nicht erinnern, nicht erinnern», unterbrach er mich eiligst, «ach, alte Geschichten, alte Geschichten ...»

«Nun, was machen Sie hier, lieber Pjotr Petrowitsch?»

«Ach, wissen Sie: ich lebe, wie Sie zu sehen belieben. Hier ist das Leben leicht und gut. Die Leute hier sind nett. Hier hab' ich mich endlich beruhigt.»

Und er seufzte und hob die Augen zum Himmel.

«Dienen Sie?»

«Ach nein, wissen Sie, ich diene noch nicht, denke aber, bald den Dienst anzutreten. Aber was ist Dienst? ... Die Menschen — das ist die Hauptsache. Gott, mit was für prächtigen Menschen bin ich bekannt geworden! ...»

Ein Piccolo kam herein und brachte auf einem schwarzen Präsentierbrett eine Flasche Champagner.

«Da haben Sie gleich einen guten Kerl ... Nicht wahr, Wassja, du bist ein guter Kerl? Auf deine Gesundheit!»

Der Piccolo blieb ein Weilchen stehen, schüttelte wohlanständig den Kopf, lächelte und ging hinaus.

«Ja, hier gibt es gute Leute», fuhr Pjotr Petrowitsch fort, «Menschen, die Gefühl und Seele haben ... Wollen Sie? — ich mache Sie bekannt! Sie sind doch sicherlich ein Menschenfreund? Es werden sich alle sehr freuen, Ihre Bekanntschaft zu machen. Ich werde ihnen sagen ... Bobrow ist gestorben, ein wahres Unglück!»

«Was für ein Bobrow?»

«Sergej Bobrow. Das war ein ausgezeichneter Mensch. Er hätte mich irgendwo untergebracht, mich ungebildeten Steppensohn. Und Gornostajew Pantelej ist auch gestorben. Alle sind gestorben, alle!»

«Haben Sie die ganze Zeit hier in Moskau gelebt? Sind Sie nie mehr auf Ihrem Gut gewesen?»

«Mein Gut? ... Das hat man verkauft.»

«Verkauft?»

«Es ist verauktioniert worden. Schade, daß Sie es nicht gekauft haben!»

«Wovon werden Sie denn jetzt leben, Pjotr Petrowitsch?»

«Ach, ich werde nicht Hungers sterben. Wie Gott will. Ist kein Geld mehr da, sind noch immer Freunde da. Und was ist Geld? Staub! Goldstaub ... es ist alles Staub!»

Er kniff die Augen zu, steckte die Hand in seine Hosentasche und holte ein Fünfzehn- und ein Zehnkopekenstück hervor, die er mir auf der flachen Hand hinhielt.

«Was ist das? Doch nur Staub ...», und er streute das Geld auf den Fußboden hin. «Sagen Sie mir lieber: haben Sie Poleshajew* gelesen?»

«Ja.»

«Haben Sie Motschalow** im Hamlet gesehen?»

«Nein, ich war nicht im Theater.»

«Sie haben ihn nicht gesehen, nicht gesehen...» Bei diesen Worten wurde Karatajews Gesicht plötzlich ganz blaß, seine Augen rollten unruhig hin und her, er wandte sich ab, seine Lippen bebten. «Ach, Motschalow, Motschalow! —

Sterben — schlafen»,

sagte er mit dumpfer Stimme.

* Russischer Dichter, Shakespeare-Übersetzer.
** Berühmter russischer Schauspieler.

«Nichts weiter! — und zu wissen, daß ein Schlaf
Das Herzweh und die tausend Stöße endet,
Die unseres Fleisches Erbteil — 's ist ein Ziel,
Aufs innigste zu wünschen. Sterben — schlafen —
Schlafen . . .»

«Schlafen», murmelte er einigemale hintereinander.

«Sagen Sie, bitte», begann ich; aber er fuhr mit Feuer fort:

«Denn wer ertrüg' der Zeiten Spott und Geißel,
Des Mächt'gen Druck, des Stolzen Mißhandlungen,
Verschmähter Liebe Pein, des Rechtes Aufschub,
Den Übermut der Ämter und die Schmach,
Die Unwert schweigendem Verdienst erweist,
Wenn er sich selbst in Ruhstand setzen könnte
Mit einer Nadel bloß? . . . Still!
Die reizende Ophelia. — Schöne, schließ
In dein Gebet all meine Sünden ein.»

Und er ließ den Kopf auf die Tischplatte sinken. Er begann zu lallen und plauderte etwas vor sich hin. Aber bald sprach er wieder mit neuer Kraft:

«Ein kurzer Mond . . .
. . . bevor die Schuh' verbraucht,
Womit sie meines Vaters Leiche folgte . . .
O Himmel! würd' ein Tier, das nicht Vernunft hat,
Doch länger trauern.»

Er hob den Kelch mit Champagner zu seinen Lippen, trank den Wein aber nicht und fuhr fort:

«Um Hekuba!
Was ist ihm Hekuba, was ist er ihr,
Daß er um sie soll weinen? . . .
Und ich,
Ein blöder, schwachgemuter Schurke, schleiche
Wie Hans der Träumer, meiner Sache fremd.
. . . Bin ich 'ne Memme?
Wer nennt mich Schelm? . . . Und straft mich Lügen
Tief in den Hals hinein? . . . Es ist nicht anders:
Ich hege Taubenmut, mir fehlt's an Galle.
Die bitter macht den Druck . . .»

Karatajew ließ das Weinglas sinken und faßte sich an den Kopf. Ich glaubte, ihn jetzt verstanden zu haben.

«Nun, was soll das alles?» sagte er endlich. «Wozu alte Geschichten aufrühren? Auf Ihre Gesundheit!»

«Sie werden wohl in Moskau bleiben?» fragte ich ihn.

«Ich werde in Moskau sterben!»

«Karatajew!» ertönte es vom benachbarten Zimmer her. «Karatajew, wo steckst du denn? Komm hier-her, lie-ber Herzens-junge!»

«Man ruft mich», sagte er, indem er sich ächzend von seinem Stuhl erhob. «Leben Sie wohl! Kommen Sie zu mir, wenn Sie können; ich wohne im ***.»

Aber ich mußte schon am folgenden Tag von Moskau abreisen und sah Pjotr Petrowitsch nicht mehr.

DER GUTSVOGT

Etwa fünfzehn Werst von meinem Gut entfernt wohnt ein mir wohlbekannter Herr namens Arkadij Pawlytsch Pjenotschkin, Gutsbesitzer, Gardeoffizier a. D. Seine Domäne ist wildreich. Sein Haus ist nach den Plänen eines französischen Architekten erbaut. Seine Leute sind samt und sonders in englische Livreen gekleidet. Er gibt ausgezeichnete Diners und nimmt seine Gäste mit größter Liebenswürdigkeit auf; aber man geht nicht gern zu ihm. Er ist ein mit Überlegung handelnder Mensch, dabei prompt in seinen Entschließungen. Natürlich hat er eine vortreffliche Erziehung erhalten, wie das bei uns schon üblich ist, und im Umgang mit der höheren Gesellschaft hat er sich jenen vornehmen Schliff angeeignet, der den Mann von Welt auszeichnet. Jetzt aber beschäftigt er sich mit der Bewirtschaftung seiner Ländereien und hat dabei große Erfolge aufzuweisen. Arkadij Pawlytsch ist nämlich, um mit seinen eigenen Worten zu sprechen, streng, aber gerecht. Das Wohlergehen seiner Untergebenen liegt ihm am Herzen, und wenn er straft, geschieht es zu deren eigenem Nutzen.

«Sehen Sie», pflegt er zu sagen, «man muß mit diesen Leuten umgehen wie mit kleinen Kindern; sie verstehen es nicht besser, es ist nur Unwissenheit, *mon cher, et il faut prendre cela en considération.*» Selbst in jenen Fällen, wo ihn eine traurige Notwendigkeit zwingt, die Leute zu bestrafen, vermeidet er heftige Bewegungen, ja, er erhebt nicht einmal die Stimme, wenn er dem Schuldigen einen Stoß versetzt, sondern sagt ruhig: «Ich habe dich doch gebeten, mein Lieber», oder: «Was ist mit dir, mein Freund? Besinne dich!» Dabei beißt er die Zähne zusammen und verzieht ein wenig den Mund. Er ist nicht groß, hat eine elegante Figur und ist an und für sich nicht übel. Hände und Nägel pflegt er mit großer Sorgfalt. Seine roten Lippen und die blühende Farbe seiner Wangen atmen Gesundheit. Er lacht hellauf, sorglosen Gemüts, und kneift dabei heiter die hellen braunen Augen zu. Er ist *tiptop* angezogen, läßt sich französische Bücher und illustrierte Journale kommen, zum Lesen hat er allerdings wenig Lust, den *Juif errant* von Sue hat er noch nicht ganz bewältigt. Karten spielt er meisterhaft. Mit einem Wort: Arkadij Pawlytsch gilt in der Gesellschaft als ein tadelloser Kavalier, und gar in den Augen der Damen ist er ein Bräutigam, wie man sich ihn nur wünschen kann; sie sind von ihm entzückt und loben besonders seine feinen Manieren. Er benimmt sich in Gesellschaft erstaunlich gut, ist vorsichtig wie eine Katze und war in seinem Leben in keine böse Geschichte verwickelt, obzwar es ihm nichts verschlägt, bei Gelegenheit auch seine rauhe Seite hervorzukehren, besonders schüchternen Menschen gegenüber. Schlechte Gesellschaft verachtet er, er befürchtet, sich zu kompromittieren; doch erklärt er sich in einer Stunde fröhlicher Ausgelassenheit für einen Schüler Epikurs. Von der Philosophie hält er nicht viel, das sei dummes Zeug aus deutschem Nebelheim. Dagegen erklärt er, eine große Vorliebe für Musik zu haben und singt mit viel Gefühl beim Kartenspiel durch die Zähne Arien aus *Lucia di Lammermoor* und aus *La Sonnambula,* nur setzt er immer zu hoch an. Wintersüber fährt er nach Petersburg. Im Haus ist bei ihm stets eine tadellose Ordnung; sogar die Kutscher stehen unter seinem Einfluß und wichsen täglich das Pferdegeschirr, stauben und bürsten ihre Röcke aus, ja waschen sich sogar täglich das Gesicht. Die Dienstleute Arkadij Pawlytschs haben ja ein etwas verdrossenes Aussehen; aber bei uns in Rußland kann man Verdrossenheit und Verschlafenheit nicht so genau unterscheiden.

Arkadij Pawlytsch hat eine weiche und angenehme Stimme, er läßt Wort für Wort perlend durch seinen wundervollen, parfümierten Schnurrbart gleiten; man merkt, ihm selbst macht sein Sprechen das größte Vergnügen; er gebraucht auch eine Menge französischer Ausdrücke wie *Mais c'est impayable! — Mais comment donc?* und andere. Aber trotz allem besuche ich ihn nicht gern, und wenn nicht die Birkhühner und Wachteln gewesen wären, hätte ich wahrscheinlich auf seine Bekanntschaft ganz verzichtet. In seinem Haus überschleicht den Besucher eine sonderbare Unruhe, die auch durch den Komfort darin nicht gemildert wird, und jedesmal, wenn des Abends der Kammerdiener mit dem gekräuselten Haar und in der himmelblauen Livree mit den wappengeschmückten Knöpfen erscheint, um ihm knechtisch ergeben die Stiefel auszuziehen, fühlt der Gast, daß, wenn jetzt statt dieses blassen Menschen, der verängstigt vor ihm steht, plötzlich die erstaunlich breiten Backenknochen und die unglaubwürdig stumpfe Nase eines jungen, robusten Wawila vor ihm auftauchen würden, eines Burschen, den der Barin erst kürzlich vom Hakenpflug weggenommen, der aber schon Zeit gefunden hat, den erst unlängst empfangenen Kaftan an zehn Stellen zu zerreißen, — daß dieser Besucher, sage ich, sich unsagbar freuen und sich gerne dem Risiko aussetzen würde, mit seinem Stiefel auch seinen Fuß zu verlieren, sogar bis zum Hüftgelenk hinauf . . .

Ungeachtet meiner Abneigung diesem Arkadij Pawlytsch gegenüber geschah es, daß ich einst eine Nacht bei ihm zubringen mußte. Am andern Morgen ließ ich in aller Frühe meine Kalesche anspannen; aber er wollte mich ohne Frühstück *à l'anglaise* nicht fortlassen und zog mich zu diesem Zweck in sein Kabinett. Zugleich mit dem Tee reichte man uns Kotelettes, weichgekochte Eier, Butter, Honig, Käse und anderes. Zwei Kammerdiener in sauberen weißen Handschuhen kamen rasch und schweigend unseren geringsten Wünschen zuvor. Wir saßen auf einem persischen Diwan. Arkadij Pawlytsch trug weite, seidene Pumphosen, eine schwarze samtene Jacke, einen schönen Fez mit blauer Quaste und chinesische gelbe Hausschuhe. Er trank Tee, lachte viel, betrachtete seine Nägel, rauchte, legte sich Kissen unter und war überhaupt in der besten Stimmung. Nachdem er gehörig und mit sichtlichem Genuß gefrühstückt hatte, goß Arkadij Pawlytsch sich ein Gläschen Rotwein ein und führte es an die Lippen; aber sofort schnitt er ein finsteres Gesicht.

«Warum ist der Wein nicht gewärmt?» fragte er in ziemlich scharfer Tonart einen der Kammerdiener.

Der Kammerdiener wurde verlegen, blieb wie angewurzelt stehen und wurde blaß.

«Ich frage dich doch, mein Lieber», fuhr Arkadij Pawlytsch ruhig fort, ohne die Augen von seinem Opfer zu lassen.

Der unglückliche Kammerdiener, der nicht wußte, was er anfangen solle, drehte nur immer die Serviette und sprach kein Wort. Arkadij Pawlytsch senkte den Kopf und sah ihn finster an.

«*Pardon, mon cher*», sagte er mit einem angenehmen Lächeln, indem er freundschaftlichst mit der Hand meine Knie berührte. Dann starrte er wieder den Kammerdiener finster an. «Geh jetzt!» fügte er nach einem kurzen Schweigen hinzu, hob die Augenbrauen und klingelte.

Ein dicker, schwarzhaariger Mann mit niedriger Stirn und verschwommenen Augen trat ein.

«Betreffs Fjodor Befehle erteilen», sagte Arkadij Pawlytsch halblaut und mit vollkommener Selbstbeherrschung.

«Sehr wohl, zu Befehl!» antwortete der Dicke und ging hinaus.

«*Voilà, mon cher, les desagréments de la campagne*», bemerkte Arkadij Pawlytsch in heiterem Ton. «Aber wohin wollen Sie denn? Bleiben Sie, nehmen Sie Platz!»

«Nein», antwortete ich, «es ist Zeit für mich.»

«Immer die Jagd! Ach, diese Jäger! Und wohin fahren Sie jetzt?»

«Nach Rjabowo, vierzig Werst von hier.»

«Nach Rjabowo? Ach, mein Gott! In diesem Fall fahre ich ja mit Ihnen! Rjabowo ist nur fünf Werst von meinem Dorf Schipilowka entfernt, und ich bin wirklich schon sehr lange nicht mehr in Schipilowka gewesen; ich habe bis jetzt keinen Moment Zeit gehabt. Das trifft sich jetzt günstig: Sie werden tagsüber in Rjabowo jagen, und am Abend kommen Sie zu mir. *Ce sera charmant.* Wir soupieren zusammen, wir nehmen den Koch mit, Sie übernachten bei mir — großartig! Herrlich! *C'est arrangé!*» fügte er hinzu, ohne meine Antwort abzuwarten. «Heda! Leute! Den Wagen! Rasch den Wagen anspannen! . . . Sie waren noch nie in Schipilowka? Es wäre mir sonst arg gegen das Gewissen, wenn ich Ihnen vorschlagen würde, in der Isba meines Gutsvogtes zu übernachten; aber Sie sind, wie ich weiß, mit allem zufrieden und würden in Rjabowo eventuell auch im Heuschuppen übernachten . . . Fahren wir, fahren wir!»

Und Arkadij Pawlytsch begann eine französische Romanze zu singen.

«Sie wissen vielleicht nicht», fuhr er fort, indem er sich auf seinen Beinen hin- und herwiegte, «daß ich meine Bauern auf Obrok gesetzt habe? Konstitution! Was soll man machen? Jedoch zahlen sie mir den Obrok pünktlich. Ich würde sie, offen gestanden, längst auf Fronarbeit gesetzt haben, wenn ich nur mehr Boden hätte; aber es ist eben zu wenig Boden da! Ein Rätsel, wie sie auskommen! Aber *c'est leur affaire.* Der Gutsvogt ist ein Malefizkerl, *une forte tête,* ein staatsmännischer Kopf! Na, Sie werden ja sehen . . . Ach, wie sich das großartig getroffen hat!»

Es war nichts zu machen. Statt um zehn Uhr vormittags fuhren wir nachmittags um zwei weg. Jäger werden meine Ungeduld begreifen. Arkadij Pawlytsch hatte, wie er mir erklärte, die kleine Schwäche, sich gelegentlich ein wenig zu verzärteln, und nahm eine solche

Menge Wäsche, Vorräte aller Art, Kleider, Parfums, Kissen und allerlei Necessaires mit, daß dieser Segen einem sparsamen und selbstbeherrschten Deutschen für ein Jahr genügt hätte. Bei jeder Senkung der Straße richtete Arkadij Pawlytsch an den Kutscher eine kurze, aber starke Ansprache, woraus ich schließen konnte, daß mein Bekannter ein großer Feigling war. Übrigens ging die Reise glücklich vonstatten; nur brach bei einem erst kürzlich ausgebesserten Brücklein der Wagen mit dem Koch durch, wobei das hintere Wagenrad auf den Magen des Kochs zu liegen kam.

Arkadij Pawlytsch, den die Aussicht auf ein häusliches *carême* erschreckte, ließ sofort fragen, ob seine Hände ganz sind. Nachdem er eine bejahende Antwort erhalten hatte, beruhigte er sich sofort. Bei alledem dauerte die Reise ziemlich lange; ich saß mit Arkadij Pawlytsch im gleichen Wagen und verspürte gegen Ende der Fahrt eine tötliche Langeweile, um so mehr, als mein Bekannter im Verlauf einiger Stunden nur mehr leeres Stroh drosch und zuletzt sogar noch mit seinen liberalen Ideen zu flunkern begann. Endlich langten wir an, aber nicht in Rjabowo, sondern in Schipilowka: irgendwie hatte sich das so gemacht! An diesem Tag konnte ich sowieso nicht mehr jagen gehen, und so ergab ich mich denn zähneknirschend in mein Geschick.

Der Koch war einige Minuten vor uns angekommen und hatte, wie es schien, schon

Zeit gehabt, einige Anordnungen zu treffen und vor allem den zu benachrichtigen, der an dieser Nachricht das meiste Interesse haben mußte; denn schon bei der Einfahrt in die Einfriedung empfing uns der Starost, Sohn des Gutsvogtes, ein kräftiger, rothaariger Muschik, lang wie eine Hopfenstange; er saß zu Pferd, hatte keine Mütze auf und trug einen neuen Armjäk mit aufgeschlagenen Schößen.

«Und wo ist Sofron?» fragte ihn Arkadij Pawlytsch. Der Starost sprang flink vom Pferd, machte vor dem Barin eine Verbeugung bis zum Gürtel und sagte: «Sei gegrüßt, Väterchen Arkadij Pawlytsch!» Dann erhob er den Kopf, warf sich in Positur und meldete, Sofron habe sich nach Perow begeben, aber man habe schon nach ihm geschickt.

«Gut; schließe dich hinten an!» sagte Arkadij Pawlytsch.

Der Starost führte aus lauter Höflichkeit sein Pferd beiseite, stieg auf und ritt in leichtem Trab hinter der Kalesche her; die Mütze trug er in der Hand. Wir fuhren durchs Dorf. Einige Bauern, die in leeren Telegen saßen, begegneten uns; sie kamen von der Dreschtenne und sangen fröhliche Lieder; dabei hopsten ihre Körper in den holpernden Wagen auf und ab, und wild schlenkerten ihre Beine. Sobald sie aber unserer Kalesche ansichtig wurden, verstummten sie plötzlich, nahmen ihre Wintermützen ab (die Geschichte spielt im Sommer) und saßen steif da, eines Befehls gewärtig. Arkadij Pawlytsch nickte ihnen gnädig zu. Im Dorf schien sich eine große Unruhe verbreitet zu haben. Die Weiber in gewürfelten Röcken warfen mit Holzscheiten nach den Hunden, die nicht scharfsinnig genug waren, den Barin zu erkennen, oder die zu eifrig bellten; ein lahmer Greis mit einem Bart, der schon unter den Augen begann, riß das nicht fertiggetränkte Pferd vom Brunnentrog weg, versetzte ihm, unbekannt warum, noch einen Hieb in die Seite, und grüßte erst dann mit zur Erde geneigtem Haupte; Knaben, mit langen Hemdchen angetan, rannten plärrend zu den Häusern, legten sich bäuchlings auf die hohe Türschwelle, bückten sich mit dem Kopf, warfen die Beine nach oben und kugelten auf diese Weise in den dunklen Flur hinein, von wo sie sich nicht mehr zeigten. Sogar die Hühner eilten in schnellstem Trab zum Tor, wo sie sich unterm Brett durchzwängten. Nur der schlagfertige Hahn mit der schwarzen Brust, die einem Atlas-Gilet ähnlich sah, und mit dem roten Schweif, der beinahe den Kamm streifte, blieb auf dem Weg stehen und sammelte sich eben zu einem kräftigen Kikeriki, wurde aber plötzlich konfus und lief auch weg.

Die Isba des Gutsvogtes stand etwas abseits von den andern, inmitten eines dichten Hanffeldes. Wir blieben vor dem Tor stehen. Herr Pjenotschkin stand auf, ließ malerisch seinen Mantel fallen und entstieg, indem er sich freundlich nach allen Seiten umsah, der Kalesche. Die Frau des Gutsvogtes begrüßte uns mit tiefen Verbeugungen und griff nach der Hand des gnädigen Herrn. Arkadij Pawlytsch gestattete ihr, seine Hand nach Herzenslust zu küssen und ging auf die Eingangstreppe zu. In einem dunklen Flurwinkel stand die Frau des Starosten und grüßte auch; aber zur Hand des Barin zu greifen, hätte sie nie und nimmer gewagt. In der sogenannten «kalten Isba», vom Flur aus gleich rechts, machten sich einige Weiber zu schaffen. Sie trugen verschiedenes Lumpenzeug heraus: leere hölzerne Kannen, steifgewordene Schafpelze, Schmalztöpfe, eine Wiege mit einem Haufen Fetzen und einem Kind; dann kehrten sie mit einem Reisigbesen aus der Badstube den Schmutz heraus. Arkadij Pawlytsch schickte sie weg, und ließ sich auf einer Bank unter den Heiligenbildern nieder. Die Fuhrleute begannen die Koffer, Köfferchen und was sonst der Bequemlichkeit diente, hereinzutragen, stets bemüht, das Klopfen ihrer schweren Stiefel zu dämpfen.

Mittlerweile fragte Arkadij Pawlytsch den Starosten über den Ertrag der Ernte, über die neue Aussaat und andere Wirtschaftsangelegenheiten aus. Der Starost antwortete befriedigend, aber irgendwie träge und ungeschickt, zu vergleichen mit einem, der mit erfrorenen Fingern seinen Kaftan zuknöpft. Er stand an der Tür, immer auf der Hut und sich beständig umsehend, um ja dem flinken Kammerdiener nicht den Weg zu verstellen. In einem gewissen Moment glückte es mir, hinter den mächtigen Schultern des Starosten die Gutsvögtin zu erblicken, die eben dabei war, irgendein anderes Weib lautlos durchzuprügeln. Plötzlich hörte man das Gerassel einer Telega, die vor der Tür stehenblieb: der Gutsvogt trat herein.

Dieser «staatsmännische Kopf», wie sich Arkadij Pawlytsch ausgedrückt hatte, war mittleren Wuchses, breitschultrig, grau, überhaupt vierschrötig, mit einer roten Nase, kleinen blauen Augen und einem Bart in Fächerform. Es sei bei dieser Gelegenheit angemerkt, daß, seitdem Rußland existiert, noch kein Fall bekannt geworden ist, daß ein dick und reich gewordener Mensch keinen breiten Bart gehabt hätte; ein anderer hat sein Leben lang ein dünnes Bärtchen in Keilform gehabt — plötzlich steht er vor dir mit einem förmlichen Strahlenglanz von einem Bart; woher nur die vielen Haare kommen!? Der Gutsvogt hatte in Perow wahrscheinlich zu tief ins Gläschen geguckt: sein Gesicht war gedunsen und er roch nach Branntwein.

«Ach, ihr, unsere Väter, unsere Wohltäter», begann er in singendem Ton zu reden, und er sagte das mit einem so gerührten Gesicht, als ob er gleich in Tränen zerfließen werde, «habt die Mühe nicht gescheut und es hat euch beliebt, auf Besuch zu kommen! . . . Das Händchen, Väterchen, das Händchen!» und spitzte schon im voraus die Lippen.

Arkadij Pawlytsch erfüllte seinen Wunsch. «Nun, Bruder Sofron, wie gehen hier die Geschäfte?» fragte er mit freundlichem Ausdruck.

«Ach, ihr, unsere Väter», rief Sofron aus, «wie sollen sie denn schlecht gehen — die Geschäfte? Ihr seid ja unsere Väter, unsere Wohltäter! Unser Dörflein habt ihr mit eurem Besuch beehrt und damit Licht verbreitet! Beglückt habt ihr uns bis zum Tag des Grabes! Gott sei Dank, Arkadij Pawlytsch, Gott sei Dank! Alles steht gut, dank euer Gnaden!»

Nun schwieg Sofron ein Weilchen, schaute den Barin an, und wie hingerissen vom Drang seines Herzens (dabei tat der Rausch das seine), bat er zum zweitenmal um die «Hand» und fing wieder in den höchsten Tönen an: «Ach, ihr, unsere Väter, Wohltäter . . . und . . . alldas! Bei Gott, ich bin vor Freude ein Narr geworden . . . Bei Gott, ich schaue und traue meinen Augen nicht . . . Ach, ihr, unsere Väter! . . .»

Arkadij Pawlytsch sah mich an, lächelte und fragte: «*N'est-ce pas que c'est touchant?*»

«Ja, Väterchen, Arkadij Pawlytsch», fuhr er nicht zu beschwichtigende Gutsvogt fort, «wie konnten Sie doch nur! Ich bin tief betrübt, Väterchen: es hat Ihnen nicht beliebt, mich früher von Ihrem Kommen zu benachrichtigen! Wo werden Sie nun das Nächtlein verbringen? Hier ist doch alles in Dreck und Speck ...»

«Macht nichts, Sofron, macht nichts», antwortete Arkadij Pawlytsch mit einem leutseligen Lächeln. «Es ist gut so!»

«Ach, nein, ihr, unsere Väter! Gut — für wen? Für einen Muschik wie unsereinen ist's freilich gut; ihr seid aber ... ach, ihr, meine Väter, Wohltäter, ach, ihr, meine Väter! ... Verzeiht dem Narren, wenn er es nicht ausdrücken kann ... ich bin närrisch vor Freude ... bei Gott ... ich werde noch ein ganzer Narr!»

Das Abendbrot wurde aufgetragen. Arkadij Pawlytsch begann zu essen. Den Sohn hatte der Alte fortgejagt mit dem Bemerken, er solle nicht weiter die Luft verpesten.

«Nun, was sagst du, Alterchen: das Stück Land da drüben, ist's jetzt richtig vermessen?» fragte Herr Pjenotschkin, der sich offenbar bemühte, eine echte Bauernsprache zu reden und der mir zublinzelte. «Ist's jetzt unser?»

«Richtig vermessen, Väterchen — alles dank deiner Gnaden: vorgestern wurde die Urkunde unterschrieben. Die von Chlynow haben das Maul verzogen und gemurrt, wollten gar aufbegehren, forderten dies und das, Gott weiß, was die alles verlangten; es sind doch rechte Narren, die von Chlynow, ein viehdummes Volk. Und wir, Väterchen, haben dem Schiedsrichter im Namen deiner Gnaden den Dank ausgesprochen und sonst zufriedengestellt, immer nach deinen Befehlen, wie du es uns durch Jegor Dmitritsch hast wissen lassen.»

«Ich weiß, Jegor hat mir darüber Vortrag gehalten», bemerkte Arkadij Pawlytsch mit wichtiger Miene.

«Wie denn anders, Väterchen? Jegor Dmitritsch, sowieso!»

«Nun, und seid ihr jetzt zufrieden?»

Sofron hatte nur auf diese Frage gewartet. «Ach, ihr, unsere Väter, unsere Wohltäter!» begann er wieder im Singsangton. «Wie sollten wir uns denn unterstehen? Aber seien Sie gnädig! Wir beten doch für Sie Tag und Nacht. Wir haben es freilich ein bißchen knapp ...»

Doch Pjenotschkin unterbrach ihn: «Na, gut, gut, Sofron, ich weiß ja, daß du mir ein ergebener Knecht bist ... Und wie ist der Ausdrusch?»

Sofron seufzte.

«Eh, du mein, ihr, meine Väterchen, der Ausdrusch ist nicht sehr gut. Aber daß ich nicht vergesse, Väterchen Arkadij Pawlytsch, es ist da etwas passiert. Erlauben Sie mir, es Ihnen zu melden.» Hier näherte er sich, die Arme ausbreitend, Herrn Pjenotschkin, neigte sich zu ihm und sagte, ein Auge zukneifend: «Ein Leichnam hat sich auf unserm Grund und Boden vorgefunden.»

«Wieso denn?»

«Mir bleibt der Verstand stehen, Väterchen, ihr, unsere Väter! Das muß uns der unreine Geist angetan haben ... Man hat nahe dem Grenzgraben einen toten Menschen vorgefunden, zwar auf unserm Boden, aber doch nahe dem Grenzgraben. Na, wozu die Sünde verbergen? — Ich habe sofort Befehl erteilt, den Leichnam über den Grenzgraben hinüberzuschaffen, stellte Wachen hin und habe den Unsrigen befohlen, reinen Mund zu halten. Dem von der Landpolizei habe ich den Fall erklärt, mich auch nicht lumpen lassen, damit die Ordnung nicht gestört wird, Tee, aus Dankbarkeit, und so . . . Und was meinen Sie? Der Leichnam ist ihnen richtig auf dem Hals geblieben; wäre uns sonst teuer zu stehen gekommen . . . nicht unter zweihundert Rubeln!»

Herr Pjenotschkin mußte über den schlauen Gutsvogt herzlich lachen und sagte einige Male zu mir, indem er mit dem Kopf auf ihn hindeutete: «*Quel gaillard! Hein!*»

Inzwischen war es draußen dunkel geworden. Arkadij Pawlytsch ließ den Tisch abräumen und Heu bringen. Der Kammerdiener breitete Leintücher aus und legte Kissen hin. Wir legten uns nieder. Sofron war schon früher abgezogen, nachdem er Instruktionen für morgen erhalten hatte. Vor dem Einschlafen plauderte Arkadij Pawlytsch noch eine Zeit über die vortrefflichen Eigenschaften des russischen Bauern und bemerkte dabei, daß, seitdem Sofron hier die Verwaltung innehabe, keiner seiner Schipilower Bauern auch nur mit einem Groschen im Rückstand sei . . . Der Nachtwächter klopfte, zum Zeichen, daß er wache, an ein Brett. Ein Kind in der Isba, das, wie es scheint, noch nicht mit dem Gefühl der nötigen Selbstverleugnung begabt war, fing an zu greinen . . . Wir schliefen ein.

Am andern Tag standen wir ziemlich früh auf. Ich schickte mich an, nach Rjabowo zu fahren; aber Arkadij Pawlytsch hegte den Wunsch, mir sein Gut zu zeigen und bat mich, zu bleiben. Ich war selber auch nicht abgeneigt, mich von den trefflichen Eigenschaften des staatsmännischen Kopfes Sofron zu überzeugen. Der Gutsvogt erschien. Er hatte einen blauen Armjäk an, mit einem roten Gurt. Er sprach heute viel weniger als gestern, blickte dem Barin unverwandt in dieAugen, antwortete kurz und bündig und ganz sachlich. Wir begaben uns mit ihm zur Dreschtenne. Sofrons Sohn, der klafterlange Starost, allen Anzeichen nach ein sehr dummer Mensch, ging auch mit; dann gesellte sich noch eine Amtsperson, der ausgediente Soldat Fedosjeïtsch, zu uns, der einen ungeheuren Schnurrbart hatte und aussah, wie wenn er in längst vergangenen Tagen sich über etwas außerordentlich gewundert hätte und wie wenn dieser Ausdruck in seinem Gesicht für immer stehengeblieben wäre. Wir besichtigten die Dreschtenne, die Getreidedarre, die Ställe, die Windmühle, den Viehhof, den Kleintierstall, das Hanffeld; es war wirklich alles in musterhafter Ordnung, und nur die traurigen Mienen der Bauern gefielen mir nicht. Sofron wußte sogar das Angenehme mit dem Nützlichen zu verbinden:

alle Gräben waren hübsch mit Weiden eingesäumt; zwischen den Getreidehaufen in der Dreschtenne waren mit Sand bestreute Weglein angelegt; auf der Spitze der Windmühle war eine Windfahne in Gestalt eines Bären mit aufgerissenem Rachen und roter Zunge angebracht; am Ziegelbau des Viehstalls klebte oben etwas in der Art eines griechischen Frontons, und unter dem Fronton hatte Sofron eine Gedenktafel angebracht, mit der Inschrift: «Gibautimdorf schepilowka imtausend acht Untert vierzigstes Jahr dieses Viehe Auss.» Arkadij Pawlytsch zerfloß in Wonne. Er setzte mir in französischer Sprache die Vorteile auseinander, die das Obrok-System mit sich brachte, wobei er jedoch bemerkte, daß das System des Frondienstes der Bauern an und für sich trotzdem das bessere sei. «Aber was ist zu machen? . . .» Er fing an, dem Gutsvogt Ratschläge zu erteilen, wie man am besten Kartoffeln setzt, wie man das Viehfutter richtig zubereitet und dergleichen mehr. Sofron hörte sich die Rede seines Barin aufmerksam mit an, wagte hie und da eine kleine Einwendung, nannte Arkadij Pawlytsch plötzlich nicht mehr Vater und Wohltäter, kam aber beharrlich immer wieder darauf zurück, daß man zu wenig Land habe, unbedingt dazu kaufen müsse, die Gelegenheit sei da.

«Nun, so kaufe das Land auf meinen Namen», sagte Arkadij Pawlytsch, «ich habe ja nichts dagegen!»

Sofron schwieg und glättete seinen Bart.

«Jetzt auf in den Wald!» rief Pjenotschkin aus. Sogleich führte man die Reitpferde heran. Wir ritten also in den Wald, oder wie man bei uns sagt in den «Sakas»*. In diesem «Sakas» fanden wir ein schreckliches Dickicht vor, eine wahre Wildnis, wofür Arkadij Pawlytsch dem Gutsvogt Sofron anerkennend auf die Achsel klopfte. In Sachen der Forstwirtschaft hielt Herr Pjenotschkin strikte an den althergebrachten echt russischen Ansichten fest und erzählte dabei auch gleich einen, nach seinen Worten, sehr komischen Fall, wie nämlich ein fideler Gutsbesitzer seinem Förster den halben Bart ausgerissen habe, um ihm zu beweisen, daß ein Wald nicht dichter werde, wenn man ihn lichte ... Es muß jedoch bemerkt werden, daß in jeder anderen Beziehung weder Sofron noch Arkadij Pawlytsch Neuerungen abgeneigt waren. Nach der Rückkehr ins Dorf führte uns der Gutsvogt die neue Häckselmaschine vor, die er unlängst aus Moskau hatte kommen lassen. Diese Häckselmaschine funktionierte wirklich sehr gut; wenn Sofron aber gewußt hätte, welche Unannehmlichkeiten sowohl ihn als auch den Barin auf diesem letzten Spaziergang erwarteten, wäre er wahrscheinlich mit uns zu Hause geblieben.

* Ein Teil des Kronwaldes, der im 14. Jahrhundert zum Schutz gegen die Krim-Tataren angelegt wurde und sich über eine Bodenfläche von über 35000 Hektaren erstreckt. Anm. d. Übers.

Es ereignete sich das Folgende: Als wir aus der Scheune traten, bot sich uns dieses Bild: Ein paar Schritte vor der Tür, neben einer Pfütze, in der drei Enten sorglos herumplätscherten, standen zwei Bauern, der eine ein Greis von etwa sechzig Jahren, der andere ein Bursche von etwa zwanzig, beide in geflickten Hemden, barfuß, umgürtet mit Strikken. Der ausgediente Soldat Fedosjeïtsch sprach eifrig auf sie ein, und wahrscheinlich wäre es ihm gelungen, sie zum Fortgehen zu veranlassen, wenn wir uns noch länger in der Scheune aufgehalten hätten; nun aber, da er uns erblickte, stand er stramm wie ein Laternenpfahl und erstarrte an Ort und Stelle. Da stand denn auch der Starost mit aufgerissenem Maul und gleichsam noch unentschlossenen Fäusten. Arkadij Pawlytschs Gesicht verdüsterte sich; die Lippen grimmig zusammenpressend, näherte er sich den Bittstellern. Die beiden schwiegen und grüßten, indem sie den Kopf bis zur Erde neigten.

«Was wollt ihr? Um was bittet ihr?» fragte er in strengem und hochmütig näselndem Ton.

Die Bauern schauten einander an und sprachen kein Wörtchen, nur kniffen sie die Augen zu, als ob sie in die Sonne blickten und begannen schneller zu atmen.

«Na, wird's bald?» fing Pjenotschkin wieder an. «Habt ihr keine Zungen, oder was? Rede du!» fügte er hinzu, indem er mit einer Kopfbewegung auf den Alten hindeutete. «Was willst du? Hab' nur keine Angst, alter Narr!»

Der Greis streckte seinen dunkelbraunen, verrunzelten Hals, öffnete die violetten Lippen und brachte mit heiserer Stimme hervor: «Beschütze du uns, Herr!» Und wieder beugte er sich mit der Stirn bis zur Erde. Auch der junge Bauer verneigte sich.

Arkadij Pawlytsch blickte mit viel Würde auf ihre gebeugten Nacken, dann warf er den Kopf zurück und spreizte die Beine auseinander.

«Was gibt's? Über wen beklagst du dich?»

«Habe Erbarmen, Herr! Lasse uns atmen!... Ganz verquält sind wir!»

Der Alte sprach mit Mühe.

«Wer quält dich?»

«Ja, Sofron Jakowlitsch, Väterchen.»

Arkadij Pawlytsch schwieg.

«Wie heißt du?»

«Antip, Väterchen.»

«Und wer ist der da?»

«Das ist mein Söhnchen, Väterchen.»

Arkadij Pawlytsch schwieg wieder und bewegte den Schnurrbart.

«Na, und wodurch hat er dich denn so gequält?» sagte er und schaute durch seinen Schnurrbart auf den Alten herunter.

«Väterchen, in Jammer und Not hat er uns gestürzt. Zwei Söhne, Väterchen, hat er außer der Reihe unter die Rekruten gesteckt, und jetzt nimmt er mir den dritten weg. Gestern,

Väterchen, hat er unsere letzte Kuh vom Hof weggetrieben und meine Alte durchgehauen — der da», er zeigte auf den Starost, «hat geholfen.»

«Hm! Hm!» machte Arkadij Pawlytsch.

«Erlaube nicht, uns ganz zugrunde zu richten, Ernährer!»

Herr Pjenotschkin machte ein finsteres Gesicht.

«Was bedeutet das alles?» fragte er den Gutsvogt halblaut und machte dazu ein mißvergnügtes Gesicht.

«Ein Trunkenbold», antwortete der Gutsvogt, der bisher geschwiegen hatte. «Ein Tunichtgut. Kommt aus den Schulden schon das fünfte Jahr nicht heraus.»

«Sofron Jakowlitsch hat die Rückstände für mich bezahlt, Väterchen», fuhr der Alte fort, «und es ist schon das fünfte Jahr, seitdem er den Obrok für mich bezahlt, aber dafür hat er mich in Schuldknechtschaft genommen, Väterchen, und da . . .»

«Tja, warum bist du in Rückstand geraten?» fragte Herr Pjenotschkin streng und grimmig.

Der Alte senkte den Kopf.

«Aha, Du bist ein Schnapsbruder, treibst dich in den Schenken herum?»

Der Alte schien etwas sagen zu wollen und sperrte den Mund auf.

«Ich kenne euch!» fuhr Arkadij Pawlytsch, der jähzornig war, fort. «In den Schnapsbuden herumlungern und auf dem Ofen liegen — das könnt ihr, und ein guter Bauer soll dann für euch einstehen!»

«Dabei ist er ein Grobian!» flocht der Gutsvogt in die Rede des Barin ein.

«Nun, das versteht sich. Das ist ja immer so. Das habe ich mehr als einmal beobachtet. Er lebt das ganze, liebe Jahr hindurch liederlich, ist sackgrob und jetzt wälzt er sich zu meinen Füßen!»

«Väterchen, Arkadij Pawlytsch», begann der Alte verzweiflungsvoll zu reden: «Erbarme dich, beschütze uns! Wie soll ich denn ein Grobian sein? Wie vor Gott, dem Herrn, spreche ich zu dir. Es übersteigt meine Kräfte. Sofron Jakowlitsch ist mir gram geworden, und weshalb, das weiß Gott, der ewige Richter. Sofron stürzt uns alle ins Elend, Väterchen! Das letzte Söhnchen da . . . auch den . . .» In den Augen des Greises glänzten Tränen. «Erbarme dich, Herr, beschütze . . .»

«Nicht uns allein quält er so», fing der junge Bauer zu reden an.

Da aber loderte Arkadij Pawlytsch in hellem Zorn auf.

«Wer hat dich gefragt? Man hat dich nicht gefragt, schweige also! Was ist denn das? Schweige! sage ich dir. Schweige!! . . . Ach, mein Gott! Das ist ja die reinste Revolte! Nein, Bruder, vor mir aufzubegehren, rate ich dir nicht . . .» Arkadij Pawlytsch machte einen Schritt nach vorwärts, aber da er sich wahrscheinlich an meine Anwesenheit erinnerte, wandte er sich ab und steckte die Hände in die Taschen . . . «*Je vous demande bien pardon, mon cher*», sagte er, gezwungen lächelnd, mit bedeutend gedämpfter Stimme. «*C'est le mauvais côté de la médaille* . . . Nun gut, gut», fügte er hinzu, ohne sich nach den Bauern umzublicken, «ich werde die nötigen Befehle erteilen.»

Die Bauern blieben auf den Knien liegen.

«Nun, ich hab' euch doch gesagt . . . Geht jetzt . . . Ich werde das ordnen.»

Arkadij Pawlytsch wandte ihnen den Rücken und schritt, die Worte «ewig diese Unzufriedenen!» durch die Zähne quetschend, eiligst dem Hause zu. Sofron folgte ihm. Der Amtsschreiber riß die Augen weit auf, wie wenn er die Absicht hätte, einen Riesenluftsprung auszuführen. Der Starost scheuchte die Enten aus der Pfütze. Die Bittsteller blieben noch eine Weile an Ort und Stelle, schauten einander an und trotteten, ohne sich umzusehen, nach Hause.

Zwei Stunden später war ich schon in Rjabowo und bereitete mich vor, mit Anpadist, einem mir bekannten Bauern, auf die Jagd zu gehen. Arkadij Pawlytsch hatte noch bis zu meiner Abfahrt mit Sofron geschmollt. Ich sprach nun mit Anpadist über die Bauern von Schipilowka und fragte ihn, ob er den Gutsvogt Sofron kenne.

«Den Sofron Jakowlitsch? Und ob ich ihn kenne!»

«Was ist das für ein Mensch?»

«Ein Hund ist er, kein Mensch: so einen Bluthund findet man nicht bis Kursk!»

«Was weiter?»

«Schipilowka gehört nur zum Schein dem..., wie heißt er nur? — diesem Pjenkin; aber nicht er besitzt es, es gehört schon ganz und gar dem Sofron!»

«Ist das möglich?»

«Wie über sein eigen Gut herrscht er. Alle Bauern ringsumher sind in seiner Schuldknechtschaft. Sie müssen für ihn wie seine Knechte arbeiten. Die einen verwendet er für Transporte, die andern für irgendeinen andern Erwerb, und ihren Lohn steckt er ein. Er hat alles durcheinandergebracht.»

«Boden haben sie, scheint's, nicht viel?»

«Nicht viel? Bei denen von Chlynow allein hat er schon achtzig Dessjatinen gepachtet, und bei uns hundertzwanzig. Das ist ein hübsches Stück Land. Und er wuchert nicht nur mit dem Boden, er handelt mit allem: mit Pferden, mit Vieh, mit Teer, mit Öl, mit Hanf und wer weiß womit noch ... Durchtrieben ist er, und reich auch — ein Gauner! Und das schlimmste ist: er prügelt die Bauern erbarmungslos. Ein Tier — kein Mensch. Wie gesagt: ein Hund, ein richtiger Köter.»

«Aber warum führen denn die Bauern nicht Klage?»

«Bei wem sollten sie sich denn beklagen? Und was geht denn das den Barin an? Wenn nur keine Obrok-Rückstände vorkommen! Ja, geh' hin und beklage dich!» fügte er nach einem kurzen Schweigen hinzu. «Klage! Der wird dich ...! Der wird dich so zurichten, daß ...! Nein, die Bauern werden sich hüten!»

Ich erinnerte mich an die Geschichte mit Antip und erzählte ihm, was ich gesehen hatte.

«Nun», sagte Anpadist, «dem wird er jetzt keine Ruhe mehr lassen, den frißt er mit Haut und Haaren auf. Der Starost wird ihn kreuzlahm schlagen. Ach, der Arme! Wenn man sich nur vorstellt, was jetzt mit dem Unseligen geschieht! Und weshalb ihn der Gutsvogt verfolgt? Weil der Bauer mit ihm gestritten hat. Wahrscheinlich konnten's die Bauern nicht mehr aushalten. Das vergißt er ihm nicht und hat angefangen, ihn, den Antip da, besonders zu zwacken. Jetzt wird er ihm völlig den Garaus machen. Das ist ja ein solcher Bluthund, wie ihn die Welt noch nicht gesehen hat. Gott verzeih' mir die Sünd', aber dieser Köter weiß, wen er verfolgen soll: die Alten, die etwas besser gestellt sind und eine große Familie haben, rührt er nicht an, der kahlköpfige Teufel, aber hier kühlt er sich sein Mütchen. Er hat doch auch Antips Söhne außer der Reihe unter die Rekruten gesteckt, der Betrüger und erbarmungslose Schuft. Gott verzeih' mir die Sünd' ...»

Wir begaben uns auf die Jagd.

DAS KONTOR

Es war im Herbst. Schon einige Stunden strich ich mit der Flinte im Feld umher, und ich wäre wahrscheinlich nicht vor Abend in die Herberge an der Kursker Heerstraße zurückgekehrt, wo ich meine Troika eingestellt hatte, wenn mir nicht ein außerordentlich feiner und kalter Regen, der seit dem frühesten Morgen andauerte, schlimmer als eine zudringliche alte Vettel zugesetzt und mich gezwungen hätte, endlich irgendwo in der Nähe einen, wenn auch nur zeitweiligen, Unterschlupf zu suchen. Während ich noch überlegte, nach welcher Seite ich mich wenden sollte, bemerkte ich plötzlich neben einem mit Erbsen bepflanzten Feld eine niedrige Hütte. Ich näherte mich dieser Hütte, schaute unter das Wetterdach und erblickte einen derart gebrechlichen Greis, daß ich sofort an das sterbende Lama denken mußte, das Robinson in einer Höhle auf seiner Insel fand. Der Alte hockte da, blinzelte mit seinen erloschenen kleinen Augen und kaute eifrig, aber vorsichtig, in der Art eines Hasen (der Ärmste hatte keinen einzigen Zahn mehr im

Munde), eine trockene und harte Erbse, indem er sie unablässig von einer Seite auf die andere rollte. Er war so versunken in seine Beschäftigung, daß er mein Kommen nicht bemerkte.

«Großväterchen! — Ah, Großväterchen!» sagte ich.

Er hörte auf zu kauen, hob die Augenbrauen und öffnete mit Anstrengung die Augen.

«Was willst?» zischelte er mit heiserer Stimme.

«Ist hier ein Dorf in der Nähe?» fragte ich.

Der Alte begann wieder zu kauen. Er hatte mich nicht gehört. Ich wiederholte meine Frage mit lauterer Stimme.

«Ein Dorf? . . . Aber was willst du dort?»

«Einen Unterstand such' ich vor dem Regen da.»

«Was?»

«Mich irgendwo unterstellen möchte ich; es regnet.»

«Was?»

«Es regnet. Mich unterstellen!»

«Aha!» Er kratzte sich im sonnenverbrannten Nacken.

«Nunu, du, dingsda, geh, geh», begann er plötzlich, indem er mit den Händen herumfuchtelte, «dort . . . an einem Wäldchen vorbei . . . und bist du an dem Wäldchen vorbei, siehst du die Straße. Die Straße läßt du links liegen und gehst immer rechts . . . halte dich immer . . . halte dich rechts.

Nunu, dann wirst du bald in Ananjewo sein, oder in Sitowka.»

Ich hatte den Alten mit Mühe verstanden. Sein Schnurrbart hinderte ihn, und auch seine Zunge wollte nicht recht.

«Und du — woher bis denn du?»

«Was?»

«Woher du bist?»

«Aus Ananjewo.»

«Was machst du denn hier?»

«Als Wächter sitz' ich da.»

«Aber was bewachst du denn?»

«Die Erbsen!»

«Wie alt bist du?»

«Gott weiß es.»

«Du siehst wohl schlecht?»

«Was?»

«Ob du schlecht siehst?»

«Schlecht. Es kommt auch vor, daß ich nichts höre.»

«Wie sollst du da Wächter sein? Bedenke das!»

«Das wissen die Oberen.»

‚Die Oberen!' dachte ich, und nicht ohne Mitleid schaute ich den Alten an. Er tastete herum, langte aus dem Brustlatz ein Stück altbackenes Brot und begann daran zu saugen wie ein Kind, indem er mit Mühe die ohnehin eingefallenen Wangen einzog.

Ich ging in der Richtung des Wäldchens weiter, hielt mich, wie der Alte mir geraten, immer rechts und gelangte so zu einem großen

Dorf mit einer aus Stein erbauten Kirche in neuerem Geschmack, das heißt, mit Säulen; und daneben stand das Herrenhaus, ebenfalls mit Säulen. Schon von weitem hatte ich durch das dichte Netz des Regens eine Isba bemerkt, die mit einem Bretterdach und zwei Rauchfängen versehen war und etwas erhöht lag, wahrscheinlich die Behausung des Starosten, wohin ich denn meine Schritte lenkte, in der Hoffnung, bei ihm einen Samowar zu finden, Tee, Zucker und nicht allzu saure Sahne. In Begleitung meines durchfrorenen Hundes stieg ich die Stufen hinan, betrat den Flur, öffnete die Tür; aber statt des gewöhnlichen Inventars einer Isba erblickte ich einige Tische, die mit Schriftstücken bedeckt waren, ferner zwei rot angestrichene Schränke, mit Tintenklecksen übersäte Tintenfässer, schwere zinnene Streusandbüchsen, sehr lange Federn und anderes.

Auf einem der Tische saß ein etwa zwölfjähriger Knabe mit einem krankhaft gedunsenen Gesicht, winzigen Äuglein, einer fetten Stirn und schier unendlichen Schläfen. Sein Kleid bestand aus einem Kaftan, der beim Kragen und in der Magengegend schmuddelig war.

«Was wünschen Sie!» fragte er mich und riß dabei den Kopf nach oben wie ein Pferd, wenn man es plötzlich bei der Schnauze packt.

«Wohnt hier der Verwalter ... oder ...?»

«Hier ist das Hauptherrschaftskontor», unterbrach er mich. «Ich bin heute dienstlich hier. Haben Sie den Schild draußen nicht gelesen? Schilder sind dazu da, daß man sie liest.»

«Aber wo kann man sich hier trocknen? Ist jemand im Dorf, der einen Samowar hat?»

«Wie sollte es hier im Dorf keine Samoware geben?» antwortete der Kleine im grauen Kaftan wichtigtuerisch. «Gehen Sie zum Popen Timofej oder zu sonst jemand, oder zu Nasar Tarassytsch, oder zur Agrafena, der Hühnermagd.»

«Mit wem sprichst du da, Haubenstock, und läßt einen nicht schlafen, Tölpel?» ließ sich aus dem anstoßenden Zimmer eine grämliche Stimme vernehmen.

«Es ist da irgendein Herr hereingekommen und fragt, wo er sich trocknen könne!»

«Was für ein Herr?»

«Ich kenne ihn nicht. Mit einem Hund und einer Flinte.»

Im Nachbarzimmer knackte ein Bett, die Tür öffnete sich, und herein trat ein Mann von etwa fünfzig Jahren, dick, klein, mit einem Stiernacken, die Augen hervorquellend, mit ungewöhnlich runden Backen und einem Glanz über dem ganzen Gesicht.

«Was wünschen Sie?» fragte er mich.

«Mich trocknen.»

«Hier ist nicht der Ort dazu!»

«Ich wußte nicht, daß hier ein Kontor ist; aber im übrigen bin ich bereit, zu zahlen.»

«Es geht, es geht! Meinetwegen auch hier», antwortete der Dicke. «Beliebt es Ihnen nicht, hier einzutreten?»

Er führte mich in ein anstoßendes Zimmer, aber nicht in das, aus dem er gekommen war.

«Werden Sie sich hier wohl fühlen?»

«Schon gut. Kann ich nicht Tee mit Sahne haben?»

«Bitte, sofort. Belieben Sie, sich einstweilen auszukleiden und auszuruhen; der Tee wird in einer Minute fertig sein.»

«Wem gehört denn dieses Gut?»

«Es gehört der Barynja Losnjakowa, Elena Nikolajewna.»

Er ging hinaus. Ich schaute mich im Zimmer um. An der Wand, die mein Zimmer vom Kontor trennte, stand ein riesig großer Lederdiwan. Zwei hochlehnige, lederbezogene Stühle standen rechts und links von dem einzigen Fenster, das auf die Straße hinausging. Die Wände waren mit grünen Tapeten beklebt und wiesen eine Art rosa Täfelung auf. Dort hingen auch drei große in Öl gemalte Bilder. Das eine stellte einen Jagdhund dar, der ein blaues Halsband trug, auf dem geschrieben stand «Mein Trost». Bei den Beinen des Hundes sah man einen Fluß, und am jenseitigen Ufer des Flusses einen Hasen in übermäßiger Größe, der den einen Löffel in die Höhe streckte; er saß unter einem ziemlich kleinen Nadelbaum. Auf dem andern Bild aßen zwei alte Leute eine Wassermelone, und hinter der Wassermelone sah man in einiger Entfernung eine griechische Säulenhalle mit der Aufschrift: «Tempel der Genügsamkeit». Auf dem dritten Bild war eine halbnackte, liegende Frauensperson *en raccurci* dargestellt: mit roten Knien und sehr dicken Fersen. Mein Hund kroch ohne zu zögern, aber mit unerhörter Kraftanstrengung unter den Diwan, wo er sofort zu niesen begann, weil dort wahrscheinlich viel Staub lag. Ich trat ans Fenster. Auf dem Weg vom Herrenhaus zum Kontor waren vorsorglich Bretter ausgelegt, damit man den durch den Regen in unserer Schwarzerde verursachten Sumpf trockenen Fußes durchschreiten konnte. Beim Herrenhaus, das der Straße den Hinterteil zuwandte, konnte man sehen, was man gewöhnlich in der Nähe von Herrenhäusern sieht: Mägde in verschossenen Zitzkleidern huschten hin und her, die Hofbediensteten wateten durch den Morast, blieben in Gedanken stehen und kratzten sich den Buckel; ein Pferd, das dort angebunden war, bewegte träge den Schweif und benagte den Bretterzaun; Hühner gackerten; schwindsüchtige Truthennen kullerten um die Wette. Auf der Vortreppe einer schwärzlichen und verfaulten Hütte, wahrscheinlich war es die Badstube, saß ein kräftiger Bursche und sang nicht ohne Bravour die bekannte Romanze:

«Hinaus in die Fremde muß ich zie-he-hen,
Fort von der Hütte, wo ich gebo-ren bin . . .»

Der Dicke kam zu mir ins Zimmer.

«Da bringt man Ihnen den Tee», sagte er mit einem angenehmen Lächeln.

Der Junge im grauen Kaftan, der heute im Kontor dejourierte, stellte den Samowar auf den alten Spieltisch; eine Teekanne, ein Teeglas mit einer zerbrochenen Untertasse; ein Töpfchen mit Sahne und ein Bund Bolchower Kringelchen, die hart wie Kieselsteine waren, folgten nach. Der Dicke ging hinaus.

«Was ist *der* ?» fragte ich den Dejourierenden. «Verwalter ?»

«O nein! Er war früher Hauptkassierer, jetzt ist er zum Hauptbuchhalter ernannt worden.»

«Habt ihr denn keinen Verwalter ?»

«Wozu denn ? Es gibt hier einen Gutsvogt, Michailo Wikulow, aber einen Verwalter haben wir nicht.»

«Einen Gutsinspektor werdet ihr aber doch haben ?»

«Natürlich! Es gibt einen. Es ist ein Deutscher, Karlo Karlytsch heißt er. Nur trifft die Anordnungen nicht er.»

«Wer trifft sie denn — die Anordnungen ?»

«Die Barynja selbst!»

«Ah, so ist die Sache? Ja, sitzen denn bei euch viele im Kontor?»

Der Kleine dachte nach. «Sechs Mann», sagte er dann.

«Wer denn alles?»

«Wer? Nun, da ist zuerst Wassilij Nikolajewitsch, der Hauptkassierer; dann ist da Pjotr, Kontorist; dann Pjotrs Bruder Iwan, Kontorist; dann noch ein Iwan, Kontorist; ferner Koskenkin Narkisow, ebenfalls Kontorist; und ich — alle kann man nicht aufzählen.»

«Eure Barynja hat wahrscheinlich ein großes Dienstpersonal?»

«Nein, das nicht.»

«Nun, wieviel denn?»

«Och, vielleicht an die hundertfünfzig.»

Wir schwiegen beide.

«Nun sag', hast du eine schöne Handschrift?»

Der Kleine verzog den Mund zu einem breiten Lächeln, nickte mit dem Kopf, ging ins Kontor hinüber und brachte mir ein beschriebenes Blatt Papier.

«Das ist meine Handschrift», sagte er und hörte nicht auf zu lächeln.

Ich schaute mir das Schriftstück an. Auf einem grauen Blatt Papier in Quartformat war in großer, schöner Handschrift zu lesen:

Befehl
vom Haupt-Herrschafts-Haus-Kontor an den Gutsvogt Michailo Wikolow.
Nr. 209.

Hiermit wird dir befohlen, unverzüglich nach Erhalt Dieses Nachforschungen anzustellen, wer in der vergangenen Nacht in trunkenem Zustand, unanständige Lieder singend, durch den englischen Garten gegangen ist und die Gouvernante Mme Eugenie, Französin, aufgeweckt und beunruhigt hat? Und warum die Wächter nicht eingeschritten sind, und wer überhaupt Nachtdienst gehabt und solche Störungen der Nachtruhe zugelassen hat?

Über alles oben Angeführte wird dir befohlen, sofort genaueste Nachforschungen anzustellen und über das Resultat unverzüglich dem Kontor Bericht zu erstatten.

Der Kontor-Chef:
gez. NIKOLAJ CHWOSTOW, m. p.

Dem Befehl war das herrschaftliche Wappen mit der Inschrift: «Siegel des Haupt-Herrschafts-Haus-Kontors» aufgedruckt. Ein handschriftlich beigefügter Zusatz besagte: «Ist pünktlich durchzuführen: Elena Losnjakowa.»

«Das hat wohl die Barynja eigenhändig hinzugeschrieben, was?» fragte ich.

«Selbstverständlich! Sonst hätte ja der Befehl nicht die geringste Wirkung!»

«Nun, wie geht es weiter, werdet ihr diesen Befehl dem Gutsvogt zustellen?»

«Nein, er kommt selbst und wird ihn lesen. Das heißt, man wird es ihm vorlesen, denn er selbst ist ja des Lesens und Schreibens unkundig!»

Der Dejourierende schwieg ein Weilchen. Dann fügte er mit einem stolzen Lächeln hinzu: «Es ist aber doch gut geschrieben, nicht?»

«Sehr gut!»

«Entworfen aber hab' ich's nicht, das gestehe ich. Darin ist Koskenkin ein Meister.»

«Wie, das wird zuerst nur entworfen?»

«Wie soll man es denn sonst machen? Man kann's doch nicht gleich ins reine schreiben!»

«Wieviel Gehalt bekommst du denn?»

«Jährlich fünfunddreißig Rubel und fünf Rubel extra auf Stiefel.»

«Und bist zufrieden?»

«Und ob! Ins Kontor kommt nicht jeder. Mir hat Gott selbst einen Wink gegeben. Auch ist mein Onkelchen Haushofmeister bei der Barynja.»

«Und du hast es hier gut?»

«Das schon ... Aber, um die Wahrheit zu sagen», fuhr er mit einem Seufzer fort, «man ist bei einem Kaufmann doch besser dran. Bei den Kaufleuten geht's halt den Angestellten gut. Da kam gestern abend ein Kaufmann aus Wenewa zu uns — so erzählte mir sein Arbeiter ... Es geht ihnen gut, da ist kein Wort darüber zu verlieren.»

«Ja, zahlen denn die Kaufleute bessere Gehälter?»

«Nicht die Spur! Ui je! die würden einen schön beim Kragen packen, wenn man Gehalt fordern wollte! Nein, man lebt beim Kaufmann in Angst und Zittern: er ernährt dich, tränkt dich, kleidet dich und alldas. Tust du, was du ihm nur an den Augen absiehst, dann zahlt er auch eine Kleinigkeit!... Was heißt Gehalt? Man braucht keins ... Der Kaufmann lebt einfach, russisch, wie's bei uns Brauch und Sitte ist. Gehst du mit ihm auf die Reise und trinkt er Tee, so trinkst auch du Tee, was er ißt, esse auch ich. Ein Kaufmann lebt wie's kommt: er ist eben nicht das, was ein Barin ist. Ein Kaufmann ist nicht toll, nicht störrisch, nicht eigensinnig, nicht dumm, nicht abgeschmackt, nicht aufbrausend ... Nun ja, er kann auch einmal böse werden! Dann prügelt er dich weidlich durch, und alles ist wieder gut! Er wird dir nicht lästig fallen, so, daß er dir nicht vom Hals geht, oder ewig stichelt, oder dich aufzieht ... Ja, mit einem Barin, das ist ein Elend! Nichts ist nach seinem Geschmack: das ist nicht gut, und das hast du nicht recht gemacht. Reichst du ihm ein Glas Wasser oder eine Speise — ‚ach, das Wasser stinkt, die Speise riecht nicht gut!' — Du stehst ein Weilchen hinter der Tür und bringst ihm dasselbe Wasser, dasselbe Essen: jetzt ist's gut, jetzt stinkt es nicht! Und erst die Barynjas, sage ich Ihnen, die Barynjas — da könnte ich Ihnen Dinge erzählen ... Und die jungen Fräulein, ui! ...»

«Fedjuschka!» ertönte die Stimme des Dicken aus dem Kontor.

Der Dejourierende verließ hurtig das Zimmer. Ich trank mein Glas Tee aus, legte mich auf den Diwan und schlief ein. Ich schlief zwei Stunden.

Als ich erwachte, wollte ich mich erheben, aber die Trägheit übermannte mich; ich schloß die Augen, schlief aber nicht wieder ein. Hinter der Wand hörte ich flüstern. Unwillkürlich begann ich zuzuhören.

‚So ist es, so ist es, Nikolaj Jeremeïtsch', sprach eine Stimme, ‚das muß man, das muß man in Berücksichtigung ziehen. Es geht nicht, es geht nicht anders . . . hem!' Der Sprechende hustete.

‚Sie könnten meinen Worten immerhin Glauben schenken, Gawrila Antonytsch', antwortete der Dicke. ‚Sollte denn ich die hiesigen Verhältnisse nicht kennen? Urteilen Sie doch selber.'

‚Wer sollte sie denn besser kennen, wer denn, Nikolaj Jeremeïtsch? Wer? Sie sind doch hier, das kann man sagen, ruhig sagen, die erste Person. Nun also, wie denn, wie machen wir's also, wie?' fuhr die mir unbekannte Stimme fort. ‚Was beschließen Sie, Nikolaj Jeremeïtsch, was? Ich warte gespannt, ich warte.'

‚Von Ihnen hängt's doch ab, Gawrila Antonytsch. Aber es scheint, Sie haben keine rechte Lust zur Sache.'

‚Ich — keine rechte Lust? Das ist gut, sehr gut! Ich bin doch Kaufmann, ich kaufe. Das ist mein Geschäft, Nikolaj Jeremeïtsch.'

‚Acht Rubel', sagte der Dicke nach einer Weile.

Der andere seufzte.

‚Zuviel, Nikolaj Jeremeïtsch. Sie belieben zu viel zu verlangen.'

‚Ich kann nicht, Gawrila Antonytsch. Vor Gott sage ich: es geht nicht.'

Wieder trat ein Schweigen ein. Ich erhob mich leise und schaute durch eine Ritze der Bretterwand. Der Dicke saß mit dem Rücken zu mir. Ihm gegenüber saß der Kaufmann, ein Mann von etwa vierzig Jahren, mager, blaß und wie mit Fastenöl eingeschmiert. Er zupfte unaufhörlich an seinem Bart, bewegte sehr rasch die Augenlider, und seine Lippen zuckten.

‚Das Jungvieh ist prächtig dieses Jahr', fing er wieder zu sprechen an. ‚Prächtig! Wie ich so in meinem Wägelchen fuhr, schaute ich mir das alles an: prächtig! Alles erster Sorte! Das muß man sagen.'

‚Es ist richtig, das Jungvieh ist heuer nicht schlecht; aber Sie wissen ja, Gawrila Antonytsch, der Herbst verspricht's, der Winter bricht's.'

‚Das ist wahr, das ist wirklich so, Nikolaj Jeremeïtsch. Alles steht in Gottes Hand. Die reine Wahrheit haben Sie zu sagen beliebt ... Ihr Gast ist, scheint's, erwacht?'

Der Dicke kehrte sich um ... horchte ...

‚Nein, er schläft. Übrigens kann ich einmal nachschauen ...'

Er ging zur Tür.

‚Nein, er schläft', wiederholte er und kehrte auf seinen Platz zurück.

«Nun also, wie ist's, Nikolaj Jeremeïtsch?' begann der Kaufmann wieder. ‚Damit wir zu einem Ende kommen ... Also in Gottesnamen, Nikolaj Jeremeïtsch', fuhr er fort, indem er unaufhörlich die Augendeckel auf- und zuklappte, ‚zwei graue und für Ihro Gnaden einen weißen, und dort', er deutete mit einer Kopfbewegung nach dem Herrenhaus, ‚sechseinhalb. Schlagen Sie ein!'

‚Vier graue', erwiderte der Verwalter.

‚Gut — drei!'

‚Vier graue Lappen, ohne einen weißen!'

‚Drei, Nikolaj Jeremeïtsch.'

‚Drei und einen halben, keine Kopeke weniger!'

‚Drei, Nikolaj Jeremeïtsch!'

‚Kein Wort weiter, Gawrila Antonytsch!'

‚Was für ein Dickschädel', murmelte der Kaufmann, und laut sagte er: ‚Wenn es so ist, will ich mich schon lieber mit der Barynja selbst verständigen.'

‚Wie Sie wollen!' antwortete der Dicke. ‚Das hätten Sie schon längst tun sollen. Was besinnen Sie sich so lange? Das ist entschieden das beste!'

‚Na, genug, hören Sie auf, Nikolaj Jeremeïtsch! Gleich geht er wie eine Rakete hoch! Ich habe das ja nur beiläufig gesagt.'

‚Nein, wozu? Wirklich!'

‚Genug, hab' ich gesagt! Es war ja nur Spaß. Na, nimm sie, deine dreieinhalb! Was soll ich mit dir machen?'

‚Von Rechts wegen sollten es vier sein. Es gehörte sich so. Aber ich Narr habe mich verplappert', brummte der Dicke.

‚Also dort im Haus sind es sechseinhalb, Nikolaj Jeremeïtsch. Für sechseinhalb Rubel wird das Korn verkauft.'

‚Für sechseinhalb, gut, abgemacht.'

‚Handschlag! Nikolaj Jeremeïtsch!'

Der Kaufmann schlug mit seinen auseinandergespreizten Fingern in die offene Hand des Kontoristen.

‚Und mit Gott!'

Der Kaufmann stand auf.

‚So werde ich mich denn jetzt, Väterchen, zur Barynja begeben und mich bei ihr melden lassen, und ich werde jetzt mit Fug und Recht sagen können: Nikolaj Jeremeïtsch, mit gebührendem Respekt zu sagen, haben beschlossen — für sechs und einen halben.'

‚Sage nur so, Gawrila Antonytsch.'

‚Und jetzt belieben Sie nachzuzählen.'

Der Kaufmann händigte dem Verwalter ein kleines Päckchen Papiergeld ein, grüßte, nickte mit dem Kopf, nahm seinen Hut mit zwei Fingern, zuckte die Achseln, gab seinem Rumpf eine wellenartige Bewegung, und ging, mit den Stiefeln knarrend, hinaus. Nikolaj Jeremeïtsch ging, soviel ich bemerken konnte, zur Wand und begann das Geld, das er vom Kaufmann erhalten hatte, zu zählen. Die Tür öffnete sich und ein Kopf mit rotem Haar und dickem Backenbart zeigte sich.

,Nun, was?' fragte der Kopf. ,Ist alles gegangen, wie es sich gehört?'

,Ja, so wie sich's gehört.'

,Wieviel?'

Der Dicke fuchtelte ärgerlich mit der Hand in der Luft herum und deutete auf mein Zimmer.

,Aha! Gut!' erwiderte der Kopf und verschwand.

Der Dicke ging zum Tisch, setzte sich, öffnete ein Geschäftsbuch, langte nach der Rechenmaschine und manipulierte mit den Kugeln, indem er hier ein paar hinzuwarf, dort ein paar wegschob; dabei arbeitete er nicht mit dem Zeigefinger, sondern mit dem Mittelfinger der rechten Hand, was vornehmer ist.

Der Dejourierende kam herein.

,Was willst du?'

,Sidor aus Goloplek ist gekommen.'

,Ah! Nun, ruf ihn herein! Warte, warte! Geh zuerst und schau, was der fremde Barin macht! Schläft er noch immer, oder ist er erwacht?'

Der Dejourierende kam, vorsichtig auftretend, zu mir ins Zimmer. Ich legte meinen Kopf auf die Jagdtasche, die mir als Kissen diente und schloß die Augen.

,Er schläft', flüsterte der Dejourierende.

Der Dicke brummte etwas durch die Zähne.

‚Nun gut, so rufe Sidor herein', sagte er endlich.

Ich erhob mich wieder. Herein trat ein Bauer, der etwa dreißig Jahre alt sein konnte, ein wahrer Herkules, strotzend vor Gesundheit, mit roten Backen, hellbraunem Haar und ebensolchem kurzen, krausen Bart. Er verrichtete zunächst vor dem Heiligenbild ein kurzes Gebet, begrüßte dann den Hauptbuchhalter, nahm seinen Hut in beide Hände und reckte sich hoch auf.

‚Tag, Sidor', sagte der Dicke, indem er fortfuhr, auf dem Rechenbrett herumzufingern.

‚n' Tag, Nikolaj Jeremeïtsch!'

‚Nun, wie ist der Weg?'

‚Gut, Nikolaj Jeremeïtsch. Etwas schmutzig.' Der Muschik sprach nicht rasch und nicht laut.

‚Die Frau ist gesund?'

‚Was soll ihr denn fehlen?' Der Muschik seufzte und setzte in seiner Verlegenheit einen Fuß vor. Nikolaj Jeremeïtsch steckte die Feder hinters Ohr und schneuzte sich.

‚Nun, was gibt's denn? Weswegen bist du gekommen?' fragte er weiter und steckte das karierte Taschentuch ein.

‚Höre, Nikolaj Jeremeïtsch, man verlangt von uns Zimmerleute.'

‚Nun und? Habt ihr keine, oder was?'

‚Wie sollten wir denn keine haben, Nikolaj Jeremeïtsch? Man ist ja im Wald aufgewachsen. Aber es ist Erntezeit, Nikolaj Jeremeïtsch!'

‚Aha! Erntezeit! Ihr hättet Lust, für fremde Leute die Ernte einzubringen, für die eigene Herrschaft aber habt ihr keine Lust als Zimmerleute zu arbeiten! . . . Ist denn nicht jede Arbeit gleich?'

‚Jede Arbeit ist gleich, das ist wohl wahr, Nikolaj Jeremeïtsch, 's ist alles recht . . . aber . . .'

‚Was, aber?'

‚Aber der Lohn ist sehr . . .'

‚Was sehr? Man zahlt euch hier zu wenig? Sieh da, wie verwöhnt ihr seid!'

‚Und dann auch das noch, Nikolaj Jeremeïtsch: Zimmermannsarbeit gibt es nur für eine Woche, aufgehalten aber wird man einen Monat. Bald ist das Material ausgegangen, bald schickt man uns, die Gartenwege zu säubern . . .'

‚Was der nicht alles vorzubringen weiß! Aber die Barynja selbst hat doch beliebt, jene Arbeiten zu befehlen! Was hab' ich da mit dir noch weiter zu reden?'

Sidor schwieg und trat von einem Fuß auf den andern. Nikolaj Jeremeïtsch drehte den Kopf zur Seite und begann eifrig auf dem Rechenbrett zu hantieren.

‚Unsere . . . Bauern . . . Nikolaj Jeremeïtsch . . .', begann Sidor endlich mit vielem Stocken, ‚haben befohlen . . . da . . . für Euer Gnaden das da . . . hier . . .' Er schob seine große Hand in den Latz seines Armjäks und fing an, von dort ein zusammengelegtes Tuch mit rotem Saum herauszuziehen.

‚Was machst du da, Dummkopf? Du bist wohl nicht recht gescheit?‘ unterbrach ihn der Dicke sofort. ‚Schau, daß du weiterkommst! Du weißt, wo meine Isba ist. Dort gehst du hin und fragst nach meiner Frau.‘ Mit diesen Worten drängte er Sidor fast mit Gewalt aus dem Kontor hinaus, zum größten Erstaunen des Muschiks. ‚Du fragst nach meiner Frau. Sie wird dir Tee geben. Ich komme gleich nach. Hab nur keine Angst! Geh nur, geh!‘

Sidor ging hinaus.

‚Was für ein Bär!‘ brummte der Hauptbuchhalter, wiegte den Kopf hin und her und setzte sich wieder ans Rechenbrett.

Plötzlich hörte man Schreie: ‚Kuprja, Kuprja! Dem Kuprja ist keiner gleich!‘ Die Schreie erschallten auf der Straße und auf der Treppe, und kurz darauf trat ein schwindsüchtig aussehendes Männchen mit ungewöhnlich langer Nase, großen unbeweglichen Augen in auffallend stolzer Haltung ins Kontor. Er hatte einen alten, zerrissenen isabellfarbenen Überrock mit Plüschkragen und winzigen Knöpfchen an. Auf der Schulter trug er ein Bund Holz. Etwa fünf Hofbedienstete umdrängten ihn und alle schrien: ‚Kuprja, Kuprja! Dem Kuprja ist keiner gleich! Der Kuprja ist zum Ofenheizer ernannt worden! Kuprja!‘ Aber der Mann im isabellfarbenen Überrock mit Plüschkragen schenkte den lärmenden Zurufen seiner Kameraden keine Beachtung, und der Ausdruck seines Gesichts veränderte sich nicht.

Mit gemessenen Schritten gelangte er zum Ofen, warf seine Bürde ab, richtete sich auf, klangte aus der rückwärtigen Tasche eine Tabakdose hervor, riß die Augen weit auf und schnupfte.

Beim Eintritt der lärmenden Bande machte der Dicke ein beinahe finsteres Gesicht und stand vom Tische auf; als er aber merkte, um was es sich handelte, lächelte er und mahnte die Leute nur, nicht so zu schreien, im Zimmer nebenan schlafe ein Jäger.

‚Was für ein Jäger?' fragten zwei, drei Mann wie mit einer Stimme.

‚Ein Gutsbesitzer.'

‚Ah?'

‚Sie sollen nur lärmen', sagte der Mann mit dem Plüschkragen und breitete die Arme aus. ‚Was geht's mich an? Wenn sie mich nur nicht anrühren. Man hat mich zum Ofenheizer ernannt!'

‚Zum Ofenheizer! Zum Ofenheizer!' fiel die Menge ein.

‚Die Barynja selbst hat's befohlen', fuhr er fort und zuckte die Achseln. ‚Wartet nur: euch wird sie noch zu Schweinehirten ernennen! Mir aber kann das keiner wegnehmen, daß ich ein Schneider bin, und ein guter Schneider, und daß ich die Schneiderei bei einem der ersten Schneider in Moskau erlernt habe! Und ihr? Womit tut ihr denn so groß? Ihr seid doch nur unnütze Brotesser und Faulenzer, weiter nichts. Schickt man mich weg, so werde ich nicht

Hungers sterben und nicht zugrunde gehen. Man gebe mir einen Paß, dann gehe ich in die Stadt und werde der Herrschaft den Obrok zur rechten Zeit abliefern und sie zufriedenstellen. Ihr aber? Ihr würdet zugrunde gehen, zugrunde gehen wie Fliegen. Das ist alles.'

‚Du hast gelogen', unterbrach ihn ein blatternarbiger Bursche. ‚Du bist ausgezogen mit einem Paß und hast der Herrschaft doch keine Kopeke Obrok zurückgebracht, und selber hast du auch nichts verdient. Du hast kaum mehr die Beine bis hierher schleppen können, und seitdem läufst du im gleichen Kaftan herum.'

‚Was ist da zu machen, Konstantin Narkisytsch?' erwiderte Kuprian. ‚Ein Mensch verliebt sich und richtet sich zugrunde. Lebe du erst einmal mein Leben, dann verurteile mich!'

‚Und in wen ist es ihm gelungen, sich zu verlieben? In ein wahres Scheusal, eine wahre Mißgeburt!'

‚Sage das nicht, Konstantin Narkisytsch!'

‚Wem willst du denn das abstreiten? Habe ich sie doch im vorigen Jahr in Moskau mit meinen eigenen Augen gesehen!'

‚Im vorigen Jahr war sie wirklich schon nicht mehr die Schönste, das ist wahr', bemerkte Kuprian.

‚Ach, meine Herrschaften', begann ein hochgewachsener, hagerer Mensch mit einem Gesicht voll Finnen, gekräuseltem und tüchtig eingefettetem Haar, wahrscheinlich ein Kammerdiener, ‚wäre es nicht besser, wenn uns

Kuprian Afanasijewitsch ein Liedchen singen würde?'

‚Ja! Ja! Er soll uns etwas vorsingen!' fielen die andern ein.

‚Hier ist nicht der Ort dazu', erklärte Kuprian mit Festigkeit. ‚Das ist hier das herrschaftliche Kontor.'

‚Aber was geht denn das dich an? Bist du vielleicht darauf aus, selbst ein Kontorist zu werden? Wahrscheinlich!'

‚Wie's der Herrschaft beliebt!' bemerkte der Arme.

‚Da seht ihr, was er im Sinn . . . Uah!'

Und alle lachten laut auf. Andere sprangen wie toll herum. Lauter als alle lachte ein Knabe von etwa fünfzehn Jahren, wahrscheinlich das Söhnchen eines dieser aristokratischen Dienstboten. Es trug ein Gilet mit Bronzeknöpfen, ein lilafarbenes Halstuch und hatte schon Zeit gehabt, sich ein Bäuchlein wachsen zu lassen.

‚Höre, Kuprian', mischte sich Nikolaj Jeremeïtsch ins Gespräch, ‚ist es nicht doch eine fatale Sache, Heizer zu sein?'

‚Was wollen Sie, Nikolaj Jeremeïtsch', sagte Kuprian, ‚Sie sind ja jetzt der Hauptbuchhalter im Kontor. Das ist so, ich bestreite es nicht. Aber wie lange ist es her, da waren auch Sie nicht geachtet, sondern geächtet, und lebten still in einer elenden Bauernhütte!'

‚Du, gib acht! Vergiß dich nicht!' unterbrach ihn wütend der Dicke. ‚Man spaßt mit dir, du Narr, das solltest du fühlen und dafür danken, daß man sich mit dir, Narren, überhaupt beschäftigt.‘

‚Es ist mir nur so herausgerutscht, Nikolaj Jeremeïtsch, entschuldigt gütigst!‘

In diesem Moment öffnete sich die Tür und ein kleines Bürschlein, das man in Kosakentracht gesteckt hatte, lief wie ein Wiesel herein.

‚Nikolaj Jeremeïtsch, die Barynja ruft Sie hinüber!‘

‚Wer ist bei der Barynja?‘ fragte er den kleinen Kosaken.

‚Aksinja Nikitischna und ein Kaufmann aus Wenewa.‘

‚Ich komme sofort. Und ihr da alle miteinander, der neuernannte Ofenheizer inbegriffen, packt euch; denn wenn zufällig Karlo Karlowitsch hereinkäme, würde er drüben sofort eine Menge Klagen vorzubringen haben.‘

Der Dicke lockerte seinen Haarschopf auf, hustete in die Hand, die fast ganz im Ärmel seines Rockes steckte, knöpfte den Rock zu und begab sich zur Barynja, indem er beim Gehen die Beine weit auseinanderspreizte. Hinter ihm machte sich der ganze Haufe mit Kuprian davon. Nur mein alter Bekannter, der Dejourierende, blieb zurück. Der Kopf mit dem Rothaar zeigte sich wieder in der Tür, schaute, schaute; der unschöne Rumpf schob sich nach und der ganze Kerl trat ins Kontor.

‚Fjoduschka! Fjoduschka! Ewig schläft er!‘ sagte der Rotkopf.

Der Dejourierende riß die Augen auf und erhob sich von seinem Sitz.

‚Ist Nikolaj Jeremeïtsch zur Barynja gegangen?'

‚Ja, zur Barynja, Wassilij Nikolaitsch.'

‚Aha!' dachte ich. ‚Das ist der Hauptkassierer.'

Der Hauptkassierer begann im Zimmer hin- und herzugehen. Übrigens müßte man sagen: er schlich nach Katzenart umher.

‚Heute hat der Gutsbesitzer Jaguschkin nach Ihnen gefragt', berichtete der Dejourierende.

‚Hm! Was hat er denn gesagt?'

‚Er hat gesagt, er werde heute abend zu Tjutjurew kommen und Sie dort erwarten. ‚Ich muß', sagte er, ‚mit Wassilij Nikolaitsch eine gewisse Sache besprechen.' Welche Sache, sagte er nicht. ‚Wassilij Nikolaitsch weiß Bescheid', sagte er.'

‚Hm!' sagte der Hauptkassierer und ging zum Fenster.

‚Heda! Ist Nikolaj Jeremeïtsch im Kontor?' erschallte im Flur eine laute Stimme, und ein Mann von hohem Wuchs, offenbar erzürnt, mit unregelmäßigen, aber ausdrucksvollen und kühnen Gesichtszügen, ziemlich sauber angezogen, schritt über die Türschwelle.

‚Ist er nicht da?' fragte er, sich rasch umschauend.

‚Nikolaj Jeremeïtsch hat sich zur Barynja begeben', antwortete der Kassierer. ‚Was wünschen Sie? Sagen Sie es mir, Pawel Andreïtsch. Mir können Sie es ruhig sagen ... Was wollen Sie?'

‚Was ich will? Sie wollen wissen, was ich will?‘ Der Kassierer nickte. ‚Eine Lektion will ich ihm geben, diesem miserablen Dickbauch, diesem elenden Verleumder!‘

Pawel warf sich auf einen Stuhl.

‚Was ist mit Ihnen, Pawel Andreïtsch? Beruhigen Sie sich. Wie schämen Sie sich denn nicht, so zu schreien? Sie vergessen, von wem Sie sprechen!‘

‚Von wem ich spreche? Was geht's mich an, daß man ihn zum Hauptbuchhalter ernannt hat. Da hat man gerade den Rechten befördert! Hier kann man sagen: da hat man den Bock zum Gärtner gemacht!‘

‚Hören Sie um Himmels willen auf, Pawel Andreïtsch! Lassen Sie das! Das ist doch alles dummes Zeug!‘

‚Wir werden sehen! Ich erwarte ihn hier auf der Stelle‘, schrie Pawel zornig und schlug mit der Faust auf den Tisch. — ‚Ah, da kommt er ja‘, fügte er hinzu. ‚Wenn man den Wolf nennt, kommt er gerennt.‘

Nikolaj Jeremeïtsch trat ins Kontor. Sein Gesicht leuchtete vor Vergnügen, aber beim Anblick Pawels wurde er konfus.

‚Guten Tag, Nikolaj Jeremeïtsch‘, sagte Pawel bedeutsam und näherte sich ganz langsam. ‚Guten Taaag! . . .‘

Der Hauptkassierer antwortete nichts. In der Tür zeigte sich das Gesicht des Kaufmannes.

‚Warum schweigen Sie?‘ fuhr Pawel fort. ‚Aber nein, nein, ich werde weder schreien noch schimpfen. Das führt zu nichts. Sagen Sie mir, Nikolaj Jeremeïtsch, warum verfolgen Sie mich? Warum wollen Sie mich zugrunde richten? Nun, so reden Sie doch, reden Sie!'

‚Hier ist nicht der Ort zu Auseinandersetzungen', erwiderte der Hauptbuchhalter nicht ohne Erregung. ‚Und es ist auch keine Zeit dazu. Nur eines wundert mich: wie kommen Sie darauf, daß ich Sie zugrunde richten wolle oder Sie verfolge? Wie sollte ich Sie denn auch verfolgen können, da Sie ja doch gar nicht bei mir im Kontor sind!'

‚Das fehlte noch', erwiderte Pawel. ‚Aber warum stellen Sie sich dumm, Nikolaj Jeremeïtsch? Sie wissen ganz gut, wovon ich rede...'

‚Nein, das weiß ich nicht.'

‚Doch, Sie wissen es sehr gut.'

‚Nein, bei Gott, ich verstehe nicht...'

‚Was? Sogar zu schwören sind Sie bereit? Aber wenn es schon dazu gekommen ist, so sagen Sie mir, ist Ihnen beim Gedanken an Gott denn gar nicht bange? Nun, sagen Sie, warum lassen Sie das arme Mädchen nicht in Ruhe? Was wollen Sie von ihr?'

‚Von wem sprechen Sie, Pawel Andreïtsch?' fragte mit geheucheltem Erstaunen der Dicke.

‚Ha! Er stellt sich dumm. Von wem ich spreche? Von Tatjana! Schämen Sie sich: Sie sind ein verheirateter Mann, haben Kinder von meiner Größe. Und ich — ich will sie heiraten, in allen Ehren.'

‚Bin ich denn schuld daran, daß Sie nicht heiraten dürfen, Pawel Andreïtsch? Die Barynja erlaubt's nun einmal nicht. Es ist ihr herrschaftlicher Wille. Was kann ich denn da tun?'

‚Sie? Sie stecken ja mit der alten Hexe, der Haushälterin, unter einer Decke! Sie tragen ihr allerhand zu, ein richtiger Ohrenbläser. Haben Sie das schutzlose Mädel etwa nicht angeschwärzt? Hat man nicht unerhörte Sachen von ihr erzählt, die sämtlich erlogen sind? Hat man sie nicht auf Ihr Betreiben zur Scheuermagd ernannt? Man schlägt sie, und hat man ihr nicht, auf Ihre Einflüsterungen hin, den Strafkittel angezogen? ... Schämen Sie sich, Sie alter Schürzenjäger! Sowieso wird Sie über kurz oder lang der Schlag treffen, und Sie werden vor Gottes Richterstuhl zu erscheinen haben!'

‚Schimpfen Sie nur, Pawel Andreïtsch, schimpfen Sie! Lange werden Sie hier nicht mehr zu schimpfen haben!'

Pawel brauste auf.

‚Was? Sie drohen mir? Du denkst wohl, ich habe Angst vor dir? Nein, Bruder, da bist du an den Unrechten geraten! Ich kann überall mein Brot finden. Bei dir ist das eine andere Sache. Du mußt gerade hier leben und verleumden ... und stehlen!'

‚Wie der sich da aufbläst!' unterbrach ihn der Buchhalter, der nun auch in Hitze geriet. ‚Was ist er denn? Ein Feldscher. Nichts als ein

Feldscher, ein Kurpfuscher! Wenn man ihn aber so hört, könnte man meinen, er sei eine wichtige Person!‘

‚Jawohl, ein Feldscher; aber ohne diesen Feldscher würden Euer Gnaden schon längst auf dem Friedhof verfaulen.‘ Und zwischen den Zähnen zischte er: ‚Und der Leibhafte hat mich verführt, ihn zu heilen!‘

‚Du? Du hast mich geheilt? Du hast mich im Gegenteil vergiften wollen! Du hast mich gezwungen, Aloe im Übermaß zu saufen!‘ schrie der Buchhalter.

‚Was sollte ich dir denn geben, wenn außer Aloe bei dir nichts angreift?‘

‚Aloe ist von der Medizinalbehörde verboten!‘ brüllte Nikolaj Jeremeïtsch zurück. ‚Ich werde nachträglich noch eine Klage gegen dich einreichen, denn du wolltest mich umbringen — das ist's! Aber Gott hat sich ins Mittel gelegt.‘

‚Genug, meine Herren ...‘ begann der Kassierer.

‚Scher dich!‘ schrie der Buchhalter. ‚Verstehe doch, dieser Mensch hat mich vergiften wollen!‘

‚Das hab' ich sehr nötig gehabt ... Aber höre, Nikolaj Jeremeïtsch‘, begann Pawel voller Verzweiflung, ‚zum letztenmal bitte ich dich ... du hast mich zum Äußersten gebracht, ich ertrage es nicht länger. Laß du uns in Ruhe ... denn sonst, bei Gott, nimmt es für einen von uns ein böses Ende, ich spreche von dir!‘

Der Dicke geriet noch mehr in Zorn und schrie:

‚Ich fürchte dich nicht, Grünschnabel! Ich bin auch mit deinem Vater fertig geworden, ich habe auch ihm die Hörner gestutzt! Das soll ein Beispiel sein — für dich! Paß nur auf!‘

‚Erinnere mich nicht an meinen Vater, Nikolaj Jeremeïtsch! Erinnere mich nicht!‘

‚Sieh' da, er will mir vorschreiben . . .‘

‚Erinnere mich nicht, sag' ich dir!‘

‚Und dir sagt man: vergiß dich nicht! Du meinst, die Barynja könne ohne dich nicht leben; aber wenn die Barynja zwischen uns zu wählen haben wird, wirst nicht du der Erwählte sein. Aufruhr wird hier nicht geduldet!‘ Pawel zitterte vor Wut am ganzen Leibe. ‚Und dem Mädel Tatjana ist recht geschehen. Warte nur, es kommt noch etwas nach . . .‘

Pawel stürzte sich mit erhobenen Fäusten auf den Buchhalter, der schwer auf den Boden hinrollte.

‚Bindet ihn! Bindet ihn!‘ stöhnte Nikolaj Jeremeïtsch.

Das Ende dieser Szene zu beschreiben, nehme ich mir nicht vor; ich fürchte ohnedies, die Gefühle des Lesers verletzt zu haben.

Am gleichen Tag noch kehrte ich nach Hause zurück. Eine Woche später erfuhr ich, daß die Gutsherrin Losnjakowa sowohl den Feldscher als auch den Buchhalter in Dienst behalten hatte, während das Mädchen Tatjana endgültig in Strafverbannung geschickt wurde; wahrscheinlich brauchte sie sie nicht.

DER WERWOLF

Ich war auf dem Heimweg von der Jagd und fuhr allein in meiner Renndroschke. Bis zu meinem Haus waren es noch etwa acht Werst; meine gute Traberstute lief munter auf dem staubigen Weg dahin, schnaufte zuweilen und bewegte die Ohren; der müde Hund lief, wie angebunden, immer im gleichen Abstand hinter den Rädern her. Ein Gewitter zog herauf: vor uns, überm Wald, erhob sich langsam eine ungeheure lilafarbene Wolke; mir zu Häupten und just mir entgegen zogen lange graue Wolken dahin; die Weiden flüsterten, vom Wind bewegt. Die drückende Hitze wich einer feuchten Kühle; die Schatten verdichteten sich rasch. Ich trieb das Pferd mit dem Lenkriemen an, fuhr in eine Schlucht hinunter, überquerte einen ausgetrockneten Bach, der von Weidengebüsch eingesäumt war, fuhr auf der andern Seite hinauf und in den Wald hinein. Zwischen dichten Haselbüschen wand sich der Weg dahin; schon senkte sich Dunkelheit herab; und ich bewegte mich mit Mühe vorwärts. Die Renndroschke hüpfte über die harten Wurzeln der hundertjährigen Eichen und Linden, und diese Wurzeln überquerten unausgesetzt die tiefen, von den Bauern-Telegen gebildeten Radspuren; mein Pferd begann immer häufiger zu stolpern. Ein heftiger Windstoß, der über die Wipfel der Bäume hinfegte, verursachte ein dumpfes Rauschen im Walde. Klatschend fielen einzelne große Regentropfen auf die Blätter; nun zuckte ein Blitz und das Gewitter brach los. Ein Gußregen ging nieder. Ich fuhr im Schritt und war bald gezwungen, Halt zu machen: mein Pferd blieb stecken; ich sah die Hand vor den Augen nicht; und so richtete ich mich denn unter einem breiten Busch irgendwie ein. Zusammengekauert, eine Decke überm Kopf, schickte ich mich eben an, das Ende des Unwetters geduldig abzuwarten, als mir plötzlich, beim Schein eines Blitzes, war, als ob dort am Weg eine hohe Gestalt stände! Ich schaute immer aufmerksam nach dieser Seite, und auf einmal stand dieselbe Gestalt wie aus dem Boden gewachsen neben meiner Renndroschke.

«Wer da?» fragte eine klangvolle Stimme.

«Wer bist du selbst?»

«Ich bin der Waldhüter.»

Ich nannte meinen Namen.

«Ah! Ich weiß schon! Sie fahren nach Hause?»

«Ja, nach Hause. Aber du siehst ja — dieses Unwetter!»

«Ja, gewiß, ein Teufelswetter», antwortete die Stimme.

Ein weißer Blitz beleuchtete den Waldhüter vom Kopf bis zu den Füßen; kurz hinterher krachte ein Donnerschlag. Der Regen strömte mit verdoppelter Gewalt herab.

«Es wird nicht so bald vorübergehen», redete der Waldhüter weiter.

«Was tun?»

«Ich könnte Sie schließlich in meine Hütte führen», sagte er.

«Dann tu mir den Gefallen!»

«Bleiben Sie nur, bitte, sitzen!»

Er trat vor den Kopf des Pferdes, faßte es am Zügel und zog es von der Stelle. Langsam bewegten wir uns weiter. Ich hielt mich an den gepolsterten Lehnen des Wagens fest, der hin- und herschwankte wie ein Nachen im Meer, und rief meinem Hund. Die arme Stute patschte schwer mit den Beinen durch den Schmutz, glitt aus, stolperte; der Waldhüter schwankte vor der Deichsel nach rechts und links wie ein Gespenst. Wir fuhren ziemlich lange, endlich hielt mein Begleiter an.

«Da sind wir denn auch zu Hause, Barin», sagte er mit ruhiger Stimme.

Das Pförtchen knarrte, einige Hündchen begannen zu bellen. Ich schaute auf, und beim Schein eines Blitzes erblickte ich ein kleines Hüttchen inmitten eines geräumigen Hofes, der mit einem geflochtenen Zaun umgeben war. Aus einem Fensterchen leuchtete trübe ein kleines Flämmchen. Der Waldhüter führte das Pferd bis zur Vortreppe und klopfte an die Tür.

«Gleich, gleich!» ertönte ein dünnes Stimmchen, man hörte das Schlurfen nackter Füße, der Riegel ging kreischend auf und ein Mädchen von etwas zwölf Jahren, in einem Hemdchen, das durch ein Band zusammengehalten war, zeigte sich auf der Schwelle.

«Leuchte dem Barin», sagte er zu ihr. «Und ich werde Ihren Wagen unter das Schutzdach stellen.»

Das Mädchen blickte mich an und ging in die Stube hinein. Ich folgte ihr.

Die Isba des Waldhüters bestand aus einem verrauchten, niedrigen und leeren Zimmer ohne Pritschen und ohne Verschlag. Ein zerrissenes Schaffell hing an der Wand. Auf der Bank lag ein einläufiges Gewehr. In einem Winkel lagen Lumpen, ein ganzer Haufen, herum. Zwei große Töpfe standen neben dem Ofen. Ein Kienspan brannte auf dem Tisch, der bald aufflackerte, bald erlosch, traurig anzusehn. Just in der Mitte der Isba hing eine Wiege, die an das Ende einer langen Stange angebunden war. Das Mädchen löschte die Laterne aus, setzte sich auf ein ganz kleines Schemelchen und begann mit der rechten Hand die Wiege zu schaukeln, mit der linken putzte sie den Kienspan. Ich blickte mich im Zimmer um und das Herz krampfte sich mir zusammen; ach, es ist nicht erfreulich, nachts in die Stube eines Muschiks einzutreten. Das Kind in der Wiege atmete schwer und rasch.

«Bist du denn allein hier?» fragte ich das Mädchen.

«Allein», brachte sie kaum vernehmlich hervor.

«Bist du des Waldhüters Töchterlein?»

«Ja», hauchte sie.

Die Tür knarrte und der Waldhüter schritt, indem er den Kopf niederbeugte, über die Schwelle. Er hob die Laterne vom Boden auf, ging zum Tisch und zündete den Docht an.

«Sie sind wohl den Kienspan nicht gewöhnt», sagte er und schüttelte seine Haarmähne.

Ich schaute ihn an. Selten hatte ich einen schöneren Menschen gesehen. Er war von hohem Wuchs, breitschultrig und gebaut wie ein Herkules. Unter seinem nassen hänfenen Hemd sah man seine schwellenden Muskeln sich heben und senken. Ein schwarzer, krauser Bart bedeckte zur Hälfte sein hartes, männliches Gesicht. Unter den zusammengewachsenen breiten Augenbrauen blickten schön geformte braune Augen scharf und fest hervor. Er stemmte die Arme leicht in die Hüften und blieb so vor mir stehen.

Ich dankte ihm und fragte nach seinem Namen.

«Man nennt mich Foma», antwortete er, «hat mir aber den Spitznamen ‚Werwolf' gegeben.»

«Ach so! Du bist der ‚Werwolf'?»

Mit verdoppelter Neugierde betrachtete ich mir den Mann. Von meinem Jermolaj und von anderen hatte ich oft von dem Waldhüter mit dem Übernamen ,Werwolf' reden hören; es hieß von ihm, die Bauern aus der Nachbarschaft fürchteten ihn wie Feuer. Einen solchen, sagten sie, habe man überhaupt noch nie gesehen, der habe einen eisernen Griff; es sei unmöglich, aus seinem Wald auch nur ein Bündelchen Kleinholz wegzuschleppen. ,Zu welcher Zeit es auch wäre, sogar um Mitternacht, überrumpelt er einen, wie ein Wirbelwind fällt er über einen her, so daß man gar nicht daran denkt, Widerstand zu leisten; stark ist er, es ist nicht zu sagen, und gewandt — wie ein Teufel ... Und mit nichts kann man ihn drankriegen: weder mit Branntwein noch mit Geld; auf keinen Köder beißt er an, und schon mehr als einmal wollten gute Leute ihn aus der Welt schaffen; aber nein: er ergibt sich nicht!'

So äußerten sich die Muschiks aus der Nachbarschaft über den ,Werwolf'.

«Das bist also du, der ,Werwolf'?» wiederholte ich. «Ich, Bruder, habe von dir gehört. Man sagt, daß du keinen entwischen läßt, der dir ins Gehege kommt!»

«Ich tue nur meinen Dienst», antwortete er mürrisch, «es gebührt sich nicht, des Herren Brot umsonst zu essen.»

Von seinem Gurt langte er das Beil herunter, hockte sich auf den Boden nieder und begann Kienholz zu spalten.

«Wer besorgt dir das Hauswesen? Hast du denn keine Wirtin?»

«Nein», antwortete er und schwenkte das Beil mit größerer Kraft durch die Luft.

«Gestorben wahrscheinlich?»

«Nein ... ja ... gestorben», fügte er hinzu und wandte sich ab.

Ich schwieg; er hob die Augen und sah mich an.

«Mit einem vorübergehenden Kleinbürger ist sie davongelaufen», sagte er mit einem harten Lächeln. Das Mädchen senkte den Kopf; das Kind erwachte und begann zu schreien; das Mädchen ging zur Wiege. «Da, gib ihm das» sagte er, und steckte ihr ein verschmiertes Saugfläschchen in die Hand ...» Den da hat sie auch im Stich gelassen», fuhr er fort und zeigte auf den Kleinen in der Wiege. Er ging zur Tür, blieb stehen und blickte sich um.

«Sie werden wohl unser Brot nicht essen wollen, Barin?» begann er, «und außer Brot ...»

«Ich bin nicht hungrig.»

«Wie's beliebt. Den Samowar werde ich schon aufstellen, aber Tee hab' ich keinen ... Ich schaue einmal nach Ihrem Pferd.»

Er ging hinaus und schlug die Tür zu. Ich schaute mich abermals im Zimmer um. Die Isba erschien mir jetzt noch viel trauriger als früher. Ein bitterer Geruch erkalteten Rauches benahm mir den Atem. Das Mädchen rührte sich nicht vom Platz und schaute nicht auf; von Zeit zu Zeit gab sie der Wiege einen Stoß; schüchtern schob sie das herunterfallende Hemdchen auf die Schulter; ihre nackten Füße hingen unbeweglich hinab.

«Wie heißest du?» fragte ich sie.

«Ulita», sagte sie, ihr trauriges Gesichtchen noch mehr senkend.

Der Waldhüter kam herein und setzte sich auf die Bank.

«Das Gewitter verzieht sich schon», bemerkte er. «Wenn Sie befehlen, begleite ich Sie ein Stück.»

Ich stand auf. Der ‚Werwolf' nahm die Flinte und untersuchte die Zündpfanne.

«Wozu das?» fragte ich.

«Im Wald geht etwas vor. Beim Kobyler Graben werden Bäume gefällt», fügte er zur Antwort auf meinen fragenden Blick hinzu.

«Wie wenn man das von hier aus hören könnte!»

«Jaja, vom Hof aus hört man's.»

Wir gingen zusammen hinaus. Der Regen hatte aufgehört. In weiterer Ferne ballten sich noch große Wolkenmassen, auch erhellten noch hin und wieder lange Blitze die Dunkelheit, aber über unsern Köpfen sah man schon den dunkelblauen Himmel, und zwischen den eilenden Wolken blitzten Sterne auf. Die Umrisse der regennassen, vom Wind bewegten Bäume traten allmählich hervor. Wir fingen an zu horchen. Der Waldhüter nahm die Mütze ab und senkte den Kopf.

«Da! Da!» sagte er plötzlich und zeigte mit der Hand nach einer bestimmten Richtung. «Schau, schau, was für eine Nacht er sich ausgesucht hat!»

Ich hörte nichts als das Rauschen der Blätter. Der ‚Werwolf' führte das Pferd unter dem Schutzdach hervor.

«Aber auf diese Weise», fügte er laut hinzu, «werde ich ihn vielleicht nicht erwischen.»

«Ich gehe mit dir, willst du?»

«Gut», antwortete er und schob das Pferd unter das Schutzdach zurück, «wir werden ihn gleich haben, und dann begleite ich Sie. Gehen wir.»

Wir gingen; der ‚Werwolf' voran, ich hinter ihm. Weiß der Kuckuck, wie er den Weg fand, aber er blieb immer nur einen Augenblick stehen, um zu horchen.

«Hören Sie es jetzt, hören Sie's?» zischte er durch die Zähne.

«Ja, aber wo ist es?»

Der ‚Werwolf' zuckte die Achseln. Wir stiegen in eine Schlucht hinunter, der Wind hörte für einen Moment auf zu blasen, und nun hörte auch ich die Axtschläge ganz deutlich. Der ‚Werwolf' schaute mich an und nickte mit dem Kopf. Wir gingen durch nasses Farnkraut und stiegen über Brennesseln. Ein dumpfes, langanhaltendes Getöse erscholl ...

«Da hat er ihn gefällt», brummte der ‚Werwolf'.

Inzwischen hatten sich die schweren Wolken am Himmel verzogen, im Wald war es ein wenig heller geworden, und wir kamen endlich aus der Schlucht heraus.

«Warten Sie hier», flüsterte mir der Waldhüter zu, bückte sich, nahm das Gewehr hoch und verschwand zwischen den Büschen. Ich begann angestrengt zu lauschen. Durch das unaufhörliche Rauschen des Windes hindurch glaubte ich unweit von mir schwache Geräusche zu vernehmen: wie wenn jemand mit einem Beil vorsichtig Äste abschlüge, auch hörte ich etwas wie Räderknarren und das Geschnaube eines Pferdes ...

«Wohin? Halt!!» donnerte plötzlich die metallene Stimme des Waldhüters. — Eine andere Stimme schrie kläglich ... hasenartig ... Es begann ein Kampf. «Du lügst, du lügst!» wiederholte der Waldhüter. «Mir entkommst du nicht! ...»

Ich lief zu der Stelle im Wald, von woher die Stimmen kamen, stolpernd bei jedem Schritt, und sah: bei dem gefällten Baum, am Erdboden, kniete der Waldhüter über dem Holzdieb und band ihm mit dem Gurt die Hände auf den Rücken. Ich trat hinzu. Der ‚Werwolf' stand auf und stellte den andern auf die Beine. Ich erblickte einen pudelnassen, zerlumpten Bauern, der einen langen, zerzausten Bart hatte. Ein jämmerliches Pferdchen, das mit einer siebeneckigen Bastmatte zur Hälfte bedeckt war, stand mit dem Wagengestell daneben. Der Waldhüter sprach kein Wort, der Bauer schwieg auch und schüttelte nur immer den Kopf.

«Laß ihn laufen!» sagte ich dem ‚Werwolf' ins Ohr. «Ich bezahle für den Bauern.»

Schweigend nahm der Waldhüter mit der linken Hand das Pferd am Schopf: mit der rechten Hand aber hielt er den Holzdieb am Gürtel fest.

«Na, vorwärts, Rabenvieh!» sagte er streng.

«Das Äxtlein da nehmt nur auch mit!» murmelte der Bauer.

«Das soll nicht verlorengehen!» sagte der Waldhüter und hob das Beil auf.

Man setzte sich in Marsch, ich ging hinterher. Es begann wieder zu tröpfeln, und bald goß es wieder in Bächen vom Himmel herab. Mit Müh und Not gelangten wir zur Isba. Der ‚Werwolf' ließ das gefangene Pferdchen im Hofe stehen, führte den Bauern ins Zimmer, lockerte ein wenig den Gurt, mit dem der Bauer gefesselt war, und setzte ihn in eine Ecke. Das Mädchen, das neben dem Ofen eingeschlummert war, sprang auf und schaute uns entsetzt an. Ich setzte mich auf eine Bank.

«Ei, wie das gießt!» bemerkte der Waldhüter. «Man wird es abwarten müssen. Wollen Sie sich nicht hinlegen?»

Ich verneinte, dankend.

«Ich würde den da», fuhr er fort, «mittlerweile in den Verschlag sperren, aber es fehlt ja ein Riegel . . .»

«Laß' ihn da, tue ihm nichts», unterbrach ich den Waldhüter.

Der Bauer schaute mich finster und versteckt an. Ich gab mir innerlich das Wort, den Ärmsten, koste es, was es wolle, zu befreien. Er saß, ohne sich zu rühren, auf der Bank. Beim Licht der Laterne konnte ich sein versoffenes, runzeliges Gesicht mit den überhängenden gelben Brauen, die unstet blickenden Augen, die mageren Glieder gut sehen ... Das Mädchen hatte sich gerade bei seinen Füßen auf den Boden hingelegt und war wieder eingeschlafen. Der ,Werwolf' saß neben dem Tisch und stützte den Kopf in die Hand. Eine Grille zirpte irgendwo. Der Regen trommelte aufs Dach und floß über die Fensterscheiben. Wir schwiegen alle.

«Foma Kusmitsch», fing plötzlich der Bauer mit seiner dumpfen, wie zerbrochenen Stimme an. «Du, Foma Kusmitsch!»

«Was willst du?»

«Laß mich los!»

Der Waldhüter antwortete nicht.

«Laß mich ... Vor Hunger ... Laß mich schon gehn!»

«Ich kenne euch», antwortete der Waldhüter grimmig. «Eure ganze Siedlung ist ein einziges Diebsnest. Da hockt ja ein Dieb neben dem andern.»

«Ech, laß mich laufen», wiederholte der Bauer. «Der Verwalter ... Zugrunde gerichtet sind wir alle ... Es geht nicht mehr ... Laß mich los!»

«Zugrunde gerichtet! ... Und deswegen mußt du stehlen?»

«Foma Kusmitsch ... Laß mich gehen ... Richte mich nicht noch mehr zugrunde ... Der Eurige da ... dem der Wald gehört ... der wird mich ja verfolgen bis ans Ende der Welt ... Laß mich um Christi willen gehen!»

Der ‚Werwolf‘ wandte sich ab. Den Bauern schüttelte es wie im Fieber. Er warf den Kopf hin und her und atmete unregelmäßig.

«So laß mich doch los!» wiederholte er mit trostlos klagender Stimme, wie verzweifelt. «Laß mich, laß mich los ... Ich werde alles bezahlen, bei Gott, bei Gott! ... Du wirst sehen, ich bezahle alles ... Aus Hunger hab' ich's getan ... Die Kinder weinen ... Du weißt selbst, wie es ist ... Es ist hart, sehr hart ... Wie geht es denn unsereinem?»

«Du sollst dennoch nicht stehlen!»

«Das Pferdchen», fuhr der Bauer fort, wenigstens das da ... 's ist ja nur ein Tier ... mein ganzes Hab und Gut ... Laß mich fort!»

«Man sagt dir ja, es geht nicht! Ich bin auch nicht mein eigener Herr. Man zieht mich zur Verantwortung. Man darf euch nichts durchgehen lassen.»

«Laß mich gehen! Die Not, Foma Kus mitsch ... Die Not, du weißt, wie es ist! Laß mich los!»

«Ich kenne euch!»

«So laß mich doch endlich gehen!»

«Eh, was hab' ich da mit dir ein langes und breites zu reden! Sitze ruhig auf deinem Platz, sonst gibt's was ... Du siehst wohl hier den Barin nicht?»

Der Arme wurde plötzlich verlegen und ließ den Kopf sinken. Der ‚Werwolf‘ gähnte und legte den Kopf auf den Tisch. Der Regen hörte noch immer nicht auf. Ich wartete, was weiter geschehen würde.

Plötzlich richtete sich der Bauer gerade auf. Seine Augen begannen zu brennen und auf seinem Gesicht zeigte sich Farbe.

«Na, dann hab es, friß, ersticke dran!» begann er mit verzerrtem Gesicht. «Nimm's, Seelenmörder, verfluchter, trinke Christenblut, sauf es! . . .»

Der Waldhüter wandte sich um.

«Jaja, zu dir sag' ich's, du Asiat, du Blutsauger!»

«Bist du betrunken, oder was, daß dir eingefallen ist, zu schimpfen?» fragte ganz verwundert der Waldhüter. «Du bist wohl nicht ganz bei Trost?»

«Betrunken! Für dein Geld vielleicht, Seelenmörder, verfluchter, reißendes Tier du, Bestie!»

«Ach du, ich werde dich gleich . . .»

«Nun, und was? Mir ist alles eins, soll alles zugrunde gehen! Was soll ich anfangen ohne Pferd? Schlage mich tot, mach ein Ende mit mir! Ob vor Hunger, oder so — es ist alles eins. Möge alles zugrunde gehen! Alles, die Frau, die Kinder, mögen sie krepieren . . . Aber du, warte nur! Uns entgehst du nicht!»

Der ‚Werwolf' erhob sich.

«Schlag zu, schlag zu!» schrie ihn der Bauer wütend an. «Schlag zu!» Das Mädchen war aufgesprungen und starrte den Bauern an. «Hau zu, nur immer zu!» brüllte der Unselige.

«Still jetzt!» donnerte ihn der Waldhüter an und trat zwei Schritte vor.

«Laß es genug sein, Foma», rief ich ihm zu. «Laß ihn laufen . . . Gott mit ihm!»

«Ich will nicht still sein!» fuhr der Unglückliche fort. «'s ist alles eins. Wenn's krepieren heißt, krepiert man halt! Aber du, Seelenmörder! Warte nur! Auch für dich gibt's ein Gericht! Man wird dir die Gurgel zuschnüren, warte nur! . . .»

Der Waldhüter packte ihn bei der Schulter . . . Ich eilte dem Bauern zu Hilfe.

«Lassen Sie das, Barin!» schrie mich der Waldhüter an.

Ich hätte seine Drohung nicht gefürchtet und streckte schon die Hand aus; allein, zu meiner größten Verwunderung riß er mit einer einzigen Handbewegung den Gurt von den Ellbogen des Bauern, packte diesen beim Kragen, stülpte ihm die Mütze über die Augen, öffnete die Tür und stieß ihn hinaus.

«Pack dich! Geh zum Teufel mit deinem Pferd!» schrie er ihm nach. «Nur gib acht, daß ich dich ein zweites Mal nicht erwische!»

Er kehrte in die Isba zurück und stöberte in einem Winkel herum.

«Na, ,Werwolf'», sagte ich endlich, «du hast mich in Erstaunen gesetzt: du bist, wie ich sehe, ein lieber, guter Mensch.»

«Ach, hören Sie auf, Barin», unterbrach er mich mit Verdruß. «Belieben Sie nur, die Sache für sich zu behalten. Ich begleite Sie jetzt lieber,» fügte er hinzu, «der Regen nimmt, wie's scheint, kein Ende ...»

Vom Hof her hörte man Räderknarren.

«Sieh da! Hat sich schon davongemacht!» brummte er. «Aber den hab' ich ...!»

Eine halbe Stunde später verabschiedeten wir uns voneinander am Waldessaum.

ES KLOPFT

«Was ich Ihnen melden wollte», sagte Jermolaj, der zu mir ins Zimmer trat — ich hatte soeben zu Mittag gegessen und mich auf ein Feldbett geworfen, um nach einer ziemlich ergiebigen, aber ermüdenden Birkhühnerjagd ein wenig auszuruhen . . . die Geschichte spielte sich etwa um den Zehnten des Monats Juli herum ab, und es lastete eine entsetzliche Hitze auf dem Land — «was ich Ihnen melden wollte: wir haben kein Schrot mehr; es ist ganz ausgegangen!»

Ich sprang vom Bett auf.

«Was? Kein Schrot? Wie ist denn das zugegangen? Wir haben doch an die dreißig Pfund mitgenommen! Einen ganzen Sack voll!»

«Das ist richtig; und der Sack war groß genug: es hätte für zwei Wochen gelangt. Aber wer weiß! Vielleicht ist im Sack ein Loch gewesen? Es ist jedoch so und nicht anders: das Schrot ist weg. Das heißt, für etwa zehn Schuß mag davon wohl noch vorhanden sein.»

«Was werden wir jetzt anfangen? Die besten Jagdplätze haben wir ja noch gar nicht besucht, und für morgen hat man uns sechs Hauptnester versprochen ...»

«Schicken Sie mich halt nach Tula! Von hier ist's nicht weit: im ganzen fünfundvierzig Werst. Wie ein Pfeil bin ich hin und zurück. Und ich bringe, wenn Sie's befehlen, ein ganzes Pud mit.»

«Wann willst du denn fahren?»

«Mir ist's gleich: meinetwegen sofort. Wozu lang zögern? Nur muß man eben Pferde mieten.»

«Was? Pferde mieten? Wozu haben wir denn die eigenen?»

«Auf die eigenen kann man sich nicht verlassen. Das Deichselpferd hinkt entsetzlich.»

«Seit wann denn?»

«Oh, schon seit einigen Tagen. Der Kutscher hat das Pferd zum Hufbeschlag geführt, und der Schmied hat dem armen Tier einen Huf vernagelt. Man ist, wie's scheint, nicht vor die richtige Schmiede gekommen. Jetzt kann das Pferd auf diesem Fuß nicht einmal auftreten; es trägt ihn ... wie ein Hund.»

«Ja, hat man ihm denn wenigstens das Hufeisen abgenommen?»

«Nein, das nicht. Aber man hätte es ihm unbedingt abnehmen sollen. Der Nagel ist ihm, glaub' ich, tief ins Fleisch eingedrungen.»

Ich ließ den Kutscher rufen. Es zeigte sich, daß Jermolaj nicht gelogen hatte: das Deichselpferd konnte mit dem rechten Fuß wirklich nicht auftreten. Ich ordnete sofort an, man solle ihm das Hufeisen abnehmen und den kranken Fuß mit feuchtem Lehm beschmieren.

«Nun, wie ist es? Befehlen Sie, daß ich Pferde miete, damit ich nach Tula fahren kann?»

«Kann man denn in diesem Krähwinkel Pferde bekommen?» schrie ich ihn an; seine Hartnäckigkeit machte mich unwillkürlich zornig.

Das Dorf, in dem wir uns befanden, war ein elendes Nest; die Einwohner schienen alle miteinander Habenichtse zu sein; mit Mühe hatten wir eine — zwar nicht saubere, aber doch halbwegs geräumige Isba aufgestöbert, wo wir Unterkunft fanden.

«Pferde? Ob man die hier finden kann? Jawohl, die kann man hier finden», antwortete Jermolaj mit seiner gewöhnlichen Gelassenheit. «Was Sie über das Dorf gesagt haben, stimmt. Nun hat aber in diesem Dorf ein Bauer gelebt, ein sehr kluger, reicher Bauer! Pferde hat er neun gehabt. Er selbst ist zwar gestorben, aber sein ältester Sohn verwaltet jetzt alles. Der ist von den Dummen der allerdümmste; das väterliche Erbe ganz zu vertun, hat er aber noch nicht fertiggebracht. Bei dem werden wir Pferde finden. Wenn Sie's befehlen, bringe ich ihn her. Seine Brüder, sagt man, sind durchtriebene Schelme ... und dennoch ist er das Haupt des Ganzen.»

«Wieso denn das?»

«Wieso? Nun, weil er der Älteste ist. Folglich haben die Jüngeren zu gehorchen.»

Diesem Dictum folgten einige nicht wiederzugebende Ausdrücke über die jüngeren Söhne. «Ich bringe ihn also her. Das ist ein simpler Mann, mit dem man leicht einig werden kann.»

Dieweil Jermolaj zu dem «simplen» Bauern ging, überlegte ich, ob ich nicht besser täte, selber nach Tula zu fahren. Erstens war ich durch die Erfahrung belehrt, daß man sich auf Jermolaj nicht immer verlassen könne. Hatte ich ihn doch einmal in die Stadt geschickt, Einkäufe zu machen, und er hatte heilig versprochen, alle meine Aufträge im Laufe eines Tages auszuführen, aber er war eine ganze Woche ausgeblieben, hatte alles Geld vertrunken und kehrte zu Fuß zurück, obwohl er auf einer Renndroschke hingefahren war ... Zweitens kannte ich in Tula einen Pferdehändler, und dort konnte ich ein Pferd kaufen zum Ersatz für mein fußkrankes Deichselpferd.

‚Abgemacht', dachte ich, ‚ich fahre selber. Schlafen kann man auch unterwegs. Der Tarantaß ist ja ein bequemer Reisewagen ...'

«Ich hab' ihn hergebracht!» hörte ich eine Viertelstunde später Jermolaj schreien, der plump wie ein Bär, ins Zimmer tappte. Hinter ihm trat ein stämmiger Bauer ein, ein Muschik in einem weißen Hemd, blauen Hosen, Bastschuhen, weiß-blond, blödsichtig, mit einem roten Keilbärtchen, einer langen, dicken Nase und mit aufgesperrtem Mund. Man sah ihm wirklich den «Simpel» an.

«Hier, bitte», sagte Jermolaj, «Pferde hat er, und er ist einverstanden.»

«Das heißt ... nämlich ich ...», begann der Bauer, mit heiserer Stimme stotternd, wobei er seine schütteren Haare schüttelte und am Schirm der Mütze, die er in Händen hielt, herumfingerte. «Ich nämlich ...»

«Wie heißt du?» fragte ich ihn.

Der Muschik ließ den Kopf sinken, als ob er nachdächte.

«Wie man mich nennt?» fragte er.

«Ja. Wie ist dein Name?»

«Nun, doch Filofej!»

«Nun, Brüderchen Filofej, hör' zu: du hast, wie ich gehört habe, Pferde. — Bringe also einmal eine Troika her. — Wir werden sie in meinen Tarantaß einspannen. — Ich habe da ein ganz leichtes Wägelchen. — Und du fährst mich nach der Stadt: Was sagst du dazu? — Wir haben jetzt Vollmond. — Es ist hell. — Und in der Kühle zu fahren, ist angenehm. — Wie fährt es sich auf eurer Straße? Gut?»

«Der Weg? Der Weg — es geht. Bis zur Landstraße ist's etwa zwanzig Werst. Es ist nur da eine Stelle ... dort haperts. Aber sonst — nichts dawider zu sagen.»

«Was ist das für eine Stelle, wo's hapert?»

«Es ist eben ein Flüßchen ... Man muß es in einer Furt überqueren.»

«Wollen Sie denn selber nach Tula fahren?» erkundigte sich Jermolaj.

«Ja, ich selber.»

«Na!» sagte mein treuer Diener und schüttelte den Kopf. «N-n-a!» wiederholte er, spuckte aus und ging bei der Tür hinaus.

Die Fahrt nach Tula hatte augenscheinlich keinen Reiz mehr für ihn.

«Kennst du den Weg gut?» wandte ich mich an Filofej.

«Wie sollten wir den Weg nicht kennen! — Nur ich, sozusagen, kann nicht ... Wie Sie wollen, aber ich kann doch nicht so plötzlich».

Es zeigte sich, daß Jermolaj, als er den Filofej mietete, diesem erklärt hatte, er solle nicht zweifeln, daß man ihn, den Narren, bezahlen werde, und basta! Filofej, obzwar ein Narr, nach den Worten Jermolajs, begnügte sich indes mit diesem allgemeinen Versprechen nicht, sondern forderte von mir fünfzig Rubel in Assignaten — einen ungeheuren Preis; ich bot ihm zehn Rubel — einen niedrigen Preis. — Wir begannen zu feilschen; Filofej hielt zuerst hartnäckig an seiner Forderung fest, — dann begann er nachzugeben, aber sehr unwillig. Jermolaj, der auf einen Augenblick hereingekommen war, versicherte mich wiederholt, daß «dieser Narr» („sieh da, wie ihm das Wort Narr lieb geworden ist!" bemerkte Filofej nebenbei) vom Rechnen mit dem Geld gar keine Ahnung habe, und bei dieser Gelegenheit erinnerte er mich daran, wie ein Einkehrwirtshaus, das meine Mutter an der Kreuzung zweier großer Straßen eingerichtet hatte, vollständig heruntergewirtschaftet worden war, weil der alte Hofknecht, der dort den Wirt spielen sollte, nicht rechnen und den Wert des Geldes nicht abschätzen konnte: er schätzte nämlich die Geldstücke nach der Menge und gab ein silbernes Fünfundzwanzig-Kopekenstück für sechs kupferne Fünfer, wobei er jedoch stark schimpfte.

«Eh, du, Filofej, ein richtiger Filofej», schrie Jermolaj zuletzt und schmetterte vor Ärger die Türe zu.

Filofej antwortete ihm mit keiner Silbe, wie wenn er sich dessen bewußt wäre, daß Filofej zu heißen, wirklich etwas ungeschickt sei. Wir einigten uns schließlich auf zwanzig Rubel. Er ging die Pferde holen und brachte nach einer Stunde gleich fünf zur beliebigen Auswahl. Die Pferde erwiesen sich als brauchbar, aber sie hatten aufgetriebene Bäuche, die wie Trommeln gespannt waren, und die Mähnen und Schweife hingen unordentlich hinab. Mit Filofej kamen zweie seiner Brüder mit herein, die beide ihm nicht im mindesten glichen. Beide waren kleine, schwarzäugige, spitznasige Leute; sie machten wirklich den Eindruck von durchtriebenen Schelmen; sie sprachen viel und schnell, sie «plapperten», wie Jermolaj sich ausdrückte; jedoch ihrem «Ältesten» unterordneten sie sich absolut.

Sie rollten den Tarantaß unterm Schutzdach hervor und verbrachten gute anderthalb Stunden mit der Besichtigung des Wagens und mit dem Einspannen der Pferde. Die beiden Brüder hätten gern gesehen, daß man den schwarzbraunen Hengst als Deichselpferd eingespannt hätte, angeblich weil er im Bergabfahren so ausgezeichnet war, aber Filofej bestimmte den «Zottigen», und so wurde denn auch der «Zottige» als Deichselpferd eingespannt.

Den Tarantaß stopften sie voll mit Heu und schoben das Kummet, das sie dem lahmen Deichselpferd abgenommen hatten, unter den Kutschersitz, damit man es einem neu gekauften Pferd gleich anlegen konnte. Filofej, der Zeit gehabt hatte, nach Hause zu laufen, kehrte in einem langen weißen Fuhrmannskittel, der dem Vater gehört hatte, zurück. Mit einem hohen, oben abgestumpften, kegelförmigen Hut auf dem Kopf und eingefetteten Röhrenstiefeln an den Füßen bestieg er feierlich den Bock. Ich setzte mich in den Wagen, schaute auf die Uhr: es war ein Viertel auf elf. Jermolaj, damit beschäftigt, seinen Hund Waletschka zu schlagen, hatte von mir nicht Abschied genommen. Filofej zupfte an den Zügeln und rief mit einem dünnen, dünnen Stimmchen seinen Pferden zu: «He, ihr Kleinen!» Die Brüder sprangen noch einmal herzu und schnallten beiden Seitenpferden die Bauchgurte besser an. Der Tarantaß setzte sich in Bewegung, bog aus dem Tor auf die Straße hinaus, der «Zottige» aber wollte wieder in den Hof einbiegen, was Filofej durch einige Peitschenhiebe auf dessen Kruppe zu verhindern wußte; und schon waren wir aus dem Dorf hinaus und rollten auf einem ziemlich geraden Weg zwischen zwei ununterbrochenen Reihen dichtbelaubter Haselbüsche dahin.

Die Nacht war still, angenehm — zum Reisen die angenehmste Zeit. Der Wind bewegte bald leise die Sträucher, die Ästchen, bald erstarb er ganz. Am Firmament waren hier und da unbewegliche silberne Wölkchen zu sehen. Der Mond stand hoch und beleuchtete hell die Umgebung. Ich streckte mich auf dem Heu aus und war schon im Begriff, einzuschlummern . . . aber dann erinnerte ich mich, daß es irgendwo eine unheimliche Furt geben solle, und ich erwachte mit einem Gefühl des Schauders.

«Sag' einmal, Filofej, ist's noch weit bis zur Furt?»

«Bis zur Furt? Na, so ungefähr acht Werst wird's bis dahin wohl sein!»

‚Acht Werst', dachte ich; ‚hm, vor einer Stunde werden wir ja nicht dort sein, da kann man immerhin inzwischen ein Schläfchen versuchen.' «He! du! Filofej, kennst du den Weg gut?» fragte ich ihn abermals.

«Wie sollte ich den Weg nicht kennen? Fahre ich ihn doch nicht zum erstenmal!»

Er fügte noch etwas hinzu, ich aber hörte es nicht mehr . . . ich schlummerte ein.

Mich weckte nicht eigentlich die Absicht, just in einer Stunde zu erwachen, wie das ja oft vorkommt, sondern irgendein sonderbares, wiewohl schwaches Rieseln und Kluckern direkt unter meinem Ohr.— Ich erhob den Kopf.

Was ist das für ein Wunder: ich liege wie früher im Tarantaß, und kaum einen halben Meter von dessen Rand entfernt, breitet sich eine vom Mondlicht bestrahlte Wasserfläche aus, die von lauter kleinen, ziehenden Wellchen bewegt ist. Ich schaue nach vorn: auf dem Bock sitzt, den Kopf gesenkt, den Rücken gebeugt, wie ein Götzenbild — Filofej; und etwas weiter vorn sehe ich über dem murmelnden Wasser die Bogenlinie des Krummholzes, und die Pferdeköpfe, und die Pferderücken ... Und alles ist so unbewegt und still wie in einem verwunschenen Reiche, in einem Traum, in einem Märchentraum. — Bin ich in einem Fabelland? Ich schaue nach hinten ... aber wir sind ja mitten im Fluß ... Das Ufer ist etwa dreißig Meter von uns entfernt!

«Filjofej!» schreie ich.

«Was ist los?» fragt er zurück.

«Was los ist? Na, sei so gut! Wo sind wir denn eigentlich?»

«Im Fluß.»

«Ich sehe schon, daß wir im Fluß sind. Aber wir werden auf diese Art sehr bald ertrinken. *So* fährst du durch die Furt? Na, hör einmal! Aber du schläfst wohl? Antworte doch!»

«Bin ein wenig abgekommen», sagte mein Fuhrmann, «zu weit unten oder zu weit oben von der Furt. Gesündigt, sozusagen. Und jetzt muß man ein wenig warten.»

«Wie? Man muß warten? Worauf soll man denn warten?»

«Der ‚Zottige' muß sich erst orientieren. Wohin er sich wendet, dorthin muß man fahren.»

Ich erhob mich von meinem Sitz. Der Kopf des Deichselpferdes rührte sich nicht über dem Wasser. Im hellen Mondlicht war nur zu sehen, wie es ein Ohr hin- und herbewegte.

«Ja, aber dein ‚Zottiger' schläft ja auch!»

«Oh, nein», antwortete Filofej, «er schnobbert jetzt am Wasser herum.»

Alles wurde wieder still, man hörte nur das leise Kluckern und Rauschen des Wassers. Auch ich fing an zu erstarren.

Das Mondlicht, und die Nacht, und der Fluß, und wir in ihm . . .

«Was ist das für ein Gezisch?» fragte ich Filofej.

«Das? Es sind Enten im Schilf . . . vielleicht auch Schlangen.»

Plötzlich fing das Deichselpferd an, den Kopf heftig schleudernd nach oben und unten bewegend, die Ohren zu spitzen, zu schnauben und sich zu rühren.

«Hüh! Hüh!» begann Filofej plötzlich aus vollem Hals zu schreien; er erhob sich und schwang die Peitsche. Der Tarantaß wurde fortgerissen, durchschnitt die Wogen und bewegte sich schwankend weiter und weiter . . . Zuerst schien es mir, als ob wir in immer tieferes Wasser gerieten und versinken würden, bald aber, nach zwei, drei Stößen und Rucken, hatte es den Anschein, als ob sich die Wasseroberfläche senkte ... Sie senkte sich immer mehr und mehr, und der Tarantaß tauchte langsam aus dem Wasser empor. Schon zeigten sich die Räder und die Pferdeschweife. Und nun zogen die Pferde, munter ausschreitend, in gemeinsamer Anstrengung, den Tarantaß auf das sandige Ufer hinaus und den hügeligen Weg hinan. Das Wasser spritzte nach allen Seiten und verbreiterte sich im matten Glanz des Mondes in diamantene, nein, nicht diamantene — in saphirfarbene Garben.

‚Jetzt wird Filofej gleich sagen: hab' ich nicht recht gehabt?' dachte ich. Aber er sagte nichts, und darum hielt ich es auch nicht für nötig, ihm wegen seiner Ungeschicklichkeit einen Vorwurf zu machen. So legte ich mich denn wieder hin und versuchte, einzuschlafen.

Aber ich konnte nicht mehr einschlafen, und nicht etwa deswegen, weil mich die Jagd diesmal nicht sehr ermüdet hatte, und auch nicht deshalb, weil die Aufregung der letzten Minuten den Schlaf von meinen Lidern verscheucht hätte — nein: weil die Gegend, durch die wir fuhren, so wunderschön war. Das waren weite, wasserreiche Grasflächen mit einer Unmasse kleiner grüner Inselchen, kleinen Teichen und Bächen, deren Ufer mit Weiden bewachsen waren; es ist dies die vom russischen Volk so geliebte Landschaft, ähnlich derjenigen, wohin die Helden und Riesen unserer Bylinen auszogen, um weiße Schwäne und graue Enten zu schießen. Wie ein gelbes Band schlängelte sich der Fahrweg durch diese Landschaft, die Pferde liefen flink dahin, und ich konnte die Augen nicht schließen und mich nicht sattsehen an all der Herrlichkeit. Und all das zog so lieblich und sanft an unseren Augen vorbei, unter dem freundlichen Mond. Auch Filofej schien von soviel Schönheit gerührt.

«Diese Wiesen», sagte er, indem er sich nach mir umdrehte, «heißen bei uns die Sankt-Georgs-Wiesen, und dahinter kommen die großfürstlichen Ländereien. Solche Wiesen gibt es in ganz Rußland nicht mehr. Wie schön sie sind!»

Das Deichselpferd schnaubte und schüttelte sich . . .

«Gott mit dir!» sagte Filofej ernsthaft und halblaut. «Ui, wie schön!» wiederholte er und seufzte. Und dann folgte noch ein langer Seufzer. «Bald beginnt die Heuernte! Was wird das für Heu geben — zum Staunen . . . Und in den Bächen sind auch sehr viele Fische, herrliche Brachsen!» fügte er hinzu. «Mit einem Wort: man hat noch zum Leben.»

Plötzlich streckte er die Hand in die Höhe. «Ei, sieh da, ein Reiher überm See! Ist's möglich, daß er auch in der Nacht Fische fängt? Ach nein, ein Ast ist's nur. Ich habe mich getäuscht. Im Mondlicht sieht alles ganz anders aus.»

So fuhren wir, fuhren. Aber da war nun auch das Wiesenland vorüber, und es zeigten sich Wäldchen, bepflügte Felder, ein Dörflein mit zwei, drei Lichtlein flitzte vorbei — bis zur großen Chaussee waren es nur mehr etwa fünf Werst. Ich schlief ein.

Auch diesmal erwachte ich nicht von selbst: die Stimme Filofejs weckte mich.

«Barin . . . hören Sie? . . . Barin!»

Ich erhob mich. — Der Tarantaß stand auf ebenem Boden mitten auf der großen Chaussee. Filofej wandte sich mit dem Gesicht zu mir, ich sah seine weit aufgerissenen Augen (ich war sogar erstaunt, denn ich hatte mir nicht vorgestellt, daß er so große Augen haben könne), er flüsterte mir bedeutsam und geheimnisvoll zu:

«Man hört irgendwo ein Klopfen . . . Es klopft!»

«Was redest du da zusammen?»

«Ich sage: es klopft! Beugen Sie sich nur vor und horchen Sie. Hören Sie es jetzt?»

Ich steckte den Kopf aus dem Tarantaß hinaus, hielt den Atem an: und wirklich vernahm ich, aus weiter Ferne, weit hinter uns, ein schwaches, ununterbrochenes Geklopfe wie von rollenden Rädern.

«Hören Sie's jetzt?» fragte Filofej.

«Nun ja, ich hör es. Es fährt da irgendeine Equipage.»

«Hören Sie denn aber nicht . . . da . . . Schellen . . . und ein Gejohle . . . Hören Sie's?

Aber nehmen Sie die Mütze herunter, Sie hören dann besser.»

Ich nahm die Mütze nicht herunter, lehnte mich aber wieder aus dem Tarantaß hinaus.

«Nun ja, vielleicht . . . Aber was ist dabei?»

Filofej wandte sein Gesicht den Pferden zu.

«Das ist eine Telega . . . sie rollt ganz leicht dahin . . . die Räder sind bereift», sagte er und zog die Zügel an. «Das sind unheimliche Gesellen; hier, hinter Tula, treiben sie sich herum und überfallen die Leute.»

«Was für ein Unsinn! Warum glaubst du denn, daß das unheimliche Gesellen sind?»

«Ich sage die Wahrheit. Mit Schellen . . . Und in einer leeren Telega . . . Wer könnte denn das sonst sein?»

«Ist's bis Tula noch weit?»

«Noch etwa fünfzehn Werst . . . Die Gegend ist ganz menschenleer.»

«Nun, so fahre halt geschwinder. Was zögerst du lange?»

Filofej schwang die Peitsche und der Tarantaß rollte weiter.

Obzwar ich Filofej nur wenig Glauben schenkte, konnte ich jetzt doch nicht mehr einschlafen. Konnte es denn nicht wirklich so sein, wie er sagte? Ein unangenehmes Gefühl beschlich mich jetzt. Ich setzte mich im Tarantaß auf — bis dahin war ich gelegen — und schaute mich nach allen Seiten um. Während ich geschlafen hatte, hatte sich der Himmel mit einem leichten Nebel überzogen, und in diesem Nebel hing der Mond als ein weißer Fleck, gleichsam in einem Rauchschleier. Es war dunkler geworden, die Schatten vermischten sich, doch waren die Gegenstände auf der Erde noch sichtbar. — Rings umher flache, öde Orte: Felder, immer wieder Felder, hier und da ein Sträuchlein. Wir fuhren durch Hohlwege; dann kamen wieder Felder, meistens Brachland mit etwas Unkraut. Alles leer ... alles wie tot! Wenn sich doch nur irgendwo der Schlag einer Wachtel vernehmen ließe!

Wir fuhren etwa eine halbe Stunde so dahin. Filofej schwang öfter die Peitsche und schnalzte mit der Zunge, aber weder ich noch er sprachen ein Wort. Wir fuhren einen Hügel hinan. Filofej hielt die Troika an — und im selben Augenblick sagte er: «Es klopft ... Es klopft, Barin!»

Ich beugte mich wieder zum Tarantaß hinaus, aber ich hätte das Geräusch ebensogut unter dem Schutzdach des Tarantaß hören können, so deutlich war es jetzt vernehmbar, obzwar von weither. Zu meinem Ohr drang das Rollen und Holpern von Telegarädern, Pfiffe wurden laut, Schellengeklingel, das Getrappel von Pferdehufen und sogar das Singen und Lachen der Leute wurde hörbar. Es ist wahr, der Wind trug diese Geräusche her, aber es konnte kein Zweifel bestehen, daß sich die Unbekannten inzwischen um eine ganze Werst, vielleicht auch um zwei, uns genähert hatten.

Filofej und ich schauten einander an — er schob nur die Mütze in die Stirn und begann, sich nach vorn neigend, sofort die Pferde zu peitschen. Die Pferde setzten sich in Galopp, aber sehr lange konnten sie ja nicht galoppieren, und wieder liefen sie im Trab. Filofej schlug abermals auf die Pferde ein: man mußte doch sehen, wie man denen da entkam . . .

Ich konnte mir keine Rechenschaft darüber geben, warum ich, der ich doch zuerst den Verdacht Filofejs nicht geteilt hatte, jetzt plötzlich die Überzeugung gewann, die hinter uns herjagenden Leute könnten am Ende wirklich böse Menschen sein . . . Zu hören war immer dasselbe: Schellengeklingel, das Rollen und Holpern der Räder, das sich aus der Ferne wie ein Klopfen anhörte, dasselbe Pfeifen und Getriller und derselbe unruhige Lärm. Jetzt konnte ich nicht mehr zweifeln. — Filofej hatte sicher recht . . .

Wieder vergingen etliche zwanzig Minuten. In den letzten Minuten vernahmen wir neben dem Rollen und Gepolter unseres eigenen Wagens schon ein anderes Rollen und Gerassel . . .

«Halt an! Filofej!» sagte ich. «Es ist jetzt alles eins: das muß ein Ende haben.»

Filofej sagte ängstlich «Brr!» Die Pferde blieben augenblicklich stehen, wie wenn sie sich freuten, ein wenig verschnaufen zu dürfen.

Väterchen! Die Schellen ertönten jetzt ganz laut hinter unserm Rücken, die Telega kam mit Dröhnen und Geschepper heran, die Leute schrien, pfiffen und sangen durcheinander, die Pferde schnaubten und hämmerten die Erde mit ihren Hufen.

Man hatte uns eingeholt.

«Ein Unglück!» sagte Filofej halblaut mit stockender Stimme, schnalzte mit der Zunge und wollte die Pferde wieder antreiben. Aber in diesem selben Moment raste eine sehr große, breite Telega, bespannt mit einer Troika hagerer Pferde, mit Donnergepolter an uns vorüber, um aber sogleich in Schritt überzugehen, so daß uns der Weg versperrt war.

«Ganz nach Räubermanier», brummte Filofej.

Ich gestehe, mir wurde bang. In dem Halbdunkel des von Nebelschwaden getrübten Mondlichts bemerkte ich, daß in der Telega sechs bis sieben Mann — nicht saßen und nicht lagen, sondern lümmelten, alle in aufgeknöpften Hemden und Armjäks. Zwei unter ihnen hatten keine Mützen auf dem Kopf. Große Füße in Stiefeln baumelten an den Seitenstangen der Telega herunter. Arme erhoben und senkten sich. Körper wurden gerüttelt ... Stimmt schon: es war betrunkenes Volk. Einige brüllten aus vollem Hals, andere pfiffen, und wieder andere schimpften. Am Wagenrand saß irgendein Riese im Halbpelz und lenkte den Wagen. Sie fuhren im Schritt weiter, wie wenn sie uns keine Aufmerksamkeit schenkten.

Was wollten wir tun? Wir fuhren im Schritt hinter ihnen her — notgedrungen!

Etwa eine Viertelwerst fuhren wir so hinter den anderen her. Quälende Ungewißheit ... Ist noch Rettung möglich? Soll man sich verteidigen? Wie denn? Es sind ihrer sechs oder sieben, und ich habe nur einen Spazierstock bei mir. Soll man umkehren? Aber sie werden einen doch sofort einholen! Ich erinnerte mich an einen Vers Shukowskijs (dort, wo er von der Ermordung des Feldmarschalls Kamenskij spricht):

«Das ruchlose Beil des Mörders ...»

Oder sie schnüren mir mit einem schmutzigen Strick die Kehle zu ... werfen mich in einen Graben ... ich verröchle dort und schlage mich herum, wie ein Hase im Fangeisen.

O weh, das ist schlimm. Und sie fahren wie früher im Schritt und wenden uns gar keine Aufmerksamkeit zu.

«Filofej», flüsterte ich ihm zu, «versuche einmal, rechts vorbeizukommen.»

Filofej versuchte es, lenkte den Tarantaß nach rechts ... Aber diese Kerle schwenkten sofort ebenfalls nach rechts ab ... Es war unmöglich, an ihrer Telega vorbeizukommen. Filofej versuchte, links vorbeizukommen; aber auch das ließen die andern nicht zu, sie lachten sogar! Es war klar, daß sie einen nicht durchlassen wollten.

«Richtige Straßenräuber!» flüsterte mir Filofej über die Schulter zu.

«Aber worauf warten sie denn?» fragte ich, ebenfalls flüsternd.

«Dort, weiter vorn, ist ein Hohlweg; dann kommt ein Bächlein; ein Brücklein führt darüber; dort werden sie uns erwarten! Das machen sie immer so: in einem Hohlweg ... bei einer Brücke ... Nun, Barin, wir wissen jetzt, woran wir sind!» fügte er mit einem Seufzer hinzu. «Viel weiter werden sie uns nicht fahren lassen ... Wir werden kaum am Leben bleiben: für sie ist es die Hauptsache, die Spuren zu verwischen, so daß kein Hahn mehr nach uns kräht ... Nur um eines ist mir leid, Barin: hin ist meine schöne Troika! Den Brüdern wird sie nicht zufallen ...»

Unter Umständen hätte ich mich gewundert, daß Filofej in einer solchen Minute sich um seine Pferde grämen konnte; aber ich gestehe, mir gingen jetzt ganz andere Gedanken im Kopf herum.

‚Sollten sie uns wirklich töten wollen?' dachte ich. ‚Ich, ich würde ihnen ja sowieso alles geben, was ich bei mir habe ...'

Man sah das Brücklein schon von weitem, und wir näherten uns dem fatalen Ort immer mehr ...

Plötzlich ertönte ein wildes Geschrei. Die Troika vor uns jagte mit einemmal davon. Sie war beim Brücklein in einem Satz. Und dort blieb sie wie angewurzelt stehen — aber etwas abseits vom Weg.

Ich fühlte, wie mein Herz stillstand.

«Ach, Bruder Filofej», sagte ich, «da geht es nun in den Tod! Verzeihe mir, wenn ich dich ins Verderben gestürzt habe!»

«Was kannst du da für eine Schuld haben, Barin? Dem eigenen Schicksal entgeht man nicht. Nur du, ‚Zottiger', mein treues Pferdchen», wandte er sich an das Deichselpferd, «geh, Bruder, vorwärts! Erweise den letzten Dienst! Es ist alles eins! Gott segne uns!»

Und er setzte seine Troika in Trab.

So näherten wir uns dem Brücklein, wo die unbewegliche und furchtbare Telega hielt ... Dort war, wie absichtlich, alles still geworden: kein Laut war zu hören. So still und leise wird der Hecht, der Habicht, jedes Raubtier, wenn sich die Beute nähert.

Und in dem Moment, wo wir mit der Telega in einer Linie standen, sprang plötzlich der Riese im Halbpelz vom Bock herunter und war in einem Hui bei uns!

Er sprach kein Wort, packte aber den «Zottigen» beim Maul und hielt den Wagen an.

Der Riese legte seine beiden Pratzen auf den Wagenschlag, bog seinen von Locken umwallten Kopf zu mir in den Wagen herein und sprach schmunzelnd, mit leiser, gleichmäßiger Stimme und der Zungenfertigkeit des Fabriklers das Folgende:

«Verehrtester Herr! Wir kommen soeben von einem netten Gastmahl, von einem Hochzeitchen. Wir haben nämlich einen unserer Prachtburschen verheiratet und in dem Moment zu Bett gebracht. Wissen Sie, die Burschen da sind alle jung, heiß sind ihre Köpfe, getrunken wurde heidenmäßig; aber man würde gern noch eins trinken, zur Stärkung eben, aber es fehlt am nötigsten. Und da haben wir gedacht, ob nicht Euer Gnaden uns mit einer Kleinigkeit aushelfen wollte, nur daß jeder, nun sagen wir, auf ein Achtelliter rechnen könnte. Wir würden's auf Ihre Gesundheit trinken. Sollten aber Euer Gnaden diesem Vorschlag nicht günstig gesinnt sein, nun dann soll es uns auch recht sein. Nichts für ungut in diesem Fall!»

‚Was soll das heißen?' dachte ich . . . ‚Ist das Hohn, oder bloß Spaß?'

Der baumlange Kerl blieb vor dem Wagen stehen und senkte den Kopf. Im selben Augenblick trat die Mondscheibe aus dem Nebel heraus und beleuchtete sein Gesicht. Und dieses Gesicht lächelte, die Augen lachten und die Lippen kräuselten sich zu einem kindlichen Lächeln. Es ist nichts in diesem Gesicht, was einer Drohung ähnlich sieht . . . Er hat nur den Ausdruck der Erwartung . . . Und seine Zähne sind so weiß und groß.

«Mit Vergnügen», sagte ich, «bitte, hier», und ich holte die Börse hervor und reichte ihm zwei Silberrubel. (Zu jener Zeit gab es noch Silbergeld in Rußland.) «Da, wenn es genug ist!»

«Großen Dank!» rief der Riese, stramm, nach Soldatenart, und seine dicken Finger griffen — nicht nach der ganzen Geldbörse, sondern nur nach den zwei Rubeln. «Vielen Dank!» Er schüttelte den Haarbusch zurück und lief zur Telega:

«Kinder!» rief er, «zwei Silberrubel schenkt uns der Herr!»

Alle schrien plötzlich fröhlich durcheinander. Der Riese hüpfte frohgemut auf den Kutschbock und schrie zurück: «Behüte Sie Gott! Bleiben Sie gesund!»

Und weg waren sie! Unter Donnergepolter raste die Telega einen Hügel hinan, noch einmal tauchte sie in dem dunklen Strich, der die Erde vom Himmel abtrennt, auf und war verschwunden.

Man hörte auch das Rollen und Klopfen, das Schreien und die Schellen nicht mehr.

Es war alles totenstill.

Es dauerte geraume Zeit, bis wir, Filofej und ich, uns gefaßt hatten.

«Ach du! So ein Spaßvogel!» sagte Filofej endlich, und nachdem er die Mütze abgenommen hatte, bekreuzte er sich andächtig.

«Wahrhaftig, ein Spaßvogel», fügte er hinzu und wandte sich froh zu mir. «Das muß ein guter Mensch sein, ein wirklich guter, guter Mensch, bei Gott! — Na, ihr meine Lieblinge! Bewegt euch, lüpft die Beine! Ihr werdet ganz bleiben! Wir alle werden ganz bleiben! Aber vorbeilassen wollte er uns doch nicht! Er hat ja die Pferde gelenkt! Was für ein Spaßvogel, dieser Bursche! Na, aber jetzt vorwärts! Hüh, mit Gott!»

Ich schwieg; aber auch mir war auf dem Herzen leichter geworden. ‚Wir werden ganz bleiben', wiederholte ich für mich und streckte mich auf dem Heu aus. ‚Billig davongekommen!'

Ich schämte mich sogar ein wenig. Wie hatte mir nur der Vers von Shukowskij in den Sinn kommen können! Plötzlich fiel mir etwas ein.

«Filofej!»

«Was?»

«Bist du verheiratet?»

«Wie denn nicht?»

«Hast du Kinder?»

«Auch Kinder hab' ich.»

«Hast du denn an die gar nicht gedacht? Nur die Pferde taten dir leid. Und die Familie?»

«Warum sollte mir um die leid tun? Den Dieben wären Frau und Kinder ja doch nicht in die Hände gefallen! Aber im Sinn hab' ich sie gehabt, ja, die ganze Zeit, und auch jetzt, gar sehr!» Filofej schwieg. «Vielleicht ihretwegen hat der Herrgott uns beschirmt.»

«Nun sind das aber keine Räuber und Mörder gewesen.»

«Woher soll man das wissen? Jede fremde Seele ist ein finsterer Abgrund, das ist ja bekannt. Und mit Gott ist es immer besser ... Nein, nein, die Familie habe ich immer ... Nun, vorwärts, ihr meine Freundchen, mit Gott!»

Als wir uns Tula näherten, war es schon ziemlich Tag. Ich war noch befangen im Dusel eines Halbschlummers ...

«Barin», sagte Filofej plötzlich zu mir, «sieh, da stehen sie bei der Schenke ... das ist doch ihre Telega!»

Ich erhob den Kopf ... Und wirklich, das waren sie; auch ihre Telega und die Pferde erkannte ich. An der Schwelle der Schenke zeigte sich auch just der bekannte Riese im Halbpelz.

«Herr!» schrie er, und schwenkte die Mütze, «Ihr Geld vertrinken wir! Und du, Kutscher», wandte er sich an Filofej, «du hast es, wie es scheint, mit der Angst gekriegt? Was?»

«Ein fideler Mensch!» bemerkte Filofej, nachdem er an der Schenke vorbei war.

Wir kamen endlich in Tula an. Ich kaufte Schrot und bei dieser Gelegenheit auch Tee und Wein, und beim Roßkamm kaufte ich sogar ein ganzes Pferd. Gegen Mittag fuhren wir zurück. Als wir zu der Stelle kamen, wo wir zuerst das Rollen und Klopfen der Wagenräder und das Hufgeklapper der Pferde gehört hatten, zeigte sich Filofej, der in Tula ein Gläschen zuviel getrunken hatte, sehr aufgeräumt; er erzählte mir sogar Märchen, und plötzlich lachte er laut auf.

«Erinnerst du dich, Barin, wie ich dir immer gesagt habe: Es klopft! Es klopft! ... Es klopft!»

Und er machte einige heftige Armbewegungen, um zu zeigen, wie es «geklopft» hat. Das Wort «Klopfen» schien ihm ausnehmend zu gefallen.

Am selben Abend noch langten wir in seinem Dorfe an. Ich teilte Jermolaj mit, was uns auf unserer Reise begegnet war. Nüchtern, wie er zur Stunde war, drückte er keinerlei Anteilnahme aus; er lächelte nur, und ob er damit seinen Beifall oder seine Mißbilligung ausdrückte, wußte er, wie ich glaube, selber nicht. Aber ein paar Tage später erzählte er mir mit sichtlichem Vergnügen, daß in derselben Nacht, in der wir, ich und Filofej, nach Tula gefahren waren, ja auf demselben Wege, den wir genommen hatten, ein Kaufmann ermordet und beraubt worden war. Zuerst wollte ich dieser Nachricht keinen Glauben schenken; hernach aber mußte man wohl oder übel glauben, daß die Nachricht auf Wahrheit beruhte; auch bestätigte sie mir der Stanowoj (Landkommissär), der zu mir geritten kam, um von mir Auskünfte über die lustigen Brüder zu erhalten, die wir in jener Nacht auf jenem Weg getroffen hatten.

Und ich fragte mich, ob nicht eine Bluthochzeit gemeint gewesen sei, von der diese verwegenen Burschen heimkehrten, und ob der Ausdruck, sie hätten einen Prachtburschen «zu Bett gebracht» — es war der Riese im Halbpelz, der sich so ausgedrückt hatte —, nicht einen ganz anderen, grausigen Sinn gehabt habe? Ich blieb noch fünf Tage im Dorf Filofejs, und sooft ich ihm begegnete, neckte ich ihn mit den Worten:

«Es klopft! ... Es klopft! Es klopft!»

«Ein fideler Mensch war das», antwortete mir Filofej jedesmal und lachte.

CHOR UND KALINYTSCH

Wer aus dem Kreise Bolchow in den von Shisdra kommt, dem muß der scharfe Unterschied zwischen dem Menschenschlag hier und dort auffallen. Der Muschik im Gouvernement Orjol hat eine eher kleine Statur, geht gebückt, schaut einen finster an, lebt in elenden Löchern, arbeitet in der Fron, beschäftigt sich mit dem Handel gar nicht, ißt schlecht, trägt Bastschuhe. Der Kalugaer, Obrok zahlende (also nicht mehr fronpflichtige) Bauer, lebt in geräumigen, aus Föhrenholz erbauten Isben, ist hochgewachsen, schaut keck und lustig in die Welt, hat ein sauberes weißes Gesicht, handelt mit Öl und Birkenteer, und an Feiertagen trägt er Stiefel. Das Orjoler Dorf (wir sprechen vom Ostteil des Gouvernements Orjol) liegt gewöhnlich inmitten bebauter Felder, in der Nähe einer kleinen Bodensenkung, die sich in einen schmutzigen Teich verwandelt hat. Außer einigen Weiden, die überall zu finden sind, und zwei oder drei mageren Birken sieht man im Umkreis einer Werst kein einziges Bäumchen mehr, eine Isba klebt an der andern, die Dächer sind mit verfaultem Stroh bedeckt ... Ganz anders das Kalugaer Dorf: Meist ist es umgeben von schönem Wald; die Bauern-Isben stehen freier und gerade; gedeckt sind sie mit Schindeln; das Hoftor ist geschlossen; der aus Weidenruten geflochtene Zaun ist nicht durchbrochen, baucht sich nicht nach außen, ladet nicht jedes vorüberwandelnde Schwein zu Gast ... Und für den Jäger ist es im Gouvernement Kaluga besser, denn dort, im Gouvernement Orjol, werden die letzten Wälder und die großen, zusammenhängenden, mit Busch bedeckten Gebiete in etwa fünf Jahren verschwinden, und Moore gibt es dort überhaupt nicht mehr; in jenem Gouvernement aber ziehen sich die — «Sasjeka» genannten — Kronwälder in ununterbrochenem Band auf hunderte Werst hin, Moore und Teiche haben oft eine Ausdehnung von zehn und mehr Werst, und die edleren Vogelarten sind noch nicht ausgestorben: das Birkhuhn kommt vor, ebenso die gutmütige Sumpfschnepfe; und das allzeit geschäftige Rebhuhn erfreut und erschreckt durch seinen jähen Aufflug den Schützen, wie den Hund.

Zu jener Zeit, da ich als Jäger den Kreis Shisdra durchstreifte, begegnete mir im Feld ein Kalugaer Gutsbesitzer namens Polutykin, ein leidenschaftlicher Jäger und daher vorzüglicher Mensch, mit dem ich näher bekannt wurde. Er hatte freilich auch einige Schwächen. So warb er beispielsweise konsequent um alle reichen Mädchen im Gouvernement, und wenn er einen Korb bekam, vertraute er seinen Kummer all seinen Freunden und Bekannten an, hörte aber nicht auf, den Eltern jener Töchter saure Pfirsiche und andere Produkte seines Gartens zu schicken. Auch wiederholte er gern eine und dieselbe Anekdote, die aber trotz der Achtung, die man Herrn Polutykin seiner sonstigen vortrefflichen Eigenschaften wegen entgegenbrachte, niemand zum Lachen reizte. Er stotterte, nannte seinen Hund aus irgendeinem Grund «Astronom», gebrauchte allerlei komische Ausdrücke und führte in seinem Hause «französische Küche», deren Geheimnis nach den Begriffen seines Kochs darin bestand, den Speisen ihren natürlichen Geschmack zu entziehen: das Fleisch schmeckte bei diesem Kochkünstler nach Fisch, der Fisch nach Pilzen, und die Nudeln schmeckten nach Schießpulver; dafür aber gelangte keine einzige Rübe in die Suppe, die nicht die Form eines Rhombus oder eines Trapezes angenommen hätte. Jedoch mit Ausnahme dieser wenigen und unbedeutenden Mängel war Herr Polutykin, wie schon gesagt, ein ausgezeichneter Mensch.

Am ersten Tag unserer Bekanntschaft lud mich Herr Polutykin ein, in seinem Hause zu übernachten.

«Bis zu meinem Haus wird es vielleicht fünf Werst sein», fügte er hinzu. «Zu Fuß ist es zu weit. Da wollen wir zuerst zu Chor einbiegen.» (Der Leser wird es mir erlassen, sein Stottern wiederzugeben.)

«Wer ist Chor?»

«Einer von meinen Bauern... Von hier ist's nicht mehr weit zu ihm.»

Wir begaben uns zu Chor. Sein Gehöft lag mitten im Wald, in einer Lichtung. Es bestand aus einigen Bauernhütten, die aus Föhrenholz gezimmert waren. Ein Zaun verband sie zu einem Gehöft. Vor der größten Isba gab es eine kleine Vortreppe, die auf schlanken Säulchen ein Dach trug. Wir traten ins Haus. Ein etwa zwanzigjähriger, hochgewachsener, hübscher Bursche empfing uns.

«Ah, Fedja! Ist Chor zu Hause?» fragte ihn Herr Polutykin.

«Nein, Chor ist in die Stadt gefahren», antwortete der Bursche mit heiterer Miene und zeigte dabei eine Reihe schneeweißer Zähne. «Befehlen Sie, ein Wägelchen anzuspannen?»

«Ja, Bruder, ein Wägelchen. Zuerst aber bringe uns Kwaß.»

Wir betraten das Wohnzimmer. Kein einziges dieser billigen Öldrucke aus Susdal verunzierte die sauberen Balkenwände; in der «Schönen Ecke», vor einem schweren Heiligenbild in silberner Einfassung, brannte ein Lämpchen; der Tisch aus Lindenholz war kürzlich gescheuert worden und sauber gewaschen; in den Ritzen der Balken und am Fensterrahmen liefen nicht die so springlebendigen Schaben herum, auch verbargen sich dort nicht die besinnlichen Russen*. Der junge Bursche erschien mit einer großen weißen Kanne Apfelkwaß, mit einem mächtigen Ranft Brot und einem guten Dutzend saurer Gurken in einer Holzschüssel. Er stellte sämtliche Vorräte auf den Tisch, lehnte sich an die Tür und schaute uns lächelnd zu. Wir hatten noch nicht Zeit gehabt, alles aufzuessen, als wir das Gerassel einer Telega vernahmen, die draußen vorfuhr. Wir gingen hinaus. Ein etwa fünfzehnjähriger, kraushaariger, rotbackiger Knabe saß auf dem Bock und hielt mit Mühe den wohlgenährten scheckigen Hengst zurück. Um den Wagen herum standen etwa sechs Kerle, lauter junge Riesen, die einander und Fedja sehr ähnlich sahen.

«Alles Söhne Chors», bemerkte Polutykin.

«Ja, aber das sind noch nicht alle», fiel Fedja ein, der hinter uns auf die Vortreppe heraustrat. «Es fehlt noch Potap: der ist im Wald, und Sidor, der ist mit dem Alten in die Stadt gefahren. He, du, Wassja», wandte er sich an den Kutscher, «gib gut acht, du mußt den Barin fahren! Und wo die Straße holprig ist, hübsch langsam fahren, sonst bricht etwas am Wagen, und der Barin könnte an seinem Leibe Schaden nehmen.»

Die übrigen Chor-Söhne lächelten nur leicht über Fedjas krausen Einfall.

* In Rußland heißen diese Insekten «Prussaki» = Preußen . . . Anm. d. Übers.

«Helft ‚Astronom' in den Wagen!» rief Herr Polutykin in beschwörendem Ton den Burschen zu.

Und Fedja hob nicht ohne Vergnügen den gezwungen lächelnden Hund hoch in die Luft und setzte ihn dann in den Wagen. Wassja lüpfte die Zügel, und wir fuhren ab.

«Und das ist mein Kontor», sagte Herr Polutykin plötzlich und wies dabei auf ein kleines, niedriges Häuschen. «Wollen wir nicht eintreten?»

«Recht gern.»

«Es ist jetzt außer Gebrauch», bemerkte er, «doch lohnt es sich, es zu besichtigen.»

Das Kontor bestand aus zwei leeren Räumen. Der Wächter, ein lahmer Greis, kam humpelnd vom Hinterhof her gelaufen.

«Eh Minjaïtsch, Gott zum Gruß!» sagte Herr Polutykin. «Und wo bleibt das Wasser?»

Der lahme Greis verschwand und kehrte augenblicklich mit einer Flasche Wasser und zwei Gläsern zurück.

«Kosten Sie!» sagte Herr Polutykin zu mir. «Ich habe da ein ausgezeichnetes Quellwasser.»

Wir tranken jeder ein Glas, wobei sich der Alte tief verbeugte.

«Sooo, ich glaube, jetzt können wir weiterfahren», bemerkte mein neuer Freund. «Hier, in diesem Kontor, hab' ich dem Kaufmann Allelujew vier Dessjatinen Wald zu einem ganz annehmbaren Preis verkauft.»

Wir setzten uns in den Wagen, und schon nach einer halben Stunde fuhren wir in den Hof des Herrschaftsgebäudes ein.

«Sagen Sie mir, bitte», fragte ich Herrn Polutykin beim Abendessen, «warum lebt Chor so abgesondert von Ihren übrigen Bauern?»

«Das will ich Ihnen sagen, warum: das ist einer meiner gescheitesten Muschiks! Vor etwa zwanzig Jahren ist seine Isba abgebrannt; stracks ging er zu meinem verewigten Väterchen und sagte zu ihm: ‚Nikolaj Kusmitsch, erlauben Sie mir, sozusagen, mich in Ihrem Wald am Moor anzusiedeln. Ich werde Ihnen einen guten Obrok zahlen.' — ‚Wozu willst du dich denn gerade am Moor ansiedeln?' — ‚So hätt' ich's gern. Nur werden Sie, Väterchen Nikolaj Kusmitsch, belieben, mich dann für keine Arbeit mehr zu verwenden; und den Obrok bestimmen Sie nach Ihrem Gutdünken.' — ‚Fünfzig Rubel im Jahr!' — ‚Nun gut.' — ‚Aber paß auf, daß es keine Rückstände gibt! Bei mir geht das nicht!' — ‚Es wird keine Rückstände geben.' Und richtig hat er sich am Moor angesiedelt, und seitdem nennen ihn die Leute Chor*.»

«Nun, ist er denn dabei reich geworden?»

«Jawohl, das ist er. Jetzt zahlt er mir hundert Silberrubel Obrok, und ich werde ihn am Ende gar noch steigern müssen. Ich habe ihm mehr als einmal gesagt: ‚Kauf dich los!'

* Chor, gebräuchlicher im Diminutiv: Chorjok, ist die Bezeichnung für den Iltis. Anm. d. Übers.

Aber er, die Bestie, behauptet, er habe nichts. Geld sei, ‚sozusagen', nicht da. Der — und kein Geld! . . .»

Am andern Tag begaben wir uns sofort nach dem Tee wieder auf die Jagd. Auf der Fahrt durch das Dorf ließ Herr Polutykin vor einer niedrigen Isba halten und schrie laut:

«Kalinytsch!»

«Sofort, Väterchen, sofort komme ich!» ertönte eine Stimme vom Hof her. «Ich binde mir nur die Bastschuhe fest.»

Wir fuhren im Schritt weiter. Hinter dem Dorf holte uns ein etwa vierzigjähriger Mann ein, der hochgewachsen und sehr mager war, und der einen kleinen, weit zurückgebogenen Kopf hatte. Das war eben Kalinytsch. Sein gutmütiges, sonnverbranntes, pockennarbiges Gesicht gefiel mir gleich von allem Anfang an. Kalinytsch begleitete, wie ich später erfuhr, seinen Barin jeden Tag auf die Jagd, trug ihm die Jagdtasche nach, manchmal auch das Gewehr; *er* war es, der bemerkte, wo sich ein Vogel niederließ; *er* trug Wasser herbei, sammelte Erdbeeren, stellte das Zelt auf, lief, wenn es weiterging, hinterm Wagen her; kurz — ohne ihn konnte Herr Polutykin keinen Schritt tun.

Kalinytsch war ein Mensch von ungemein heiterer und sanfter Gemütsart. Immer sang er halbaut vor sich hin. Harmlos guckte er sich nach allen Seiten um, sprach, leicht näselnd, ein paar Worte, kniff, wenn er lächelte, seine hell-himmelblauen Augen ein bißchen zu und griff oft an sein schütteres, in Keilform geschnittenes Bärtchen. Er ging nicht schnell, machte aber lange Schritte und stützte sich dabei auf einen langen, dünnen Stock. Mehr als einmal fing er im Lauf des Tages mit mir ein Gespräch an und bediente mich ohne knechtische Unterwürfigkeit; seinen Barin aber betreute er, als ob dieser ein kleines Kind gewesen wäre.

Als unerträgliche Mittagsglut uns zwang, irgendwo Schutz zu suchen, führte er uns in seinen mitten im dichtesten Wald gelegenen Bienengarten. Dort öffnete er uns die Tür zu einer kleinen Isba, die außen über und über mit Büscheln trockenen, duftenden Grases behängt war, und breitete uns drinnen im frischen Heu ein Lager; selber aber steckte er seinen Kopf in eine Art Sack mit Netz, nahm ein Messer, einen Topf, ein brennendes Holzscheit und begab sich zum Bienenstand, um für uns ein Stück Honigwabe herauszuschneiden. Den durchsichtigen, warmen Honig vermischten wir mit Quellwasser, erquickten uns an diesem köstlichen Trank, legten uns hin und schliefen unter dem eintönigen Summen der Bienen und dem Gesäusel der Blätter ein.

Ein leichter Windstoß weckte mich. Ich öffnete die Augen und erblickte Kalinytsch: er saß auf der Schwelle der halboffenen Tür und schnitzte mit einem Messer einen Löffel aus Holz. Ich konnte mich nicht sattsehen an seinem Gesicht, das so sanft und klar war wie ein nächtlicher Himmel mit seinen Sternen. Herr Polutykin wachte auch auf. Wir blieben noch eine Zeitlang liegen. Es ist so angenehm, nach einem langen, ermüdenden Marsch und einem darauffolgenden tiefen Schlaf noch eine Weile unbeweglich auf dem Heu zu liegen. Man tut sich noch ein bißchen gütlich, ist noch ein bißchen matt, das Gesicht glüht noch ein wenig, in wonniger Trägkeit schließt man die Augen.

Endlich standen wir auf und streiften wieder umher bis zum Abend. Beim Abendessen brachte ich das Gespräch wieder auf Chor und Kalinytsch.

«Kalinytsch», sagte mir Herr Polutykin, «ist ein guter Muschik; er ist eifrig und dienstwillig; seine Wirtschaft ist in Ordnung; und trotzdem bringt er's zu nichts. Ich nehme ihn eben zuviel in Anspruch: jeden Tag muß er mit mir auf die Jagd gehen. Nun, urteilen Sie selbst: wie kann da seine Wirtschaft gedeihen?»

Ich mußte ihm recht geben, und wir legten uns schlafen.

Am andern Tag war Herr Polutykin genötigt, sich in die Stadt zu begeben, und zwar wegen einer Sache mit dem Nachbarn Pitschukow, der auf Polutykins Grund und Boden gepflügt und dabei eines seiner Weiber durchgeprügelt hatte. So ging ich denn allein auf die Jagd und kehrte, bevor es Abend wurde, bei Chor ein. Auf der Schwelle des Hauses empfing mich ein kahlköpfiger, kleiner, breitschultriger, stämmiger Greis — Chor selbst. Ich betrachtete ihn nicht ohne Neugierde. Seine Gesichtszüge erinnerten an die des Sokrates: dieselbe hohe, hervortretende Stirn, dieselben kleinen Augen und dieselbe aufgestülpte Nase. Wir gingen zusammen in die Isba hinein. Fedja brachte mir Milch und Schwarzbrot. Chor nahm auf einer Bank Platz, glättete mit großer Ruhe seinen krausen Bart und knüpfte mit mir ein Gespräch an. Er war, wie es schien, von seiner Würde durchdrungen, sprach und bewegte sich langsam, dann und wann erschien ein kaum merkliches Lächeln hinter seinem langen Schnurrbart.

Ich sprach mit ihm über die Aussaat, über den Ertrag des Bodens, über die Lebensart und das Wesen der Bauern . . . Es sah aus, als ob er mit mir in allem einverstanden wäre; aber später regte sich in mir etwas wie Scham, und ich fühlte: es hat nicht Hand und Fuß, was ich da rede. Alles klang irgendwie sonderbar. Chor drückte sich zuweilen überaus diplomatisch aus, wahrscheinlich aus Vorsicht. Hier ist ein Muster unseres Gesprächs.

«Hör' einmal, Chor», sagte ich zu ihm, «Warum kaufst du dich von deinem Herrn nicht los?»

«Ja, wozu soll ich mich denn loskaufen? Jetzt kenn' ich meinen Barin und weiß, wieviel ich jährlich zu zahlen habe . . . Der Barin, den wir haben, ist ein guter Barin!»

«Dennoch ist es besser, frei zu sein», bemerkte ich.

Chor schaute mich von der Seite an.

«Kann schon sein», sagte er.

«Nun also! Warum aber kaufst du dich dann nicht los?»

Chor schüttelte bedächtig den Kopf.

«Womit, Väterchen, willst du denn, daß ich mich loskaufe?»

«Na, Alter, ob du die Wahrheit sagst?»

«Ist Chor unter die freien Leute geraten», fuhr er, wie zu sich selber sprechend, halblaut fort, «dann steht es so: wer ohne Bart lebt, befiehlt dem Chor.»

«Nun, so laß auch du dir den Bart abscheren!»

«Was ist ein Bart? Der Bart ist Gras, man kann ihn abmähen.»

«Nun, so hau ihn ab!»

«Aha, Chor geht dann unter die Kaufleute, und die leben ja flott; aber auch die haben Bärte.»

«Und du selbst — beschäftigst du dich denn nicht auch mit Kauf und Verkauf?»

«Ach, nur so im kleinen — ein bißchen Öl, Birkenteer . . . Aber wie ist es, Väterchen, befiehlst du, das Wägelchen anzuspannen?»

‚Du hältst deine Zunge fest im Zaum und läßt dir nichts abmarkten', dachte ich. «Nein», sagte ich laut, «das Wägelchen brauche ich nicht; ich werde morgen hier in der Nähe ein wenig herumstreifen, und wenn du erlaubst, werde ich heute bei dir im Heuschuppen übernachten.»

«Nur zu, nur zu! Aber wirst du es denn im Schuppen auch bequem haben? Ich werde den Weibern befehlen, ein Leintuch auszubreiten und Kissen hinzubringen. He, ihr Weiber!» rief er, indem er aufstand. «Wo ist das Weibervolk? Und du, Fedja», sagte er zu seinem Sohn, «beaufsichtige sie. Die Weiber sind ja so dumm!»

Eine Viertelstunde später begleitete mich Fedja mit einer Laterne in den Heuschopf. Ich warf mich auf das duftende Heu; der Hund rollte sich zu meinen Füßen zusammen; Fedja wünschte mir gute Nacht; die Tür knarrte und schlug heftig zu. Ich konnte lange nicht einschlafen. Eine Kuh kam an die Tür, schnaufte ein paarmal, der Hund verbellte sie würdevoll, ein Schwein ging, nachdenklich grunzend, vorbei, ein Pferd begann irgendwo in der Nähe zu kauen und zu schnauben ... Endlich schlief ich ein.

Am andern Tag frühmorgens weckte mich Fedja. Dieser gewandte, heitere Junge gefiel mir sehr; auch war er, wie ich bemerken konnte, Chors Liebling; sie neckten einander auf freundschaftliche Art. Der Alte kam mir entgegen. Er behandelte mich heute viel freundlicher als gestern, sei es, weil ich die Nacht unter seinem Dach zugebracht hatte, oder aus einem andern Grund.

«Der Samowar ist für dich bereit», sagte er mit einem Lächeln zu mir. «Komm Tee trinken.»

Wir setzten uns an den Tisch. Ein gesundes Frauenzimmer, eine seiner Schwiegertöchter, brachte einen Topf mit Milch. Alle seine Söhne kamen der Reihe nach in die Isba hinein.

«Was hast du da für ein stämmiges Volk!» sagte ich zu dem Alten.

«Ja», antwortete er, und biß dabei ein winziges Stück Zucker ab, «über mich und meine Alte haben sie sich wohl nicht zu beklagen.»

«Und alle leben bei dir?»

«Alle. Sie wollen es selbst so. Und so leben sie eben da.»

«Und alle sind verheiratet?»

«Alle, bis auf diesen Galgenstrick», erwiderte er, und zeigte auf Fedja, der wie gewöhnlich an der Tür lehnte. «Wassja ist noch zu jung, der kann noch warten.»

«Wozu sollt ich denn heiraten?» sagte Fedja. «Mir geht es auch so gut. Wozu brauch' ich eine Frau? Um mich mir ihr herumzuzanken, oder was?»

«Na, du bist mir einer! Ich kenne dich! Silberne Ringlein verschenkt er! Immer ist er hinter den Mägden her. ‚Hör auf, schamloser Mensch!'» ahmte der Alte die Stimme der Dienstmagd nach. «Ich kenne dich durch und durch, du Faulenzer!»

«Was sollte denn auch an einem Weib Gutes sein?»

«Das Weib ist eine Arbeiterin», bemerkte Chor gewichtig. «Das Weib hat dem Muschik zu dienen!»

«Hab' ich denn eine Arbeiterin nötig?»

«Eben, eben! Du hast es gern, glühende Kohlen mit fremden Händen zusammenzuscharren. Man kennt dich, Brüderchen!»

«Nun, so verheirate mich, wenn es so ist ... Aha, da schweigst du! Warum schweigst du?»

«Na, genug, genug, Schwatzmaul! Du siehst, daß wir den Barin mit unseren Reden belästigen. Ich werde dich verheiraten, sei unbesorgt. Und du, Väterchen», wandte er sich zu mir, «sei nicht ungehalten. Du siehst, er ist noch ein Kind, noch nicht trocken hinter den Ohren.»

Fedja wiegte den Kopf hin und her.

«Ist Chor zu Hause?» hörte man hinter der Tür eine bekannte Stimme, und Kalinytsch trat ein, in der Hand ein Büschel Walderdbeeren, die er für seinen Freund Chor gepflückt hatte. Der Alte begrüßte ihn mit großer Herzlichkeit. Ich starrte Kalinytsch verwundert an: ich gestehe, daß ich von einem Muschik eine so «zarte Aufmerksamkeit» nicht erwartet hätte.

An diesem Tag ging ich vier Stunden später als sonst auf die Jagd. Auch die folgenden drei Tage verbrachte ich bei Chor. Meine neuen Bekannten interessierten mich und gaben mir viel zu denken. Ich weiß nicht, womit ich ihr Vertrauen verdient hatte; jedenfalls sprachen sie ganz ungezwungen mit mir. Ich hörte ihnen mit Vergnügen zu und beobachtete sie. Die beiden Freunde glichen einander nicht im mindesten. Chor war ein entschiedener Charakter, praktisch, ein administrativer Kopf, außerdem ein Rationalist; Kalinytsch hingegen war ein Idealist, ein Romantiker, ein Schwärmer und Träumer. Chor war in der wirklichen Welt zu Hause, das heißt, er baute Häuser, häufte Geld an, stand mit dem Barin auf gutem Fuß, ebenso mit den Behörden. Kalinytsch lief in Basteln herum und schlug sich irgendwie durch. Chor erzog eine große Familie in Gehorsam und Eintracht. Kalinytsch hatte einmal eine Frau gehabt, vor der er sich fürchtete, und Kinder hatte er überhaupt keine. Chor kannte den Barin durch und durch. Kalinytsch unterwarf sich seinem Herrn in Demut. Chor hatte den guten Kalinytsch gern und begönnerte ihn. Kalinytsch aber liebte und achtete seinen Freund Chor innig und herzlich. Chor war wortkarg, belächelte alles und machte sich auch über alles seine eigenen Gedanken. Kalinytsch redete stürmisch, und was er redete, war nicht lieblich wie Nachtigallengesang, sondern es klang wie die Rede eines schlagfertigen Fabrikarbeiters ... Dann hatte Kalinytsch aber auch Talente, die selbst Chor anerkannte, wie zum Beispiel: er konnte Blut besprechen; er wußte Rat bei Schreck und Tollheit; er konnte Würmer abtreiben; die Bienen kamen bei ihm gut fort, kurz, er hatte in allen Dingen eine leichte Hand. Chor bat ihn in meiner Gegenwart, ein neu gekauftes Pferd in den Stall einzuführen, und Kalinytsch erfüllte die Bitte des alten Skeptikers mit der größten Feierlichkeit. Kalinytsch war der Natur näher, Chor den Menschen, der Gesellschaft. Kalinytsch räsonnierte nicht gern und glaubte alles. Chor erhob sich sogar schon zu einer ironischen Welt- und Lebensbetrachtung. Er hatte viel gesehen, viel erlebt, und man konnte von ihm manches lernen. So erzählte er mir zum Beispiel, daß Jahr für Jahr, vor der Ernte, in den Dörfern plötzlich ein kleiner Wagen von besonderem Aussehen auftauche. Im Wagen sitzt ein Männchen und verkauft Sensen. Zahlt der Bauer bar, so kostet die Sense einen Rubel fünfundzwanzig; nimmt er die Sense auf Kredit, dann kostet sie gleich drei Rubel. Natürlich nimmt der Muschik die Sense auf Kredit. Gut. Schon nach zwei Wochen erscheint der Händler wieder im Dorf und verlangt sein Geld. Der Bauer hat soeben den Hafer abgemäht, kann folglich bezahlen, was er schuldig ist. Er geht mit dem Handelsmann in die Schenke, und dort wird die Sache ins reine gebracht . . . Verschiedene Gutsbesitzer kamen auf die Idee, Sensen auf Vorrat einzukaufen und sie den Bauern zum Selbstkostenpreis zu überlassen. Das verstimmte die Bauern tief, ja sie wurden sogar melancholisch. Auf diese Weise konnten sie doch nicht das Vergnügen haben, im Feilschen mit dem Händler ihren Witz zu erproben, die Sense hin- und herzudrehen, auf ihren Klang zu prüfen, ihren Wert zu bezweifeln und hundertmal zu fragen: ,Ist sie auch etwas wert?, Genau so geht es beim Einkauf einer Sichel zu, nur daß sich hier die Weiber einmischen, was den Verkäufer oft in die Notwendigkeit versetzt, sie weidlich durchzuprügeln. Am übelsten ergeht es den Weibern bei folgendem Anlaß: Die Lieferanten von Rohmaterial für Papierfabriken übertragen den Einkauf von Lumpen aller Art gewissen Typen, die im Volksmund den Namen «Adler» haben. Ein solcher «Adler» bekommt vom Kaufmann hundert oder zweihundert Rubel und geht damit auf Beute aus; aber anders als jener edle Vogel, von dem er den Namen hat, stürzt er sich nicht etwa kühn und offen auf seine Beute, sondern er nimmt im Gegenteil zu erbärmlicher List und Pfiffigkeit seine Zuflucht. Sein Wägelchen läßt er irgendwo in der Nähe des Dorfes hinter Busch und Strauch stehen, und selber spaziert er bei den Hintertüren der Häuser vorbei, wie irgendein zufällig vorübergehender Wandersmann. Die Weiber erraten dank einem besonderen Instinkt seine Ankunft und stehlen sich zu ihm hinaus. In größter Eile wird der Handel abgeschlossen. Für einige Kupfergroschen gibt das Weib nicht nur allerlei unnütze Lumpen, sondern oft sogar das Hemd ihres Mannes und ihren eigenen Rock hin. In der letzten Zeit haben die Weiber angefangen, sich selbst zu bestehlen, indem sie Hanf losschlugen — eine wichtige Erweiterung und Vervollkommnung des «Adler»-Gewerbes! Dafür aber sind auch die Bauern pfiffig geworden und treffen beim geringsten Verdacht, daß ein «Adler» im Anzug ist, die geeigneten Vorkehrungen ...

Und in der Tat — ist es nicht kränkend? Den Hanf zu verkaufen, ist doch *ihre* Sache, und sie verkaufen ihn auch; aber nicht in der Stadt, wohin man ihn mühselig schleppen muß, sondern eben an herumziehende Händler, die in Ermangelung einer Handwage ein Pud, das sind vierzig Pfund, ausmessen, indem sie vierzigmal mit beiden Händen zugreifen, und man weiß ja, *was* für eine Hand ein russischer Mensch hat, wenn er es darauf anlegt ...

Geschichtchen solcher Art hörte ich — ein mit dem Leben im Dorf unvertrauter Mann — eine Menge. Aber nicht immer erzählte Chor; er fragte mich auch gern aus. Seine Neugier wurde wach, als er hörte, ich sei im Ausland gewesen. Auch Kalinytsch interessierte sich dafür. Ihn rührten besonders Beschreibungen der Natur, der Berge, der Wasserfälle, ungewöhnlicher Bauten und großer Städte. Chor hingegen interessierte sich mehr für Verwaltungs- und Staatsfragen. Er fragte mich systematisch aus:

«Nun, sag' einmal, rede: ist es bei ihnen so wie bei uns, oder ist es anders? Nun, erzähle, Väterchen, wie ist das?»

Währenddem ich erzählte, stöhnte Kalinytsch: «Ah! Ach, oh, du meine Güte! Herr, dein Wille geschehe!»

Chor schwieg. Düster zog er die dichten Augenbrauen zusammen, und nur zuweilen warf er ein: «Das würde bei uns nicht gehen!... Das aber ist gut! Das nenn' ich Ordnung!»

Ich kann nicht alles wiederholen, was er mich fragte, und es hätte auch keinen Zweck; aber aus diesen Gesprächen gewann ich eine Überzeugung, die der Leser durchaus nicht vermuten wird — die Überzeugung nämlich, daß Peter der Große vor allem ein russischer Mensch war, russisch — just in seinen Reformen! Der russische Mensch ist so von seiner Kraft und Stärke überzeugt, daß er nicht abgeneigt ist, ein wenig sich selbst zu zerstören. Mit der Vergangenheit beschäftigt er sich wenig und schaut kühn nach vorwärts. Was gut ist, gefällt ihm auch; was vernünftig ist — her damit, und woher es kommt, ist ihm gleich. Sein gesunder, weltoffener Sinn wird sich gern über den mageren deutschen Verstand lustig machen; doch sind die Deutschen, nach den Worten Chors, ein interessantes Völklein, von denen zu lernen er immer bereit ist.

Dank der Besonderheit seiner Lebenslage und seiner faktischen Unabhängigkeit, sprach Chor mit mir über vieles, was aus den anderen mit keinem Hebel herauszuwinden wäre. Er ist sich seiner besonderen Lage wirklich voll bewußt. Im Gespräch mit Chor vernahm ich zum erstenmal, wie einfach-klug ein russischer Bauer reden kann. Seine Kenntnisse waren auf dem Gebiet, das ihm vertraut war, recht bedeutend, aber lesen konnte er nicht. Kalinytsch konnte es. «Diesem Herumtreiber ist es gelungen, lesen und schreiben zu lernen», bemerkte Chor, «und bei ihm sind im Leben keine Bienen umgekommen.»

«Und deine eigenen Kinder — hast du sie denn lesen und schreiben lernen lassen?»

Chor schwieg.

«Fedja kann's.»

«Und die andern?»

«Die nicht.»

«Warum nicht?»

Chor schwieg abermals und brachte dann die Rede auf etwas anderes. So klug er war, hatte er doch viele Vorurteile und vorgefaßte Meinungen. Zum Beispiel verachtete er die Weiber aus tiefstem Herzensgrund. War er in guter Laune, so foppte er sie wenigstens. Sein Weib, eine alte, zänkische Person, kroch den ganzen Tag nicht vom Ofen herunter; sie brummte und schimpfte unaufhörlich. Die Söhne hörten gar nicht hin, ihre Schwiegertöchter aber wußte sie fest in der Furcht Gottes zu halten. Nicht umsonst singt die Schwiegermutter in dem bekannten russischen Liedchen:

Was für 'n Söhnchen bist du mir!?
Schlägst dein Weib nicht für und für!?
Kannst nicht Herr im Hause sein,
Sperrst du Stock und Peitsche ein!
Deinem Täubchen tüchtig gib . . .
Hat dich noch einmal so lieb!

Einmal fiel es mir ein, für die Schwiegertöchter ein Wort einzulegen, das Mitgefühl Chors für sie zu erwecken; aber er antwortete mir ruhig: «Was befassen Sie sich mit solchen Bagatellen! Die Weiber sollen sich zanken, soviel sie wollen. Je mehr man versucht, Frieden zu stiften, desto ärger liegen sie sich in den Haaren. Sich da die Hände schmutzig zu machen, tut nicht not.»

Besonders amüsant war es, einem Streit zwischen Chor und Kalinytsch zuzuhören, wenn die Rede auf Herrn Polutykin kam.

«Du, Chor, laß ihn nur ungeschoren», sagte Kalinytsch.

«Gut, aber warum läßt er dir keine Stiefel machen?» erwiderte jener.

«Ach was, Stiefel! ... Wozu brauch' ich Stiefel? Ich bin ein Bauer ...»

«Ich bin ja auch ein Bauer, und da schau her!» Bei diesen Worten hob Chor den Fuß und zeigte dem Kalinytsch einen Stiefel, den der Schuster vielleicht aus Mammutleder zugeschnitten hatte.

«Ach, du! Kann unsereiner sich denn mit dir vergleichen?»

«Je nun ... Aber wenn er dir wenigstens Geld für Basteln gegeben hätte! Du gehst ja mit ihm auf die Jagd! Ich denke pro Tag ein Paar Basteln!»

«Aber er gibt mir ja!»

«Ich weiß: im vorigen Jahr hat er dir ein Zehnkopekenstück geschenkt.»

Kalinytsch wandte sich voll Ärger ab, Chor aber lachte laut auf, dabei verschwanden seine kleinen Äuglein vollkommen.

Kalinytsch sang ziemlich angenehm und spielte ein wenig auf der Balalaika. Chor hörte aufmerksam zu, neigte plötzlich den Kopf zur Seite und begann mit weinerlicher Stimme mitzusingen. Besonders liebte er das Lied «Schicksal, du mein schweres Schicksal!».

Fedja ließ sich die Gelegenheit nicht entgehen, den Vater ein wenig zu hänseln: «Wie bist du denn, Alter, in diese rührselige Stimmung geraten?»

Chor aber stützte die Wange in die Hand und fuhr fort, sich über sein Schicksal zu beklagen ... Dafür aber gab es zu einer anderen Zeit keinen tätigeren Menschen als ihn. Immer war er mit etwas beschäftigt: bald mit einer Telega, die repariert werden mußte, bald mit einem Zaun, der neue Stützpfähle bekam, oder er arbeitete als Sattler an einem Pferdegeschirr. Auf meine Bemerkung, es rieche in seiner Isba nicht gut, meinte er: «Es riecht nach einem bewohnten Haus.»

«Sieh doch», erwiderte ich, «wie es bei Kalinytsch im Bienenstand sauber ist!»

«Sonst würden die Bienen nicht am Leben bleiben», sagte er mit einem Seufzer.

«Wie ist das nun», fragte er mich ein andermal, «hast du ein Stammgut?»

«Ja, das hab' ich.»

«Ist es weit von hier?»

«Etwa hundert Werst.»

«Ja, aber lebst du denn auch auf deinem Gut, Väterchen?»

«Ich lebe dort.»

«Aber öfter, denke ich, vertreibst du dir die Zeit mit der Flinte?»

«Ja, das ist so — leider ...»

«Du tust recht daran, Väterchen; nur rat' ich: wechsle öfter den Verwalter!»

«Am vierten Tag, abends, schickte Herr Polutykin nach mir. Es tat mir leid, mich von dem Alten zu trennen, und ich setzte mich mit Kalinytsch in die Telega.

«Nun leb wohl, Chor, bleibe gesund», sagte ich ... «Leb wohl, Fedja!»

«Lebe wohl, Väterchen, vergiß uns nicht!»

Wir fuhren ab; das Abendrot begann in diesem Moment aufzuglühen.

«Schönes Wetter morgen», bemerkte ich, in die Betrachtung des hellen Himmels versunken.

«O nein, regnen wird's», erwiderte mir Kalinytsch, «die Enten da plätschern im Wasser, und das Gras duftet stark.»

Wir fuhren durch eine Au, Kalinytsch begann halblaut zu singen, auf und ab hüpfte sein Körper auf dem holpernden Wagen, und er schaute und schaute ins Abendrot.

Am andern Tag verließ ich das gastliche Haus des Herrn Polutykin.

TSCHERTOPCHANOW

Eines Tages, im Hochsommer, kehrte ich in einer Telega von der Jagd zurück. Jermolaj, der neben mir saß, nickte alle Augenblicke ein. Die Hunde, die ebenfalls eingeschlafen waren, wurden durch die Stöße des holpernden Wagens beständig geschüttelt und in die Höhe geworfen wie tote Körper. Der Kutscher war immerfort bemüht, mit der Peitsche die Bremsen zu vertreiben, die den Pferden arg zusetzten. Weißer Staub wirbelte hinter der Telega her. Wir bogen in ein aus niederem Gesträuch bestehendes Gehölz ein. Der Weg wurde grubig, die Räder streiften das Buschwerk. Jermolaj fuhr auf und schaute sich nach allen Seiten um . . .

«He!» begann er zu reden, «hier muß es ja Birkhühner geben! Steigen wir doch hier einmal ab!»

Wir hielten an und gingen in die Lichtung hinein, die vor uns lag. Mein Hund stieß auf ein Nest. Ich schoß, und wollte eben mein Gewehrladen, als plötzlich hinter mir das Knacken und Rauschen auseinandergeschobener Büsche hörbar wurde und ein Reiter erschien.

«Gestatten Sie die Frage», brachte er in hochmütigem Ton vor, «mit welchem Rechte jagen Sie hier, wertester Herr?»

Der Unbekannte sprach ungewöhnlich rasch, abgerissen und durch die Nase. Ich schaute ihn an: ein seltsameres Männlein hatte ich noch nie gesehen. Dieses Männlein war blond, hatte ein rotes Stulpnäschen und einen sehr langen fuchsroten Schnauzbart. Eine spitze persische Mütze mit einem Oberteil aus himbeerfarbenem Tuch bedeckte seine Stirn bis zu den Augenbrauen. Er trug einen gelben abgetragenen kurzen Hausrock mit schwarzen Plüsch-Patronen auf der Brust und verblichenen Silbertressen an allen Nähten. Über der einen Schulter hatte er ein Horn hängen, in seinem Gürtel steckte ein Dolch. Ein abgezehrtes rothaariges Pferd mit stark gebogener Nase schwankte unter ihm, wie wenn es betrunken wäre. Zwei Windhunde, mager und krummbeinig, wanden sich wie Schlangen zwischen den Beinen des Pferdes. Das Gesicht, der Blick, die Stimme, jede Bewegung, das ganze Wesen des Unbekannten atmeten wahnwitzige Verwegenheit und maßlosen Stolz. Seine blaßblauen verglasten Augen blickten scheel wie bei einem Betrunkenen. Er warf den Kopf zurück, blies die Backen auf, schnaubte, riß sich zusammen, wie in einem Übermaß prahlerischer Würde, ganz wie ein Truthahn. Er wiederholte seine Frage.

«Ich wußte nicht, daß es hier verboten ist, zu jagen», antwortete ich.

«Sie sind auf meinem Grund und Boden, Herrrr!»

«Nun gut, ich gehe weg.»

«Gestatten Sie jedoch», erwiderte er, «habe ich die Ehre, mit einem Edelmann zu sprechen?»

Ich nannte ihm meinen Namen.

«In diesem Fall wollen Sie nur, bitte, in meinem Gebiet weiterjagen. Ich bin selbst Edelmann und freue mich immer, einem Edelmann einen Dienst erweisen zu dürfen. Mein Name ist Tschertopchanow, Pantelej.»

Er bückte sich, schrie «hü!», gab dem Pferd einen Schlag mit der Reitpeitsche. Das Pferd schüttelte den Kopf, bäumte sich, warf sich zur Seite und zerquetschte einem Hund das Bein. Der Hund winselte. Tschertopchanow brauste auf, schäumte, schlug das Pferd mit der Faust auf den Kopf zwischen die Ohren, sprang blitzschnell vom Pferd, besichtigte das Bein des Hundes, spuckte auf die Wunde, gab ihm mit dem Fuß einen Stupf, damit er aufhöre zu heulen, hielt sich am Widerrist fest und schob den Fuß in den Steigbügel. Das Pferd riß die Schnauze hoch, erhob den Schweif und warf sich seitwärts in die Büsche, und er, mit einem Fuß im Steigbügel, hüpfte mit, aber endlich gelang es ihm doch, sich in den Sattel zu schwingen; und nun begann er wie ein Rasender die Peitsche zu schwingen, blies ins Horn und galoppierte davon.

Ich hatte mich von der Überraschung, die mir der unerwartete Anblick Tschertopchanows bereitet hatte, noch nicht erholt, als plötzlich ein dicker Mann von etwa vierzig Jahren auf einem kleinen Rappen fast geräuschlos aus dem Gebüsch auftauchte. Er hielt an, nahm seine grünlederne Mütze ab und fragte mich mit einem dünnen, weichen Stimmchen, ob ich nicht einen Reiter auf einem roten Pferd gesehen hätte. Ich antwortete, daß ich einen solchen allerdings gesehen habe.

«In welcher Richtung geruhte er weiterzureiten?» fragte er mit demselben Stimmchen und ohne die Mütze aufzusetzen.

«In dieser Richtung.»

«Ich danke Ihnen ergebenst.»

Er spitzte die Lippen zu einem schmatzenden Laut, mit dem er das Pferdchen in Gang setzte, trommelte mit seinen Beinchen an den Rippen des Tieres und machte sich, hopphopp, einen leichten Trab anschlagend, in aller Gemütsruhe davon, wobei er die Richtung einschlug, die ich ihm gewiesen hatte. Ich schaute ihm nach, bis seine grüne Ledermütze hinter den Zweigen verschwunden war. Dieser neue Unbekannte glich dem zuerst Erschienenen in keiner Weise. Sein Gesicht war voll, rund; es drückte Schüchternheit, Gutmütigkeit und eine sanfte Gemütsrichtung aus. Seine Nase, gleichfalls dick und rund und mit blauen Äderchen übersät, verriet den Trinker. Am Kopf vorn hatte er kein einziges Härchen mehr, hinten aber standen dünne hellbraune Haarbüschel hervor. Die Äuglein blinzelten aus einem schmalen Spalt liebenswürdig in die Welt, und die roten, saftigen Lippchen lächelten süß.

«Wer ist das?» fragte ich Jermolaj.

«Das ist Nedopjuskin, Tichon Iwanytsch. Lebt bei Tschertopchanow.»

«Ist wohl ein armer Mann?»

«Nun, reich ist er nicht; aber Tschertopchanow selber ist ja auch arm wie eine Kirchenmaus!»

«So? Wozu hat er sich dann bei ihm niedergelassen?»

«Sind eben befreundet. Einer kann nicht ohne den andern sein. Sind ein Herz und eine Seele.»

Wir traten aus dem Gebüsch ins freie Feld hinaus. Plötzlich hörten wir das Gekläff zweier Jagdhunde, und ein starker, weißer Hase wühlte sich durch den schon ziemlich hohen Hafer. Und schon erschien am Saum des Waldes Tschertopchanow wieder. Er schrie nicht, er hetzte auch die Hunde nicht: er keuchte nur, verschluckte sich, und seinem aufgesperrten Mund entrangen sich abgerissene, sinnlose Laute; er jagte dahin mit aufgerissenen Augen und peitschte wie verrückt das unglückliche Pferd. Die Windhunde sprangen herbei . . . Der weiße Hase duckte sich, machte eine schroffe Wendung und schlug sich, an Jermolaj vorbei, in die Büsche . . . Die Windhunde jagten vorüber.

«He! Aufgepaßt! Aufgepaßt!» röchelte der zu Tode erschöpfte Jäger.

Jermolaj schoß . . . Der angeschossene weiße Hase rannte aus Leibeskräften über das glatte, trockene Gras weiter, sprang in die Höhe und schrie jämmerlich unter den Zähnen meines Hundes, der ihn gepackt hatte. Die Windhunde jagten heran. Wie eine Purzeltaube flog Tschertopchanow vom Pferd, riß den Dolch heraus und lief, die Beine auseinanderspreizend, zu den Hunden. Mit wütendem Geschimpfe entriß er ihnen den halb zerfetzten Hasen, dem er dann noch seinen Dolch bis zum Griff in die Kehle stieß. Sein Gesicht war dabei ganz schief geworden . . . Während er dem Hasen den Dolch in die Kehle stieß, begann er zu schnattern: «Go-go-go-go-go-go-go!» Tichon Iwanytsch zeigte sich am Waldesrand. «Go-go-go-go-go-go-go!» wiederholte Tschertopchanow sein Geschnatter . . . «Go-go-go-go!» wiederholte es ruhig sein Kamerad.

«Von Rechts wegen sollte man im Sommer nicht jagen», bemerkte ich, indem ich Tschertopchanow das zertretene Haferfeld zeigte.

«Mein Feld!» stieß Tschertopchanow, immer noch außer Atem, hervor.

Er nahm den Hasen aus, band ihn zusammen und warf die Pfoten den Hunden zu.

«Dir», sagte er, sich an Jermolaj wendend, «bin ich nach Jägerrecht einen Schuß schuldig. Und Ihnen, gnädiger Herr», fügte er in derselben abgehackten Weise und mit scharfer Stimme hinzu, «danke ich.»

Er stieg aufs Pferd.

«Gestatten Sie, bitte: Ihr Name? Wie war er doch? Hab's vergessen.»

Ich nannte ihm meinen Namen noch einmal.

«Freue mich sehr, mit Ihnen bekannt zu werden. Wenn es sich treffen sollte, bitte, kommen Sie vorbei ... Aber wo steckt denn dieser Fomka, Tichon Iwanytsch?» redete er, von neuem aufbrausend, weiter. «Da haben wir nun den weißen Hasen ohne ihn erlegt!»

«Das Pferd ist unter ihm gestürzt», antwortete Tichon Iwanytsch lächelnd.

«Was? Wie? Gestürzt? Orbassan ist gestürzt? Pfu! Pfit! ... Wo ist er? Wo?»

«Dort, hinten im Wald.»

Tschertopchanow schlug sein Pferd mit der Nagaika über die Schnauze und stürmte wie ein Rasender davon. Tichon Iwanytsch verneigte sich grüßend zweimal — einmal für sich und einmal für seinen Freund — und trabte durch das Gebüsch davon.

Diese beiden Herren hatten meine Neugier aufs stärkste erregt. Was mochte wohl zwei so verschieden geartete Wesen zu unzertrennlichen Freunden machen? Ich begann Erkundigungen einzuziehen und erfuhr das Folgende:

Tschertopchanow, Pantelej Jeremeïtsch, galt in der ganzen Nachbarschaft als ein gefährlicher und verrückter Mensch, besessen vom Hochmutsteufel, und als ein Händelsucher ersten Ranges. Er hatte nur sehr kurze Zeit in der Armee gedient und den Dienst einiger

«Unannehmlichkeiten» wegen quittiert, und zwar mit einem Rang, der eher spanisch als russisch anmutete. Er stammte aus einer alten, ehedem sehr reichen Familie. Seine Vorfahren hatten in Saus und Braus gelebt, als echte Steppensöhne, das heißt sie nahmen Gäste auf, gebetene und ungebetene, fütterten sie, wie man Gänse zum Abschlachten mästet, verabfolgten fremden Kutschern den Hafer scheffelweise für ihre Troiken, hielten sich Musikanten, Liedersänger, Spaßmacher; sie tränkten das Volk an Feiertagen mit Branntwein und Maisch, im Winter fuhren sie in ihren eigenen altmodischen Kaleschen nach Moskau; aber manchmal saßen sie auch ganze Monate ohne einen Groschen zu Hause und nährten sich von dem, was der Hühnerstall lieferte. Schon der Vater Tschertopchanows hatte ein ruiniertes Gut übernommen, hatte dann aber trotzdem «flott» gelebt, und als er starb, hinterließ er seinem einzigen Erben Pantelej das verpfändete Dörfchen Bessonowo mit fünfunddreißig männlichen und sechsundsiebzig weiblichen Seelen, dazu vierzehn Dessjatinen unfruchtbaren Bodens in der Ödnis von Kolobradowka, über welche Ländereien sich übrigens unter den Papieren des Verstorbenen keinerlei Rechtsurkunden befanden. Der Verstorbene hatte, man muß es gestehen, auf sonderbare Art seinen Ruin herbeigeführt: sein «Wirtschaftsplan» hatte ihn zugrunde gerichtet. Nach seiner Ansicht durfte ein Edelmann von Krämern, Stadtleuten und ähnlichem Räubervolk (wie er sich ausdrückte) nicht abhängig sein. Deshalb führte er bei sich alle möglichen Handwerke und Werkstätten ein. «Es ist anständiger und auch billiger», pflegte er zu sagen. «Man muß nur einen Wirtschaftsplan haben.» Von dieser verderblichen Idee ließ er bis zu seinem letzten Atemzug nicht ab, und diese Idee hatte ihn denn auch wirklich zugrunde gerichtet. Dafür aber hatte er seinen Spaß gehabt, hatte er jeden seiner grillenhaften Einfälle in die Tat umsetzen können. So ließ er einmal nach seinen eigenen Angaben eine Equipage bauen, die so riesige Ausmaße hatte, daß sie nur mit vereinten Kräften aller im Dorf vorhandenen Bauernpferde von der Stelle gerückt werden konnte, und die bei der ersten ein wenig abschüssigen Stelle in Trümmer ging. Jeremej Lukitsch — so hieß Pantelejs Vater — ließ dann an dieser Stelle ein Denkmal errichten; der Verlust des Reisewagens kümmerte ihn nicht weiter. Er kam auf den Gedanken, auch eine Kirche zu bauen, nach eigenen Plänen natürlich, einen Architekten benötigte er nicht. Um Ziegel zu brennen, legte er einen ganzen Wald nieder, das Fundament war so groß, daß man darauf eine Kathedrale hätte errichten können; er führte die Mauern auf und begann die Kuppel zu wölben, aber die Kuppel brach zusammen; er machte eine zweite Kuppel, aber auch diese stürzte zusammen; er versuchte es ein drittes

Mal, und abermals brach die Kuppel zusammen. Jeremej Lukitsch wurde stutzig: da ging etwas nicht mit rechten Dingen zu ... Da war Zauberei, Hexerei im Spiel. Um dem abzuhelfen, ließ er alle alten Weiber im Dorf durchpeitschen. Er machte einen letzten Versuch mit der Kuppel, aber auch der mißlang. Dann fing er an, die Hütten seiner Bauern nach einem neuen Plan umzubauen, entsprechend einer neuen wirtschaftlichen Berechnung: je drei Höfe stellte er so zusammen, daß sie ein Dreieck bildeten, und in der Mitte des Dreiecks pflanzte er eine Stange auf, mit einem bunt angestrichenen Starkästchen oben und einer Flagge an der Spitze. Jeden Tag hatte er einen neuen Einfall: Bald kochte er eine Suppe aus Kletten, bald schnitt er den Pferden die Schwänze ab, um daraus Hüte für die Bauern machen zu lassen, bald wollte er den Flachs durch Brennesseln ersetzen; die Schweine sollten mit Pilzen gefüttert werden und dergleichen mehr. Einst hatte er in den «Börsen-Nachrichten» einen Aufsatz von einem gewissen Chrjak Chruporskij, Gutsbesitzer seines Zeichens, über den Nutzen der Sittlichkeit im Leben der Bauern gelesen, und am andern Tag gab er eine Verordnung heraus, des Inhalts: alle seine Bauern hätten unverzüglich den Aufsatz des Charkower Gutsbesitzers auswendig zu lernen. Die Bauern lernten den Aufsatz auswendig. Der Barin fragte sie dann, ob sie denn auch verstanden hätten, was dort geschrieben war, und der Verwalter antwortete für sie: «Wie sollte denn das nicht zu verstehen sein?» Um diese Zeit herum gab er Befehl, seine sämtlichen Untertanen — der Ordnung und Wirtschaftlichkeit wegen — zu numerieren, und jedem sollte seine Nummer am Kragen aufgenäht werden. Begegnete ein numerierter Bauer dem Barin, so hatte er zu rufen: «Nummer soundsoviel geht vorbei!» Worauf der Barin freundlich antwortete: «Geh mit Gott!»

Allein trotz aller Wirtschaftsplanung kam Jeremej Lukitsch allmählich in eine schlimme Lage. Zuerst mußte er seine Dörflein versetzen, und hernach mußte er sie eben auch verkaufen. Das letzte Nest aus Urgroßväterzeiten, ein Dorf mit einer unvollendeten Kirche, übernahm dann schon der Fiskus; zum Glück geschah das nicht bei Lebzeiten des Jeremej Lukitsch, der diesen Schlag nicht ertragen hätte, sondern erst zwei Wochen nach seinem Ableben. Er hatte gerade noch Zeit, in seinem Haus zu sterben, in seinem Bett, umringt von seinen Leuten und unter Aufsicht eines Arztes; dem armen Pantelej fiel nur Bessonowo zu.

Pantelej erfuhr von der Erkrankung seines Vaters zu eben der Zeit, da die oben erwähnten «Unannehmlichkeiten» im Dienst ihren höchsten Grad erreicht hatten. Er war damals erst neunzehn Jahre alt. Von Kindheit an hatte er das väterliche Haus nicht verlassen. Unter der Leitung seiner Mutter, einer sehr gutmütigen, aber auch vollkommen stumpfsinnigen Frau, Wassilissa Wassiljewna, wuchs er als ein verwöhntes Herrensöhnchen auf. Sie allein hatte sich mit seiner Erziehung beschäftigt; Jeremej Lukitsch, der beständig in seine wirtschaftlichen Berechnungen vertieft war, hatte dazu keine Muße gehabt. Er hatte sein Söhnchen zwar einmal wirklich tüchtig durchgehauen, weil der kleine Pantelej den Buchstaben «r» wie «ar» ausgesprochen hatte; aber an jenem Tag hatte Jeremej Lukitsch eben noch sonst tiefes Leid erfahren, einen wahren Herzenskummer: sein bester Hund war durch einen stürzenden Baum ums Leben gekommen ... Übrigens beschränkten sich die Sorgen der Wassilissa Wassiljewna um die Erziehung ihres Söhnchens Pantjuscha darauf, ihm einen Hauslehrer zu verschaffen, was sie unendliche Mühe kostete; aber sie fand schließlich einen in der Person des verabschiedeten Unteroffiziers Bierkopf aus dem Elsaß, und bis zu ihrem Tode zitterte sie bei dem Gedanken, Bierkopf könnte ihr Söhnchen, von einer benachbarten Gutsbesitzerin verlockt, im Stiche lassen. Und Bierkopf, ein pfiffiger Bursche, nutzte das Exzeptionelle seiner Lage sofort aufs gründlichste aus: er soff vom Morgen bis zum Abend und war fast immer in einem duseligen Zustand. Nach Beendigung seiner «Studien» trat Pantelej in den Dienst. Wassilissa weilte damals nicht mehr unter den Lebenden. Sie war ein halbes Jahr vor diesem wichtigen Ereignis vor Schreck gestorben, denn ihr war im Traum ein weißer Mensch erschienen, der auf einem Bären ritt. Jeremej Lukitsch folgte bald seiner besseren Hälfte nach.

Bei der ersten Nachricht von der Erkrankung seines Vaters kam Pantelej herangesprengt; doch er traf ihn nicht mehr am Leben an. Aber wie groß war die Verwunderung des ehrerbietigen Sohnes, als er sich unerwarteter Weise aus der Lage eines reichen Erben in die eines armen Teufels versetzt sah! Wenige sind imstande, einen so jähen Wechsel ruhig zu ertragen. Pantelej wurde menschenscheu, verbittert. Und aus einem redlichen, freigebigen und guten Menschen, der freilich auch unvernünftig und heißblütig gewesen war, wurde nun ein vom Hochmutsteufel besessener Raufbold. Er hörte auf, mit den Nachbarn zu verkehren — vor den Reichen schämte er sich, die Armen verachtete er — und behandelte alle, sogar die höchsten Standespersonen, mit unerhörter Frechheit. Er fühlte sich eben als Träger eines altadeligen Namens . . . Einmal hätte er beinahe den Landkommissar erschossen, weil dieser gewagt hatte, mit der Mütze auf dem Kopf in sein Zimmer zu treten. Selbstverständlich hatten ihn die Behörden auf dem Strich und zögerten nicht, ihm bei der ersten Gelegenheit eins auszuwischen. Aber man fürchtete ihn dennoch, weil er ein schrecklicher Hitzkopf war und beim zweiten Wort mit einer Forderung auf Säbel und Pistolen bei der Hand war. Beim kleinsten Widerspruch rollte er wild die Augen, es verschlug ihm die Stimme . . .

«A . . . wa-wa-wa-wa», stammelte er, «und wenn's meinen Kopf kostet!!» Und er war dann so außer sich, daß er beinahe die Wände hinauflief und sich wie ein Rasender benahm. Darüber hinaus aber war er ein rechtschaffener Mensch, der sich nie auch nur das geringste hatte zuschulden kommen lassen. Es versteht sich von selbst, daß ihn niemand besuchte . . . Und bei alledem hatte er ein gutes Herz, und sogar eine gewisse Seelengröße war ihm nicht abzusprechen. Fremde Unterdrückung duldete er nicht; für seine Bauern stand er ein wie ein Berg.

«Wie?» sagte er und trommelte mit seinen Fäusten wütend auf seinem Kopf, «wie? meine Bauern anrühren? Meine? Da müßte ich nicht Tschertopchanow sein!»

Tichon Iwanytsch Njedopjuskin konnte nicht wie Pantelej Jeremeïtsch, stolz auf seine Abkunft sein. Sein Vater war ein Einhofbauer gewesen, und erst nach vierzig Dienstjahren wurde er in den Adelsstand versetzt. Herr Njedopjuskin-Vater gehörte zur Kategorie jener Leute, die das Unglück mit einem wahren Ingrimm, man möchte sagen, mit einem persönlichen Haß verfolgt. Sein ganzes Leben lang, von der Geburt bis zum Tod, hatte der Arme mit Krankheiten, Widerwärtigkeiten und Nöten aller Art zu kämpfen gehabt. Er quälte sich ab wie ein Fisch am Eis, aß sich nie recht satt, schlief sich nie recht aus, machte Bücklinge nach allen Seiten, bemühte sich aus allen Kräften, verzagte oft, litt Entbehrungen, zitterte um jede Kopeke, hatte in einer dienstlichen Affäre wirklich unschuldig zu leiden und starb endlich im tiefsten Elend; es war ihm zeit seines Lebens nicht gelungen, sich aus der bittersten Armut emporzuarbeiten. Das Schicksal setzte ihm zu, wie die Hunde dem Hasen. Er war ja ein guter und ehrlicher Mensch, nahm aber notgedrungen Bestechungen an — von einem Zehnkopekenstück bis zu zwei Rubeln. Njedopjuskin hatte eine Frau, eine magere, schwindsüchtige Person, und es waren auch Kinder da, welche aber zum Glück bald starben, mit Ausnahme Tichons und einer Tochter Mitrodora, die den Beinamen «Aufgeputzter Palmesel» hatte und nach vielen traurigen und lächerlichen Erlebnissen einen verabschiedeten Hofbeamten heiratete. Herrn Njedopjuskin-Vater war es gelungen, seinen Sohn als einen nicht etatmäßigen Beamten in einer Kanzlei unterzubringen; aber sogleich nach dem Tode seines Vaters nahm Tichon seinen Abschied. Die ewigen Sorgen, der qualvolle Kampf ums Brot, der unstillbare Gram der Mutter, die verzweifelte Stimmung des Vaters, die rohen Bedrängungen von seiten der Hauswirte und Krämer, dieser tägliche, unaufhörliche Kummer — all dies hatte in Tichon eine unbeschreibliche Zaghaftigkeit entwickelt. Beim bloßen Anblick eines Vorgesetzten bebte und erstarrte er wie ein gefangenes Vögelchen. Er verließ den Dienst.

Die gleichgültige, vielleicht auch spöttische Natur legt in die Menschen verschiedene Fähigkeiten und Neigungen, ohne im mindesten deren Lage in der Gesellschaft und deren Mittel in Betracht zu ziehen; mit der ihr eigenen Sorgfalt und Liebe modelte sie aus Tichon, dem Sohn eines armen Beamten, ein empfindsames, faules, weiches, empfängliches Wesen, geschaffen ausschließlich zum Genießen, begabt mit außerordentlich feinen Sinnen ... sie bildete und stattete dieses Wesen aufs vorzüglichste aus und — überließ es ihrem Werk, bei Sauerkraut und verdorbenem Fisch groß zu werden. Und nun war es groß geworden, dies ihr Werk, und begann sozusagen zu «leben». Und es war ein richtiger Spaß.

Das Schicksal, das schon den Vater Njedopjuskins unaufhörlich gepeinigt hatte, machte sich nun auch über den Sohn her, als ob es an dem grausamen Spiel Gefallen gefunden hätte. Indes verfuhr es mit Tichon anders: es quälte ihn nicht, sondern trieb mit ihm nur seinen Scherz. Es brachte ihn kein einziges Mal zur Verzweiflung, zwang ihn nicht, die beschämende Qual des Hungers zu erdulden; dafür aber jagte es ihn durch ganz Rußland, von Welikij Ustjug nach Zarewo-Kokschaisk, aus einer erniedrigenden und lächerlichen Stellung in die andere. Bald mußte er bei einer zänkischen, gallenbitteren alten Dame — einer «Wohltäterin» — den Majordomus abgeben; bald mußte er bei einem reichen, geizigen Kaufherrn den «Klienten» spielen; bald auch hatte er als Hausmeister und Hansnarr bei einem Hundejäger zu dienen ... Mit einem Wort: das Schicksal zwang den armen Tichon, den bitteren und giftigen Trank eines subalternen Daseins, Tropfen für Tropfen zu schlürfen.

Gott weiß, was aus Tichon geworden wäre, wenn es nicht dem letzten seiner «Wohltäter», einem reichgewordenen Pächter, in einer heiteren Stunde eingefallen wäre, seinem Testament das Kodizill beizufügen: «Und dem Sossja (auch Tichon genannten) Njedopjuskin vermache ich als dessen ewiges und erbliches Eigentum das von mir wohlerworbene Dorf Besselendjewka mit allem Zubehör.» Einige Tage darauf rührte den «Wohltäter», nachdem er sich noch an einer Sterletsuppe erlabt hatte, der Schlag. Gleich entstand große Aufregung; das Gericht erschien urplötzlich auf dem Plan; alles wurde versiegelt, wie es sich gehört. Dann kamen die Verwandten gefahren; man eröffnete das Testament; man ließ Njedopjuskin kommen. Er erschien. Der größte Teil der Versammlung wußte, was für eine Stellung Tichon bei dem «Wohltäter» innegehabt hatte; man empfing ihn mit ironischen Gratulationen. «Da ist er ja, der neue Gutsbesitzer! Hut ab, der Eigentümer von Besselendjewka naht!» schrien die übrigen Erben. «Das ist nun schon», erklärte ein bekannter Spaßmacher und Witzbold, «kann man sagen ... das ist in der Tat ... wie man sagt ... das ist mir nun einmal einer ... das ist ein Erbe!» Alle Versammelten brachen in ein lautes Gelächter aus, ja sie schienen vor Lachen bersten zu wollen. Njedopjuskin wollte lange seinem Glück nicht trauen. Man zeigte ihm das Testament — er wurde feuerrot, kniff die Augen zu, machte eine abwehrende Handbewegung und begann bitterlich zu weinen. Das Lachen der Versammelten verwandelte sich in ein Brüllen. Das Dorf Besselendjewka umfaßte im ganzen nur zweiundzwanzig Bauernseelen; man konnte daher mit Leichtigkeit darauf verzichten, aber einen guten Spaß war die Sache doch wert.

Nur ein Erbe aus Petersburg, ein wichtiger Herr mit einer griechischen Nase und höchst vornehmer Gesichtsbildung, Rostislaw Adamytsch Stoppel, war nicht einverstanden. Er näherte sich Njedopjuskin, schaute ihn über die Achsel an und sagte zu ihm: «Sie, gnädiger Herr, soviel ich gehört habe, standen Sie bei dem ehrsamen Fjodor Fjodorowitsch als Spaßmacher im Dienst?»

Der Herr aus Petersburg sprach ein unerträglich reines und korrektes Russisch. Verwirrt und aufgeregt, wie er war, verstand Njedopjuskin die Worte des ihm unbekannten Herrn nicht gleich. Die andern Herren waren sofort still geworden; der Witzbold lächelte freundlich-mild. Herr Stoppel rieb sich die Hände und wiederholte seine Frage. Njedopjuskin starrte ihn verwundert an und sperrte den Mund auf. Rostislaw Adamytsch kniff die Augen ein wenig zu.

«Ich gratuliere Ihnen, gnädiger Herr, ich gratuliere», fuhr er fort. «Es ist wahr: nicht jeder wird sich damit begnügen, sein Brot auf diese Weise zu verdienen, aber *de gustibus non est disputandum*, das heißt: über den Geschmack läßt sich nicht streiten. Habe ich nicht recht?»

In den hinteren Reihen der Versammlung quietschte jemand vor lauter Entzücken.

«Sagen Sie mir», fuhr Herr Stoppel fort, aufgemuntert durch das beifällige Lächeln der ganzen Gesellschaft, «welchem Talent verdanken Sie insbesondere Ihr Glück? Genieren Sie sich nicht, sagen Sie es ohne Umschweife. Sind wir doch hier sozusagen *en famille*. Ist es nicht so, ihr Herren? Nicht wahr, wir sind hier *en famille?*»

Ein Erbe, an den sich Rostislaw Adamowitsch mit dieser Frage zufällig gewandt hatte, verstand leider nicht französisch; er begnügte, sich daher mit einem leichten, zustimmenden Krächzen. Dafür aber stimmte ein anderer Erbe, ein junger Mann mit gelben Flecken an der Stirn, eifrigst bei: «*Oui, oui*, selbstverständlich!»

«Vielleicht», fing Herr Stoppel wieder an, «können Sie auf den Händen gehen, mit den Füßen nach oben?»

Njedopjuskin schaute sich tiefbekümmert im Kreise dieser Gesellschaft um, und er merkte, daß alle Gesichter voll Bosheit lächelten und alle Augen im feuchten Schimmer der Schadenfreude glänzten.

«Oder können Sie wie ein Hahn krähen?»

Alle platzten mit einem lauten Gelächter heraus, verstummten aber sogleich in der Erwartung eines neuen Angriffes von seiten des witzigen Herrn.

«Oder können Sie auf der Nase ...»

«Hören Sie auf!» erschallte plötzlich eine laute und schneidende Stimme. «Schämen Sie sich denn nicht, den armen Menschen so zu quälen?»

Alle blickten sich um. An der Tür stand Tschertopchanow. Als weitschichtiger Verwandter des Verstorbenen hatte auch er eine Einladung zu dieser Versammlung erhalten. Während der Verlesung des Testaments hatte er sich von den übrigen in stolzer Entfernung gehalten.

«Hören Sie auf!» wiederholte er, stolz den Kopf zurückwerfend.

Herr Stoppel wandte sich um, und als er einen ärmlich gekleideten, unansehnlichen Mann erblickte, fragte er halblaut seinen Nachbarn (Vorsicht kann nie schaden!): «Wer ist das?»

«Tschertopchanow, keine wichtige Person», wisperte ihm dieser ins Ohr.

Sofort setzte Rostislaw Adamytsch eine arrogante Miene auf.

«Und was haben Sie hier zu kommandieren?» näselte er und kniff die Augen zu. «Was sind Sie für ein Vogel, wenn ich fragen darf?»

Tschertopchanow loderte auf wie Pulver, auf das ein Funke fällt. Die Wut erstickte ihn fast.

«Dss-dss-dss-dss!» zischte er, und plötzlich donnerte er los: «Wer ich bin? Wer ich bin? Ich bin Pantelej Tschertopchanow, aus einem alten Adelsgeschlecht. Schon mein Urahn diente dem Kaiser, und wer bist du?»

Rostislaw Adamytsch wurde blaß und trat einen Schritt zurück. Eine so kräftige Gegenwehr hatte er nicht erwartet.

«Ich — ein Vogel? Ich, ich ein Vogel ... o-o-o-!»

Tschertopchanow stürmte vor, Stoppel sprang in großer Aufregung zurück, die Gäste warfen sich dem erzürnten Gutsbesitzer entgegen.

«Wir werden uns schießen, sofort werden wir uns schießen, übers Taschentuch!» schrie der wutentbrannte Pantelej. «Oder bitte um Verzeihung, mich und diesen da auch!»

«Bitten, bitten Sie um Verzeihung», lispelten ringsum die erschrockenen Erben. «Das ist doch so ein verrückter Mensch, fähig, einem mir nichts dir nichts den Hals abzuschneiden.»

«Verzeihen Sie, verzeihen Sie, ich wußte nicht ...» lallte Stoppel. «Ich konnte wirklich nicht wissen ...»

«Auch ihn bitte um Verzeihung!» schrie der noch immer tobende Pantelej.

«Verzeihen auch Sie mir», fügte Rostislaw Adamytsch hinzu, indem er sich an Njedopjuskin wandte, der selber zitterte wie Espenlaub.

Tschertopchanow beruhigte sich, ging auf Njedopjuskin zu, nahm ihn bei der Hand, schaute sich keck im Kreise um, und da er keinem einzigen unfreundlichen Blick begegnete, verließ er, inmitten tiefen Schweigens, zusammen mit dem Besitzer des wohlerworbenen Dorfes Besselendjewka, das Zimmer; ein feierlicher Ausdruck lag auf seinem Gesichte.

Von diesem selben Tag an trennten sie sich nicht mehr. (Das Dorf Besselendjewka war nur acht Werst von Bessonowa entfernt.) Die unbegrenzte Dankbarkeit Njedopjuskins ging in knechtische Unterwerfung über. Der schwache, weiche und nicht ganz sündlose Trichon neigte sich vor dem furchtlosen und uneigennützigen Pantelej bis in den Staub. ‚Es ist doch wahrlich keine Kleinigkeit', dachte er manchmal bei sich, ‚mit dem Gouverneur selbst zu sprechen und ihm dabei direkt ins Auge zu schauen ... Und meiner Seel': das tut er wirklich!'

Er bewunderte ihn im höchsten Grad, bis zur Auslöschung seiner eigenen Persönlichkeit, und hielt ihn für einen ungewöhnlichen und nicht nur klugen, sondern sogar grundgelehrten Mann. Und in der Tat: wie jämmerlich es auch um die Bildung Tschertopchanows stand: im Vergleich zu der Njedopjuskins konnte sie als glänzend gelten. Tschertopchanow las, das ist wohl wahr, nur sehr selten russische Bücher, und französisch verstand er wenigstens soviel, daß er, als er einst von einem Schweizer Erzieher gefragt wurde: «*Vous parlez français, monsieur?*», antwortete: «*Je ne* verstehe», und nach einer Weile hinzufügte: «*pas!*». Er wußte immerhin, daß es einen scharfsinnigen Schriftsteller namens Voltaire gegeben und daß sich Friedrich der Große, ein preußischer König, auf militärischem Gebiet ausgezeichnet hatte. Unter den russischen Schriftstellern schätzte er Dershawin, liebte aber Marlinski mehr, und seinem besten Hund gab er den Namen Ammalat-Bek . . .

Einige Tage nach meiner ersten Begegnung mit den beiden Freunden begab ich mich in das Dörflein Bessonowo zu Pantelej Jeremeïtsch. Das kleine Haus, das er bewohnte, war von weitem zu sehen: es stand in einer kahlen Lichtung, etwa eine halbe Werst vom Dorf entfernt. Das ganze Gütchen bestand aus vier Baulichkeiten verschiedener Größe, alle waren aus rohen Balken zusammengefügt: einem Wohnhaus, einem Pferdestall, einem Schuppen und einem Badehäuschen. Jedes einzelne dieser Blockhäuser stand separat. Weder gab es einen Zaun rings um das Gehöft, noch war irgendwo ein Tor zu sehen. Mein Kutscher hielt in schwerem Bedenken vor einem halbvermoderten Brunnen. Neben dem Schuppen zerrten einige magere und struppige Jagdhunde an dem Kadaver eines Pferdes — wahrscheinlich des «Orbassan» — herum;

einer davon erhob die blutige Schnauze, bellte eiligst und begann wieder an den schon von der Haut entblößten Rippen des Pferdes zu nagen. Neben dem Pferd stand ein Junge von etwa siebzehn Jahren; er hatte ein gedunsenes gelbes Gesicht, war wie ein kleiner Kosak gekleidet und ging barfuß. Mit wichtiger Miene paßte er auf die seiner Obhut anvertrauten Hunde auf und versetzte dann und wann dem gierigsten einen Hieb mit der Peitsche.

«Ist der Barin zu Hause?» fragte ich.

«Das weiß der liebe Gott», antwortete der Junge. «Klopfen Sie an.»

Ich stieg aus dem Wagen und näherte mich der Vortreppe des Wohnhauses.

Und dieses Wohnhaus des Herrn Tschertopchanow bot einen traurigen Anblick. Die Balken waren schwärzlich und bauchten sich nach vorn heraus; der Schornstein war eingesunken; die Ecken des Hauses standen windschief da; kleine trübgraubläuliche Fensterchen schauten unaussprechlich sauertöpfisch unter dem struppigen, aufgestülpten Dach hervor: bei manchen alten Herumtreiberinnen sind die Augen so. Ich klopfte an; niemand antwortete. Doch hörte ich hinter der Tür eine scharfe Stimme.

«As, buki, wjedi*, ach, du Tölpel, wann wirst du das endlich lernen!»

* Im kirchenslawischen Alphabet hat jeder Buchstabe einen Namen: as = a, buki = b, wjedi = w, glagol = g, dobro = d usw. Der Hund sollte wahrscheinlich bei dem Buchstaben «dobro» («gut») den Bissen schnappen. Anm. d. Übers.

Ich klopfte zum zweitenmal. Dieselbe Stimme schrie: «Herein! Wer ist da?»

Ich trat in ein leeres, kleines Vorzimmer und erblickte durch die offene Tür Tschertopchanow selbst. In einem fettglänzenden bucharischen Schlafrock, weiten Hosen und einem roten Käppchen saß er auf einem Stuhl. Mit einer Hand drückte er einem jungen Pudel die Schnauze zu, und in der andern Hand hielt er ein Stück Brot über der Nase des Hündchens.

«Ah!» sagte er mit Würde, und ohne sich von der Stelle zu rühren, fuhr er fort: «Ich freue mich sehr. Bitte, nehmen Sie Platz! Ich habe da meine liebe Not mit Windsor... Tichon Iwanowitsch!» rief er. «Komme hierher! Ein Gast ist gekommen.»

«Ich komme gleich! Einen Augenblick!» antwortete aus einem Nebenzimmer Tichon Iwanowitsch Njedopjuskin. «Mascha, gib mir die Halsbinde!»

Tschertopchanow wandte sich wieder zu Windsor und legte ihm das Stück Brot auf die Nase. Ich blickte mich im Zimmer um. Außer einem krumm gewordenen Ausziehtisch auf dreizehn Beinchen von ungleicher Länge und vier durchgewetzten Strohstühlen waren darin keine Möbel vorhanden; von den Wänden, die einst weiß gestrichen gewesen waren und noch blaue Flecken aufwiesen, löste sich an vielen Stellen der Kalkbewurf; zwischen den Fensterchen hing ein zerbrochenes und blindgewordenes Spiegelchen in einem riesigen roten

Rahmen aus Holz. In den Ecken standen Pfeifenrohre und Gewehre. Von der Zimmerdecke hingen dicke schwarze Spinnweben herab.

«As, buki, wjedi, glagol, dobro», sagte Tschertopchanow langsam, und plötzlich schrie er wie rasend: «Fang's! Fang's! Fang's! . . . Was für ein dummes Tier! . . . So fang's doch!!»

Aber der unglückliche Pudel schauderte nur und konnte sich nicht entschließen, das Maul aufzusperren und den Brocken zu «fangen»; er blieb weiter mit eingezogenem Schwanz sitzen, zog die Schnauze schief, zuckte und blinzelte traurig mit den Augen, wie wenn er sagen wollte: ‚Schon gut, wie du willst!'

«Na, dann friß es! Pack's!» wiederholte der nicht zu beschwichtigende Gutsbesitzer.

«Sie haben ihn erschreckt!» bemerkte ich.

«Nun also, dann fort mit ihm!»

Er stieß ihn mit dem Fuße weg. Das arme Tier erhob sich ruhig, verlor das Brot von der Nase und ging, gleichsam auf Zehenspitzen, ins Nebenzimmer, tief gekränkt, da man ihn vor einem Fremden so bloßgestellt hatte.

Eine Tür knarrte und herein trat, grüßend und angenehm lächelnd, Herr Njedopjuskin.

Ich stand auf und begrüßte ihn.

«Bemühen Sie sich nicht, bemühen Sie sich nicht», stotterte er.

Wir setzten uns. Tschertopchanow ging ins Nebenzimmer.

«Sind Sie schon lange in unserer Gegend?» begann Njedopjuskin mit weicher Stimme, wobei er sich vorsichtig in die Hand hustete und aus lauter Anstand die Finger vor die Lippen hielt.

«Schon seit etwa zwei Monaten.»

«So, so.»

Wir schwiegen.

«Ein angenehmes Wetter heut'», fuhr Njedopjuskin fort und blickte mich dankbar an, wie wenn ich das gute Wetter mitgebracht hätte. «Das Korn steht wunderbar!»

Ich nickte zum Zeichen des Einverständnisses. Wir schwiegen wieder.

«Pantelej Jeremeïtsch haben gestern zwei graue Hasen zu erlegen beliebt», begann Njedopjuskin, nicht ohne sichtliche Anstrengung, von neuem, offenbar in der Absicht, das Gespräch zu beleben. «Ja, sehr große, graue Hasen!»

«Hat Herr Tschertopchanow gute Hunde?»

«Die allerprächtigsten Hunde!» erwiderte Njedopjuskin vergnügt. «Man darf ruhig sagen: die vorzüglichsten im ganzen Gouvernement. (Er schob sich näher an mich heran.) «Wie denn auch nicht? Pantelej Jeremeïtsch ist nun schon einmal so ein Mensch! Was er nur wünscht, was er auch ersinnt: im Handumdrehen ist's fertig, alles geht bei ihm per Dampf. Pantelej Jeremeïtsch, sage ich Ihnen . . .»

Tschertopchanow trat ins Zimmer. Njedopjuskin lächelte, schwieg und zeigte mit den Augen auf ihn, gleichsam, als ob er sagen wollte:

‚Nun, Sie werden ja gleich selber sehen!' Es entspann sich ein Gespräch über die Jagd.

«Wenn Sie wollen, zeige ich Ihnen meine Hundekoppel», sagte er, und rief, ohne meine Antwort abzuwarten: «Karp!»

Ein robuster Bursche in einem Nankin-Kaftan von grüner Farbe mit blauem Kragen und Livreeknöpfen trat ein.

«Foma soll sofort den Ammalat und den Saiga herführen!» stieß Tschertopchanow schroff hervor. «Und zwar in Ordnung, verstanden?»

Karp grinste übers ganze Gesicht, brachte einen unbestimmten Laut hervor und ging hinaus. Darauf erschien Foma, gekämmt, in enge Stiefel gezwängt, mit den Hunden. Anstandshalber lobte ich die dummen Tiere (die Windhunde sind alle außerordentlich dumm); Tschertopchanow spie Ammalat in die Nasenlöcher, was diesem Hund augenscheinlich nicht das geringste Vergnügen bereitete. Auch Njedopjuskin streichelte den Hund. Wieder entspann sich ein Geplauder. Tschertopchanow taute allmählich auf, er legte seinen Hahnenstolz ab und hörte auf, herumzutoben. Der Ausdruck seines Gesichtes veränderte sich ganz und gar. Er schaute mich, dann Njedopjuskin an.

«He!» schrie er plötzlich. «Was soll sie dort allein sitzen? Mascha! Hörst du? Mascha! Komm her!»

Im Nebenzimmer rührte sich jemand, aber Antwort erfolgte keine.

«Ma-a-scha», wiederholte Tschertopchanow in einem freundlicheren Ton. «So komm doch! Sei nicht so! Hab keine Angst!»

Die Tür ging auf, und ich erblickte ein hochgewachsenes, junges, schönes Weib mit einem bräunlichen Zigeunergesicht, gelblichbraunen Augen und einem pechschwarzen Zopf. Große weiße Zähne schimmerten unter den vollen roten Lippen hervor. Sie hatte ein weißes Kleid an; ein blauer Schal, beim Hals durch eine goldene Nadel zusammengehalten, bedeckte zur Hälfte ihre wohlgebildeten Arme. Sie machte mit der Schüchternheit und Unbeholfenheit einer Wilden zwei Schritte, blieb stehen und schlug die Augen nieder.

«Hier», sagte Pantelej Jeremeïtsch, «stelle ich Ihnen meine Frau vor; das heißt, sie ist nicht meine Frau, aber ich betrachte sie als solche.»

Mascha wurde rot und lächelte verlegen. Ich machte ihr eine tiefe Verbeugung. Sie gefiel mir ausnehmend. Die schmale Adlernase mit den halb durchsichtigen Nasenflügeln, der kühne Umriß der hohen Augenbrauen, die blassen, etwas eingefallenen Wangen — all ihre Gesichtszüge drückten eigenwillige Leidenschaft und sorglose Kühnheit aus.

Sie ging zum Fenster und setzte sich. Ich wollte ihre Befangenheit nicht vermehren und begann ein Gespräch mit Tschertopchanow. Mascha wandte leicht den Kopf zur Seite und musterte mich mit raschen, heimlichen, scheuen Blicken. Njedopjuskin setzte sich zu ihr und flüsterte ihr etwas ins Ohr. Sie lächelte wieder. Und wenn sie lächelte, erschien ein Fältchen über der Nasenwurzel, die Oberlippe hob sich etwas, und dies verlieh ihrem Gesicht einen zugleich zarten und unbändigen Charakter.

«Nun, was meinst du, Mascha», fragte Tschertopchanow, «sollte man denn unsern Gast nicht mit etwas bewirten?»

«Wir haben Eingemachtes», antwortete sie.

«Dann bring doch das Eingemachte, und bei dieser Gelegenheit auch Wodka. Höre, Mascha», schrie er ihr nach, «bringe auch die Gitarre mit!»

«Wozu denn die Gitarre? Ich werde doch nicht singen!»

«Warum denn nicht?»

«Ich will nicht!»

«Ach, du wirst schon wollen, wenn ...»

«Was?» fragte Mascha mit gerunzelten Augenbrauen.

«Wenn man dich schön bitten wird», sagte er dann, nicht ohne in Verwirrung zu geraten.

«Ach so!»

Sie ging hinaus, kehrte mit Eingemachtem und Wodka zurück und setzte sich wieder ans Fenster. Ihre Stirn hatte sich noch nicht ganz geglättet, ihre Augenbrauen hoben und senkten sich wie die Fühlfäden einer Wespe ... O weh, dachte ich, es kommt noch ein Gewitter. Das Gespräch wollte nicht recht in Fluß kommen. Njedopjuskin war ganz still geworden und lächelte gezwungen. Tschertopchanow schnaufte, wurde rot und riß die Augen weit auf; ich sammelte mich, um wegzufahren . . .

Plötzlich erhob sich Mascha, öffnete rasch das Fensterchen, steckte den Kopf hinaus und schrie ärgerlich einem vorübergehenden Weib nach: «Aksinja!»

Das Weib schrak zusammen, wollte sich umwenden, glitschte jedoch aus und fiel der Länge nach auf den Boden hin. Mascha warf sich zurück und lachte laut auf. Tschertopchanow lachte mit. Njedopjuskin quiekte vor Entzücken. Wir alle wurden wieder lebendig. Das Gewitter hatte sich durch einen Blitz entladen. Die Luft war wieder rein.

Eine halbe Stunde später hätte uns niemand wiedererkannt: wir schwatzten und waren ausgelassen wie Kinder. Mascha trieb es am tollsten. Tschertopchanow verschlang sie mit den Augen. Ihr Gesicht war blaß geworden, ihr Auge flammte und wurde zugleich dunkler. Die Wilde fing an zu rasen. Njedopjuskin watschelte auf seinen dicken und kurzen Beinchen hinter ihr her wie der Enterich hinter einer Ente. Sogar Windsor kroch unter der Bank im Vorzimmer hervor, blieb auf der Türschwelle stehen, schaute uns zu und begann plötzlich herumzuhüpfen und zu bellen. Mascha flog ins Nebenzimmer, brachte die Gitarre, schüttelte den Schal von der Schulter, setzte sich rasch nieder, erhob den Kopf und fing an, ein Zigeunerlied zu singen. Ihre Stimme klang und zitterte wie ein gesprungenes Glasglöcklein, flammte auf und erstarb ... Süß und bang wurde einem ums Herz. — «Ai, brenne, glühe ...» sang sie ... Und Tschertopchanow begann zu tanzen. Njedopjuskin stampfte den Boden mit seinen Füßchen und trippelte und trappelte hin und her. Maschas geschmeidiger Leib bewegte sich im Rhythmus des Liedes, und ihre feinen Finger liefen lustig über die Saiten der Gitarre. Im Gesang spannte und entspannte sich ihre dunkle Kehle langsam unter dem doppelreihigen Bernsteinschmuck. Zuweilen wurde sie plötzlich still, wenn Erschöpfung über sie kam, und dann zupfte sie wie widerwillig an den Saiten, und Tschertopchanow hielt an, zuckte die Achseln, blieb jedoch in tanzender Bewegung, während Njedopjuskin wie ein porzellanener Chinese den Kopf hin- und herwiegte. Aber bald begann sie wieder laut zu singen wie eine Verrückte, richtete sich auf, streckte die Brust hervor, und Tschertopchanow hockte sich wieder auf die Fersen nieder, um sogleich bis zur Zimmerdecke emporzuschnellen, drehte sich wie ein Kreisel und schrie: «Geschwind! Geschwinder! Immer geschwinder!» Und Njedopjuskin plapperte es nach.

Spät am Abend fuhr ich von Bessonowo weg.

Zwei Jahre waren verflossen, seitdem ich Tschertopchanow meinen ersten Besuch gemacht hatte. Er hatte immer wieder einmal

Unannehmlichkeiten, Verluste und sogar Unglück gehabt, hatte sich davon aber nicht weiter anfechten lassen. Aber nun traf ihn zum erstenmal ein wirklich großes Unglück: Mascha trennte sich von ihm.

Was sie veranlaßte, sein Haus zu verlassen, wo sie sich, wie es schien, doch gut gefühlt hatte, ist schwer zu sagen. Tschertopchanow hielt bis ans Ende seiner Tage an der Überzeugung fest, die Ursache von «Maschas Verrat» sei ein junger Nachbar gewesen, ein verabschiedeter Ulanenrittmeister mit dem Spitznamen «Jaff», der, nach den Worten Pantelej Jeremeïtschs, nur dadurch Erfolg bei den Frauen hatte, daß er unaufhörlich seinen Schnurrbart drehte, sich stark pomadisierte und den Unwiderstehlichen spielte; eher aber ist anzunehmen, daß sich in ihr das Zigeunerblut meldete. Aber wie es auch gewesen sein mochte — Tatsache war, daß Mascha an einem schönen Sommerabend irgendwelche Lappen in ein kleines Bündelchen zusammenband und sich vom Hause Tschertopchanows wegbegab.

Schon in den letzten Tagen vor ihrem Weggang war sie immer in einer Zimmerecke zusammengekauert und sich an die Wand schmiegend gesessen, wie ein verwundeter Fuchs, und hatte kein einziges Wort gesprochen — nur ihre Augen gingen hin und her. Sie war in tiefen Gedanken, runzelte die Augenbrauen und fletschte zuweilen leicht die Zähne, und mit ihren Händen tastete sie herum, wie wenn sie sich in etwas einhüllen würde. Solch eine «Laune» hatte sich ihrer auch schon früher zuweilen bemächtigt, nur war sie dann immer leicht darüber hinweggekommen. Tschertopchanow wußte das, beunruhigte sich darum nicht allzusehr und ließ sie in Ruhe. Aber als er vom Hundezwinger zurückkehrte, wo, nach den Worten seines Hundeaufsehers, die letzten zwei Jagdhunde «das Zeitliche gesegnet» hatten, begegnete ihm die Dienstmagd, die ihm mit bebender Stimme meldete, daß Marja Akinfijewna befohlen habe, ihn zu grüßen, und daß sie auch befohlen habe, ihm zu sagen, sie wünsche ihm alles Gute und werde zu ihnen nicht mehr zurückkehren. Tschertopchanow drehte sich zweimal um seine eigene Achse, stieß ein heiseres Gebrüll aus und stürzte der Flüchtigen nach, nahm auch gleich eine Pistole mit.

Auf der großen Chaussee, die in die Kreisstadt führt, nur zwei Werst von seinem Gut entfernt, in der Nähe eines Birkenwäldchens, holte er sie ein. Die Sonne stand schon tief am Horizont und übergoß alles ringsumher, die Bäume, die Gräser, die Erde, mit Purpurrot.

«Zu Jaff! Zu Jaff!» stöhnte Tschertopchanow, als er Mascha erblickte. «Zu Jaff!» wiederholte er, zu ihr hinlaufend und fast bei jedem Schritt stolpernd.

Mascha blieb stehen und kehrte sich zu ihm um. Sie stand mit dem Rücken zum Licht, und ihr Gesicht erschien ganz schwarz, wie aus Ebenholz geschnitzt. Nur das Weiße der Augen hob sich wie Silber glänzend ab, und ihre Augensterne erschienen noch dunkler.

Sie warf ihr Bündelchen zur Erde und kreuzte die Arme.

«Zu Jaff gehst du, nichtsnutziges Frauenzimmer!» wiederholte Tschertopchanow und wollte sie schon bei der Schulter packen; aber als er ihrem Blick begegnete, erschrak er und blieb wie angewurzelt stehen.

«Nicht zu Jaff bin ich gegangen, Pantelej Jeremeïtsch», antwortete Mascha in ruhigem, gleichmäßigem Ton, «aber mit Ihnen kann ich nicht mehr leben.»

«Was heißt das, daß du mit mir nicht mehr leben kannst? Warum denn? Habe ich dich denn beleidigt?»

Mascha schüttelte den Kopf.

«Sie haben mich mit nichts beleidigt, Pantelej Jeremeïtsch. Aber es ist über mich so eine große Sehnsucht gekommen. Für das Vergangene danke ich dir, aber bleiben kann ich nicht — nein!»

Tschertopchanow war vor Staunen außer sich; er schlug sich sogar klatschend auf die Lenden und machte einen Sprung wie ein Hase.

«Wie kann denn das nur sein? Hast du denn bei mir nicht gut gelebt? Du hast ein sorgenloses, vergnügtes Dasein gehabt, und nun plötzlich packt dich die Sehnsucht! Plötzlich fällt dir ein: ‚Ich will ihn verlassen!' Ein Tuch auf den Kopf — und fort! Hat man dir nicht Ehrerbietung erwiesen wie einer Gutsherrin?»

«Das brauche ich nicht», unterbrach ihn Mascha.

«Wieso denn nicht? Aus einer Zigeunerin, die nirgends daheim ist, ist eine gnädige Frau geworden, und du ‚brauchst das nicht'? Wieso brauchst du das nicht, du Undankbare aus Hams Geschlecht? Kann man dir denn Glauben schenken? Da verbirgt sich etwas — ein Verrat, ein Verrat!»

Er schäumte schon wieder.

«In meinen Gedanken ist kein Verrat», sagte Mascha mit ihrer singenden und deutlich akzentuierenden Stimme. «Ich habe Ihnen schon gesagt, daß ein unsagbares Sehnen über mich gekommen ist.»

«Mascha!» schrie Tschertopchanow und hämmerte mit der Faust seine Brust. «Höre auf! Genug hast du mich gequält ... Genug also! Bei Gott! Bedenke doch, was Tichon sagen wird! Du solltest wenigstens mit ihm Mitleid haben.»

«Tichon Iwanowitsch grüßen Sie von mir und sagen ihm ...»

Tschertopchanow fuchtelte mit den Händen in der Luft herum.

«Nein, du lügst! Du gehst nicht weg! Dein Jaff wird das nie erleben!»

«Herr Jaff ...» begann Mascha.

«Was für ein Herr Jaff?» spottete ihr Tschertopchanow nach. «Das ist ein Erzschlingel, und eine Fratze hat er wie ein Affe.»

Eine gute halbe Stunde schlug sich Tschertopchanow so mit Mascha herum. Bald trat er ganz nahe an sie heran, bald sprang er von ihr weg, bald hob er die Hand zum Schlag auf, bald neigte er sich vor ihr fast bis zur Erde, weinte, schalt . . .

«Ich kann nicht», wiederholte sie, «mir ist so traurig ums Herz, ein unsagbares Wehgefühl zieht mich fort.»

Allmählich nahm ihr Gesicht einen gleichgültigen Ausdruck an, der fast einer Starre glich, so daß Tschertopchanow sie fragte, ob man sie nicht mit Tollkirsche trunken gemacht.

«Eine unsagbares Sehnen», sagte sie zum zehntenmal.

«Und wenn ich dich nun umbringe?» schrie er plötzlich und riß die Pistole aus der Tasche.

Mascha lächelte; der Ausdruck ihres Gesichtes belebte sich.

«Nun, und was weiter? Töten Sie mich, Pantelej Jeremeïtsch, das steht in Ihrem Belieben; aber zurückkehren werde ich nicht.»

«Du kehrst nicht zurück?»

Tschertopchanow spannte den Hahn.

«Ich kehre nicht zurück, Täubchen. In meinem Leben kehre ich nicht zurück. Mein Wort gilt.»

Tschertopchanow steckte ihr plötzlich die Pistole in die Hand und hockte sich vor ihr auf den Boden nieder.

«Nun, so töte du mich! Ohne dich will ich nicht leben! Ich bin dir überdrüssig geworden, und so ist auch mir alles überdrüssig geworden.»

Mascha beugte sich nieder, hob ihr Bündelchen auf, legte die Pistole auf das Gras, mit der Mündung weg von Tschertopchanow, und näherte sich ihm.

«Ech, Täubchen, weshalb betrübst du dich so? Weißt du denn nicht, wie wir Zigeunerinnen sind? So ist unser Wesen. So ist es bei uns Sitte. Wenn sich dieses unnennbare Weh einstellt, geht man in die weite Welt. Die Seele will es. Was soll man da bleiben? Behalte deine Mascha in guter Erinnerung. Eine Freundin, wie sie, wirst du nicht mehr finden. Auch ich werde dich nicht vergessen, mein Falke; aber mein Leben mit dir ist zu Ende.»

«Ich habe dich lieb gehabt, Mascha!» jammerte Tschertopchanow durch die Finger, mit denen er sein Gesicht bedeckte.

«Auch ich habe Sie lieb gehabt, Freundchen Pantelej Jeremeïtsch!»

«Ja, aber ich habe dich lieb gehabt und liebe dich noch bis zum Wahnsinn, und wenn ich jetzt daran denke, daß du mich wegen nichts und wieder nichts verläßt und in der weiten Welt umherirren willst — dann stelle ich mir vor, daß du mich nicht verlassen würdest, wenn ich nicht so ein armer Schlucker wäre.»

Mascha lächelte nur.

«Hast du mich denn nicht selbst ‚die Schenkende' genannt?» sagte sie und schlug Tschertopchanow mit aller Kraft auf die Schulter.

Er sprang auf die Beine.

«Nun, so nimm wenigstens Geld von mir! Denn wie kannst du denn so, ohne einen Groschen, hinausziehn? Aber am besten ist es, du bringst mich um! Ich meine es ernst und wahr: schieße mich tot!»

Mascha schüttelte abermals den Kopf.

«Dich totschießen? Und Sibirien, mein Lieber?»

Tschertopchanow erschauerte.

«Also nur deswegen willst du nicht? Aus Angst vor der Galeere?»

Er warf sich wieder ins Gras.

Mascha stand eine Zeitlang schweigend über ihm.

«Du tust mir leid, Pantelej Jeremeïtsch», sagte sie mit einem Seufzer. «Du bist ein guter Mensch ... Aber da ist nichts zu machen ... Lebe wohl!»

Sie wandte sich ab und machte ein paar Schritte. Es war dunkel geworden, und von überall her schwammen trübe Schatten heran. Tschertopchanow sprang auf und faßte Mascha von hinten an beiden Ellbogen.

«So gehst du also, du Schlange? Zu Jaff?»

«Lebe wohl!» wiederholte Mascha ausdrucksvoll und scharf, riß sich los und ging.

Tschertopchanow schaute ihr nach, lief zu der Stelle, wo die Pistole lag, ergriff sie, zielte und schoß ... Aber er hatte, bevor er abzog, die Hand nach oben geschnellt; die Kugel flog pfeifend über Maschas Kopf hinweg. Im

Gehen sah sie sich über die Achsel nach ihm um und ging, sich in den Hüften wiegend, als ob sie ihn reizen wollte, weiter.

Er bedeckte sein Gesicht mit den Händen und stürzte ihr nach . . .

Aber er hatte noch keine fünfzig Schritte gemacht, als er plötzlich stehenblieb, wie angewurzelt. Eine bekannte, nur allzugut bekannte Stimme vernahm er jetzt. Mascha sang . . . «O Leben, du junges, du herrliches . . .», sang sie; jeder Ton verbreitete sich in der Abendluft klagend und heiß. Tschertopchanow horchte. Die Stimme entfernte sich immer weiter; bald erstarb sie, bald ertönte sie, kaum hörbar, wieder, aber immer noch gingen von ihr brennende Strahlen aus.

«Das macht sie mir zum Trotz», dachte Tschertopchanow; aber im selben Moment stöhnte er schon: «Ach nein, so verabschiedet sie sich von mir für ewig!» und begann bittere Tränen zu vergießen . . .

Am folgenden Tag erschien er in der Wohnung des Herrn «Jaff», welcher als sehr weltlich gesinnter Mensch der ländlichen Einsamkeit abhold war und sich in der Kreisstadt niedergelassen hatte, «näher bei den Fräulein», wie er sich ausdrückte. «Jaff» war nicht zu Hause; er war, nach den Worten des Kammerdieners, am Abend zuvor nach Moskau verreist.

«Da haben wir's!» schrie Tschertopchanow wutentbrannt. «Sie haben sich verabredet! Sie ist mit ihm geflohen . . . Aber warte nur!»

Er drang ungestüm in das Zimmer des jungen Rittmeisters ein, den Kammerdiener, der ihm den Eintritt verwehren wollte, schob er ohne Umstände zur Seite; in diesem Zimmer hing über dem Diwan das Porträt des Ulanenrittmeisters, in Ölfarbe gemalt.

«Ah, da bist du ja, Affe, schwanzloser!» brüllte Tschertopchanow, sprang auf den Diwan und schlug mit der Faust in die gespannte Leinwand ein Loch . . .

«Sage deinem Strolch von einem Barin», wandte er sich an den Kammerdiener, «daß der Edelmann Tschertopchanow in Ermangelung der widerlichen Fratze deines Herrn sein Konterfei verstümmelt hat, und wenn er Genugtuung wünscht, weiß er, wo der Edelmann Tschertopchanow zu finden ist! Kommt er aber nicht, so werde ich ihn selbst aufsuchen. Und wenn er sich auf dem Grund des Meeres versteckt: ich werde ihn dennoch aufstöbern!»

Nachdem er diese Worte gesprochen hatte, stieg er vom Diwan herunter und entfernte sich mit feierlicher Miene.

Aber der Rittmeister verlangte von ihm keine Genugtuung, er traf mit ihm auch nirgends zusammen, und Tschertopchanow dachte auch nicht daran, seinen Feind zu suchen, und so ist es zwischen ihnen zu keiner Auseinandersetzung gekommen.

Von Mascha war nichts zu hören und zu sehen. Tschertopchanow fing an zu trinken, besann sich aber bald eines Besseren. Aber da ereilte ihn ein neues Unglück.

Sein Busenfreund, Tichon Iwanowitsch Njedopjuskin, starb. Schon etwa zwei Jahre vordem hatte seine Gesundheit angefangen zu wanken: Er litt an Atemnot, an Schlafsucht, und nach dem Erwachen konnte er nicht gleich zu voller Besinnung kommen. Der Arzt versicherte, dies rühre von einem «Schläglein» her. Während der drei Tage vor dem Weggang Maschas, als das «große Sehnen» über sie gekommen war, lag Njedopjuskin krank zu Hause in seinem Dorf Besselendejewka: Er hatte sich arg erkältet. Um so mehr erschütterte ihn Maschas Handlungsweise, ja sie erschütterte ihn fast mehr als Tschertopchanow selbst. Der Sanftmut und Schüchternheit seiner Gemütsart gemäß, hatte er nur ein aufrichtiges Bedauern geäußert . . . aber alles in ihm war zerrissen.

«Sie hat meine Seele mit sich fortgenommen», flüsterte er sich selber zu, wenn er auf seinem mit Wachstuch überzogenen Lieblingssofa saß und die Finger umeinander drehte. Ja, sogar als Tschertopchanow sich schon wieder gefaßt hatte, blieb Njedopjuskin versunken in seinem Jammer; er fühlte deutlich, daß sich in seinem Innern «eine große Leere» ausgebreitet hatte. «Da hier», pflegte er zu sagen, indem er auf seine Brust zeigte, eine Spanne über dem Magen. So schleppte er sich bis zum Winter hin. Bei den ersten Frösten besserte sich seine Atemnot, dafür aber suchte ihn diesmal nicht mehr ein «Schläglein», sondern ein richtiger Schlaganfall heim. Er verlor nicht sofort das Gedächtnis, er konnte Tschertopchanow erkennen und ihm sogar antworten, als dieser verzweifelt ausrief: «Also auch du, Tischa, auch du gehst von mir ohne Erlaubnis fort, genau so wie Mascha?»

Er antwortete mit lallender Zunge: «Ich aber, Pa ... lej Jer ... meïtsch, ha ... a ... I ... doch immer g ... e ... h ... orcht!» Dies hinderte ihn jedoch nicht, noch am selben Tag zu sterben, ohne den Kreisarzt abzuwarten, dem beim Anblick der kaum erkalteten Leiche nur übrigblieb, in dem traurigen Bewußtsein der Vergänglichkeit alles Irdischen ein Schnäpschen zu verlangen, mit etwas Stör. Sein Gut hatte Njedopjuskin, wie zu erwarten war, seinem «ehrenwerten und großmütigen Wohltäter und Beschützer» Pantelej Jeremeïtsch Tschertopchanow vermacht, was diesem aber nicht viel nützte, denn es mußte bald darauf in öffentlicher Versteigerung verkauft werden — teilweise auch, um die Kosten für das Grabdenkmal zu decken, für eine Statue nämlich, die Tschertopchanow über der Asche seines Freundes zu errichten beschlossen hatte. Diese Statue, die einen betenden Engel hätte darstellen sollen, bestellte er in Moskau. Da aber der Zwischenhändler meinte, in der Provinz verstünde man von der Bildhauerkunst sowieso nichts, so schickte er Tschertopchanow eine Göttin Flora, die viele Jahre einen vernachlässigten Garten aus der katharineischen Zeit geschmückt hatte. Es war dies übrigens eine ziemlich hübsche Statue im Rokokostil, darstellend eine weibliche Gestalt mit runden Armen, Ringellöckchen, einer Rosengirlande auf dem entblößten Busen, graziös zurückgebogen ... Der Zwischenhändler hatte die Statue wahrscheinlich geschenkt bekommen. Und so steht die mythologische Göttin, die das Füßchen verführerisch vorschiebt, noch jetzt auf dem Grabe Tichon Iwanowitsch Njedopjuskins und blickt mit einem reizenden Lächeln, das einer Pompadour Ehre gemacht hätte, auf die rings um sie herum weidenden Kälber und Schafe, dieser fleißigen Besucher unserer Friedhöfe.

Nachdem Tschertopchanow seinen treuen Freund verloren hatte, begann er wieder zu trinken, und diesmal schon viel ernsthafter. Es ging immer mehr mit ihm bergab. Mit der Jagd war es aus. Das letzte Geldstück war weg. Die letzten Bauern waren davongelaufen. Vollkommene Einsamkeit breitete sich um Pantelej Jeremeïtsch aus. Es war niemand da, mit dem er ein Wort hätte sprechen, dem er sein Herz hätte ausschütten können. Nur seinen unbändigen Stolz hatte er bewahrt, ja er wurde um so hochmütiger und unzugänglicher, je schlimmer sich seine Lage gestaltete. Er verwilderte ganz und gar. Nur ein Trost, eine Freude war ihm geblieben: ein wundervolles Reitpferd donscher Rasse, das er Malek-Adel nannte, ein wirklich herrliches graues Pferd.

Dieses Pferd war ihm auf folgende Weise zugefallen.

Als er einmal durch ein benachbartes Dorf ritt, hörte Tschertopchanow ein wüstes Geschrei unweit der Schenke. Ein Haufen Bauern machten sich dort auf besondere Art zu schaffen: sie hoben und senkten ihre Fäuste, schrien und schimpften dazu.

«Was geht denn dort vor?» fragte er mit dem ihm eigenen hochherrschaftlichen Ton ein altes Weib, das an der Schwelle ihrer Isba stand. Sie lehnte am Türpfosten und schaute wie versunken dorthin, wo die Bauernlümmel mit ihren Fäusten arbeiteten. Ein weißschädeliger Knabe in einem Zitzhemdchen und mit einem Kreuzlein aus Holz an der nackten Brust saß, die Fäustchen geballt, zwischen ihren Bastschuhen; ein Küchlein pickte an einer harten Roggenbrotkruste.

«Das weiß Gott, Väterchen», antwortete die Alte, bückte sich ein wenig und legte ihre verrunzelte, dunkle Hand auf den Kopf des Knaben. «Man sagt, unsere Burschen verhauen einen Juden.»

«Wie? Einen Juden? Was für einen Juden?»

«Gott weiß, Väterchen. Es ist da bei uns ein Jude erschienen, und von wo es ihn hergeweht hat — wer kann das wissen? Wassja, komm, Liebling, zur Mutter. Ksch, ksch, du garstiges Luder!»

Das Weib verscheuchte das Kücken und Wassja faßte sich an ihrem Rock. «Ihn also prügeln sie, gnädiger Herr!»

«Sie prügeln ihn? Weshalb denn?»

«Ich weiß es nicht, Väterchen. Also wahrscheinlich wegen irgend etwas. Und warum sollte man ihn auch nicht prügeln? Hat er doch, Väterchen, Christus gekreuzigt!»

Tschertopchanow machte «hü!», klopfte das Pferd mit der Riemenpeitsche über den Hals, jagte direkt in die Menge und begann, nachdem er in dieselbe eingedrungen war, mit derselben Riemenpeitsche die Bauernlümmel ohne Unterschied der Person durchzubleuen, die Hiebe nach rechts und links austeilend, wobei er mit sich überschlagender Stimme schrie: «Eigenmächtig? Eigenmächtig? Das Gesetz muß strafen, Privatpersonen dürfen das nicht. Das Ge-setz! Das Ge-setz!! Verstanden!?»

Es vergingen keine zwei Minuten, und die ganze Menge war auseinandergesprengt. Auf der Erde, vor der Schenke, zeigte sich ein mageres, dunkelgesichtiges Wesen in einem baumwollenen Kaftan, zerzaust und maltrătiert . . . ein bleiches Gesicht mit gebrochenen Augen, offenem Mund . . . Was ist das?

Ein Verröcheln nach den ausgestandenen Martern? Oder schon der Tod?

«Warum habt ihr den Juden getötet?» donnerte Tschertopchanow und schwang drohend die Peitsche.

Aus der Menge kam ein schwächliches Murmeln als Antwort. Hier hielt sich ein Muschik die Schulter, dort ein anderer die Seite, und ein dritter schützte seine Nase.

«Der ist im Zuhauen nicht faul!» hörte man jemand in den hinteren Reihen sagen.

«Ja, mit einer Peitsche kann jeder!» bemerkte ein anderer.

«Warum habt ihr den Juden erschlagen, frage ich euch, ihr katechisierten Asiaten?» wiederholte Tschertopchanow.

Aber da sprang das am Boden liegende Wesen flink auf die Beine, lief auf Tschertopchanow zu und hielt sich krampfhaft am Rand seines Sattels fest.

Allgemeines Gelächter ertönte aus der Menge.

«Der ist aber zählebig!» hörte man wieder aus den hinteren Reihen. «Wie eine Katze!»

«Euer Wohlgeboren, nehmen Sie mich in Schutz, retten Sie mich», stammelte der unglückliche Jude, indem er sich mit der ganzen Brust an das Bein Tschertopchanows anschmiegte, «sonst schlagen sie mich sicher tot, Euer Wohlgeboren!»

«Warum haben sie dich so zugerichtet?» fragte Tschertopchanow.

«Ich kann es bei Gott nicht sagen! Da ist bei ihnen ein Vieh eingegangen . . . und mich verdächtigen sie! Ich aber . . .»

«Gut, gut, das werden wir später untersuchen!» unterbrach ihn Tschertopchanow. «Halte dich jetzt am Sattel fest und gehe hinter mir her. — Und ihr», fügte er, sich an die Menge wendend, hinzu, «ihr kennt mich! Ich bin der Gutsbesitzer Pantelej Tschertopchanow und wohne im Dörfchen Bessonowo, verklagt mich, wenn es euch beliebt, und auch diesen da.»

«Wozu verklagen?» sagte mit einer tiefen Verbeugung ein graubärtiger, ehrbarer Muschik, der ganz genau wie ein alter Patriarch aussah (und der den Juden genau wie die andern mit seinen Fäusten bearbeitet hatte). «Wir, Väterchen Pantelej Jeremeïtsch, kennen deine Gnaden gut, sind dir dankbar, daß du uns deine Gunst zugewendet und uns belehrt hast.»

«Wozu denn klagen und verklagen?» fielen nun auch die andern ein. «Und diesen Unchristen werden wir schon noch erwischen! Er wird uns nicht entgehen. Wir werden ihn wie einen Hasen zu Tode hetzen . . .»

Tschertopchanow bewegte den Schnurrbart, schnaubte — und ritt im Schritt davon, heim in sein Dorf, begleitet von dem Juden, den er auf diese Weise ebenso wie seinerzeit den Tichon Njedopjuskin von seinen Bedrängern befreit hatte.

Einige Tage darauf meldete ihm der kleine Kosak, der allein noch bei Tschertopchanow geblieben war, ein Reiter sei gekommen, der mit ihm zu sprechen wünsche. Tschertopchanow ging auf die Vortreppe hinaus und erblickte seinen Bekannten, den Juden, rittlings auf einem prachtvollen donschen Pferde, das unbeweglich und stolz mitten im Hofe stand. Der Jude hatte keine Mütze auf dem Kopf: er hielt sie unterm Arm; die Füße hatte er nicht in die Steigbügel gesteckt, sondern in die Riemen, an denen die Steigbügel hingen; die zerrissenen Schöße seines Kaftans hingen zu beiden Seiten des Sattels hinab. Als er Tschertopchanow erblickte, fing er an, mit den Lippen zu schnalzen, die Ellbogen zu heben und die Beine schlenkernd zu bewegen. Tschertopchanow aber antwortete nicht nur nicht auf diesen Gruß, sondern wurde sogar zornig und loderte innerlich auf: ‚Ach, du grindiger Jude, du wagst auf einem so herrlichen Pferde zu sitzen... Was für eine Unverschämtheit!' Aber laut sagte er: «He, du äthiopische Fratze, daß du mir sofort vom Pferd heruntersteigst! Denn sonst ziehe ich dich herunter, in den Dreck!»

Der Jude gehorchte unverzüglich, kollerte wie ein Sack Kartoffeln vom Sattel herunter und trat, in einer Hand den Zügel haltend, mit einer höflichen Verbeugung und freundlich lächelnd auf Tschertopchanow zu.

«Was willst du eigentlich?» fragte ihn Pantelej Jeremeïtsch voll Würde.

«Euer Wohlgeboren, belieben Sie, sich dieses Pferdchen zu betrachten», sagte der Jude, der nicht aufhörte, sich zu verbeugen und zu grüßen.

«Naja, das Pferd ist gut. Woher hast du es? Wahrscheinlich gestohlen?»

«Wie kann man nur, Euer Wohlgeboren ... Ich bin ein ehrlicher Jude, hab' es nicht gestohlen, es aber für Euer Wohlgeboren besorgt — wahrhaftig! — Und was hat es mich für Mühe gekostet! Aber was ist das auch für ein Pferd! Im ganzen Gebiet der Donkosaken werden Sie kein zweites finden wie dieses da ... Schauen Sie nur, Euer Wohlgeboren! Stellen Sie sich hierher!» Und zum Pferd sprechend, brachte er den Laut tpru! tpru! hervor: «Dreh dich um, daß man dich von der Seite sieht!» Und sich wieder an Tschertopchanow wendend, sagte er: «Wir wollen ihm einmal den Sattel abnehmen! Nun, was sagen Sie, Euer Wohlgeboren?»

«Das Pferd ist recht», wiederholte Tschertopchanow, den Gleichgültigen spielend, obwohl ihm das Herz im Leibe zu hämmern begann. Er war schon immer ein großer Pferdeliebhaber gewesen und wußte Bescheid.

«So streicheln Sie es ein wenig, Euer Wohlgeboren! Fühlen Sie nur, wie zart das Fell hier am Halse ist! Hi-hi-hi!»

Tschertopchanow legte die Hand auf den Hals des Pferdes und tat es, als ob er's widerwillig täte, beklopfte den Hals ein paarmal, ließ dann seine Finger über den Rücken bis zu einer gewissen Stelle über den Nieren gleiten und drückte diese Stelle sanft, nach Art der Kenner. Das Pferd bog sofort das Rückgrat, schielte mit seinen schwarzen, hochmütigen Augen nach Tschertopchanow zurück, schnaubte und trat mit den Vorderbeinen aus.

Der Jude lachte und klatschte leicht in die Hände.

«Es erkennt den Herrn, Euer Wohlgeboren!»

«Na, lüge nicht!» unterbrach ihn Tschertopchanow voll Verdruß. «Abkaufen kann ich dir dieses Pferd nicht—so viel Geld habe ich nicht; und geschenkt nehme ich nicht nur von einem Juden nichts, sondern nicht einmal vom Herrgott!»

«Wie soll ich es Ihnen denn schenken, Euer Wohlgeboren! Erbarmen Sie sich!» schrie der Jude. «Kaufen Sie das Pferd — auf das Geld werde ich warten, Euer Wohlgeboren!»

Tschertopchanow versank in Nachdenken.

«Wieviel verlangst du?» fragte er schließlich zwischen den Zähnen.

Der Jude zuckte die Achseln.

«Nun, was ich selbst gezahlt habe — zweihundert Rubel.»

Das Pferd war das Doppelte, ja das Dreifache wert.

Tschertopchanow kehrte sich zur Seite und gähnte fieberhaft.

«Und wann . . . das Geld?» fragte er, die Augenbraunen gewaltsam zusammenziehend, ohne den Juden anzusehen.

«Wann es Euer Wohlgeboren belieben wird.»

Tschertopchanow warf den Kopf zurück, hob aber die Augen nicht auf.

«Das ist keine Antwort», sagte er, «sprich klar und deutlich, Sproß aus Herodes Geschlecht. Soll ich von dir etwa Gefälligkeiten entgegennehmen, oder was?»

«Nu, sagen wir», beeilte sich der Jude zu sagen, «nach sechs Monaten... Sind Sie einverstanden?»

Tschertopchanow antwortete nichts.

Der Jude bemühte sich, ihm in die Augen zu schauen.

«Einverstanden? Befehlen Sie, es in den Stall zu führen?»

«Den Sattel brauche ich nicht», bellte Tschertopchanow. «Nimm den Sattel mit, hörst du!»

«Ja, gewiß, sowieso, den nehm' ich mit», stammelte der erfreute Jude und lud sich den Sattel auf die Schulter.

«Und das Geld», fuhr Tschertopchanow fort, «nach sechs Monaten. Und nicht zweihundert, sondern zweihundertfünfzig. Schweige! Zweihundert—fünfzig, sage ich dir!! Zu meinen Lasten.»

Tschertopchanow konnte sich noch immer nicht entschließen, die Augen zu erheben. Niemals hatte er in seinem Stolz so entsetzlich gelitten. ‚Es ist klar, daß das ein Geschenk ist', dachte er. ‚Aus Dankbarkeit hat es dieser Teufel gebracht!' Und er hätte diesen Juden umarmen mögen, und auch durchgeprügelt hätte er ihn gern . . .

«Euer Wohlgeboren», begann der Jude, der wieder Mut gefaßt hatte und schmunzelte, «nach russischer Sitte müßte man jetzt die Übergabe feiern: ‚Aus-dem-Schoß-in-den-Schoß' . . .* »

«Schau, schau, was der nicht alles aussinnt! — Ein Jude . . . und russische Sitten! He!» schrie er zurück. «Wer ist dort? Nimm das Pferd, führe es in den Stall, aber schüttle Hafer auf, ich komme sofort selber, werde nachschauen. Und merke dir: es heißt — Malek-Adel!»

Tschertopchanow wollte schon auf die Vortreppe hinaufgehen, drehte sich aber plötzlich um und lief auf den Juden zu, dem er kräftig die Hand drückte. Dieser beugte sich vor und spitzte schon die Lippen, aber Tschertopchanow sprang zurück und sagte halblaut: «Sag' es niemand!» und verschwand hinter der Tür.

Von diesem Tage an war das Wichtigste von allem, die Hauptsorge und die größte Freude im Leben Tschertopchanows — Malek-Adel. Er gewann ihn so lieb, wie er selbst Mascha nicht liebgehabt hatte, und war ihm so zugetan,

* Nach russischer Sitte kommt der Kauf eines Pferdes zum Abschluß, indem der Verkäufer den Zügel des Pferdes aus seinem Schoß in den Schoß des Käufers legt, zum Zeichen, daß der frühere Eigentümer das Pferd gutwillig und neidlos weggibt. Anm. d. Übers.

wie er sogar seinem besten Freunde — Njedopjuskin — nicht zugetan gewesen war.

Was war das aber auch für ein Pferd! Feuer und Flamme, eine Rakete, — und dabei gesetzt wie ein Bojar! Ein Pferd, das keine Ermüdung kannte, ausdauernd, willig, man konnte es lenken, wohin man wollte; und sein Ernährung kostete fast nichts: war nichts andres da, so aß es die Erde, auf der es stand. Ging es im Schritt, so war's, als ob man von weichen Armen getragen würde; ging es in Trab über, so war's, als ob man in einer Schaukelwiege läge; setzte es aber zum Galopp an, hui!, dann holte es der schnellste Sturm nicht ein. Nie kam es außer Atem; es hatte aber auch einen großartigen Blasbalg! Die Beine waren wie aus Stahl. Daß es je gestolpert wäre — das kam nie vor; es sprang über jeden Graben, über den höchsten Zaun. Und wie klug es war! Hörte es die Stimme seines Herrn — gleich kam es gelaufen: mit hoch erhobenem Kopf. Befahl man ihm, stehenzubleiben, und ging man selbst weg — es rührte sich nicht von der Stelle; kam man zurück, dann wieherte es leise, gleichsam als ob es sagen wollte: ‚Da bin ich ja!' Und Angst — die kennt Malek-Adel nicht im geringsten: in stockfinsterer Nacht, im ärgsten Schneegestöber findet er seinen Weg. Und einem Fremden folgt er nicht: er würde jeden mit seinen Zähnen zerfleischen! Und einen Hund läßt er nicht an sich heran: er gibt ihm eins mit dem Vorderhuf: tuk!, und der Hund ist hin. Es ist auch ein Pferd mit Ehrgefühl: die Peitsche darf man nur der Schönheit wegen von Zeit zu Zeit schwingen; aber wehe, wer es wagte, ihn damit zu berühren! Aber was will man da lange reden: das war ein Wunder von einem Geschöpf, kein gewöhnliches Pferd.

Wenn Tschertopchanow anfing, von seinem Malek-Adel zu erzählen — woher nahm er nur den Wortschwall? Und wie er ihn pflegte und hätschelte! Das Fell schimmerte wie Silber, aber nicht wie altes Silber, sondern wie Neusilber, das mit dem dunklen Glanz; und wenn man mit der Hand darüber strich, fühlte es sich an wie Samt. Der Sattel, die Schabracke, der leichte Reitzaum, das ganze Um und Auf, wie es zum Pferd gehört, war derart schön, angemessen, ordentlich, geputzt, daß man es prächtiger nicht hätte malen können! Und was tat Tschertopchanow nicht noch alles! Eigenhändig flocht er seinem Liebling den Haarschopf über der Stirn; die Mähne und den Schweif wusch er mit Bier; und sogar die Hufe schmierte er mit einer Salbe, daß sie glänzten ...

Er pflegte aufzusitzen und wegzureiten — aber nicht zu den Nachbarn, die er nach wie vor mied, sondern über ihre Felder neben den herrschaftlichen Schlössern ... «Anschaun, bewundern könnt ihr ihn, aber nur von weitem, ihr dummen Esel!» Wenn er hörte, daß irgendwo, weit von seinem Wohnsitz entfernt, ein großes Jagdfest veranstaltet wurde, etwa zu Ehren eines reichen Barin, dann ritt er hin und tummelte sein Pferd in einer gewissen Entfernung, am Horizont, damit alle Zuschauer es in seiner Schönheit und Schnelligkeit bewundern konnten; in die Nähe kommen aber ließ er niemand! Einst jagte ihm ein Jäger mit dem ganzen Gefolge nach, und als er sah, daß sich Tschertopchanow weiter und immer weiter von ihm entfernte, schrie er ihm nach: «Höre! Nimm, was du willst für dein Pferd, um Tausende wird es mir nicht leid tun! Nimm mein Weib, meine Kinder, nimm mir alles!!»

Tschertopchanow brachte seinen Malek-Adel plötzlich zum Stehen. Der Jäger stürmte heran.

«Väterchen!» schrie er. «Sage, was willst du für ihn haben — du, mein leiblicher Vater!?»

«Und wenn du der Zar wärest», sagte Tschertopchanow, jede Silbe betonend, «und du bötest mir ein Königreich für das Pferd» — er hatte sein Lebtag nichts von Shakespeare und seinen Königsdramen gehört —, «so würde ich es dir doch nicht geben!»

Sprach's, lachte laut auf, ließ Malek-Adel auf die Hinterbeine steigen, drehte sich mit ihm in der Luft wie ein Kreisel, und hopp-hopp! war er auf und davon. Er flitzte nur so über das Stoppelfeld hin. Und der Jäger — ein Fürst soll es gewesen sein, ein sehr reicher Mann — warf seine Mütze auf die Erde und stürzte sich mit dem Gesicht auf die Mütze. Eine halbe Stunde lag er so . . .

Und wie hätte denn auch Tschertopchanow sein Pferd nicht über alles lieben und schätzen sollen? Verdankte er denn nicht gerade diesem Pferde das stolze Gefühl einer unzweifelhaften letzten Überlegenheit über alle seine Nachbarn? . . .

Inzwischen war die Zeit vergangen, der Zahltag kam heran, Tschertopchanow aber besaß nicht nur keine zweihundertfünfzig, sondern nicht einmal fünfzig Rubel. Was war da zu tun? Wie dem abhelfen? ‚Ach was', sagte er sich endlich, ‚wenn der Jude kein Einsehen hat, laß' ich ihm Haus und Hof, besteige mein gutes Roß und geh' auf und davon. Lieber will ich Hungers sterben, als daß ich Malek-Adel zurückgebe.' Er regte sich sehr auf und war nahe daran, tiefsinnig zu werden, als sich das Schicksal seiner erbarmte und das Glück ihm — zum ersten-, aber auch zum letztenmal — lächelte: Irgendeine entfernte Verwandte, deren Namen er nicht einmal kannte, hatte ihm testamentarisch die in seinen Augen ungeheure Summe von zweitausend Rubeln hinterlassen, und das Geld kam just zur rechten Zeit: einen Tag vor der Ankunft des Juden. Tschertopchanow war nahe daran, vor Freude den Verstand zu verlieren — aber an Wodka dachte er nicht. Von dem Tag an, da Malek-Adel in sein Haus gekommen war, hatte er keinen Tropfen mehr getrunken. Er lief in den Pferdestall und küßte seinen Freund auf beiden Seiten des Maules ab, dort, wo die Haut bei den Pferden so zart ist.

«Jetzt trennen wir uns nicht mehr!» rief er laut aus und tätschelte Malek-Adel den Hals unter der schön gekämmten Mähne.

Zu Hause zählte er zweihundertfünfzig Rubel ab, steckte sie in ein Kuvert und versiegelte es. Dann streckte er sich auf dem Sofa aus, rauchte sein Pfeifchen und verlor sich in allerhand Träumereien, wie er das übrige Geld verwenden solle. Natürlich würde er sich Hunde anschaffen, und zwar solche von echt Kostromaer Rasse, und unbedingt rotscheckige! Er sprach sogar ein paar Worte mit Perfischka, dem er einen neuen Kosakenrock mit gelben Borten an allen Nähten versprach. Dann legte er sich in einer glückseligen Gemütsverfassung schlafen.

Aber er hatte einen bösen Traum. Im Traum ritt er auf die Jagd, doch nicht auf seinem Malek-Adel, sondern auf irgendeinem häßlichen Tier, einem Kamel oder so was. Ein weißer, schneeweißer Fuchs läuft ihm entgegen ... Er will mit der Peitsche ausholen, will auf ihn die Hunde hetzen — aber statt einer Peitsche hat er in der Hand nur etwas Lindenbast, und der Fuchs läuft vor ihm her und neckt ihn mit herausgestreckter Zunge. Er springt von seinem Kamel herunter, stolpert und fällt um ... und fällt direkt in die Hände eines Gendarmen, der ihn zum Generalgouverneur bringt, und in diesem Generalgouverneur erkennt er — «Jaff» . . .

Tschertopchanow erwachte. Im Zimmer war es dunkel. Die Hähne krähten zum zweitenmal. Irgendwo, in weiter Ferne, wieherte ein Pferd . . .

Tschertopchanow hob den Kopf und lauschte . . . Wieder hörte er, in größerer Ferne, das Wiehern.

‚So wiehert Malek-Adel!' dachte er. ‚Das ist sein Wiehern! Aber warum aus solcher Ferne? Schwerenot! . . . Kann denn das sein?'

Es überlief ihn plötzlich kalt. Er sprang augenblicklich vom Bett herunter, tastend suchte er seine Stiefel, seine Kleider zusammen, zog sich an, nahm den Schlüssel zum Pferdestall unterm Kopfkissen hervor und stürzte auf den Hof hinaus.

Der Pferdestall befand sich am äußersten Ende des Hofes; mit der Hinterwand grenzte er an das freie Feld. Tschertopchanow steckte den Schlüssel nicht gleich in das Schloß — seine Hände zitterten —, und er drehte den Schlüssel nicht gleich um . . . Unbeweglich stand er eine Weile da; er hielt den Atem an: ‚Ach, wenn sich nur etwas hinter der Tür regte!'

«Malek! Malek!» rief er halblaut. Totenstille! Tschertopchanow zog unwillkürlich am Schlüssel: Die Tür knarrte und öffnete sich . . . Folglich war sie nicht verschlossen gewesen. Er überschritt die Schwelle, und wieder rief er laut sein Pferd — diesmal mit dem vollen

Namen: «Malek-Adel!» Aber der treue Kamerad antwortete nicht, nur eine Maus raschelte im Stroh. Nun stürzte er zu dem einen von den drei Pferdeständen, in dem sich Malek-Adel befunden hatte. Er fand sich sofort zurecht, obgleich es im Stall stockfinster war . . . Der Stand war leer! Es wurde ihm schwindelig im Kopf; es war ihm, als ob eine große Glocke in seinem Schädel zu brummen begänne; er wollte etwas sagen, konnte aber nur ein Zischen hervorbringen; und mit den Händen nach oben, nach unten, nach allen Seiten tastend, außer Atem, mit einknickenden Knien, ging er von einem Stand zum andern . . . sogar zum dritten, der fast bis oben mit Heu vollgestopft war; stieß an die eine Wand, an die andere, fiel um, überschlug sich, rappelte sich auf, und plötzlich lief er in größter Eile durch die halboffene Tür in den Hof hinaus . . .

«Gestohlen! Perfischka! Gestohlen! Perfischka!» brüllte er aus Leibeskräften.

Der kleine Kosak Perfischka sprang im Hemd aus dem Verschlag heraus, in dem er geschlafen hatte. Wie Betrunkene prallten sie beide, der Herr und sein einziger Knecht, inmitten des Hofes aufeinander; wie von Kohlendunst benommen, drehten sie sich umeinander. Weder konnte der Barin erklären, worum es sich handle, noch konnte der Diener begreifen, was man von ihm wolle.

«Ein Unglück! Ein Unglück!» stöhnte Tschertopchanow.

«Ein Unglück! Ein Unglück!» echote der kleine Kosak.

«Eine Laterne her! Zünd an! Licht! Licht!» Gewaltsam rangen sich diese Worte los aus der ersterbenden Brust Tschertopchanows. Perfischka rannte ins Haus. Die Laterne anzuzünden war aber nicht so leicht: Schwefelhölzer waren in Rußland zu jener Zeit noch eine Seltenheit; in der Küche waren die letzten Kohlen erloschen; Feuerstein, Stahl und Zunder waren nicht gleich bei der Hand und versagten oft. Zähneknirschend riß Tschertopchanow dem eingeschüchterten Jungen das Feuerzeug aus den Händen und begann selbst, Feuer anzuschlagen: Die Funken sprühten reichlich, noch reichlicher ertönten Tschertopchanows Verwünschungen, er stöhnte sogar verzweiflungsvoll — aber der Feuerschwamm fing entweder nicht Feuer oder das Fünklein erlosch sogleich wieder, trotz den vereinten Anstrengungen der beiden, die den Schwamm aus vollen Lungen anbliesen. Endlich gelang es, den Talgstumpf am Boden der zerbrochenen Laterne anzuzünden, aber darüber waren volle fünf Minuten vergangen, und nun stürzte Tschertopchanow in Begleitung Perfischkas in den Pferdestall; er hob die Laterne hoch, schaute ringsumher . . .

Alles leer . . .

Er sprang in den Hof hinaus, durchmaß ihn laufend nach allen Richtungen — das Pferd war nirgends da! Der geflochtene Zaun, der einst das Gehöft umgeben hatte, war längst zerfallen und lag an verschiedenen Stellen am Boden; so auch beim Pferdestall, wo sich eine Öffnung von der Breite eines Meters zeigte. Perfischka wies auf diese Stelle.

«Barin! Schauen Sie! Dies war heute noch nicht so! Da liegen auch die Pfähle auf der Erde. Wahrscheinlich hat jemand sie herausgerissen.»

Tschertopchanow sprang mit der Laterne herzu und leuchtete auf den Boden hin ...

«Hufspuren, Hufeisenspuren, frische Spuren», murmelte er; «hier hat man es hinübergeführt! Hier! Hier!»

Im nächsten Moment sprang er über den Zaun und lief mit dem Rufe «Malek-Adel! Malek-Adel!» ins freie Feld hinaus.

Perfischka blieb verdutzt am Zaun stehen. Der Lichtkreis um die Laterne entfernte sich immer weiter und wurde bald von der dichten Finsternis einer stern- und mondlosen Nacht verschlungen.

Immer schwächer und schwächer ertönten die verzweifelten Rufe Tschertopchanows.

Die Morgenröte breitete sich am Himmel aus, als er nach Hause zurückkehrte. Sein Kleid war über und über mit Schmutz bedeckt, sein Gesicht hatte einen wilden und schrecklichen Ausdruck angenommen, mürrisch und stumpf blickten seine Augen. Mit heiserer, schwacher Stimme hieß er Perfischka zum

Teufel zu gehen und schloß sich in seinem Zimmer ein. Er konnte sich vor Müdigkeit kaum auf den Beinen halten, legte sich aber nicht zu Bett, sondern ließ sich auf einen Stuhl neben der Tür nieder und stützte den Kopf in die Hand.

«Gestohlen! . . . Gestohlen! . . .»

Aber auf welche Weise hatte der Dieb es fertiggebracht, den Malek-Adel, der bei Tag niemand an sich herankommen ließ, aus einem geschlossenen Stall wegzuführen? — ihn zu stehlen, ohne daß dabei das geringste Geräusch entstand, ohne daß auch nur einer der beiden Hofhunde gebellt hätte?

‚Was fange ich jetzt ohne Malek-Adel an?' dachte Tschertopchanow. ‚Um die letzte Freude bin ich gekommen. Zeit ist es nun, zu sterben... Ein anderes Pferd kaufen? Ich habe wohl das Geld dazu. Aber wo finde ich ein zweites Pferd, wie dieses war?'

«Pantelej Jeremeïtsch! Pantelej Jeremeïtsch!» ließ sich eine schüchterne Stimme hinter der Tür hören.

Tschertopchanow sprang auf die Beine.

«Wer ist da?» schrie er mit einer ganz fremden Stimme.

«Ich bin's, Ihr Kosak, Perfischka!»

«Was willst du? Oder hat er sich gefunden? Ist er nach Hause gelaufen?»

«Nein. Das nicht, Pantelej Jeremeïtsch. Aber jener Jude, der ihn verkauft hat . . .»

«Nun, was?»

«Der ist gekommen.»

«Go-go-go-go-go!» rief Tschertopchanow und riß dabei die Tür auf.

«Bringe ihn her! Her mit ihm! Da bring ihn her!»

Beim Anblick der urplötzlich vor ihm auftauchenden verdreckten und drohenden Gestalt seines «Wohltäters» wollte der hinter Perfischka stehende Jude beinahe die Flucht ergreifen; aber Tschertopchanow war in zwei Sprüngen bei ihm, und schon hatte er ihn auch wie ein Tiger bei der Kehle gefaßt.

«Ah! Ums Geld kommst du? Ums Geld?» röchelte er, und es klang, als ob nicht er den Juden, sondern der Jude ihn gewürgt hätte. «In der Nacht gestohlen, und bei Tag kommst du ums Geld? Ha? Ha?»

«Erbarmen!» stöhnte der Jude. «Erbarmen Sie sich, Euer Wohlgeboren!»

«Sprich! Wo ist mein Pferd! Wo hast du es hingebracht? Wem hast du es angedreht? Rede! Sprich! So rede doch!»

Der Jude konnte nicht einmal mehr stöhnen. Auf seinem blaugewordenen Gesicht war sogar der Ausdruck des Schreckens verschwunden. Seine Arme senkten sich und blieben nach unten ausgestreckt. Sein ganzer Körper, von Tschertopchanow wütend geschüttelt, schwankte wie Schilfrohr hin und her.

«Das Geld werde ich dir auszahlen bis zur letzten Kopeke, aber den Hals werde ich dir umdrehen, wie einem Küchlein, wenn du mir nicht sofort sagst ...»

«Aber Sie haben ihn ja schon erwürgt, Barin», bemerkte der kleine Kosak in seiner bescheidenen Weise.

Erst jetzt kam Tschertopchanow zur Besinnung.

Er ließ den Hals des Juden los. Der Jude flog nur so auf den Boden hin. Tschertopchanow hob ihn auf, setzte ihn auf eine Bank und goß ihm ein Glas Wodka in den Schlund. Das weckte den Juden aus seiner Ohnmacht. Und sobald der Jude wieder bei vollem Bewußtsein war, ließ Tschertopchanow sich mit ihm in ein Gespräch ein.

Es zeigte sich, daß der Jude mit dem Diebstahl gar nichts zu tun hatte. Tschertopchanow führte ihn in den Stall, und zu zweit besichtigten sie dann die durch Standbäume abgegrenzten Plätze für die Pferde, die Krippen, das Schloß an der Tür; sie durchwühlten das Heu, das Stroh; gingen dann auf den Hof hinaus; Tschertopchanow zeigte dem Juden die Hufspuren beim Zaun; und plötzlich schlug er sich auf die Lenden.

«Halt!» schrie er. «Wo hast du das Pferd gekauft?»

«Im Kreise Malo-Archangelsk, auf dem Jahrmarkt zu Werchosensk», antwortete der Jude.

«Von wem?»

«Von einem Kosaken.»

«Halt! War dieser Kosak jung oder alt?»

«In mittleren Jahren, ein gesetzter Mensch.»

«Und wie sieht er aus? Wahrscheinlich ein durchtriebener Gauner?»

«Kann schon sein, daß er ein Gauner war, Euer Wohlgeboren.»

«Und was hat er dir gesagt, dieser Gauner? Daß er das Pferd schon lange besitze?»

«Soviel ich mich erinnere, sagte er das.»

«Nun, so war es kein anderer als er, der das Pferd gestohlen hat! Urteile selbst! Höre! Stell dich hierher!... Wie heißt du?»

Der Jude schrak zusammen und heftete seine schwarzen Äuglein auf Tschertopchanow.

«Wie man *mich* nennt?»

«Nun ja, wie du heißt: Schipsel oder Karo?»

«Moischel Leiba.»

«Nun gut, denke einmal nach, Freund Leiba — du bist ja ein kluger Kerl —: wem, wenn nicht seinem alten Herrn, würde Malek-Adel folgen? Er hat ihn doch mit Sattel und Zaum versehen und ihm die Decke abgenommen; da liegt sie auf dem Heu!... Er hat sich benommen, wie wenn er zu Hause wäre. Jeden andern als seinen alten Herrn hätte Malek-Adel ja unter seine Füße getreten; er hätte einen solchen Lärm gemacht, daß das ganze Dorf zusammengelaufen wäre. Hast du das kapiert?»

«Kapiert habe ich es schon, Euer Wohlgeboren...»

«Folglich, sag' ich dir, muß man vor allen Dingen jenen Kosaken finden!»

«Wie soll man ihn finden, Euer Wohlgeboren? Ich hab' ihn nur ein einziges Mal gesehen — und wo ist er jetzt, und wie heißt er?»

«Leiba!» schrie Tschertopchanow plötzlich. «Schau mich doch an! Ich hab' doch den Verstand verloren! Ich bin nicht mehr ich! Ich nehme mir das Leben, wenn du mir nicht hilfst!»

«Aber wie kann ich ...?»

«Fahre mit mir, wir werden zusammen den Dieb suchen!»

«Aber wohin sollen wir fahren?»

«Auf die Jahrmärkte, über Chausseen und Landwege, zu den Pferdedieben in den Städten, Dörfern, Gehöften, überallhin! Wegen dem Geld mach' dir keine Sorgen, ich habe, Bruder, eine Erbschaft gemacht. Bis auf die letzte Kopeke laß' ich alles draufgehen, aber meinen Freund muß ich wiederhaben. Und der Kosak, der Lump, wird uns nicht entgehen! Wo er sich auch versteckt — wir stöbern ihn auf. Verbirgt er sich unter der Erde, so steigen auch wir unter die Erde hinab. Geht er zum Teufel, gehn wir zum Satan selbst!»

«Wozu zum Satan?» bemerkte der Jude. «Es geht auch ohne ihn.»

«Leiba!» fiel ihm Tschertopchanow ins Wort. «Du bist zwar ein Jude, und deine Religion ist unrein, aber deine Seele ist besser als manche christliche Seele. Erbarme dich meiner! Allein könnte ich die Sache nicht meistern. Ich bin ein Hitzkopf — du aber bist ein kluger Kopf, ein goldener Kopf! Dein Stamm, es ist schon so, hat ohne viel Wissenschaft eine Menge begriffen. Du zweifelst vielleicht, ob ich Geld habe? So komm zu mir ins Zimmer, ich werde dir mein ganzes Geld zeigen. Nimm es, nimm mir auch das Kreuzlein vom Halse, nur gib mir Malek-Adel wieder!»

Tschertopchanow schauderte wie im Fieber; der Schweiß floß ihm in großen Tropfen von der Stirn, sie vermischten sich mit seinen Tränen und verloren sich in seinem Schnurrbart. Er drückte Leibas Hände, er flehte ihn an, er küßte ihn beinahe . . . Er war außer Rand und Band. Der Jude versuchte, ihm den Plan auszureden; er versicherte, daß seine Geschäfte ihm nicht erlaubten, sich auf Reisen zu begeben . . . Ach, woher! Tschertopchanow wollte davon nichts hören. Es blieb dem armen Leiba nichts anderes übrig — er mußte einwilligen.

Am andern Tag verließ Tschertopchanow, zusammen mit Leiba, auf einem Bauernwagen Bessonowo. Der Jude sah etwas verwirrt aus, hielt sich mit der einen Hand an der Seitenstange der Telega und hüpfte mit seinem ganzen mageren Körper auf dem rüttelnden Sitz; die andere Hand preßte er an seinen Brustlatz, wo er ein Päckchen Banknoten, eingewickelt in Zeitungspapier, verborgen hielt. Tschertopchanow saß da wie ein Götze, nur seine Augen blickten forschend umher, und er atmete aus voller Brust; im Gürtel hatte er einen Dolch stecken.

«Nun also, jetzt gib acht, du Hundesohn, der du mir meinen Malek-Adel genommen hast!» murmelte er, als sie auf die Chaussee hinauskamen.

Sein Haus hatte er dem kleinen Kosaken Perfischka und der Küchenmagd anvertraut, einem tauben, alten Weibe, das er aus Mitleid bei sich aufgenommen hatte.

«Ich komme auf dem Malek-Adel zurück — oder gar nicht!» rief er beim Abschied.

«Du solltest mich wenigstens heiraten, oder was!» scherzte Perfischka, indem er die Küchenmagd mit dem Ellbogen in die Seite stieß. «Es ist alles eins — wir werden die Rückkehr unseres Barin ja doch nicht erleben, und so werden wir ja vor Langeweile umkommen.»

Ein Jahr verging, ein ganzes Jahr, und von Pantelej Jeremeïtsch kam keine Nachricht. Die Küchenmagd starb. Perfischka war eben im Begriff, das Haus zu verlassen, um in die Stadt zu ziehen, wohin ein Vetter ihn lockte, der als Coiffeur dort lebte — als plötzlich das Gerücht sich verbreitete, der Barin werde zurückkehren. Der zum Kirchspiel gehörige Diakon hatte von Pantelej Jeremeïtsch selbst einen Brief erhalten, worin dieser ihn von seiner Absicht, nach Bessonowo zurückzukehren, benachrichtigte; es sollte nun alles zu seinem Empfang vorbereitet werden. Diese Worte verstand Perfischka so, daß ein wenig Staub gewischt werden sollte, im übrigen schenkte er der Nachricht keinen großen Glauben. Er mußte sich jedoch überzeugen, daß der Diakon die Wahrheit gesprochen hatte, als einige Tage nachher Pantelej Jeremeïtsch in höchsteigener Person im Hof des Gutes, auf dem Malek-Adel einhertrabend, erschien.

Perfischka stürzte dem Barin entgegen, griff nach dem Steigbügel und wollte ihm behilflich sein, abzusteigen; dieser aber sprang selbst herunter, sah sich triumphierend um und schrie mit lauter Stimme: «Ich habe gesagt, daß ich Malek-Adel finden werde, und ich habe ihn gefunden, allen Feinden und selbst dem Schicksal zum Trotz!»

Perfischka wollte ihm die Hand küssen, Tschertopchanow aber schenkte dem Eifer seines Dieners keine Aufmerksamkeit: Malek-Adel am Zügel hinter sich her führend, eilte er mit großen Schritten auf den Stall zu. Perfischka betrachtete sich seinen Herrn sehr aufmerksam und wurde betrübt: Ach, wie mager und alt er geworden ist in diesem Jahr, und sein Gesicht — wie streng und finster es ist! Und man sollte doch meinen, Pantelej Jeremeïtsch müßte sich freuen, daß er sein Ziel erreicht hat, und er hat sich ja auch wirklich gefreut; aber Perfischka fühlte sich dennoch betrübt, und es wurde ihm sogar bang ums Herz. Tschertopchanow stellte das Pferd in den früheren Stand, gab ihm einen leichten

Klaps über die Kruppe und sagte: «So bist du nun glücklich wieder zu Hause, siehst du?»

Noch am selben Tage dingte er einen zuverlässigen Hüter, einen fronfreien, besitzlosen Bauern, richtete sich wieder in seinen Zimmern ein und lebte wie früher.

Es war aber doch nicht so wie früher. Doch davon später.

Am Tag nach seiner Rückkehr rief Pantelej Jeremeïtsch seinen Diener Perfischka zu sich, und weil er keinen andern Gesellschafter hatte, erzählte er ihm, wie es ihm gelungen war, Malek-Adel zu finden; er tat das natürlich im Gefühl seiner Würde mit Baßstimme. Solange er erzählte, saß er mit dem Gesicht zum Fenster und rauchte aus einem langen Pfeifenrohr; Perfischka aber stand zwischen Tür und Angel, hielt die Hände hinterm Rücken, blickte mit Ehrerbietung auf den Nacken seines Herrn und hörte zu, wie Pantelej Jeremeïtsch nach vielen vergeblichen Bemühungen und Fahndungen endlich nach Romny auf den Jahrmarkt gelangt war, er allein, ohne den Juden Leiba, der infolge seiner Charakterschwäche nicht bis zuletzt mitgegangen sei, sondern ihn schnöde verlassen habe; und wie er am fünften Tag, als er schon wegfahren wollte, ein letztes Mal durch die Reihen der Telegen ging und plötzlich zwischen drei anderen Pferden — Malek-Adel entdeckte, der den Futtersack am Maul hängen hatte. Pantelej Jeremeïtsch erzählte weiter, wie er Malek-Adel sofort erkannt habe und wie ihn auch Malek-Adel sofort erkannt habe; dieser habe zu wiehern begonnen, habe am Strick gerissen und mit dem Huf die Erde aufgewühlt . . .

«Und nicht bei einem Kosaken war er», fuhr Tschertopchanow fort, immer noch ohne sich umzuwenden und mit derselben Baßstimme, «sondern bei einem Zigeuner, einem Pferdehändler. Ich habe mich selbstverständlich sofort meines Pferdes bemächtigt und wollte es wegführen; aber da fingen die Zigeuner ein Mordsgeschrei an, daß es über den ganzen Platz tönte, und der Zigeuner schwor, er habe das Pferd von einem andern Zigeuner gekauft, gleich trumpfte er auch mit Zeugen auf . . . Na, ich spuckte aus und zahlte ihm das Geld: hole ihn der Teufel mitsamt dem Geld! Die Hauptsache ist, daß ich meinen Freund wiedergefunden und meine Seelenruhe wiederhabe. Im Kreis Karatschew habe ich mich nach den Worten des Juden an einem Kosaken irrtümlicherwiese vergriffen — ich hatte geglaubt, es sei der Dieb und habe ihm tüchtig die Fratze zerschlagen; dann aber stellte es sich heraus: es war der Sohn eines Popen, und mir wurden hundertzwanzig Rubel Schmerzensgeld für den Betreffenden abgenommen. Ach was, Geld kann man immer haben, aber die Hauptsache ist: ich habe Malek-Adel wieder! Ich bin jetzt glücklich und werde meine Ruhe haben. Und du, Perfischka, höre meinen Befehl: Sobald du irgendwo einen

Kosaken erblickst, komme gelaufen und bringe mir, ohne ein Wort zu verlieren, mein Gewehr. Was ich dann zu tun habe, werde ich schon wissen!»

So sprach Pantelej Jeremeïtsch zu Perfischka; so sprachen seine Lippen; in seinem Herzen aber war er nicht so ruhig, wie er sagte.

O weh! In der Tiefe seiner Seele war er nicht so ganz überzeugt, daß das Pferd, das er mitgebracht hatte, wirklich Malek-Adel war ...

Für Pantelej Jeremeïtsch begann nun eine schwere Zeit. Gerade die innere Ruhe hatte er nicht. Es kamen zwar gute Tage, wo es ihm schien, daß seine Zweifel unbegründet seien; er verscheuchte die törichten Gedanken wie lästige Fliegen; er lachte sogar über sich selbst. Es kamen dann aber andere, böse Tage — dann begann wieder der alte Verdacht in ihm zu nagen, wie eine Maus unter dem Fußboden. Und es war eine scharfe, heimliche Qual. An jenem Tage, als er Malek-Adel gefunden hatte, war sein erstes Gefühl reine Freude gewesen... Als er aber am andern Morgen unter dem niedrigen Schutzdach des kleinen Einkehrwirtshauses seinen Fund sattelte, neben dem er die ganze Nacht zugebracht hatte, da gab es ihm zum erstenmal einen Stich ... Er schüttelte nur den Kopf, jedoch der Same war ausgestreut. Auf dem Weg nach Hause regten sich diese Zweifel seltener; sie wurden stärker und bestimmter, sobald er nach Bessonowo zurückgekehrt war — sobald er sich wieder an dem Ort befand, wo früher der echte Malek-Adel gelebt hatte ... Auf dem Heimweg ritt er im Schritt, guckte sich nach allen Seiten um, rauchte sein Pfeifchen und dachte an nichts, außer daß er sich etwa vor sich selbst ein wenig brüstete: ‚Die Tschertopchanows, die setzen doch alles durch, was sie wollen!' Ein Abenteuer — nun ja! Und er lächelte. Als er aber zu Hause war, bekam alles einen anderen Anstrich. Was in seinem Innern vorging, verbarg er nach außen sorgfältig; schon seine Eigenliebe erlaubte ihm nicht, seinen Zweifeln Ausdruck zu geben. Er hätte jeden «bei den Beinen mitten auseinandergerissen», der auch nur entfernt eine Andeutung gewagt hätte, ob der neue Malek-Adel wohl auch der richtige sei; er nahm die Glückwünsche zu dem «glücklichen Fund» von den wenigen Leuten, mit denen er zusammenkam, gern entgegen, legte es aber nicht darauf an, solche Glückwünsche herauszufordern, und mehr als je mied er es, mit Menschen zusammenzutreffen — ein schlechtes Zeichen! Er examinierte — wenn man sich dieses Ausdrucks bedienen darf — fast beständig den neuen Malek-Adel; er ritt auf ihm weit hinaus, ins Feld, und stellte mit ihm allerlei Proben an; oder aber er schlich sich in den Pferdestall, stellte sich vor dem Kopf des Pferdes auf, schaute ihm in die Augen und fragte flüsternd: «Bist du es? ... Bist du es?» Oder er schaute ihn schweigend, aber während ganzer Stunden an, bald sich freuend: «Ja, er ist es!», bald wieder seinen Zweifeln ausgeliefert, und dann kam es wie eine Verdunklung seiner Sinne über ihn.

Es waren nicht so sehr die physischen Unterschiede zwischen *diesem* und *jenem* Malek-Adel die ihn beunruhigten, sie waren übrigens nicht zahlreich: ‚bei *jenem* waren Schweif und Mähne länger, die Ohren spitzer, die Fesseln kürzer, die Augen heller; aber das konnte ihm auch nur so scheinen. Viel mehr beunruhigten Tschertopchanow die — sozusagen — moralischen Unähnlichkeiten. *Jener* hatte andere Gewohnheiten, seine ganze Art und Weise war eine andere. So zum Beispiel pflegte *jener* Malek-Adel, wenn Tschertopchanow den Stall betrat, sich umzuschauen und leise zu wiehern; *dieser* aber kaute sein Heu, als ob nichts wäre — oder er schlummerte gar, den Kopf gesenkt. Beide rührten sich nicht von der Stelle, wenn der Reiter aus dem Sattel sprang; doch *jener*, wenn man ihn rief, folgte sogleich der Stimme; *dieser* aber blieb dann stehen wie ein Klotz. *Jener* galoppierte ebensorasch, sprang aber höher und weiter; *dieser* ging im Schritt freier, im Trab aber rüttelte er und schlug mit dem Hinterhuf an den Vorderhuf, eine Schande, deren sich *jener* nie schuldig machte, behüte Gott! *Dieser*, dachte Tschertopchanow, bewegt immer die Ohren so dumm, während *jener* ein Ohr zurücklegt, es so läßt und dabei seinen Herrn beobachtet. *Jener*, wenn er bemerkte, daß neben ihm Mist lag, klopfte sofort mit den Hinterbeinen an die Stallwand; *diesem* aber macht es nichts, wenn er bis zum Bauch im Mist steht. Stellte man *jenen* gegen den Wind, so sog er die Luft mächtig in seine Lungen ein und rüttelte sich auf; *dieser* aber schnaubt nur drauflos. *Jenen* konnte Regen und Feuchtigkeit unruhig machen; *dieser* macht sich nichts draus . . . *Dieser* ist derber, gröber! Es fehlt ihm auch die Anmut *jenes andern!* Und hartmäulig ist *dieser* auch . . . Was ist da zu reden! *Jener* war ein liebes Pferd, *dieser* . . .‘

Dies waren so Tschertopchanows Gedanken, die sein Gemüt mit Bitterkeit erfüllten. Zu andern Zeiten aber, wenn sein Pferd im schnellsten Lauf über die frisch gepflügten Felder sprengte, oder wenn er es zwang, bis zum Grund einer vom Regen ausgewaschenen Schlucht hinunterzusteigen und die steile Seitenwand wieder hinaufzuklettern, dann jauchzte sein Herz und ein Jubelruf entrang sich seiner Brust. ‚Dies‘, sagte er sich dann, ‚muß der wirkliche, der echte Malek-Adel sein; denn welch anderes Pferd vermöchte diese Kraftleistungen zu vollbringen?‘

Jedoch auch hier ging es nicht ohne Sünde und Unglück ab. Die langen Nachforschungen nach Malek-Adel hatten viel Geld verschlungen. An Kostromaer Hunde war nicht mehr zu denken. Wie früher ritt er einsam in der Gegend umher. Da geschah es, daß er eines Morgens unweit von Bessonowo auf die selbe

Jagdgesellschaft stieß, von der er sich seinerzeit auf seinem Malek-Adel so herausfordernd-kühn getummelt hatte. Und auch ein ähnlicher Zufall mußte sich ereignen: wie an jenem Tage, so sprang auch diesmal ein grauer Hase am Abhang eines Hügels hinter einem Wiesenrain hervor; die Hunde setzten ihm nach, hussa! huss!, und die ganze Jagdgesellschaft folgte hinterdrein. Und auch Tschertopchanow jagte mit, aber nicht zusammen mit den andern, sondern in einer Entfernung von ungefähr zweihundert Schritten — genau wie damals. Eine sehr große, von den Regenfluten ausgewaschene Schlucht am Abhang des Hügels, die sich nach oben hin immer mehr verengerte, schnitt Tschertopchanow den Weg ab. Dort, wo er sie überspringen mußte — und vor anderthalb Jahren auch wirklich übersprungen hatte, war diese Schlucht noch immer etwa acht Schritte breit und zwei Ellen tief. Im Vorgefühl seines Triumphes — des sich auf so wundersame Weise wiederholenden Triumphes — ermunterte er sein Pferd durch ein sieghaftes «Go-go-go-go-go-go!» schwang die Reitgerte — die Jäger, selber in vollem Galopp, ließen kein Auge von dem kühnen Reiter, sein Pferd flog wie ein Pfeil dahin; schon tauchte der breite Graben vor der Pferdenase auf — und nun hinüber! hinüber! wie damals! . . .

Aber Malek-Adel weigerte sich, den Sprung zu tun, wandte sich nach links und galoppierte den steilen Abhang entlang, so sehr sich Tschertopchanow auch bemühte, ihm den Kopf zur Seite zu zerren.

,Er hat Angst bekommen, traut sich selbst nichts mehr zu . . .'

Dann ließ Tschertopchanow, glühend vor Scham und Zorn, beinahe weinend, die Zügel fallen und trieb das Pferd direkt bergauf und weiter, immer weiter weg von den Jägern, um nicht hören zu müssen, wie sie sich über ihn lustig machten, um nur rascher ihren verfluchten Augen zu entwischen!

Mit zerpeitschten Rippen, schaumbedeckt, kam Malek-Adel zu Hause an, und Tschertopchanow schloß sich sogleich in seine Zimmer ein.

,Nein, das ist nicht *er*, das ist nicht mein Freund! Jener hätte sich den Hals gebrochen, aber verraten hätte er mich nicht!'

Aber erst durch folgenden Vorfall wurde Tschertopchanow zum Äußersten gebracht: Er ritt einst auf seinem Malek-Adel an den Gehöften vorbei, welche die Kirche umgaben, zu deren Diözese Bessonowo gehörte. Die Pelzmütze tief ins Gesicht gedrückt, zusammengekrümmt, beide Hände am Sattelbogen, bewegte er sich langsam vorwärts. Unfroh war ihm ums Herz, und eine große Unruhe war in ihm. Plötzlich rief ihn jemand an.

Er hielt das Pferd an, hob den Kopf und erblickte den Diakon, mit dem er während seiner Abwesenheit korrespondiert hatte. Mit einer braunen Klappmütze auf den braunen, zu einem Zöpfchen zusammengeflochtenen Haaren, gekleidet in einen gelblichen Kaftan, umgürtet unterhalb der Taille mit einem hellblauen abgenützten Schnürchen: so begab sich der Diener des Altars zu seinen Schäfchen, und als er Pantelej Jeremeïtsch erblickte, hielt er es für seine Pflicht, ihm Ehrerbietung zu bezeugen und von ihm bei dieser Gelegenheit für seine Schäfchen einen Obolus zu erbitten. Ohne einen derartigen Hintergedanken fangen geistliche Personen mit den weltlichen bekanntlich gar keine Gespräche an.

Aber Tschertopchanow war es gar nicht um den Diakon zu tun; er antwortete auf seinen Gruß kaum, brummte etwas zwischen den Zähnen und holte schon mit der Peitsche aus, um seinem Pferd einen Schlag zu versetzen ...

«Was haben Sie da für ein prachtvolles Pferd!» beeilte sich der Diakon hinzuzufügen. «Der Besitz eines solchen Pferdes ist ehrenvoll und bringt Gewinn. Wahrlich, Sie sind ein Mann von außerordentlicher Geistesschärfe. Wie ein Löwe, kann man sagen.»

Der Diakon war wegen seiner Wohlredenheit weit und breit berühmt, sehr zum Verdruß des Popen, der diese Gottesgabe nicht besaß und dem sogar der Schnaps die Zunge nicht löste.

«Das eine Tierlein», fuhr der Diakon fort, «haben Ihnen vom bösen Geist verführte Menschen gestohlen; das hat Sie aber nicht veranlaßt, den Mut sinken zu lassen; Sie haben im

Gegenteil noch mehr auf Gottes unerforschlichen Ratschluß vertraut und sich ein anderes Pferd angeschafft, das dem früheren um kein Jota unterlegen ist, im Gegenteil: es ist vermutlich noch besser, denn . . .»

«Was lügst du da?» unterbrach ihn Tschertopchanow finster. «Was redest du da von einem anderen Pferd? Es ist dasselbe, das ist Malek-Adel! Ich habe ihn wiedergefunden. Was plapperst du da leeres Zeug zusammen!»

«Ei! Ei! Ei!» sagte der Diakon in singendem Ton, mit seinen Fingern in seinem Bart spielend und Tschertopchanow mit seinen hellen, gierigen Augen betrachtend. «Wie ist denn das, Herr? Ihr Pferd, Gott stärke Ihr Gedächtnis, hat man Ihnen im vorigen Herbst, etwa zwei Wochen vor Mariä Fürbitte, gestohlen, und jetzt haben wir Ende November!»

«Nun ja, was folgt daraus?»

Der Diakon fuhr fort, mit den Fingern im Bart zu spielen. — «Folglich», erwiderte er, «ist seitdem mehr als ein Jahr vergangen, und Ihr Pferd war damals ein geapfelter Grauschimmel, und so ist es auch jetzt; nur ist es sogar, scheint mir, dünkler geworden. Wie geht das zu? Wissen Sie nicht, daß graue Pferde mit der Zeit heller werden?»

Tschertopchanow erbebte . . . Es war ihm, als hätte ihm jemand mit einem Spieß einen Stoß in die Herzgegend versetzt. Und in der Tat: die graue Farbe ändert sich! Wie war ihm dies bisher noch gar nicht in den Sinn gekommen?

«Bezopfter Teufel, weiche von mir! Laß mich ungeschoren!» schrie er plötzlich, rollte wütend die Augen und war im Nu aus dem Gesichtsfeld des verwunderten Diakons verschwunden.

«Nun ist alles zu Ende!»

Jetzt war wirklich alles zu Ende, alle Illusionen waren wie Seifenblasen zerplatzt, die letzte Karte war ausgespielt und geschlagen. Alles stürzte über dem einen Wort «werden weißer» zusammen.

Graue Pferde werden weißer!

«Galoppiere, galoppiere nur, Verfluchter! Von diesem Wort wirst du nicht weggaloppieren!»

Tschertopchanow jagte nach Hause und sperrte sich wieder ein.

Daß dieser elende Gaul nicht Malek-Adel war, daß zwischen jenem Gaul und Malek-Adel ein himmelweiter Unterschied bestand, daß jeder halbwegs Gescheite dies auf den ersten Blick hätte sehen müssen und daß Tschertopchanow sich auf die lächerlichste Weise getäuscht — nein! daß er sich selber mit voller Absicht etwas vorgemacht hatte: darüber gab es jetzt keinen Zweifel mehr. Wie ein wildes Tier ging Tschertopchanow in seinem Zimmer auf und ab, wobei er sich, bei der Wand angelangt, immer in der gleichen Weise auf dem Absatz umdrehte. Er fühlte sich in seiner Ehre verletzt, und dies verursachte ihm eine fürchterliche Qual. Eine wahre Verzweiflung bemächtigte sich seiner, Zorn erstickte ihn, und ein Durst nach Rache quälte ihn. Aber an wem sollte er sich rächen? An dem Juden, an Jaff, an Mascha, an dem Diakon, an dem Dieb von einem Kosaken — an allen Nachbarn, an der ganzen Welt? Es wurde ihm wirr im Kopf. Die letzte Karte war ausgespielt und geschlagen. (Dieser Vergleich gefiel ihm.) Und er war wieder einer der nichtigsten, verachtungswürdigsten Menschen, Gegenstand allgemeinen Gelächters, ein Hanswurst, dem der Diakon ins Gesicht lachen konnte!... Er dachte sich und stellte es sich lebhaft vor, wie dieser langmähnige Teufel die Geschichte von dem grauen Pferde und dem dummen Gutsbesitzer erzählen werde ... O verflucht!... Die Galle ging ihm über. Vergebens suchte er sich selbst zu beschwichtigen, vergebens tröstete er sich damit, daß dieses Pferd zwar nicht Malek-Adel, aber trotzdem ein gutes Pferd sei und ihm noch viele Jahre dienen könne; aber sofort wies er diesen Gedanken zornerfüllt von sich, wie wenn darin eine neue Beleidigung für Malek-Adel enthalten wäre, vor welchem er sich ohnedies schuldig fühlte ... Das fehlte noch! Dieses Aas, diesen Klepper, hatte er wie ein Blinder, wie ein Tölpel, dem Malek-Adel gleichgestellt! Und was die Dienste anlangt, die ihm diese Schindmähre noch leisten könnte — würde er ihr denn je wieder die Ehre erweisen, sie zu reiten? Niemals!... Er wird sie einem Tataren schenken oder den Hunden zum Fraß vorwerfen, etwas anderes verdient sie nicht ... Ja, so ist es am besten ...

Er wanderte noch etwa zwei Stunden in seinem Zimmer hin und her.

«Perfischka!» kommandierte er plötzlich. «Sofort gehst du in die Schenke und schleppst einen halben Eimer Branntwein her. Hörst du? Einen halben Eimer! Aber rasch! Daß der Schnaps sofort hier auf dem Tisch steht!»

Der Schnaps erschien unverweilt auf dem Tische Pantelej Jeremeïtschs, und er begann zu trinken!

Wer Tschertopchanow in seiner Verzweiflung gesehen hätte, wie er mit finsterem Ingrimm ein Glas Branntwein nach dem andern leerte, der würde sicherlich Angst bekommen haben. Die Nacht brach herein; ein Talglicht brannte trübe auf dem Tisch. Tschertopchanow hatte aufgehört, von einem Winkel in den andern zu wandern; er saß, rot im Gesicht, mit verglasten Augen, die er bald zur Erde senkte, bald starr auf das dunkle Fenster richtete; er stand auf, goß sich Schnaps ein, trank ihn aus, setzte sich wieder, richtete seine Augen wieder starr auf einen Punkt und rührte sich nicht — nur sein Atem ging rascher, und sein Gesicht rötete sich mehr und mehr. Wie es schien, reifte in ihm ein Entschluß, der ihn selbst entsetzte, an den er sich aber allmählich gewöhnte; ein und derselbe Gedanke rückte unablässig und ununterbrochen immer näher und näher; ein und dasselbe Bild zeichnete sich immer klarer vor seinem inneren Auge ab, und unter dem glühenden Druck des schweren Rausches löste nun ein Instinkt tierischer Grausamkeit die frühere Zornwut in seinem Herzen ab, und ein unheilverkündendes Lächeln erschien auf seinen Lippen.

«Nun, es ist die höchste Zeit!» sagte er in einem gewissermaßen geschäftlichen, fast gelangweilten Ton. «Man hat sich jetzt genug erfrischt.»

Er trank das letzte Glas Branntwein, holte von der Wand die Pistole herunter — dieselbe Pistole, mit der er auf Mascha geschossen hatte —, lud sie, steckte für jeden Fall ein paar Zündstifte in die Tasche; dann begab er sich in den Pferdestall.

Als er die Stalltür aufzumachen begann, lief der Wächter herbei, doch er schrie ihn an: «Ich bin's! Hast du keine Augen im Kopf? Geh weg!»

Der Wächter trat ein wenig zur Seite.

«Leg dich aufs Ohr!» schrie er ihn abermals an. «Hier hast du nichts zu bewachen. Er glaubt wunder was er da für einen Schatz behütet!»

Er trat in den Stall. Malek-Adel — der falsche Malek-Adel — lag auf der Streu. Tschertopchanow stieß ihn mit dem Fuß in die Flanke.

«Steh auf, Rabenkrähe!»

Hierauf band er den Halfter von der Krippe los, nahm die Satteldecke herunter und warf sie auf die Erde, und indem er das gehorsame Pferd im Stand auf rohe Weise umgedreht hatte, führte er es auf den Hof hinaus und vom Hof auf das Feld, zur äußersten Verwunderung des Wächters, welcher durchaus nicht begreifen konnte, wohin sich der Barin mit dem unaufgezäumten Pferd, das er am Zügel hinter sich her führte, wohl begeben mochte. Ihn zu fragen, wagte er natürlich nicht, sondern er schaute ihm nur nach, bis Tschertopchanow bei einer Biegung des Weges, der in den benachbarten Wald führte, verschwunden war.

Tschertopchanow ging mit großen Schritten, ohne stehenzubleiben oder sich umzusehen. Malek-Adel — wir wollen ihm diesen Namen bis zu seinem Ende lassen — ging ergeben hinter ihm drein. Die Nacht war ziemlich hell; Tschertopchanow konnte die zackigen Umrisse des Waldes unterscheiden, der als ein kompakter schwarzer Fleck vor ihm lag. Unter der Einwirkung der nächtlichen Kälte hätte der Schnaps, den er getrunken hatte, ihn sicherlich völlig betrunken gemacht, wenn nicht . . . wenn nicht ein anderer, noch stärkerer Rausch ihn benebelt hätte. Im Kopf hatte er das Gefühl einer Schwere; er spürte, wie ihm das Blut dröhnend im Halse und in den Ohren pochte; aber er ging mit festem Schritt weiter, und er wußte, wohin er ging.

Er hatte beschlossen, Malek-Adel zu töten; den ganzen Tag hatte er den Plan in seinem

Kopf gewälzt; jetzt war er zur Tat entschlossen.

Er ging an dieses Geschäft nicht etwa ruhig heran, sondern verrichtete es selbstsicher, als etwas Unwiderrufliches, in dem Gefühl einer Pflicht. Ihm erschien dies als eine sehr einfache Sache: indem er den Pseudo-Malek-Adel vernichtete, wurde er mit einem Male mit allem quitt, strafte sich selbst für seine Dummheit und rechtfertigte sich zugleich vor seinem wirklichen Freund; auch zeigte er damit der ganzen Welt (Tschertopchanow machte sich schwere Sorgen um die Meinung der «Welt»), daß mit ihm nicht zu spaßen sei ... Und die Hauptsache: er machte mit sich selbst ein Ende, zusammen mit dem Pseudo-Malek; denn wozu sollte er noch leben? Wie sich das alles in seinem Kopfe unterbringen ließ und warum ihm das so einfach schien: dies zu erklären, ist keineswegs leicht, obzwar auch nicht ganz unmöglich. In seinem Stolz gekränkt, vereinsamt, ohne eine menschliche Seele, die ihm nahestand, bettelarm, mit einem durch übermäßigen Schnapsgenuß zerstörten Nervensystem, befand er sich in einem Zustand nahe dem Wahnsinn, und es ist nicht daran zu zweifeln, daß in den Augen der Verrückten die absurdesten Narreteien eine Art Logik und Rechtmäßigkeit haben. Tschertopchanow war jedenfalls völlig von der Rechtmäßigkeit seiner Handlung überzeugt; er zögerte nicht; er beeilte sich, das Urteil über den «Schuldigen» zu vollstrecken, ohne sich eigentlich genau darüber Rechenschaft zu geben, wer der Schuldige war ... Im Grunde dachte er wenig darüber nach, was getan werden mußte. «Man muß, man muß Schluß machen», das allein wiederholte er sich immer wieder, stumpfsinnig-streng: «Man muß ein Ende machen!»

Und der schuldlos-Schuldige trabte ergeben hinter seinem Rücken her ... Aber im Herzen Tschertopchanows war alles Mitleid erloschen.

Unweit vom Saum des Waldes, wohin er sein Pferd geführt hatte, zog sich eine kleine Schlucht hin, die zur Hälfte mit buschartigen jungen Eichen bewachsen war. Dort stieg Tschertopchanow hinunter ... Malek-Adel strauchelte und wäre beinahe auf ihn gefallen.

«Willst du mich vielleicht zerquetschen, Verfluchter?» schrie Tschertopchanow und zog, als ob er sich verteidigen müßte, die Pistole aus der Tasche. Es war jetzt nicht mehr Erbitterung, was er empfand, sondern jenes besondere Gefühl der Erstarrung, welches sich, wie man sagt, eines Menschen bemächtigt, der im Begriff ist, ein Verbrechen zu begehen. Aber die eigene Stimme flößte ihm einen tiefen Schrecken ein: so wild ertönte sie unter dem Schirmdach der dunklen Zweige in der dumpfen Feuchtigkeit der Waldschlucht! Zudem begann, gleichsam als Antwort auf seinen Schrei, im Wipfel einer Eiche just über seinem

Kopf ein großer Vogel sein unruhiges Hin und Her. Tschertopchanow erbebte. Es war gerade so, wie wenn er einen Zeugen seiner Missetat aufgeweckt hätte. — Und wo? An diesem öden Ort, wo er kein einziges lebendiges Wesen hätte antreffen sollen ...

«Weiche, Satan!» zischte er durch die Zähne, ließ den Zügel, an dem er Malek-Adel geführt hatte, fallen und versetzte ihm, weit ausholend, mit dem Kolben der Pistole einen Hieb über die Schulter. Malek-Adel drehte sich unverzüglich um, arbeitete sich mit Mühe aus der Schlucht heraus und lief davon. Nicht lange war der Hufschlag des davonsprengenden Pferdes zu hören: ein Wind, der sich erhoben hatte, dämpfte und überdeckte alle Töne.

Auch Tschertopchanow arbeitete sich langsam aus der Schlucht heraus, erreichte den Saum des Waldes und schleppte sich langsam nach Hause.

Er war unzufrieden mit sich selbst: die Schwere, die er im Kopf und im Herzen verspürte, verbreitete sich über alle seine Glieder; er ging böse, finster, unbefriedigt, hungrig heim, es war ihm, als ob ihn jemand beleidigt, ihm seine Beute, seine Nahrung weggenommen hätte.

So mag einem Selbstmörder zumute sein, den man in der Ausführung seiner Absicht gestört hatte.

Plötzlich stupfte ihn etwas von hinten. Er blickte sich um ... Malek-Adel stand mitten auf dem Weg. Er war der Spur seines Herrn gefolgt und berührte ihn nun mit der Schnauze ... er meldete sich ...

«Ah!» schrie Tschertopchanow, «du bist selber gekommen, dir den Tod zu holen! So erleide ihn denn!»

Im Augenblick hatte er die Pistole herausgerissen, den Hahn gespannt, den Lauf an die Stirne Malek-Adels gelegt und abgeschossen.

Das arme Pferd taumelte zur Seite, bäumte sich, sprang etwa zehn Schritte weit weg, stürzte plötzlich schwer hin, begann zu röcheln und wälzte sich in krampfhaften Zuckungen am Boden ...

Tschertopchanow hielt sich mit beiden Händen die Ohren zu und lief weg. Die Knie knickten unter ihm zusammen. Und der Rausch, und die Wut, und die stumpfsinnige Selbstgefälligkeit — alles war in einem Nu verflogen. Geblieben war nur das Gefühl, daß er eine Schandtat begangen, daß er sich ehrlos benommen hatte und daß es nun auch mit ihm zu Ende sei — — —

Etwa sechs Wochen später hielt es der kleine Kosak Perfischka für seine Pflicht, den Landpolizeikommissar, der eben am Bessonowschen Gut vorbeifuhr, anzuhalten.

«Was willst du?» fragte ihn der Ordnungshüter.

«Euer Wohlgeboren möge sich zu uns ins Haus bemühen», antwortete der kleine Kosak mit einer tiefen Verbeugung. «Pantelej Jeremeïtsch will, wie es scheint, sterben, und so fürchte ich mich denn!»

«Wie? Sterben?» vergewisserte sich der Kommissar.

«Ganz recht! Zuerst hat er jeden Tag Branntwein zu trinken geruht, jetzt aber hat er sich ins Bett gelegt und ist schlimm dran. Ich glaube, er versteht schon nichts mehr. Seine Zunge ist wie lahm.»

Der Landpolizeikommissar stieg aus dem Wagen.

«Hast du denn wenigstens den Popen verständigt? Hat dein Barin gebeichtet? Das heilige Abendmahl empfangen?»

«O nein, Euer Wohlgeboren!»

Der Kommissar machte ein finsteres Gesicht.

«Warum nicht, Brüderchen? Darf denn das sein, ha? Oder weißt du nicht, daß du dafür... daß du eine große Verantwortung trägst?»

«Aber ich habe ja den Barin erst vorgestern und auch gestern gefragt», erwiderte der kleine Kosak. «‚Befehlen Sie nicht, Pantelej Jeremeïtsch‘, sage ich, ‚daß ich schnell zum Popen laufe?‘ — ‚Schweige‘, sagt er, ‚du Narr. Mische dich nicht in Sachen, die dich nichts angehen.‘ Und heute, als ich ihm Meldung erstattete, sah er mich nur an und bewegte den Schnurrbart.»

«Hat er viel Schnaps getrunken?» fragte der Landpolizeikommissar.

«Sehr viel! — Aber bitte, haben Sie schon die Güte, Euer Wohlgeboren, sich zu ihm ins Zimmer zu bemühen.»

«Na, meinetwegen! Führe mich zu ihm», brummte der Kommissar, und folgte Perfischka ins Haus.

Dort erwartete ihn ein seltsamer Anblick.

In einem hinteren Zimmer des Hauses, wo es feucht und dunkel war, auf einem armseligen Bett, das statt eines Leintuches mit einer Pferdedecke überzogen war und in dem ein zusammengerollter zottiger Filzmantel als Kissen diente, lag Tschertopchanow, nicht mehr bleich, sondern gelbgrün, wie Leichen aussehen, mit eingesunkenen Augen unter den feuchtschimmernden Augenlidern, mit einer spitz gewordenen, aber noch immer rötlichen Nase über dem zerzausten Schnurrbart. Er lag da, gekleidet in seinen unvermeidlichen «asiatischen» Hausrock mit den Patronen auf der Brust und den blauen, weiten Tscherkessenhosen. Eine Pelzmütze mit rotem Oberteil bedeckte ihm die Stirn bis zu den Augenbrauen. In einer Hand hielt Tschertopchanow eine Nagaika, in der andern — den gestickten Tabakbeutel, ein Geschenk Maschas. Auf dem Tisch neben dem Bett stand eine leere vierkantige Schnapsflasche; am Kopfende des Bettes waren zwei Aquarellzeichnungen mit Stecknadeln an der Wand befestigt: Auf der einen war, soviel man sehen konnte, ein dicker Mann mit einer Gitarre in der Hand dargestellt — wahrscheinlich Njedopjuskin; das zweite Bild stellte einen galoppierenden Reiter dar ... das Pferd war jenen märchenhaften Tieren ähnlich, wie sie von Kindern an Wände und Zäune gekritzelt werden, aber die sorgfältig schattierten Tupfen des Apfelschimmels, die Patronen auf der Brust des Reiters, die langen Spitzen der Schuhe und der sehr große Schnurrbart ließen keinen Zweifel darüber aufkommen: diese Zeichnung mußte Pantelej Jeremeïtsch selbst darstellen, wie er rittlings auf dem Malek-Adel saß.

Der erstaunte Kommissar wußte nicht, was er machen sollte. Im Zimmer herrschte Totenstille. ‚Aber er ist ja schon gestorben', dachte er, und mit lauter Stimme rief er: «Pantelej Jeremeïtsch! He! Pantelej Jeremeïtsch!»

Nun ereignete sich etwas Ungewöhnliches: die Augen Tschertopchanows öffneten sich langsam; die erloschenen Pupillen bewegten sich zuerst nach links, nachher von links nach rechts, blieben auf dem Besucher stehen, erblickten ihn ... etwas wie ein Blick erschien in diesen Augen ... die blau gewordenen Lippen öffneten sich langsam, und eine heisere Stimme, die schon wirklich eine Grabesstimme war, ließ sich hören: «Der altadelige Pantelej Tschertopchanow stirbt . . . Wer kann ihn daran hindern? Er ist niemand was schuldig. Verlangt nichts ... Laßt ihn, Leute! Geht!»

Die Hand mit der Nagaika wollte sich schon erheben ... Es ging nicht mehr. Die Lippen schlossen sich, die Augen fielen zu — und Tschertopchanow lag wie früher auf seinem harten Bett, steif, bewegungslos, die Fußsohlen zusammengeschoben.

«Laß es mich wissen, wenn er gestorben ist», flüsterte der Landpolizeikommissar dem Perfischka zu, als er das Zimmer verließ, «und den Popen kann man, denk' ich, auch jetzt noch holen. Man muß doch auf Ordnung sehen! Er *muß* die Letzte Ölung erhalten!»

Perfischka begab sich noch am selben Tag zum Popen, und am folgenden Morgen mußte er den Landpolizeikommissar wissen lassen: «Pantelej Jeremeïtsch ist in derselben Nacht gestorben.»

Als man Tschertopchanow beerdigte, begleiteten seinen Sarg zwei Menschen: der kleine Kosak Perfischka und Moischel Leiba. Die Nachricht vom Tode Tschertopchanows war auf irgendeine Weise zu dem Juden gelangt, und er verfehlte nicht, seinem Wohltäter die letzte Ehre zu erweisen.

MEIN NACHBAR RADILOW

Im Herbst halten sich die Waldschnepfen gern in alten Lindenhainen auf. Solche Haine sind bei uns im Gouvernement Orjol recht häufig zu finden. Unsere Urgroßväter pflegten bei der Wahl eines Wohnsitzes unbedingt gleich zwei Hektaren guten Bodens für den künftigen Obstgarten nebst einem Park und einer Lindenallee zu bestimmen. Aber nach einigen fünfzig oder siebzig Jahren verschwanden diese Gütchen, diese «Adelsnester», allmählich vom Angesicht der Erde: die aus Holz gebauten Häuser waren vermorscht und wurden auf Abbruch verkauft; die Nebengebäude aus Stein verwandelten sich in Ruinen; die Apfelbäume gingen ein und wurden verheizt; die Bretterzäune und die Zäune aus geflochtenen Weidenzweigen wurden zerstört. Nur die Linden setzten ihr herrliches Wachstum fort, und jetzt, wo sie überall von beackertem Boden umgeben sind, künden sie einem windigen Geschlecht den Ruhm unserer entschlafenen Väter und Brüder. So eine alte Linde ist ein wunderbarer Baum. Sogar die Axt des russischen Bauern schont ihn. Das Lindenblatt ist klein, die Äste aber breiten sich mächtig aus, und unter ihnen ist ewiger Schatten.

Einst, als ich mit Jermolaj in den Feldern umherstreifte, um Rebhühner zu schießen, bemerkte ich in einer abgelegenen Gegend einen solchen Lindenhain, der völlig verwildert war, und begab mich hin. Ich war kaum am Rand des Buschwerks angelangt, als sich eine Waldschnepfe schnarrend erhob. Ich schoß sie ab, aber im gleichen Augenblick hörte ich einen Aufschrei und sah das erschrockene Gesicht eines jungen Mädchens, das hinter den Bäumen hervorlugte und sogleich verschwand. Jermolaj kam herbeigelaufen.

«Wie mögen Sie hier schießen? Da wohnt ja ein Gutsbesitzer!»

Ich hatte noch nicht Zeit gehabt, zu antworten, und mein Hund hatte auch noch nicht Zeit gehabt, mir in betonter Pflichttreue den getöteten Vogel zu bringen, als sich rasche Schritte vernehmen ließen und ein Mann von hohem Wuchs aus dem Dickicht hervortrat, der mit einem unzufriedenen Gesicht vor mir stehenblieb. Ich entschuldigte mich so gut ich konnte, nannte meinen Namen und bot ihm den auf seinem Grund und Boden geschossenen Vogel an.

«Nun gut», sagte er mit einem Lächeln, «ich nehme Ihre Beute an, doch nur unter der Bedingung, daß Sie bei uns zu Mittag bleiben.»

Ich gestehe, daß ich über seinen Vorschlag nicht erfreut war, aber ihn abzulehnen, war unmöglich.

«Ich bin ein hiesiger Gutsbesitzer und Ihr Nachbar, Radilow ist mein Name; vielleicht haben Sie von mir gehört», fuhr mein neuer Bekannter fort. «Heute ist Sonntag, und es muß heute bei uns ein anständiges Mittagessen geben; sonst würde ich Sie nicht einladen.»

Ich antwortete, was man in solchen Fällen zu antworten pflegt, und folgte ihm in sein Haus. Ein erst kürzlich gesäuberter Weg führte von der Lindenallee in einen Garten hinein. Zwischen den alten Apfelbäumen und den dichten Stachelbeersträuchern schimmerten runde, blaßgrüne Kohlköpfe durch; Hopfenpflanzen rankten sich an hohen, dünnen Stangen empor; in einem dicht mit dunkelbraunen Gerten besteckten Beet hingen, mit den Gerten verfilzt, die Stengel und Schotten vertrockneter Erbsen; große, flachrunde Kürbisse wuchteten überall, wo man nur hinsah; Gurken gelbten hinter verstaubten, eckigen Blättern; dem Zaun entlang wuchsen und wiegten sich im Wind hohe Brennesselstauden. An zwei oder drei Stellen häuften sich tatarisches Geißblatt, Holunder, Heckenrosen, Reste aus ehemaligen Blumenbeeten. Neben einem kleinen Tümpel mit rötlichem, schleimigem Wasser sah man einen Brunnen, der von Pfützen umgeben war, in denen sich Enten tummelten. Ein Hund, der am ganzen Körper zitterte und mit den Augen blinzelte, nagte, auf einer Wiese sitzend, an einem Knochen.

Hier rupfte denn auch eine scheckige Kuh Gras und wehrte sich mit dem bebüschelten Schwanz träge die Fliegen ab. Der Weg machte eine Biegung; hinter den dicken Weiden und Birken erblickte ich ein baufälliges, in Sturm und Wetter graugewordenes Häuschen mit Schindeldach und einem windschiefen Vortreppchen. Radilow blieb stehen.

«Übrigens», sagte er gutmütig und schaute mir dabei direkt in die Augen, «grad denk' ich dran: — Wenn es Ihnen vielleicht nicht paßt, bei mir zu speisen . . . ?»

Ich ließ ihn nicht ausreden und versicherte ihm, daß es mir im Gegenteil sehr angenehm sein werde, bei ihm zu Mittag zu essen.

«Nun, wie Sie wollen.»

Wir traten ins Haus. Ein junger Bursche in einem langen Kaftan aus dickem blauen Tuch empfing uns an der Treppe. Radilow befahl ihm, dem Jermolaj ein Gläschen Wodka zu bringen und ging weiter; Jermolaj machte hinter dem Rücken des gutherzigen Gebers eine tiefe Verbeugung. Aus dem Flurzimmer, das mit allerlei bunten Bildern und einigen Vogelkäfigen ausgestattet war, traten wir in das kleine Kabinett Radilows. Ich legte meine Jagdausrüstung ab, stellte die Flinte in einen Winkel; der Junge im langen Kaftan bürstete mich mit großem Eifer ab.

«Nun, jetzt gehen wir ins Gastzimmer», sagte Radilow freundlich, «ich werde Sie mit meinem Mütterchen bekannt machen.»

Ich folgte ihm. Im Gastzimmer auf dem Diwan saß eine alte Dame von kleinem Wuchs, in braunem Kleid und weißer Haube, mit einem gütigen Gesicht und einem schüchternen und traurigen Blick.

«Das ist, Mütterchen, unser Nachbar***.»

Die Greisin erhob sich und begrüßte mich, ohne einen dicken, sackähnlichen Arbeitsbeutel aus den mageren Händen zu lassen.

«Sind Sie schon lange in unserer Gegend?» fragte sie mit ihrer schwachen, leisen Stimme.

«Nein, erst seit kurzer Zeit.»

«Wollen Sie jetzt länger hier bleiben?»

«Nur bis zum Winter.»

Die Greisin schwieg.

«Und das ist», nahm Radilow wieder das Wort, und zeigte auf einen hochgewachsenen, hageren Mann, den ich beim Eintritt ins Gastzimmer nicht bemerkt hatte, «das ist Fjodor Micheïtsch ... Nun denn, Fedja, zeig einmal, was du kannst! Warum hast du dich denn im Winkel versteckt?»

Fjodor Micheïtsch erhob sich sofort vom Stuhl, nahm vom Fensterbrett eine schlechte Geige, ergriff den Bogen, und zwar nicht am Ende, wie es sich gehört, sondern in der Mitte, lehnte die Geige gegen die Brust, schloß die Augen und fing an zu tanzen, wobei er ein Liedchen sang und auf der Geige kratzte. Dem Aussehen nach war er ungefähr siebzig Jahre alt; ein langer Nankingrock schlotterte, traurig anzusehen, an seinen vertrockneten, knochigen

Gliedern. Er tanzte: Bald schnellte er das winzige, kahle Köpfchen mit Bravour in die Höhe, bald bewegte er es nur langsam, gleichsam erstarrend; dann streckte er wieder den Hals mit den dicken Adern vor und stampfte den Boden mit den Füßen; oder er bog sogar, nicht ohne Mühe, die Knie. Sein zahnloser Mund brachte krächzende Töne hervor ... Radilow mochte wohl erraten haben, daß mir die «Kunst» Fedjas kein Vergnügen bereite.

«Nun gut, Alterchen, genug für heute», sagte er, «du kannst gehen und dich ein bißchen erholen.»

Fjodor Micheïtsch legte die Geige augenblicklich auf das Fensterbrett, verbeugte sich, Abschied nehmend, zuerst vor mir, dem Gast, dann vor der Greisin und zuletzt vor Radilow; dann ging er hinaus.

«Das war auch einmal ein Gutsbesitzer», bemerkte mein neuer Freund, «und noch dazu ein sehr reicher; aber er hat sich ruiniert und lebt nun bei mir ... Das war seinerzeit der schmuckste Kerl im ganzen Gouvernement, zwei Frauen hat er ihren Männern entführt, er hielt sich einen Sängerchor und hat selbst meisterhaft gesungen und getanzt ... Aber darf ich Ihnen nicht ein Gläschen Wodka anbieten? Das Mittagessen steht schon auf dem Tisch.»

Ein junges Mädchen, dasselbe, das ich im Lindenhain flüchtig gesehen hatte, trat ins Zimmer.

«Hier stelle ich Ihnen Olga vor!» sagte Radilow. «Und nun, wenn Sie so gütig sein wollen . . .»

Wir begaben uns ins Eßzimmer und nahmen am Tisch Platz. Fjodor Micheïtsch, der sich unterdessen gut «erholt» hatte, stimmte eine Hymne an: «Sei du unsres Siegs Trommete!» Für ihn war abseits ein kleines Tischchen ohne Tischtuch und Serviette gedeckt. Der arme Alte konnte für Reinlichkeit nicht unter allen Umständen bürgen und mußte daher immer ein bißchen abseits gehalten werden. Er bekreuzigte sich und begann zu schlingen wie ein Haifisch. Das Mittagessen war wirklich nicht schlecht, und da es Sonntag war, ging es nicht ab ohne Gelee, das auf dem Teller schwabbelte, und natürlich auch nicht ohne spanische Windbeutel oder Krapfen. Bei Tisch kam Radilow, der etwa zehn Jahre in einem Infanterieregiment gedient und im türkischen Krieg mitgekämpft hatte, ins Erzählen; ich hörte ihm aufmerksam zu und beobachtete gleichzeitig Olga. Sie war nicht sehr hübsch, aber ein entschiedener und ruhiger Ausdruck ihres Gesichtes, ihre breite, weiße Stirn, das dichte Haar und besonders ihre braunen, nicht eben großen, aber klugen, hellen und lebhaft glänzenden Augen hätten auch jeden andern an meiner Stelle frappiert. Sie lauschte mit gespanntester Aufmerksamkeit auf jedes Wort, das Radilow sprach, und auf ihrem Gesicht lag ein Ausdruck leidenschaftlichster Teilnahme. Radilow konnte, den Jahren nach, ihr Vater sein; er sagte zu ihr «du», ich erriet aber bald, daß sie nicht seine Tochter war. Im Laufe des Gesprächs erwähnte er seine verstorbene Frau; — «ihre Schwester», fügte er hinzu, und zeigte auf Olga. Sie errötete und schlug die Augen nieder. Radilow schwieg und sprach dann von etwas anderm. Die Greisin hatte während der ganzen Mahlzeit kein Wort gesprochen, auch fast nichts gegessen und auch mich nicht bewirtet. Ihre Züge atmeten irgendein ängstliches und hoffnungsloses Erwarten, jenen Greisen-Trübsinn, bei dessen Anblick sich unser Herz qualvoll zusammenzieht. Gegen Ende des Mittagmahles wollte Fjodor Micheitsch die Gastgeber und den Gast hochleben lassen, aber Radilow blickte mich an und bat ihn, still zu sein. Der Alte fuhr sich mit der Hand über den Mund, blinzelte, machte eine Verbeugung und setzte sich nieder, aber schon ganz auf dem Rand seines Stuhles. Nach Tisch ging ich mit Radilow in sein Kabinett.

Bei Menschen, die ein und derselbe Gedanke, eine und dieselbe Leidenschaft heftig und andauernd bewegt, bemerkt man einen gemeinsamen Zug, eine gewisse Ähnlichkeit in ihrem Auftreten und Verkehr, wie verschieden im übrigen ihre Eigenschaften und Fähigkeiten, ihre gesellschaftliche Stellung und ihr kulturelles Niveau auch sein mögen. Je mehr ich Radilow beobachtete, desto mehr überzeugte ich mich, daß er zu dieser Art von Menschen gehörte. Er konnte von der Wirtschaft, vom Ernteertrag, von der Heumahd, vom Krieg, von den nächsten Wahlen und von allem möglichen Klatsch sprechen, sogar mit Interesse, aber plötzlich seufzte er, sank in den Stuhl zurück und strich sich mit der Hand über das Gesicht, wie einer, der todmüde ist. Seine ganze Seele in ihrer Güte und Wärme schien von einem einzigen Gefühl durchdrungen zu sein. Es wunderte mich nicht wenig, daß ich bei ihm keine von jenen Leidenschaften entdecken konnte, die bei uns so verbreitet sind, wie zum Beispiel: für einen guten Bissen, für den Wein, für die Jagd, für Nachtigallen, für Tauben, die an Fallsucht leiden, für die russische Literatur, für Paßgänger, für Ungarinnen, für Karten- und Billardspiele, für Tanzkränzchen, für Reisen in die Gouvernementsstädte und in die Metropole, für Papier- und Zuckerfabriken, für idyllische Gartenlauben, für den bis zum Wahnsinn getriebenen Kultus der Troika mit Seitenpferden, für Kutscher, die direkt unter den Achselhöhlen umgürtet sind und bei jeder Bewegung des Halses die hervorquellenden Augen schief verdrehen ... ‚Was ist denn das für ein Gutsbesitzer!‘ dachte ich. Aber inzwischen mimte er gar nicht den düsteren, mit seinem Schicksal unzufriedenen Menschen — nein, von ihm ging ganz im Gegenteil ein sympathischer Strom von Wohlwollen, Dienstwilligkeit und Liebenswürdigkeit aus, er zeigte sogar eine fast beleidigende Bereitwilligkeit, sich mit jedem Beliebigen zu befreunden. Dabei fühlte man freilich, daß er sich doch mit niemand richtig befreunden, sich niemand wirklich nähern konnte; aber nicht, weil er etwa andere Menschen überhaupt nicht nötig hatte, sondern weil in dieser Zeit sein ganzes Leben nach innen gekehrt war.

Wenn ich Radilow so beobachtete, konnte ich mir auf keine Weise vorstellen, daß er je glücklich gewesen wäre oder je glücklich werden könnte. Er war nicht, was wir einen schönen Mann nennen, aber in seinem Blick, in seinem Lächeln, in seiner ganzen Art verbarg sich etwas außerordentlich Anziehendes, ich sage mit Bedacht: es verbarg sich. So konnte man den Wunsch haben, ihn näher kennenzulernen und sich mit ihm zu befreunden. Allerdings kam in ihm zuweilen auch der Gutsbesitzer und Steppenbewohner zum Vorschein; aber er war trotzdem ein prächtiger Mensch.

Wir sprachen eben vom neuen Adelsmarschall, als sich von der Tür her die Stimme Olgas vernehmen ließ: «Der Tee ist bereit!» Wir betraten das Gastzimmer. Fjodor Micheitsch saß wie früher im Winkel zwischen Fenster und Tür, mit sittsam eingezogenen Füßen. Die Mutter Radilows strickte an einem Strumpf. Durch die offenen Fenster wehte es aus dem Garten herbstliche Frische und einen Duft von reifen Äpfeln herein. Olga goß geschäftig den Tee ein. Ich beobachtete sie jetzt mit mehr Aufmerksamkeit als beim Mittagessen. Sie sprach sehr wenig, wie überhaupt alle Fräulein, die auf dem Land aufgewachsen sind; ich bemerkte bei ihr aber auch den Wunsch nicht, etwas besonders Geistreiches zu sagen, dabei im durchbohrenden Gefühl der inneren Leere und Nichtigkeit. Sie seufzte nicht, wie wenn ein Überfluß unausdrückbarer Empfindungen in ihrem Busen wogte, sie rollte nicht pathetisch das Auge, lächelte nicht schwärmerisch und schmachtend. Sie schaute ruhig und gleichgültig vor sich hin wie ein Mensch, der nach einem großen Glück oder nach einer großen Unruhe seine Selbstbeherrschung wiedergefunden hat. Ihr Gang und ihre Bewegungen waren entschieden und ungezwungen. Sie gefiel mir sehr.

Wir, Radilow und ich, begannen wieder ein Gespräch. Ich erinnere mich nicht mehr, auf welchem Wege wir zu der Bemerkung gelangten, wie oft die nichtigsten Sachen auf die Menschen einen größeren Eindruck machen als die wichtigsten.

«Ja», sagte Radilow, «das habe ich auch an mir selbst erfahren. Ich war, müssen Sie wissen, verheiratet. Nicht lange ... drei Jahre. Meine Frau starb bei der Entbindung. Ich dachte, ich werde sie nicht überleben, ich war schrecklich betrübt, niedergeschlagen, aber weinen konnte ich nicht; ich ging nur wie ein Verrückter umher. Man hatte sie angezogen, wie es sich gehört, man legte sie auf den Tisch — da, in diesem Zimmer. Es kam der Priester; die Diakone kamen, begannen zu singen, zu beten, die Weihrauchfässer zu schwingen; ich verneigte mich bis zur Erde, aber ich vergoß nicht das kleinste Tränlein. Mein Herz war wie aus Stein, der Kopf auch, und ich war im ganzen schwerfällig geworden. So verging der erste Tag. Werden Sie es glauben? — ich schlief in der Nacht sogar sehr gut. Am andern Morgen ging ich in das Zimmer, wo die Frau lag — es war im Sommer, die Sonne bestrahlte sie vom Kopf bis zu den Füßen, und so grell... Plötzlich bemerkte ich ... (Radilow schauderte unwillkürlich) — was glauben Sie? Ein Auge war nicht ganz geschlossen, und auf diesem Auge kroch eine Fliege herum ... Ich fiel um, wie ein Garbe, und als ich zu mir kam, fing ich an zu weinen, und ich weinte, weinte, konnte mich gar nicht beruhigen ...»

Radilow schwieg. Ich sah ihn und nachher Olga an. Mein Lebtag werde ich den Ausdruck ihres Gesichtes nicht vergessen. Die Greisin legte den Strumpf in ihren Schoß, nahm aus ihrem Arbeitsbeutel ein Taschentuch und wischte heimlich eine Träne ab. Fjodor Micheitsch stand plötzlich auf, packte seine Violine und intonierte mit einer heiseren und wilden Stimme ein Liedchen. Wahrscheinlich wünschte er, uns aufzuheitern; aber wir alle schraken beim ersten Ton, den seine Fidel hergab, zusammen, und Radilow bat ihn, aufzuhören.

«Übrigens», fuhr er fort, «was gewesen ist, ist gewesen; das Vergangene kehrt nicht zurück, und endlich ... ist alles zum besten eingerichtet in dieser besten aller möglichen Welten, wie Voltaire gesagt hat — oder wer es war», fügte er hastig hinzu.

«Ja», erwiderte ich, «freilich. Alles, alles läßt sich schließlich ertragen, und es gibt keine Lage, die so schlimm wäre, daß es aus ihr keinen Ausweg gäbe.»

«Sie glauben wirklich?» fragte Radilow. «Ei nun, vielleicht haben Sie recht! Ich erinnere mich: ich lag in der Türkei im Spital und war mehr tot als lebendig, ich hatte das Faulfieber. Nun, mit der Unterkunft konnten wir nicht prunken, selbstverständlich, wie das beim Militär schon so ist, und es war ja noch zu ertragen, Gott sei Dank. Da bringt man plötzlich noch mehr Kranke. Wohin jetzt mit ihnen? Der Arzt geht hin und her — kein Platz. Endlich tritt er an mich heran und fragt den Feldscher: ‚Lebt er noch?' Der Feldscher brummt: ‚Heute früh hat er noch gelebt.' Der Arzt beugt sich über mich, horcht ... Ich atme ... Da verliert der gute Mann die Geduld und schreit: ‚Was ist doch die Natur für ein verrücktes Huhn! Der da wird ja sowieso bald sterben, unbedingt kratzt er demnächst ab; aber nein, immer noch zieht er's hin, quengelt nur, nimmt andern den Platz weg und stört einen auf Schritt und Tritt.' — ‚Na', denke ich bei mir, ‚schlecht steht's um dich, Michail Michailowitsch ...' Aber wie Sie sehen, bin ich doch gesund geworden und lebe bis heute; folglich haben Sie recht.»

«Ich habe in jedem Sinn recht», erwiderte ich. «Wenn Sie gestorben wären, wären Sie ja eben dadurch aus Ihrer schlimmen Lage herausgekommen.»

«Gewiß, gewiß!» bestätigte er, indem er mit der Hand kräftig auf die Tischplatte schlug ... «Es kommt nur auf den Entschluß an. Was soll das heißen: eine schlimme Lage? ... Wozu zögern, wozu alles in die Länge ziehn? ...»

Olga stand auf und ging rasch in den Garten hinaus.

Feja sprang auf, tänzelte mit jenem zierlichen Schritt der Ziege, die einen zahmen Bären umkreist, durchs Zimmer und begann zu singen:

«Wie bei den Unsern am Tor...»

An der Vortreppe hörte man das Geräusch eines heranrollenden Wagens, und nach wenigen Augenblicken trat ein hochgewachsener, breitschultriger, stämmiger Greis ins Zimmer, der Einhofbauer Owsjannikow ... Dieser Owsjannikow ist aber eine so bemerkenswerte und originelle Persönlichkeit, daß wir von ihm, mit Erlaubnis des Lesers, in einer anderen Skizze reden werden. Jetzt habe ich nur noch hinzuzufügen, daß ich mich am andern Tag in aller Hergottsfrühe mit Jermolaj auf den Weg machte; daß ich von der Jagd nach Hause zurückkehrte; daß ich nach einer Woche wieder zu Radilows hineinschaute, aber weder ihn noch Olga antraf, und daß ich erst nach weiteren zwei Wochen erfuhr, er sei — verschwunden. Er habe die Mutter zurückgelassen, selber aber sei er mit seiner Schwägerin * auf und davon. Das ganze Gouvernement kam in Aufregung, alle Welt sprach von diesem Ereignis, ich aber verstand erst jetzt vollkommen, was der Ausdruck im Gesichte Olgas damals, als Radilow von seiner verstorbenen Frau erzählte, bedeutet hatte: Das war nicht bloß Mitleid gewesen; da war auch glühende Eifersucht dabei . . .

Vor meiner Abreise besuchte ich noch einmal die alte Radilow. Ich traf sie im Gastzimmer an. Sie spielte mit Fjodor Micheïtsch «Durak» **.

«Haben Sie von Ihrem Sohn gute Nachrichten?» fragte ich sie endlich.

Die Alte brach in Tränen aus. Da fragte ich nicht weiter.

* Die griechisch-orthodoxe Kirche verbietet die Heirat zwischen Verwandten, auch wenn sie nicht blutsverwandt sind. Anm. d. Übers.

** «Durak» = «Narr», ein beliebtes Kartenspiel.

DER FREISASSE OWSJANNIKOW

Owsjannikow ist ein stattlicher, etwas korpulenter Mann von etwa siebzig Jahren, mit einem Gesicht, das ein wenig an den Fabeldichter Krylow* erinnerte; sein Blick unter den überhängenden Brauen ist klar und klug; seine Haltung ist würdig, seine Rede gemessen, sein Gang langsam: da haben Sie Owsjannikow wie er leibt und lebt.

Er trug einen weiten blauen, bis oben zugeknöpften Überrock mit langen Ärmeln, ein lilafarbenes Seidentuch um den Hals, blankgeputzte Stiefel mit Quasten und glich überhaupt einem wohlhabenden Kaufherrn. Er hatte sehr schöne, weiche, weiße Hände; im Laufe des Gesprächs faßte er oft die Knöpfe seines Rockes an. Owsjannikow erinnerte mich durch sein gewichtiges, unerschütterliches Wesen, seine Bedächtigkeit und seine Indolenz, seine Geradheit und Hartnäckigkeit an die Bojaren der vorpetrinischen Zeit ... Das lange Brokatkleid der Bojaren hätte ihm gut gestanden. Das war einer der letzten Vertreter

* Iwan Andrejewitsch Krylow, 1768—1844. Fabeln, Oden, Episteln, Dramen. Anm. d. Übers.

der alten Zeit. Er stand bei allen Nachbarn in hoher Achtung; sie betrachteten es als eine Ehre, mit ihm bekannt zu sein. Seine Standesgenossen, die Freisassen beteten ihn beinahe an, sie zogen ihre Mützen vor ihm ab, schon wenn sie ihn nur von ferne sahen. Und sie waren stolz auf ihn. Im allgemeinen ist es bei uns schwer, einen Freisassen von einem gewöhnlichen Bauern zu unterscheiden; in der Regel ist seine Wirtschaft oft schlechter als die eines Bauern; seine Kälber muß er mit Buchweizen füttern, seine Pferde leben kaum, das Pferdegeschirr ist aus Stricken . . . Owsjannikow nun war eine Ausnahme, obwohl er nicht eben reich war. Er lebte allein mit seiner Frau in einem gemütlichen, sauberen Häuschen, hielt wenige Dienstleute, kleidete sie russisch und nannte sie Arbeiter. Sie pflügten ihm auch sein Ackerland. Für einen Edelmann gab er sich nicht aus, spielte auch nicht den Gutsbesitzer, überschritt nie die ihm gezogenen Grenzen, setzte sich nicht auf die erste Einladung hin nieder, beim Eintritt eines neuen Gastes erhob er sich von seinem Platz, aber mit solcher Würde, mit einer solchen stolzen Freundlichkeit, daß sich der Gast vor ihm unwillkürlich tiefer verneigte. Owsjannikow hielt an den alten Gebräuchen nicht aus Aberglauben fest (davon war seine Seele ziemlich frei), sondern aus Gewohnheit. Er liebte zum Beispiel die mit Federn versehenen Equipagen nicht, weil er sie nicht bequem fand, und reiste entweder in einer Renndroschke oder in einer schönen kleinen Telega mit Lederkissen, und lenkte seinen guten braunen Traber selbst. (Er hielt sich nur braune Pferde.) Der Kutscher, ein junger, rotwangiger Bursche mit rundgeschnittenem Haar, angetan mit einem bläulichen Kaftan, auf dem Kopf eine Schaffellmütze, saß ehrfurchtsvoll in einer Reihe neben ihm. Nach dem Mittagessen pflegte er zu schlafen; sonnabends ging er in die Badstube; er las nur geistliche Bücher (wobei er sich würdevoll eine große, runde, in Silber gefaßte Brille auf die Nase setzte); er stand früh auf und legte sich früh zu Bett. Den Bart jedoch schor er sich, und die Haare trug er nicht lang, nach russischer, sondern kurz, nach ausländischer Art. Gäste empfing er sehr freundlich und gut, verbeugte sich aber vor ihnen nicht, wie es der russische Bauer tut, «bis zum Gürtel», tat auch nicht geschäftig, drängte ihnen nicht allerhand «hausgemachte» Leckerbissen auf. «Frau!» sagte er langsam, ohne sich von seinem Sitz zu erheben und leicht den Kopf zu ihr hinwendend, «bringe den Herrschaften etwas zum Naschen!» Er hielt es für eine Sünde, Korn — die Gottesgabe — zu verkaufen, und in den vierziger Jahren, während der allgemeinen Hungersnot und schrecklichen Teuerung, verteilte er unter die benachbarten Gutsbesitzer und Bauern seinen gesamten Vorrat; im folgenden Jahr zahlten sie ihre Schuld *in natura* zurück. Zu Owsjannikow kamen oft

Nachbarn mit der Bitte, er möge Streitigkeiten schlichten, die zwischen ihnen entstanden waren, und fast immer unterwarfen sie sich seinem Spruch, gehorchten sie seinem Rat. Er half bei der Vermessung der Gutsgrenzen, wodurch er sich den Dank vieler erwarb. Aber nachdem einige Gutsbesitzerinnen seine Ratschläge in den Wind geschlagen hatten, weigerte er sich, inskünftig zwischen Personen weiblichen Geschlechts zu vermitteln. Er konnte das unruhige Hin und Her, die Geschwätzigkeit und das fahrige Wesen der Gutsbesitzerinnen nicht leiden. Als einst in seinem Hause Feuer ausbrach und ein Arbeiter atemlos gelaufen kam, «Feuer! Feuer!» brüllend, sagte Owsjannikow ruhig: «Was schreist du denn so? Gib mir die Mütze und den Krückstock!» Er liebte es, seine Pferde selbst einzufahren. Einst jagte ein hitziges Pferd mit ihm einen Abhang hinunter, einer Schlucht entgegen. «Na, genug, genug, du Wildfang», redete er dem Pferdchen gutmütig zu, «du wirst dir noch den Hals brechen!» Im nächsten Augenblick flog er mit seiner Renndroschke samt dem hinter ihm sitzenden Knaben und dem Pferd in die Schlucht hinunter. Zum Glück war unten weicher Sand. Niemand trug Verletzungen davon, nur das Pferd hatte sich einen Fuß verstaucht ... «Siehst du, siehst du», fuhr Owsjannikow ruhig fort, «hab' ich's dir nicht gleich gesagt?» Auch eine rechte Frau hatte er sich gefunden. Tatjana Iljinitschna Owsjannikowa war von hohem Wuchs, ernst und schweigsam; ein braunes seidenes Tuch umhüllte ihren Körper; Kälte ging von ihr aus, obgleich sich niemand über ihre Strenge zu beklagen hatte und im Gegenteil viele sie Mütterchen und Wohltäterin nannten. Regelmäßige Gesichtszüge, große dunkle Augen und schmale Lippen zeugten noch jetzt von ihrer einst berühmten Schönheit. Kinder hatte Owsjannikow nicht.

Ich war ja, wie der Leser schon weiß, bei Radilow mit ihm bekannt geworden, und nach etwa zwei Tagen fuhr ich zu ihm. Ich traf ihn zu Hause an. Er saß in einem großen, mit Leder bezogenen Lehnstuhl und las «Das Leben der Heiligen». Eine graue Katze saß schnurrend auf seiner Schulter. Er empfing mich, seiner Gewohnheit gemäß, freundlich und würdevoll. Wir kamen ins Gespräch.

«Gestehen Sie, Luka Petrowitsch», sagte ich, «es war doch früher, zu Ihrer Zeit, besser.»

«Manches war in der Tat besser, das darf ich wohl sagen», antwortete Owsjannikow, «man lebte ruhiger, es war alles in Hülle und Fülle da, gewiß, gewiß . . . Aber es ist doch jetzt besser, und für Ihre Kinder wird es noch besser sein, Gott geb's.»

«Und ich hatte erwartet, Luka Petrowitsch, daß Sie mir die alte Zeit loben würden.»

«O nein, die alte Zeit zu loben hab' ich keinen Grund. Sehen Sie — ich will das nur als Beispiel anführen —: Sie sind jetzt Gutsbesitzer, wie es Ihr Großvater war, aber eine Macht, wie er sie gehabt hat, werden Sie nicht mehr haben; auch sind Sie selbst ein anderer Mensch. Wir werden jetzt von anderen Herren bedrückt; denn ohne das kann man, scheint's, nicht auskommen. Mit zwei harten Steinen mahlt es sich schlecht, aber vielleicht wird's doch Mehl geben. Nein, ich werde das nicht mehr erblicken, was ich in meiner Jugend gesehen und erlebt habe!»

«Nun, was denn zum Beispiel?»

«Wir können zum Beispiel wieder von Ihrem Großvater reden! Das war ein Gewalttäter! Wie hat er unsereinen gekränkt und beleidigt! Sie wissen doch — wie sollten Sie auch auf Ihrem Grund und Boden nicht Bescheid wissen! —: jener Keil, der von Tscheplygino bis nach Malinina geht?... Sie haben jetzt Hafer drauf stehen... Nun, der gehört uns, Ihr Großvater hat ihn uns weggenommen. Er kam geritten, zeigte mit der Hand auf diesen Acker und sprach: ‚Mein Gebiet!' und eignete es sich an. Mein verstorbener Vater — Gott hab' ihn selig — war ein gerechter, aber auch leidenschaftlicher Mann; er wollte das Unrecht nicht leiden; und wer will auch sein Hab und Gut verlieren? — Kurz: er reichte beim Gericht eine Klage ein. Aber nur er allein tat dies, die andern unterstützten ihn nicht — sie hatten Angst. Da ward Ihrem Großvater zugetragen: ‚Pjotr Owsjannikow hat gegen Eure Erlaucht eine Klage eingereicht, weil Eure Erlaucht gewissermaßen geruht hätten, ihm Land wegzunehmen!‘

Ihr Großvater schickte sogleich seinen Oberpiqueur, einen Deutschen namens Bausch, mit seinen Leuten zu uns. So nahm man meinen Vater und führte ihn auf Ihr väterliches Gut. Ich war damals noch ein Knäblein, barfuß lief ich hinter ihm her. Und was geschah? Man schleppte ihn vor Ihr Haus und unter den Fenstern Ihres Hauses wurde er gepeitscht. Ihr Großvater stand auf dem Balkon und sah zu, und Ihre Großmutter saß am Fenster und sah auch zu ... Mein Vater schrie: ‚Mütterchen Marja Wassiljewna, treten Sie für mich ein, haben *Sie* wenigstens Mitleid mit mir!‘ Sie aber tut nichts dergleichen, reckt sich höher, um besser zu sehen, und schaut zu ... Dann nahm man meinem Vater das Wort ab, daß er auf seinen Grund und Boden verzichte, und er mußte noch danken, daß man ihn lebendig laufen ließ. Auf diese Weise ist jenes Landstück in Ihren Besitz gekommen. Gehen Sie und fragen Sie Ihre Bauern: wie nennt man dieses Stück Land? ‚Das Knüttelfeld‘ wird es genannt, weil es mit dem Knüttel genommen worden ist. So haben wir denn wahrlich keinen Grund, die alte Zeit zurückzuwünschen.»

Ich wußte nicht, was ich Owsjannikow erwidern sollte und wagte nicht, ihm ins Gesicht zu schauen.

«Und da hatte sich noch ein anderer Nachbar bei uns eingefunden, Komow, Stepan

Niktopolionytsch. Auch der hat meinen Vater gequält, und wenn nicht auf diese, so auf eine andere Art. Ein Saufbold war's, er liebte es, Saufgelage zu veranstalten, und wenn er dann getrunken hat und sagt: *C'est bon!*' und sich die Lippen leckt, dann kommen Dinge zum Vorschein, daß man nur gleich die Heiligenbilder wegtragen möchte. Einladungen ergehen dann an alle Nachbarn. Die Troiken standen bei ihm jederzeit parat. Und kommt man nicht, so überrumpelt er einen im eigenen Haus ... Was war das für ein sonderbarer Mensch! In nüchternem Zustand log er nicht; war er aber betrunken, dann begann er zu lügen, daß sich die Balken bogen. Er erzählte dann, daß er in Petersburg an der Fontanka drei Häuser habe, ein rotes mit nur einem Schornstein, ein zweites mit zwei gelben Schornsteinen und ein drittes, ein blaues, ohne Schornstein; und drei Söhne (er war nicht einmal verheiratet): einen bei der Infanterie, einen bei der Kavallerie und einen dritten, der ganz für sich lebe. Und er erzählte, daß in jedem Haus ein Sohn lebe: zum ersten kämen nur Admiräle auf Besuch, zum zweiten nur Generäle, zum dritten aber nur Engländer! Dann steht er auf und sagt: ‚Auf die Gesundheit meines ältesten Sohnes! Das ist der, der mir die größte Ehrerbietung entgegenbringt!' und fängt an zu weinen ... Und wehe dem, der ihm nicht Bescheid tut! ‚Ich werde dich erschießen!' sagt er, ‚und ich werde nicht erlauben, daß man dich begräbt!‘ Dann springt er auf und schreit: ‚Tanze, Volk Gottes, zu deinem Vergnügen und meiner Freude!‘ Da hieß es: tanze, auch wenn du im Sterben bist, tanze! Seine leibeigenen Mägde quälte er am meisten. Die mußten oft die ganze Nacht, bis in den hellen Morgen hinein, im Chor singen, und diejenige welche die höchsten Töne singen konnte, wurde belohnt. Wurden sie müde, dann legte er den Kopf auf seine Hände und gab sich ganz seinem Kummer hin. ‚Ach, ich arme Waise, die ich bin, alle verlassen mich Täubchen!‘ Die Kutscher mußten dann die Mägde aufmuntern ... An meinem Vater fand er Gefallen: was war da zu machen? ... Es fehlte nicht viel, daß er ihn ins Grab gebracht hätte; aber dann ist er selbst, Gott sei Dank, gestorben: Vom Taubenschlag ist er, betrunken, wie er war, heruntergefallen ... Sehen Sie, das waren unsere Nachbarn — von dazumal!»

«Wie haben sich die Zeiten geändert!» bemerkte ich.

«Ja, ja», stimmte Owsjannikow zu, «aber das muß man sagen: damals lebten die adeligen Herren viel üppiger als heute — von den eigentlichen Granden gar nicht zu reden: ich habe ihrer in Moskau genug gesehen. Man sagt, sie seien auch dort schon verschwunden.»

«Sie waren in Moskau?»

«Ich war dort, es ist lange, sehr lange her. Ich bin jetzt im dreiundsiebzigsten Jahr, und als ich nach Moskau kam, war ich sechzehn.»

Owsjannikow seufzte.

«Wen haben Sie denn dort gesehen?»

«Ich habe dort viele Würdenträger gesehen, und jeder konnte sie sehen; sie lebten auf großem Fuß, in Herrlichkeit und Freuden. Aber dem Grafen Alexej Grigorjewitsch Orlow-Tschesmenskij kam keiner gleich. Diesen Alexej Grigorjewitsch habe ich oft gesehen; mein Onkel diente bei ihm als Haushofmeister. Der Graf geruhte am Kaluga'schen Tor zu wohnen, nahe der Schabalowka. Das war ein Grandseigneur! Eine würdevollere Haltung, eine leutseligere Art des Umgangs mit dem niederen Volk kann man sich gar nicht vorstellen, und beschreiben läßt es sich auch nicht. Wie imponierte schon sein Wuchs, seine Kraft, sein Blick! Solange man ihn nicht kannte, war man bange; ging man aber zu ihm hinein, dann war es, als ob die Sonne einen erwärmte, ganz fröhlich wurde einem zumute. Wer nur wollte, konnte zu ihm kommen, und für alles hatte er Interesse. Bei den Rennen lenkte er selbst den Wagen, niemand schloß er vom Rennen aus, nie überholte er jemand bei der ersten Runde, er kränkte auch nie jemand dadurch, daß er das Rennen aufgab, und erst beim Endkampf sah er zu, als Erster ans Ziel zu gelangen. Und wie freundlich tröstete er den Gegner, wie lobte er sein Pferd! Tümmlertauben hielt er sich — alle von erster Sorte. Er pflegte auf den Hof hinauszugehen, sich in einen Lehnstuhl zu setzen, und dann befahl er, die Tauben auffliegen zu lassen. Und ringsherum stehen Leute mit Flinten auf den Dächern, um die Habichte abzuhalten. Man hat ein silbernes Waschbecken, mit Wasser gefüllt, hingestellt, und ins Wasser schauend, verfolgt er den Flug seiner Tauben. Bettler lebten zu Hunderten von seinen Almosen, und er gab mit vollen Händen! Wurde er aber einmal böse, dann war's, als ob der Donner erschallte! Da war denn die Angst groß, aber zu beklagen hatte sich niemand: ehe man sich dessen versah, lächelte er schon wieder ... Wenn er ein Gastmahl gab, machte er ganz Moskau betrunken! ... Und wie klug er war! Er hat doch die Türken geschlagen! Kampfspiele waren seine Freude. Von überallher, von Tula, von Charkow, von Tambow, schickte man die stärksten Männer zu ihm. Er rang selbst mit ihnen, und wen er besiegte, den beschenkte er reichlich und küßte ihn auf die Lippen ... Während meines Aufenthaltes in Moskau verfiel er einmal darauf; eine Hatz zu veranstalten, wie sie in Rußland noch nicht dagewesen war: Alle Jäger im ganzen Reich, so viele ihrer auch waren, lud er zu Gast, bestimmte den Tag und ließ ihnen drei Monate Zeit. Sie versammelten sich, brachten Hunde mit, Treiber — nun, ein ganzes Heer kam da zusammen, wahrhaftig, ein riesiges Heer! Zuerst gab's, wie es sich gehört, einen tüchtigen Schmaus, und dann begaben sich alle zu der bezeichneten Stelle. Ungeheuer viel Volk hatte sich versammelt, um zuzuschauen. Und was sagen Sie dazu? — Der Hund Ihres Großvaters hat alle übertroffen.»

«War es nicht die Milowidka?»

«Ja, Milowidka, Milowidka! . . . Da begann der Graf ihn zu bitten: ‚Verkauf mir doch, bitte, deinen Hund! Verlange, was du willst!' — ‚Nein, Graf', sagt er, ‚ich bin doch kein Händler und Krämer, ich verkaufe nichts. Der Ehre halber bin ich bereit, alles abzutreten, sogar meine eigene Frau — nur nicht Milowidka . . . Eher würde ich mich selber gebunden ausliefern.' Alexej Grigorjewitsch lobte ihn dafür. ‚Das gefällt mir!' sagte er. Ihr Großvater brachte die Hündin in seiner Kalesche zurück, und als die Milowidka starb, da begrub man sie im Garten mit Musik, und ein Stein mit einer Inschrift ward auf ihr Grab gesetzt.»

«So war also Alexej Grigorjewitsch einer, der nie jemand gekränkt hat?»

«So ist's, niedrige Seelen greifen immer an.»

«Und was für ein Mensch war dieser Bausch?» fragte ich nach einer Weile.

«Wie, Sie haben von der Milowidka gehört, von Bausch aber nicht? . . . Das war der Oberpiqueur und Hundewärter Ihres Großvaters. Ihr Großvater liebte ihn nicht weniger als seine Milowidka. Das war ein verwegener Mensch, und was Ihr Großvater auch befahl — er führte es pünktlich aus, und wenn er auf ein Messer hätte kriechen sollen . . . Hei, wie sein Halali durch die Wälder scholl! Aber mit einemmal wird er störrisch, steigt vom Pferd und legt sich ins Gras ... Sobald aber die Hunde seine Stimme nicht mehr hörten, war auch für sie die Jagd zu Ende. Sie verließen die Schweißspur und waren um nichts zu bewegen, das angeschossene Wild aufzuspüren. Ach, wie wurde da Ihr Großvater zornig! ‚Ich will nicht leben bleiben, wenn ich diesen Müßiggänger nicht aufhängen lasse! Diesem Antichrist drehe ich noch den Hals um! Die Fersen werde ich dem Seelenmörder durch die eigene Kehle ziehen!‘ Und es endete stets damit, daß er zu ihm schickte und ihn fragen ließ, was er haben wolle und warum er nicht weiter hetze. Bausch verlangte in solchen Fällen gewöhnlich Branntwein, trank, stand auf, und die Hatz ging weiter.»

«Sie sind selber wohl auch ein Liebhaber der Jagd, Luka Petrowitsch?»

«Das wäre ich wohl gewesen ... gewiß ... aber jetzt geht's nicht mehr; meine Zeit ist vorbei — und in jungen Jahren, wissen Sie, ging es nicht gut, meines Standes wegen. Es schickt sich für unsereinen nicht, es den Adeligen gleichtun zu wollen. Es ist wahr: auch aus unserem Stande gesellte sich einer oder der andere, ein Saufbruder oder ein Taugenichts, zu den Herren ... Aber was kann das für eine Freude sein? Er bringt sich damit nur selbst in Schande. Man gibt ihm eine elende Schindmähre zum Reiten, die alle Augenblicke stolpert, ihm selber wirft man alle Augenblicke die Mütze vom Kopf, man zieht ihm mit der Hetzpeitsche eins über und tut, als ob man das Pferd habe schlagen wollen, und er muß dazu lachen und den Narren spielen. Nein, sage ich: je geringer der Stand, desto strenger halte dich, sonst machst du dich schmutzig. Ja», fuhr Owsjannikow mit einem Seufzer fort, «viel Wasser ist ins Meer geflossen, seitdem ich auf der Welt bin, die Zeiten haben sich geändert. Besonders bei den Edelleuten sehe ich eine große Veränderung. Die weniger Begüterten sind fast alle in den Staatsdienst getreten oder sind sonstwie weggezogen, und die Großgrundbesitzer sind auch nicht mehr die, die sie einst waren. Die letzteren habe ich mir bei Gelegenheit der Landvermessung angesehen. Und da muß ich sagen: das Herz lacht einem im Leibe, wenn man sieht, wie umgänglich, wie höflich sie sind. Dabei muß man sich aber wundern, daß sie bei aller Wissenschaft und aller Logik das, worauf es einzig ankommt, nicht verstehen, ja, ihren eigenen Nutzen verkennen sie; ihr eigener Leibeigener, der Verwalter, macht mit ihnen, was er will. Sie kennen doch wahrscheinlich Koroljow, Alexander Wladimirowitsch? Ein hübscher Mensch, reich, hat auf Universitäten studiert, ist, scheint's, auch im Ausland gewesen, spricht fließend mehrere Sprachen, ist bescheiden, uns allen drückt er die Hand . . . Sie kennen ihn? . . . Nun, so hören Sie. In der vorigen Woche sind wir, auf Einladung des Friedensrichters Nikofor Iljitsch, in Berjosowka zusammengekommen. Der Friedensrichter sagt zu uns: ‚Meine Herrschaften, Vermessungen sind vorzunehmen. Es ist eine Schande: unser Distrikt ist hinter allen anderen zurückgeblieben.‘ Und nun ging man an die Sache heran. Meinungsäußerungen wurden laut, Streitereien begannen, wie das schon so ist. Unser Vertreter machte sich wichtig, aber vor allem fing Owtschinikow Händel an ... Und warum? Weshalb Händel? Dieser Mensch hatte selbst keine Handbreit Boden; er geht im Auftrag seines Bruders vor und schreit: ‚He! Mich hintergeht ihr nicht, da seid Ihr an den Unrechten gekommen! Die Pläne her! Schafft mir den Feldmesser zur Stelle, den Christusverkäufer, her mit ihm!‘ — ‚Ja, was ist denn eigentlich Ihre Forderung!‘ — ‚Ihr glaubt wohl, in mir einen Narren gefunden zu haben? Ich werde mich hüten, euch sofort meine Forderungen zu unterbreiten! Nein, gebt die Pläne heraus — das ist es!‘ Dann haut er mit der Faust auf die Pläne. Er beleidigt Marfa Dmitrijewna. Diese schreit: ‚Wie wagen Sie es, meine Reputation anzutasten!‘ Er erwidert: ‚Nicht einmal meiner braunen Stute wünsche ich eine Reputation, wie Sie sie haben!‘ — Man hat ihn endlich mit einem Glas Madeira beruhigt. Da fangen andere an zu rebellieren. Täubchen Koroljow, Alexander Wladimirowitsch, sitzt im Winkel, kaut an seinem Stockknopf und schüttelt nur so den Kopf. Ich war tief beschämt. Es war nicht zum Aushalten. Ich war auf dem Sprung, davonzulaufen. Was mag dieser Mann von uns denken? Da plötzlich richtet sich mein Alexander Wladimirowitsch auf und verlangt das Wort. Der Friedensrichter wurde fahrig und sprach: ‚Meine Herren! Meine Herren! Alexander Wladimirowitsch wünscht das Wort!' Und man muß den Edelleuten das Lob widerfahren lassen: sie schwiegen sofort. Und nun sprach Alexander Wladimirowitsch. ‚Meine Herren', begann er, ‚wir haben, scheint's vergessen, wozu wir uns versammelt haben. Die Landvermessung ist ohne Zweifel auch für den Grundeigentümer vorteilhaft, aber wozu wurde sie hauptsächlich eingeführt? Dazu, damit es der Bauer leichter habe, damit er bequemer seinen Verpflichtungen nachkommen könne; denn jetzt weiß er oft nicht, wo das Bodenstück liegt, das er für sich bearbeiten kann, und oft muß er in eine Entfernung von fünf Werst ackern gehn ... Da kann man den Bauern nicht zur Verantwortung ziehen.' Alexander Wladimirowitsch erklärte ferner, es sei eine Sünde, wenn sich der Grundherr nicht um das Wohl und Wehe seiner Bauern kümmere. ‚Denn schließlich', sagte er, ‚fällt ihr Vorteil mit unserm Vorteil zusammen: haben sie es gut, dann haben auch wir es gut; geht es den Bauern schlecht, dann geht es auch uns nicht besser.' Es sei daher eine Schande und ein Spott, sich wegen Kleinigkeiten zu streiten ... In dieser Art ging es weiter ... Und *wie* er sprach! Es griff einem ans Herz ... Die Edelleute ließen allesamt die Nasen hängen, ich selber war bis zu Tränen gerührt. Wahrlich, wahrlich, solche Worte kommen nicht einmal in den Schriften der Alten vor ... Und womit hat das alles geendet? Er selbst hat nicht einmal vier Dessjatinen sumpfigen Bodens abgetreten, und verkaufen wollte er sie auch nicht. Er sagte: ,Ich werde diesen Sumpf durch meine Leute austrocknen lassen und auf diesem Boden eine Tuchfabrik modernster Art errichten lassen. Diesen Platz', sagte er, ,habe ich schon viel früher für diesen Zweck bestimmt und habe dafür meine Gründe.' Und wenn das noch alles wahr gewesen wäre: aber es war so, daß der Nachbar des lieben Alexander Wladimirowitschs — ein gewisser Karassikow Anton — aus Geiz unterlassen hatte, dem Verwalter Koroljows hundert Rubel Assignaten zuzustecken. So sind wir denn unverrichteter Sache auseinandergegangen. Und Alexander Wladimirowitsch ist von der Gerechtigkeit seiner Sache durchdrungen und redet beständig von seiner Tuchfabrik, nur tritt er an die Austrocknung des Sumpfes nicht heran.»

«Wie bewirtschaftet er denn sein Gut?»

«Er führt alle daumenlang eine neue Ordnung ein. Die Bauern sind damit nicht zufrieden, aber er kümmert sich nicht darum. Alexander Wladimirowitsch weiß, was er tut und hat immer recht.»

«Wie ist denn das nun, Luka Petrowitsch? Ich dachte, Sie selbst hielten sich an die alten Bräuche?»

«Ich — das ist eine andere Sache. Ich bin doch kein Edelmann und auch kein Gutsbesitzer. Was habe ich denn für eine Wirtschaft? Ich kann eben nicht anders. Ich bemühe mich, nach Recht und Gesetz zu handeln, und es geht, Gott sei Dank! Die jungen Leute lieben die alten Einrichtungen nicht, und ich lobe sie dafür. Es ist ja auch die höchste Zeit, sich zu besinnen. Das aber ist das Malheur, die jungen Leute vernünfteln zu viel. Mit dem Bauern gehen sie um wie mit einer Puppe, sie drehen und biegen an ihm, zerbrechen ihm etwas und werfen ihn weg. Dann nimmt der Verwalter, gewöhnlich selber ein Leibeigener, oder der deutsche Inspektor, ihn in die Tatzen. Aber wenn doch nur einer von den jungen Leuten mit gutem Beispiel vorangehen und zeigen würde, wie man es machen muß... Womit wird das enden? Ist es möglich, daß ich sterben werde, ohne eine neue Ordnung der Dinge erlebt zu haben?... Was für ein Rätsel: das Alte ist abgestorben, das Neue aber wird nicht geboren!»

Ich wußte nicht, was ich Owsjannikow erwidern sollte. Er sah sich um, rückte näher zu mir und fuhr fort: «Haben Sie denn auch von Wassilij Nikolajewitsch Ljuboswanow gehört?»

«Nein, ich habe nichts von ihm gehört.»

«Erklären Sie mir, bitte: was sind das für wunderliche Sachen? Ich kann daraus nicht klug werden. Seine eigenen Bauern haben es erzählt — ich konnt' es trotzdem nicht verstehen. Es ist das ein noch junger Mann, der erst unlängst, nach dem Tode seiner Mutter, das Erbe angetreten hat. Da kommt er nun auf seinem Erbgut an. Die Bauern sammeln sich, um ihren neuen Barin anzugaffen. Wassilij Nikolajewitsch tritt zu ihnen hinaus. Die Bauern schauen — Wunder über Wunder: der Barin hat Plüschhosen an wie ein Kutscher, seine Röhrenstiefel sind mit einem Samtbesatz ausgestattet, er trägt ein knallrotes Hemd und darüber einen Kutscherkaftan. Den Bart hat er sich wachsen lassen, und auf dem Kopf trägt er irgendein merkwürdiges Mützchen. Und das Gesicht ist auch so eigentümlich — betrunken — nicht betrunken; aber jedenfalls ist er nicht ganz bei Trost. ‚Guten Tag, Kinder', sagt er, ‚Grüß Gott, Grüß Gott!' Die Bauern verneigen sich bis zur Erde, aber nur schweigend, denn sie waren irgendwie verschüchtert, wissen Sie! Und er selber ist auch wie verdattert. Er fängt an, ihnen eine Rede zu halten: ‚Ich bin nämlich', sagt er, ‚ein Russe, und liebe alles Russische. Auch ihr seid Russen . . . Ich habe', sagt er, ‚eine russische Seele, auch das Blut ist russisch', sagt er; und plötzlich kommandiert er: ‚Und nun, Kinder, singt ein russisches Volkslied!' Den Bauern begannen die Knie zu zittern, es wurde ihnen von alledem so dumm, und nur einer, ein kecker Kerl, stimmte ein Liedchen an, hockte sich aber bald nieder und versteckte sich hinter den andern... Und so muß man sich wundern: es gab ja auch früher solche Gutsbesitzer, desparate Herrschaften, Bummler, das ist ja allgemein bekannt, sie kleideten sich wie Kutscher, tanzten herum, spielten die Gitarre, sangen und tranken mit dem Hofgesinde und schmausten mit den Bauern; aber dieser da, Wassilij Nikolajewitsch, benimmt sich wie ein schönes Mädchen, liest Bücher oder schreibt selber was, singt, daß es durch die Wälder schallt, spricht aber mit niemand, ist menschenscheu und spaziert beständig im Garten herum, wie wenn er sich langweilte oder wie wenn er traurig wäre. Der frühere Verwalter lebte zuerst in großer Angst; vor der Ankunft des neuen Herrn war er bei allen Bauern herumgelaufen und hatte jeden freundlichst gegrüßt — es scheint, die Katze erinnerte sich, wessen Fleisch sie gefressen hatte! Und die Bauern hofften auf den neuen Herrn und dachten: ‚Schon gut, Brüderlein, treibe nur deine Possen; aber man wird dich schon noch beim Schlafittchen packen und dich Mores lehren.' Aber statt dessen ist etwas ganz anderes herausgekommen; wie soll ich's Ihnen erzählen? Kein Herrgott kennt sich da aus! Wassilij Nikolajewitsch ließ ihn rufen und sagte ihm, wobei er selbst rot wurde und Herzklopfen bekam: ‚Sei gerecht, unterdrücke niemand! Hörst du?' Und seitdem hat er ihn kein einziges Mal zu sich gerufen. Er lebt auf eigenem Grund und Boden wie ein Fremder. Nun, der Verwalter hat frischen Mut geschöpft. Die Bauern getrauen sich nicht, an Wassilij Nikolajewitsch heranzutreten; sie haben noch immer Angst vor ihm. Und noch etwas Erstaunliches: der Barin grüßt sie und schaut sie freundlich an; sie aber bekommen Bauchweh vor lauter Angst. Was sind das, Väterchen, für merkwürdige Dinge — erklären Sie mir's! ... Oder heißt es auch bei mir: alt geworden, dumm geworden? Ich kenne mich nicht mehr aus.»

Ich erwiderte, Ljuboswanow sei vielleicht krank.

«Wieso denn krank? Er ist ja in der Quere dicker als in der Länge, und das Gesicht ist so breit, wie es bei einem so jungen Menschen nicht breiter sein kann. Aber Gott mit ihm.» Und Owsjannikow stieß einen tiefen Seufzer aus.

«Nun, lassen wir die Adligen», begann ich, «was können Sie mir von den Freisassen sagen, Luka Petrowitsch?»

«Nein, nein, erlassen Sie mir das», sagte er hastig. «Wirklich ... Ich würde Ihnen ja sagen, was ich weiß, aber ... (Owsjannikow machte eine wegwerfende Handbewegung.) Aber wir wollen lieber Tee trinken ... Es sind Bauern, wie eben Bauern sind; und übrigens, alles wohl bedacht, wie sollten sie denn anders sein?»

Er schwieg. Man brachte den Tee. Tatjana Iljinitschna erhob sich und setzte sich näher zu uns. Im Laufe des Abends ging sie einige

Male leise hinaus und kehrte ebenso leise zurück. Im Zimmer herrschte Schweigen. Owsjannikow trank bedächtig und langsam eine Tasse nach der andern.

«Mitja war heute bei uns», bemerkte Tatjana Iljinitschna leise.

Owsjannikow machte ein finsteres Gesicht.

«Was will er?»

«Er kam, um dich um Verzeihung zu bitten.»

Owsjannikow schüttelte den Kopf.

«Nun, was wollen Sie», fuhr er fort, indem er sich wieder an mich wandte, «was soll man zum Beispiel mit solchen Verwandten machen? Und sie einfach abzuschütteln, geht auch nicht . . . Mir hat der liebe Gott so einen Neffen beschert. Einen Kopf hat er, der Junge! Ein fixer Kerl, da ist nichts zu sagen. Er hat auch gut gelernt, aber was hat man davon? Er hatte einen Posten im Staatsdienst — aber es ging ihm nicht schnell genug mit dem Avancement, und so ließ er den Dienst Dienst sein und machte sich frei. Ist er denn ein Edelmann? Auch die Edelleute werden nicht sofort Generäle. Und so lebt er denn jetzt so in den Tag hinein, ohne irgend was zu tun. Das ginge ja noch; aber jetzt ist er gar etwas wie ein Winkeladvokat geworden! Den Bauern verfaßt er Bittschriften, schreibt Berichte, belehrt die Dorfschulzen, schaut den Feldmessern auf die Finger, treibt sich in den Schenken herum und geht mit all den Kleinbürgern und Hausknechten um . . . Ein Unglück ist bald geschehen. Schon öfter haben ihm der Kreiskommissar und der Polizeichef Strafen angedroht. Er hat ein gutes Mundwerk und ist ein Spaßvogel; mit den Behörden wird er schon fertig und bringt sie noch zum Lachen; und hinterdrein dreht er ihnen eine Nase . . . Aber sitzt er nicht zufällig bei dir im Kämmerlein?» wandte er sich an seine Frau. «Ich kenne dich ja und dein mitleidiges Herz; du bist es ja, die ihn immer in Schutz nimmt.»

Tatjana Iljinitschna schlug die Augen nieder, lächelte und wurde rot.

«Aha, stimmt schon», fuhr Owsjannikow fort. «Ach, du Geheimniskrämerin! Nun, so laß ihn hereinkommen, dem teuren Gast zuliebe will ich ihm verzeihen, dem Dummbart!»

Tatjana Iljinitschna ging zur Tür und rief: «Mitja!»

Mitja, ein Mannsbild von etwa achtundzwanzig Jahren, hochgewachsen, schlank und kraushaarig, trat ins Zimmer, und als er mich erblickte, blieb er an der Schwelle stehen. Er trug ein Kleid von allerneuestem «ausländischen» Schnitt, aber schon die unnatürlich großen Puffen auf den Schultern dienten als klarer Beweis, daß diesen Rock nicht nur ein russischer, sondern sogar ein allrussischer Schneider verfertigt haben mußte.

«Nun, tritt näher, immer näher!» sagte der Alte. «Was? schämst du dich? Du kannst deiner Tante dankbar sein: ich verzeihe dir . . . Hier, Väterchen», sagte er zu mir und zeigte auf Mitja, «stelle ich Ihnen meinen leiblichen Neffen vor. Ich komme mit ihm nicht ganz aus. Einen letzten Versuch kann man noch machen. (Wir begrüßten einander.) Na, rede, was hast du dort wieder angestellt? Was wirft man dir vor?»

Mitja wollte sich in meiner Gegenwart offenbar nicht erklären und entschuldigen.

«Nachher, Onkelchen», murmelte er.

«Nein, nicht nachher, sondern jetzt», beharrte der Alte. «Du genierst dich in Gegenwart des Herrn Gutsbesitzers: um so besser! Das soll deine Strafe sein. Rede also, wir wollen hören.»

«Ich brauche mich nicht im geringsten zu genieren», sagte Mitja mit energischer Betonung und schüttelte den Kopf. «Urteilen Sie selber, Onkelchen! Da kommen die Freisassen von Reschitilow zu mir und sagen: ‚Bruder, stehe uns bei.' — ‚Was gibt es?' — ‚Höre: die Kornmagazine sind bei uns in schönster Ordnung, es kann gar nicht besser sein. Plötzlich kommt da ein Beamter und erklärt, er müsse die Kornmagazine besichtigen. Das tut er nun und erklärt: ‚In euren Magazinen herrscht die größte Unordnung, ich habe da kolossale Mißstände bemerkt, kurz, ich muß der Behörde Bericht erstatten.' — ‚Was sind denn das für Mißstände?' — ‚Das muß ich am besten wissen', sagt er. — Wir versammeln uns und beschließen, dem Beamten in der bekannten Art zu danken. Aber der alte Prochorytsch gibt es nicht zu, er meint, die Beamten würden auf diese Weise nur immer frecher. — Er hatte ja nicht unrecht! Gibt es denn bei uns kein Gericht? Wir gehorchen also dem Greise. Das aber erzürnte den Beamten so sehr, daß er seine Klage wirklich einreichte und einen entsprechenden Bericht verfaßte. — ‚Sind denn aber', frage ich die Leute, ‚die Kornmagazine bei euch wirklich in guter Ordnung?' — ‚Gott ist mein Zeuge, alles ist in bester Ordnung, die vorgeschriebene Getreidemenge ist vorhanden.' — ‚Nun, dann braucht ihr keine Angst zu haben', sage ich, und verfasse die Beschwerde. Bis zur Stunde wissen wir nicht, wie die Sache ausgegangen ist. Und daß man sich bei diesem Anlaß über mich beschwert hat, ist begreiflich. Jedem ist das Hemd näher als der Rock!»

«Jedem, aber es scheint: nur dir nicht», brummte der Alte. «Und was für Intrigen hast du mit den Schutomolower Bauern angezettelt?»

«Woher wissen Sie das?»

«Genug, ich weiß es.»

«Auch in dieser Sache bin ich im Recht. Belieben Sie, selbst zu urteilen! Bei diesen Bauern hat ihr Nachbar Bespandin vier Dessjatinen Ackerland weggenommen und gepflügt. Das sei sein Grund und Boden, behauptete er. Die Schutomolower Bauern zahlen aber, da sie auf Obrok gesetzt sind, für diesen Boden Pachtzins. Der Gutsbesitzer ist im Ausland. Wer soll sich ihrer annehmen? Urteilen Sie selbst! Und der Boden ist ihr unbestrittener, den Leibeigenen seit jeher zugewiesener Landbesitz. Da kamen sie denn auch wieder zu mir und sagten: ‚Schreibe du uns ein Gesuch!' Das habe ich getan. Dies nun hat Bespandin erfahren, und er fing an zu drohen: ‚Ich', sagt er, ‚werde diesem Mitja die Hinterbeine aus den Gelenken herausdrehen oder ihm den Kopf von den Schultern herunterreißen . . .' Man wird ja sehen, ob es ihm gelingt, mir den Kopf abzureißen; bis jetzt ist er noch oben.»

«Na, tue nur nicht groß, es kann deinem Kopf noch schlimm ergehen», sagte der Alte. «Du bist ja schon ganz und gar verrückt!»

«Wieso denn, Onkelchen? haben Sie mir denn nicht selbst gesagt . . .»

«Ich weiß schon, weiß schon, was du mir sagen wirst», unterbrach ihn Owsjannikow. «Es ist richtig: Gerechtigkeit muß der Mensch üben, und dem Nächsten zu helfen, ist jeder verpflichtet. Es kann sich so treffen, daß man sich selbst nicht schonen darf . . . Aber handelst denn du so? Führt man dich denn nicht in die Schenke? Gibt man dir denn nicht zu saufen? Macht man etwa nicht vor dir den Katzenbuckel: ‚Dmitrij Alexejewitsch, Väterchen, hilf! Wir werden unsere Erkenntlichkeit beweisen: an einem Silberrubel oder sogar einem blauen Dreirubelschein wird's nicht fehlen.' Na, ist es so, oder nicht? Rede! Gib Antwort!»

«Je nun», antwortete Mitja und senkte den Blick, «ich kann's nicht leugnen, aber von den Armen nehme ich nichts. Was gegen das Gewissen ist, das tue ich nicht.»

«Jetzt tust du's nicht. Wenn du aber einmal selber in Not bist, wirst du von Armen und Reichen nehmen. Du bist immer gewissenhaft; aber verteidigst du nur lauter Heilige? Wie war es denn mit Perechodow? Hast du dich denn nicht ständig für ihn bemüht? Hast du ihn nicht in Schutz genommen?»

«Perechodow hat durch eigene Schuld gelitten, es ist wahr ...»

«Kronsgelder hat er veruntreut! Das ist wohl ein Spaß?»

«Sie aber, Onkelchen, müssen auch bedenken: Armut, Familie ...»

«Armut, Familie ... der Mensch säuft und spielt Karten — das ist es ja eben!»

«Er hat doch nur aus Kummer angefangen zu trinken», sagte Mitja leise.

«Aus Kummer! Dann hättest du ihm helfen sollen, wenn du schon so zart besaitet bist, nicht aber hättest du dich mit ihm in den Schenken herumtreiben sollen. Und daß er schön zu reden weiß ... Auch das hat man schon gesehen ...»

«Er ist der rechtschaffenste Mensch ...»

«Bei dir sind alle gut ... Aber hat man ihm das schon geschickt?» wandte er sich an seine Frau, «Du weißt schon.»

Tatjana Iljinitschna nickte mit dem Kopfe.

«Wo hast du dich in diesen Tagen herumgetrieben?» fragte der Alte weiter.

«Ich war in der Stadt.»

«Aha! Billard gespielt, Tee geschlückert, auf der Gitarre geklimpert, in den Amtsstuben herumgelungert, im Hinterzimmerchen Bittschriften verfaßt und mit den Kaufmannssöhnchen herumflaniert? War es so? Rede!»

«Es kann schon so ähnlich gewesen sein», sagte Mitja lächelnd. «Ach ja, bald hätt' ich's vergessen: Funtikow, Anton Parfenytsch, ladet Sie ein, Sonntag sein Gast zu sein.»

«Zu diesem Dickwanst fahre ich nicht. Der setzt einem einen hundertpfündigen Fisch vor und gießt ranzige Butter darüber. Gott mit ihm!»

«Dann habe ich Fedossja Michailowna getroffen.»

«Was für eine Fedossja?»

«Nun die von dem Gutsbesitzer Garpentschenko, der das Gut Mikulino bei der Versteigerung erstanden hat. Die Fedossja aus Mikulino, Sie kennen sie ja! Sie hat in Moskau geschafft und pünktlich ihren Obrok, einhundertzweiundachzig Silberrubel jährlich, abgeführt. Sie versteht ihr Geschäft und hat in Moskau gute Bestellungen gehabt. Da hat Garpentschenko sie kommen lassen und läßt sie hier sitzen, ohne ihr irgendeine Beschäftigung zu geben. Sie hätte das Lösegeld, um sich freizukaufen und hat ihm das auch gesagt; er aber will sich die Sache noch überlegen. Sie,

Onkelchen, sind mit Garpentschenko bekannt. Könnten Sie nicht ein Wörtchen für Fedossja einlegen? Sie würde einen hübschen Preis für ihre Freilassung zahlen!»

«Ob nicht am Ende mit deinem Geld? Hm? Nun gut, ich werde mit ihm reden, werde schon mit ihm reden. Nur», fügte der Alte mit unzufriedener Miene hinzu, «ist dieser Garpentschenko ein Wucherer, er kauft Wechsel auf, leiht Geld auf Wucherzinsen, erwirbt Grundstücke auf Auktionen und verkauft sie wieder ... Weiß der Himmel, was für ein Wind den in unsere Gegend geweht hat! Ach, diese Zugewanderten! ... Es wird schwerhalten, mit dem auf gleich zu kommen. Übrigens — wir wollen sehen.»

«Bemühen Sie sich, Onkelchen!»

«Gut, ich werde mich bemühen! ... Gut, gut, suche dich nicht zu rechtfertigen ... Gott mit dir, Gott mit dir! Nur nimm dich in Zukunft mehr in acht, daß du nicht anläufst! Es könnte dir sonst schlecht ergehen. Mitja! Bei Gott, du gehst sonst zugrunde. Ich kann nicht alles auf meine Schultern nehmen, ich habe keinen Einfluß hier. Nun, geh jetzt mit Gott!»

Mitja ging hinaus. Tatjana Iljinitschna ging ihm nach.

«Ja, ja, tränke ihn noch mit Tee, verhätschle ihn ganz und gar!» rief ihr Owsjannikow nach. «Der Junge ist sonst gar nicht dumm, auch hat er ein gutes Herz, aber ich habe Angst um ihn ... Übrigens entschuldigen Sie, daß ich Sie so lange mit Bagatellen unterhalten habe.»

Die Tür vom Vorzimmer ging auf und ein zwergichtes, grauhaariges Männlein trat herein.

«Ah! Franz Iwanytsch!» rief Owsjannikow aus. «Guten Tag! Wie geht's? Woher führt Sie der liebe Gott zu uns?»

Franz Iwanytsch Lejeune, mein Nachbar, Gutsbesitzer im Gouvernement Orjol, war auf ungewöhnliche Weise in den Stand eines russischen Adligen gelangt. Das Licht der Welt hatte er in Orléans erblickt, seine Eltern waren französische Untertanen, und er selbst begab sich in der Eigenschaft eines Tambours mit Napoleon nach Rußland, um es zu erobern. Zuerst ging alles wie geschmiert, und unser Franzose betrat Moskau mit stolz erhobenem Haupte. Aber auf dem Rückzug geriet der arme Monsieur Lejeune halberfroren und ohne Trommel in die Fänge einiger Smolensker Bauern. Die Bauern sperrten ihn für die Nacht in eine leere Tuchwalke ein und führten ihn am andern Morgen zu einem Eisloch neben dem Damm. Hier angelangt, baten sie den Trommler «*de la grrrande armée*», in das Eisloch zu schlüpfen. Diesem Vorschlag konnte Lejeune aber keinen Geschmack abgewinnen, und er begann in seinem Patois auf die Smolensker Bauern einzureden, daß es besser wäre, ihn nach Orléans zurückkehren zu lassen. «Dort, *messieurs*», sagte er, «lebt meine Mutter, *une tendre mère.*» Aber die Bäuerlein, in völliger Unkenntnis der geographischen Lage der Stadt Orléans, fuhren fort, ihm die Unterwasserreise den vielen Windungen des Flüßchens Gnilotjorka entlang vorzuschlagen, und sie begannen ihn schon durch Püffe und Hiebe auf Hals und Rücken anzuspornen, als plötzlich, zur unaussprechlichen Freude Lejeunes, ein Glöcklein sich hören ließ und auf dem Damm ein riesiger Schlitten mit einem sehr bunten Teppich auf dem übertrieben hohen Rücksitz erschien, einherflitzend mit einem Dreigespann jener berühmten, von Peter dem Großen aus dem Gouvernement Wjatka eingeführten hellbraunen mutigen Pferdchen. Im Schlitten saß ein dicker und rotwangiger Gutsbesitzer in einem Wolfspelz.

«Was macht ihr dort?» fragte er die Bauern.

«Ein Französlein ertränken wir, Väterchen!»

«Soso!» sagte der Gutsbesitzer und wandte sich gleichgültig ab.

«*Monsieur! Monsieur!*» schrie der Arme.

«Aha!» fing jetzt der Wolfspelz vorwurfsvoll zu sprechen an. «Mit zwölf Völkern bist du in Rußland eingedrungen, du hast Moskau verbrannt, Verfluchter, du hast das Kreuz von Iwan Weliki* heruntergerissen, und jetzt greinst du ‚Musje, Musje!' und ziehst den Schwanz ein. Dir geschieht ganz recht: mitgefangen, mitgehangen! Fahr zu, Filka!»

Die Pferde zogen an.

* Eine Kirche im Kreml. Anm. d. Übers.

«Übrigens, halt!» setzte der Gutsbesitzer hinzu. «He, du, Musje! verstehst du etwas von Musik?»

«*Sauvez-moi, sauvez-moi, mon bon monsieur!*» wiederholte Lejeune.

«Da sieht man wieder, was das für ein Völklein ist: russisch kann nun einmal keiner. Müsik! Müsik! Fu safé choué müsik? Fortepiano, fu safé?»

Lejeune begriff endlich, was der Gutsbesitzer sagen wollte, und er nickte bejahend mit dem Kopf.

«*Oui, monsieur, oui, oui, je suis musicien; je joue tous les instruments possibles! Oui, monsieur . . . Sauvez-moi, monsieur!*»

«Na, du kannst von Glück sagen!» erwiderte der Gutsbesitzer . . . «Kinder, laßt ihn los, da habt ihr einen Zwanziger auf Wodka.»

«Danke, Väterchen, danke! Na, da haben Sie ihn, nehmen Sie ihn gleich mit!»

Lejeune wurde in den Schlitten gesetzt. Er war außer sich vor Freude, weinte, zitterte, verneigte sich nach allen Seiten, dankte dem Gutsbesitzer, dem Kutscher, den Bauern. Er hatte nur ein kurzes Unterjäckchen mit rosa Bändern an, und der Frost biß gewaltig. Der Gutsbesitzer schaute schweigend auf die blaugefrorenen, erstarrten Glieder des Unglücklichen, wickelte ihn in seinen eigenen Pelz und brachte ihn so nach Hause. Das Hofgesinde lief zusammen. Der Franzose wurde beim Ofen rasch angewärmt, man gab ihm zu essen und zog ihm Kleider an. Dann führte ihn der Gutsbesitzer zu seinen Töchtern.

«Da, Kinder, habe ich euch einen Lehrer mitgebracht», sagte er. «Ihr habt mich ja immer drangsaliert, daß ihr Musik treiben und französisch parlieren wolltet. Da habt ihr nun einen Franzosen, der auch Klavier spielen kann . . . Nun, Musje», fuhr er fort und zeigte dabei auf ein elendes Gestell von einem Klavier, das er vor fünf Jahren von einem Hausierer gekauft hatte, der auch mit Eau de Cologne handelte. «Zeige uns deine Kunst!»

Lejeune nahm mit Herzklopfen auf dem Stühlchen vor dem alten Gerümpel von einem Klavier Platz: er hatte zeit seines Lebens kein Instrument gespielt.

«So schu doch, schu!» wiederholte der Gutsbesitzer ungeduldig.

Voll Verzweiflung hieb nun der Unselige auf die Tasten los, genau so, als ob das Klavier eine Art Trommel wäre, und er spielte, wie es kam . . . «Ich dachte nicht anders», erzählte er später, «als daß mein Retter mich beim Kragen packen und mich aus seinem Haus hinausfeuern würde.» Aber zum größten Erstaunen des unfreiwilligen Improvisators klopfte ihm nach einer kleinen Weile der Gutsbesitzer anerkennend auf die Schulter.

«Gut, gut», sagte er, «ich sehe schon, du verstehst deine Sache; geh jetzt und ruhe dich aus!»

Etwa zwei Wochen später zog Lejeune von diesem Gutsbesitzer zu einem andern, einem reichen und gebildeten Menschen, der ihn wegen seines fröhlichen und sanften Charakters liebgewann, heiratete dessen Pflegetochter, trat in den Staatsdienst, wurde Edelmann, verheiratete seine Tochter an einen orjolschen Gutsbesitzer Lobysanjew, Dragoner a. D. und Dichter, und er selbst, Lejeune, ließ sich dauernd in Orjol nieder.

Dieser Lejeune nun, oder wie man ihn jetzt nannte: Franz Iwanytsch, trat ins Zimmer Owsjannikows, mit welchem er befreundet war.

Es gäbe da noch manches zu erzählen, aber ich fürchte, es langweilt den Leser schon, mit mir bei dem Freisassen Owsjannikow zu sitzen, und deswegen höre ich auf, mich des langen und breiten über diese Leute auszulassen.

DIE LEBENDIGE RELIQUIE

Vieldeldende Heimat,
Land des russischen Volkes.
Tjuttschew

Ein französisches Sprichwort behauptet, ein trockener Fischer und ein nasser Jäger böten beide gleicherweise ein trauriges Bild. Nun, für den *Jäger* ist der Regen jedenfalls ein wahres Malheur, und ein solches Malheur ereignete sich, als wir, ich und Jermolaj, uns einst im Kreise Bjelew auf der Birkhühnerjagd befanden. Schon vom frühesten Morgen an regnete es in Strömen. Was taten wir nicht alles, um uns vor den Wasserfluten zu schützen! Wir zogen Gummimäntel an; wir suchten unter Bäumen Zuflucht, wo der Regen weniger wild auf uns niederprasselte ... Aber unsere Gummimäntel — abgesehen davon, daß sie uns hinderten zu schießen — ließen das Wasser auf die schamloseste Weise durch; und wenn es auch unter den Bäumen anfangs noch ganz gut ging, so floß doch später, als die Feuchtigkeit alles Laub benetzt hatte, das Wasser wie aus Dachtraufen auf uns herab, und mehr als einmal traf es sich, daß ein kalter Strahl just zwischen Hals und Halstuch eindrang und den Rücken entlang hinunterlief ... Das war, nach dem Diktum Jermolajs, nun schon «das Allerärgste».

«Nein, Pjotr Petrowitsch», stöhnte er endlich, «das kann nicht so weitergehen! Man kann heute nicht jagen! Den Hunden vergnet's sowieso die Witterung! Die Gewehre gehn nicht los! Pfui Teufel! Das sind mir schöne Zustände ...»

«Was ist da zu tun?» fragte ich.

«Das will ich Ihnen gleich sagen. Fahren wir nach Alexejewka hinaus. Sie wissen es vielleicht nicht, aber dort gibt es ein kleines Gehöft, das Ihrem Mütterchen gehört. Es ist von hier etwa acht Werst bis dorthin. Dort übernachten wir, und morgen ...»

«... Kehren wir hierher zurück?»

«Nein, nicht hierher ... Ich kenne die Gegend hinter Alexejewka gut. Die ist für Birkhühner viel besser als diese hier.»

Ich fragte meinen treuen Jagdgehilfen nicht weiter, warum er mich nicht gleich dorthin geführt habe, wo es für Birkhühner so «viel besser» war als hier, und am selben Tag noch gelangten wir zu jenem Gehöftchen, das meiner Mutter gehörte und von dessen Existenz ich zu jener Zeit wirklich nicht die geringste Ahnung gehabt hatte. Dort in der Nähe befand sich auch ein Nebengebäude, das sehr alt und unbewohnt und darum sauber war; dort verbrachte ich denn auch eine ziemlich ruhige Nacht.

Am andern Tag erwachte ich sehr früh. Die Sonne war soeben aufgegangen; am Himmel war kein Wölklein zu sehen; alles ringsumher erstrahlte in einem doppelten Glanz — im Glanz des jungen Morgens und im Glanz des gestrigen Regenschauers. Während man für mich das Kabriolett einspannte, wanderte ich ein wenig in dem kleinen, einst wahrscheinlich fruchtreich gewesenen, jetzt verwilderten Obstgarten herum, der das Gehöft von allen Seiten mit seinem duftenden, saftigen Dickicht umgab. Ach, wie schön war es im Freien unter dem reinen Himmel, wo die Lerchen hoch über mir schwebten und mit ihren hellen Stimmen silberne Perlen auf die Erde herabstreuten! Auf ihren Flügeln mochten sie noch Tautropfen tragen, und ihre Lieder klangen daher so frisch und rein. Ich nahm die Mütze ab und atmete die reine Luft mit wonniger Brust. Am Rand einer kleinen Schlucht, dicht neben dem geflochtenen Zaun, war ein Bienenstand zu sehen; ein schmales Weglein, das sich zwischen den hochragenden Halmen des dichten Steppengrases hindurchwand, führte zu ihm; über die Gräser und Nesseln erhoben sich, Gott weiß von wo hierher vertragen, die spitzigen Stengel des dunkelgrünen Hanfes.

Ich betrat dieses Weglein und ging zum Bienenstand hin. Daneben befand sich ein aus Weidenzweigen geflochtener kleiner Schuppen, ein sogenannter «Amschanik», wohin man im Winter die Bienenkörbe zur Aufbewahrung bringt. Ich schaute bei der halbgeöffneten Tür hinein: es ist dunkel, still, trocken; es riecht nach Pfefferminze und Honigkraut;

weiter hinten sind einige Gestelle, und auf diesen liegt, mit einer Decke zugedeckt, irgendeine kleine Gestalt . . . Ich wollte schon weggehen.

«Barin, ach, Barin! Pjotr Petrowitsch!» hörte ich eine schwache langsame und heisere Stimme, und es klang wie das Rascheln der Sumpfbinse.

Ich blieb stehen.

«Pjotr Petrowitsch, kommen Sie, bitte, näher!» ließ sich die Stimme wieder vernehmen; sie tönte aus jenem Winkel zu mir her, wo die Gestelle waren. Ich trat näher und war starr vor Verwunderung. Vor mir lag ein lebendiges menschliches Wesen; aber was konnte das sein?

Der Kopf war vertrocknet, einfarbig wie Bronze, genau wie bei einer Ikone aus alter Zeit; eine schmale Nase wie die Schneide eines Messers; die Lippen fast nicht zu sehen; nur die Zähne blinkten in reiner Weiße und die Augen glänzten, und unter dem Kopftuch schauten, die Stirn bedeckend, schüttere Strähnen gelblichen Haares hervor. Am Kinn, in einer Falte der Decke, bewegten sich langsam die Fingerchen zweier winziger Hände, auch diese bronzefarben. Ich blickte schärfer hin: Das Gesicht ist nicht nur nicht häßlich, sondern sogar schön, dabei aber schrecklich anzusehen. Und um so schrecklicher erschien es mir, als ich an diesen metallischen Wangen sehen konnte, daß es sich anstrengte, ein

Lächeln hervorzubringen, was aber nicht gelang.

«Sie erkennen mich nicht, Barin?» flüsterte diese Stimme, die nur wie ein Hauch war, der die Lippen bewegte. «Und wie sollten Sie mich denn auch wiedererkennen? Ich bin Lukerija . . ., dieselbe, die damals den Liederreigen bei Ihrem Mütterchen in Spasskoje anführte . . . Erinnern Sie sich? Ich war doch die Vorsängerin . . .»

«Lukerija!» schrie ich. «Bist du's? Ist das möglich?»

«Ja, ich, Barin — ich! Ich bin die Lukerija!»

Ich wußte nicht, was ich sagen sollte, und wie betäubt schaute ich auf dieses dunkle, unbewegliche Gesicht mit den auf mich gerichteten hellen und toten Augen. Ist denn das möglich? Diese Mumie — ist Lukerija, Lukerija, das schönste Mädchen unter unserm gesamten Hofgesinde —, hochgewachsen, von kräftiger Gestalt, weiß, rosig, die Lachende, Tanzende, Singende! Lukerija, die kluge Lukerija, der alle unsere jungen Burschen den Hof machten und nach der ich selbst, damals ein sechzehnjähriger Bursche, heimlich geseufzt hatte.

«Erbarme dich, Lukerija», sagte ich, «was ist dir widerfahren?»

«Ein Unglück ist über mich hereingebrochen, Barin! Aber haben Sie doch, bitte, keinen Abscheu vor mir, legen Sie mir mein Unglück nicht zur Last. Setzen Sie sich dort auf das

Fäßchen, aber etwas näher, sonst hören Sie mich ja nicht . . . Sie sehen ja, was aus meiner kräftigen Stimme geworden ist! . . . Ach, wie bin ich froh, daß ich Sie erblickt habe. Wie sind Sie denn nach Alexejewka geraten?»

Lukerija sprach sehr leise und mit schwacher Stimme, aber ohne Pausen zu machen.

«Mich hat Jermolaj, der Jäger, hierhergebracht. Aber erzähle du mir . . .»

«Von meinem Unglück soll ich Ihnen erzählen? — Nun gut, Barin. — Es ist aber schon sehr lange her, daß mir das passiert ist, sechs, sieben Jahre wohl. Ich war eben mit Wassilij Poljakow verlobt worden — erinnern Sie sich? —; er war so ein stattlicher Bursche mit schönen Locken; er diente als Büfettier bei Ihrem Mütterchen. Aber richtig: Sie waren nicht mehr auf dem Dorf, Sie sind damals schon nach Moskau studieren gefahren. Ich und Wassilij hatten uns sehr liebgewonnen; er ging mir immer im Kopf herum; und es war im Frühling. Da, einmal nachts . . . es war nicht mehr weit zur Morgenröte . . . ich konnte nicht schlafen . . . und eine Nachtigall hat so wunderbar gesungen! Ich hielt es nicht aus, stand auf und ging auf die Vortreppe hinaus, um ihr zuzuhören. Die Nachtigall schlug, schlug, und mir war plötzlich, als ob mich jemand leise riefe; und ich glaubte Wassjas Stimme zu hören, die mich leise rief: ‚Luscha!' . . . Ich sah mich um und machte, wie es scheint, im Halbschlaf, einen Fehltritt und fiel die

Vortreppe hinunter. Plumps! lag ich unten auf der Erde. Es schien mir, als ob ich mir gar nicht weh getan hätte, denn ich stand gleich wieder auf und kehrte in mein Zimmer zurück; und doch war mir, als ob in meinem Innern, im Leib, etwas gerissen wäre ... Entschuldigen Sie, ich muß ein wenig Atem holen ... Nur eine Minute, Barin.»

Lukerija wurde still, und ich schaute sie mit Bestürzung an. Es setzte mich in Erstaunen, wie sie ihre Erzählung fast lustig vorbrachte, ohne Weh und Ach, weder klagend noch Teilnahme fordernd.

«Bald nach jenem Unfall», fuhr Lukerija fort, «begann ich zu welken, und von diesem Augenblick an siechte ich dahin; meine Haut färbte sich dunkel, es wurde mir schwer, mich zu bewegen; und schon damals hörte ich auf, die Beine zu gebrauchen. Ich konnte nicht stehen, nicht sitzen, nur liegen; und ich mochte nicht essen, nicht trinken, zu nichts hatte ich Lust; und es wurde mit mir nur immer schlimmer. Ihr Mütterchen in ihrer Güte zeigte mich Ärzten und schickte mich ins Spital. Jedoch eine Erleichterung verspürte ich von all dem nicht. Und keiner von den Ärzten konnte sagen, was für eine Krankheit ich habe. Was haben sie nicht alles mit mir gemacht! Man hat mir mit glühendem Eisen den Rücken gebrannt; man hat mich in aufgehacktes Eis hineingesetzt — und alles war für nichts. Von mir blieb zuletzt nichts übrig als Haut und

Knochen . . . Die Herrschaften haben dann beschlossen, daß ein weiteres Herumkurieren nichts nützen könne; und da es unbequem gewesen wäre, im Herrschaftshaus einen Krüppel wie mich zu behalten, hat man mich eben hierhergeschickt, und ich habe auch Verwandte hier. Und so lebe ich, wie Sie sehen.»

Lukerija schwieg, und wieder bemühte sie sich, zu lächeln . . .

«Aber deine Lage ist doch schrecklich!» rief ich aus . . . Und da ich nicht wußte, was ich noch hätte hinzufügen können, fragte ich: «Und was ist aus Wassilij Poljakow geworden?» Sehr, sehr dumm war diese Frage.

Lukerija wandte ihre Augen zur Seite.

«Poljakow . . . ja, er hat sich eine Zeitlang gegrämt, recht gegrämt, aber dann hat er ein Mädchen aus Glinnoje geheiratet. Glinnoje — wissen Sie, wo das ist? Es ist nicht weit von hier. Agrafena hieß sie. Er hat mich sehr lieb gehabt, ist aber doch ein junger Mensch; er kann nicht Junggeselle bleiben. Und was für eine Freundin konnte ich ihm denn sein? Er hat eine liebe Frau gefunden, auch eine gute, und Kinderchen haben sie auch. Er ist hier bei einem Nachbarn Verwalter. Ihr Mütterchen hat ihn freigelassen, und es geht ihm Gott sei Dank sehr gut.»

«Und so liegst du nun immer?» fragte ich wieder.

«Ja, so liege ich, Barin, das siebente Jahr. Im Sommer liege ich hier, in diesem geflochtenen Schuppen, und sobald es kalt wird, trägt man mich in den Raum vor der Badestube, und dann liege ich dort.»

«Wer betreut dich denn aber? Wer schaut nach dir?»

«Ach, gute Leute gibt es auch hier. Man läßt mich nicht im Stich. Und viel Beaufsichtigung ist bei mir nicht nötig. Essen tue ich fast nichts, und Wasser ist da im Krüglein — immer ist für reines Quellwasser gesorgt. Bis zum Krüglein kann ich reichen, ein Arm ist noch recht tauglich. Nun, hier ist zum Beispiel ein Mädchen, eine Waise; sie ist ja nicht immer bei mir, aber sie besucht mich häufig, und ich bin ihr so dankbar. Soeben war sie da ... Haben Sie sie nicht weggehen sehen? Eine so hübsche, weiß das Gesicht. Sie bringt mir Blumen. Gartenblumen haben wir keine, es gab welche, aber sie sind verschwunden. Doch auch die Feldblumen sind schön, und sie riechen noch besser als die Gartenblumen. Zum Beispiel die Maiglöckchen ... Wie angenehm duften sie doch!»

«Und langweilst du dich denn nicht, immer so zu liegen, und ist dir nicht manchmal bange, meine arme Lukerija?»

«Was ist zu machen? Ich will nicht lügen — zuerst war mir schwer ums Herz; später aber habe ich mich an meine Lage gewöhnt und habe gelernt, geduldig auszuharren, und es geht. Andere haben es noch schwerer.»

«Wieso denn?»

«Nun, andere haben keinen Zufluchtsort. Wieder andere sind blind oder taub. Und ich, Gott sei Dank, sehe ausgezeichnet und höre alles, alles. Ein Maulwurf wühlt in der Erde — ich höre es. Und alle Düfte nehme ich wahr, auch die allerfeinsten. Beginnt der Buchweizen im Feld zu blühen, oder die Linde im Garten — mir braucht man es nicht zu sagen: Ich rieche es als die erste, wenn nur das kleinste Windchen von dorther weht. Nein, wozu Gott erzürnen? Viele haben es schlimmer als ich. Wenn man bloß das bedenkt: ein gesunder Mensch kann sehr leicht sündigen, von mir aber hat sich sogar die Sünde abgewendet. Vor einigen Tagen reichte mir Vater Alexej, der Priester, das Abendmahl, und er sagte: ‚Beichten brauchst du nicht, in deinem Zustand kannst du ja gar nicht sündigen.' Und ich habe ihm geantwortet: ‚Und die Sünde in Gedanken, Väterchen!' — ‚Nun', sagt er und lachte, ‚das ist keine große Sünde.'»

«Ich kann ja auch», fuhr sie fort, «in Gedanken nicht sehr sündigen, weil ich mich daran gewöhnt habe, an nichts zu denken und Erinnerungen nicht nachzuhängen. So vergeht die Zeit rascher.»

Ich war verwundert.

«Du bist immer allein, immer allein, Lukerija. Wie kannst du es denn hindern, daß dir allerlei Gedanken und Erinnerungen durch den Kopf gehen? Oder schläfst du immer?»

«O weh, nein, Barin! Ich kann eben nicht immer schlafen. Obzwar ich keine großen Schmerzen habe und in meinem Innern und in den Knochen nur ein dumpfes Wehgefühl ist, so läßt mich doch auch dieses nicht schlafen, wie es sich gehört. Nein ... es ist so, daß ich liege, liege und an nichts denke; ich empfinde, daß ich lebe, atme — und bin ganz da. Ich schaue, lausche ... Die Bienen im Bienenstand summen und surren; eine Taube setzt sich auf das Dach und girrt; die Gluckhenne kommt mit ihren Küchlein ein Krümelchen aufzupicken; oder es fliegt ein Sperling, oder ein Schmetterling zu mir herein — und mir ist das sehr angenehm. Im vorigen Jahr hat sich dort im Winkel eine Schwalbe sogar ein Nest gebaut und Kinderchen ausgebrütet — wie war das doch interessant! Da kommt eine zum Nestlein geflogen, hockt sich nieder, füttert die Kinderchen — und weg ist sie. Du schaust, und schon ist zur Abwechslung eine andere da. Manchmal fliegt sie gar nicht herein, sondern nur an der offenen Tür vorbei — aber die Kinderchen beginnen sofort zu pipsen und reißen die Schnäbelchen auf ... Ich habe sie in diesem Frühjahr erwartet, aber man sagt, ein hiesiger Jäger habe sie mit dem Gewehr erschossen. Was mag ihn denn wohl dazu verleitet haben? Eigennutz kann es nicht gewesen sein, ist doch das ganze Schwälblein nicht viel größer als ein Käfer ... Was seid ihr Jäger doch für böse Leute!»

«Ich schieße auf keine Schwalben», beeilte ich mich zu sagen.

«Und einmal — ach, war das drollig!» begann Lukerija wieder. «Ein Hase hatte sich hierher verlaufen, wahrhaftig, und Hunde setzten ihm nach; er aber — wie der Blitz zur Tür herein! . . . Da saß er nun in meiner Nähe, lange saß er da, schnupperte immer mit der Nase in der Luft und zupfte sich am Schnäuzchen, wie ein richtiger Offizier! Mich schaute er ein paarmal an. Er hat natürlich begriffen, daß ich ihm nicht schaden kann. Endlich stand er auf, hüpfte zur Tür, schaute sich an der Schwelle nach allen Seiten um — und verschwunden war er! Ach, war das ein spaßiger Kerl!»

Lukerija schaute mich an . . . Ich sollte ihr offenbar bestätigen, daß das alles sehr drollig war. Und ich lachte, so gut ich konnte, um ihr einen Gefallen zu tun. Sie biß sich auf ihre vertrockneten Lippen.

«Nun ja, im Winter, da geht es mir freilich nicht so gut. Weil es dunkel ist. Eine Kerze anzuzünden, wäre schade, und wozu auch? Ich kann zwar lesen und schreiben, und zum Lesen habe ich immer Lust gehabt; aber was lesen? Bücher sind keine da, und wenn auch welche da wären, wie sollte ich ein Buch halten können? Der Priester Alexej brachte mir einmal einen Kalender, aber da er sah, daß ich keinen Nutzen davon haben konnte, nahm er ihn und trug ihn wieder fort. Jedoch wenn es auch dunkel ist, gibt es doch immer etwas zu hören: eine Grille zirpt, oder eine Maus fängt an zu nagen. Dann ist es gut, man denkt an nichts. — Oder», fuhr sie fort, nachdem sie sich etwas ausgeruht hatte, «ich bete. Leider kenne ich nur wenige Gebete. Und wozu soll ich denn auch den lieben Gott langweilen? Worum kann ich ihn denn bitten? Er weiß besser als ich, was mir not tut. Er hat mich gezüchtigt, also liebt er mich. So wurde es uns gelehrt. Ich spreche das Vaterunser, den Gesang zu Ehren der heiligen Jungfrau Maria und das Gebet für alle Mühseligen und Leidenden. Und dann liege ich wieder und denke an nichts. Und es geht!»

Es vergingen etwa zwei Minuten. Ich störte ihr Schweigen nicht, und ich rührte mich auf dem schmalen Fäßchen, das mir als Sitz diente, nicht. Die grausige, steinerne Unbeweglichkeit des vor mir liegenden, lebendigen, unglücklichen Wesens teilte sich auch mir mit; auch ich war wie erstarrt, versteinert.

«Höre, Lukerija», begann ich endlich, «höre, was für einen Vorschlag ich dir machen werde: Wenn du willst, werde ich dafür sorgen, daß du in ein Krankenhaus gebracht wirst; in ein gutes städtisches Krankenhaus. Wer weiß, vielleicht kannst du geheilt werden. Du würdest dort jedenfalls nicht so allein sein.»

Lukerija bewegte fast unmerklich die Augenbrauen.

«O weh! Nein, nein! Barin», sagte sie, besorgt flüsternd, «geben Sie mich nicht ins Spital, lassen Sie mich hier. Ich würde dort nur noch mehr Qualen auszustehen haben. Wie könnte denn ich noch einmal gesund werden? Da ist hier einmal ein Arzt hergekommen; der wollte mich untersuchen. Ich bat ihn: ‚Lassen Sie mich um Gottes willen in Ruhe!' Aber nein, er begann mich umzuwenden, die Arme und Beine zu kneten, er bog sie gerade ... ‚Ich tue das der Wissenschaft wegen, der ich diene; du darfst dich nicht widersetzen; für der Wissenschaft geleistete Dienste hat man mir schon einen Orden gegeben; ich bemühe mich doch für euch Narren!' Und er hat mich hin- und hergezerrt und mir den Namen meiner Krankheit gesagt — er klingt so wunderlich —, und damit ist er weggefahren. Mir aber haben eine ganze Woche lang alle Knöchelchen weh getan. Sie sagen, ich sei allein, immer allein. Nein, nicht immer. Man kommt zu mir. Ich bin eine ruhige Kranke — störe niemand. Es kommen Bauern, es kommen Mädchen, sprechen mit mir; eine Wallfahrerin biegt bei Gelegenheit zu mir ein und erzählt mir von Jerusalem, von Kijew und andern heiligen Städten. Ich fürchte mich auch nicht, allein zu sein, sogar im Gegenteil, ich bin froh, wahrhaftig ... Barin, lassen Sie mich, bringen Sie mich nicht in ein Spital ... Ich danke Ihnen, Sie sind gut, aber lassen Sie mich sein, wo ich bin, Täubchen!»

«Nun, wie du willst, Lukerija. Ich hab es ja gut gemeint.»

«Ich weiß es, Barin, Sie haben es gut gemeint. Ja, Barin, mein Lieber, wer kann dem andern helfen? Wer kann ihm in die Seele schauen? Jeder muß sehen, wie er sich selber hilft. Sie werden es vielleicht nicht glauben, aber ich liege manchmal so allein ... und mir ist, als ob auf der ganzen Welt niemand außer mir da wäre. Nur ich allein bin da und lebendig. Und mir ist, als ob etwas mich segnen würde. Und ich verfalle dann in ein so wonniges Sinnen.»

«Woran denkst du denn dann, Lukerija?»

«Das, Barin, kann man durchaus nicht erklären. Und man vergißt es auch gleich wieder. Es kommt wie ein Wölklein, es ergießt sich, es wird so frisch und es wird einem wohl, und was es war, begreift man nicht. Dann denke ich: wären neben mir Menschen, dann wäre das alles nicht, und ich würde nichts fühlen außer mein Unglück.»

Lukerija seufzte angestrengt. Ihre Brust dehnte sich nicht mehr, versagte den Dienst wie die übrigen Glieder.

«Wenn ich Sie so anschaue, Barin», begann sie wieder, «dann sehe ich, wie sehr Sie mich bedauern. Aber bedauern Sie mich nicht zu sehr. Wahrhaftig! Sehen Sie, ich bin auch jetzt noch manchmal ... Sie erinnern sich doch, wie lustig ich zu jener Zeit war? ... ein ausgelassenes Mädel ... Und wissen Sie was? Ich singe sogar jetzt noch Lieder!»

«Lieder?»

«Ja, Lieder, alte Lieder, Lieder, wie sie zwischen Weihnachten und dem Fest der Heiligen Drei Könige von jungen Mädchen und Frauen gesungen werden, verschiedene Lieder also. Ich kannte ihrer ja viele und habe kein einziges vergessen. Nur die Tanzlieder singe ich nicht mehr. In meinem jetzigen Zustand würde sich das nicht schicken.»

«Wie singst du sie denn? Nur so für dich?»

«Nur so für mich und auch mit Stimme. Laut kann ich ja nicht singen, aber verstehen kann man es doch. Ich habe Ihnen ja erzählt, daß ein Mädchen zu mir kommt. Ein Waislein, ein verständiges Kind. Ich lehre sie singen. Vier Lieder kann sie schon. Oder glauben Sie mir nicht? Warten Sie, ich werde Ihnen ein Liedchen vorsingen ...»

Lukerija sammelte sich ... Der Gedanke, daß dieses sterbensmüde Geschöpf gleich anfangen werde zu singen, erregte in mir einen unwillkürlichen Schrecken. Aber bevor ich noch ein Wort aussprechen konnte, erzitterte in meinen Ohren ein kaum hörbarer, aber reiner und richtiger Ton ... Ein zweiter und dritter folgte. ‚In den Wiesen und Auen ...‘, sang Lukerija. Sie sang, ohne daß sich der Ausdruck ihres versteinerten Gesichtes geändert hätte; sogar ihre Augen blickten starr. Aber so rührend klang dieses arme, angestrengte, wie ein Strählchen Rauch schwankende Stimmchen, als wollte sie ihre ganze Seele im Lied verströmen. Ich fühlte nun schon keinen Schrecken mehr; ein unsagbares Mitleid schnürte mir das Herz zusammen.

«O weh, ich kann nicht mehr!» sagte sie plötzlich. «Die Kräftlein fehlen ... Ich war so froh, Sie zu sehen.»

Sie schloß die Augen. Ich legte meine Hand auf ihre winzigen, kalten Fingerchen ... Sie schaute mich an, und ihre dunklen Augenlider, verbrämt mit goldenen Wimpern, wie bei altertümlichen Statuen, schlossen sich wieder. Nach einem Moment begannen sie in der Dunkelheit zu glänzen ... Eine Träne hatte sie benetzt.

Wie früher, bewegte ich mich nicht.

«Bin doch ein wunderliches Geschöpf!» sagte sie plötzlich mit unerwartet großer Kraft, und indem sie die Augen weit öffnete, bemühte sie sich, die Tränen durch zuckende Bewegungen der Augenlider zu entfernen. «Ist es nicht eine Schande? Was ist mit mir? Das ist mir schon lange nicht mehr geschehen ... seit dem Tag nicht mehr, da Poljakow Wassja bei mir war, im letzten Frühling. Solange er bei mir saß und sprach, nun, da ging's, aber als er weggegangen war, hab' ich still für mich geweint. Woher mag das wohl kommen? Ach, wir Weiber weinen bald, Barin», fügte Lukerija hinzu, «ich denke, Sie haben ein Taschentuch ... ekeln Sie sich nicht vor mir; trocknen Sie mir die Tränen!»

Ich beeilte mich, ihren Wunsch zu erfüllen, und ließ ihr das Taschentuch. Zuerst wollte sie es nicht nehmen.

«Wozu ein solches Geschenk für mich?»

Das Taschentuch war ganz einfach, aber rein und weiß. Sie faßte es mit ihren Fingerchen und ließ es nicht mehr los. Da sich meine Augen an das Halbdunkel gewöhnt hatten, das in diesem Schuppen herrschte, konnte ich nun deutlich ihre Züge unterscheiden, ja ich bemerkte sogar die feine Röte, die unter der Bronzefarbe ihres Gesichts zum Vorschein kam, und ich glaubte in diesem Antlitz die Spuren einstiger Schönheit zu entdecken; so wenigstens schien es mir.

«Ja, Barin», begann Lukerija wieder zu sprechen, «Sie haben mich gefragt, ob ich gut schlafen könne. Nun, es ist wahr, ich schlafe selten; aber ich träume immer, und ich habe immer gute Träume. Ich sehe mich nie krank; im Traum bin ich immer gesund und munter... Aber welch ein Kummer, wenn ich erwache und mich ordentlich dehnen und strecken will, und wenn ich dann fühle, daß ich gleichsam an Händen und Füßen gefesselt bin!... Einst hatte ich einen sonderbaren Traum! Wollen Sie ihn hören? Nun, hören Sie: Mir ist, als stünde ich in einem Feld, und ringsumher ist alles Roggen, die Halme stehen hoch, die Ähren sind reif und blinken wie Gold. Und mir ist, als ob da auch ein gelbes Hündlein wäre, ein sehr, sehr böses, und daß es mich immer beißen wollte. Und in den Händen habe ich eine Sichel, aber keine einfache Sichel, sondern was ich da in Händen habe, ist wie der Mond selbst, wenn er wie eine Sichel ist. Und mit dieser Sichel muß ich diesen Roggen ganz sauber abschneiden. Aber nun hat mich die Hitze so müde gemacht, und der Mond hat mich geblendet, und eine große Trägheit ist über mich gekommen, und ringsumher wachsen Kornblumen, aber so große! Und alle wenden sie ihre Gesichter mir zu. Und ich denke: Ich will diese Kornblumen pflücken, denn Wassja hat mir versprochen zu kommen, und so werde ich mir einen Kranz flechten; das Korn mit der Sichel zu schneiden — dazu werde ich auch später noch Zeit haben. Ich beginne die Kornblumen zu pflücken, aber sie zergehen mir zwischen den Fingern, ich mag machen, was ich will! Und ich kann mir keinen Kranz binden. Und inzwischen höre ich: schon kommt jemand, und aus nächster Nähe ruft es: ‚Luscha! Luscha! . . .' Ach, denke ich, welch ein Ungemach! Der Kranz ist nicht fertig geworden. Dann will ich mir an Stelle des Kornblumenkränzleins den Mond aufsetzen. Ich setzte also den Mond auf, genau wie einen Kokoschnik *, und sofort begann ich selbst zu leuchten, das ganze Feld ringsumher habe ich beleuchtet. Und was sehe ich? Über die Spitzen der Ähren schwebt schnell auf mich zu — nicht Wassja, sondern

* Kokoschnik, fächerförmiger Kopfputz, wie ihn die Bojarinnen trugen. Anm. d. Übers.

Christus selbst. Wieso ich wußte, daß es Christus ist, kann ich nicht sagen — so stellt man ihn nicht dar —, ich aber wußte: es ist Er! Ohne Bart, hochgewachsen, jung, ganz in Weiß — nur der Gürtel ist golden, und Er streckt mir die Hand entgegen. ‚Fürchte dich nicht', sagt er, ‚du, meine geschmückte Braut, und folge mir nach; du wirst in meinem himmlischen Reiche die Tanzreihen anführen und die paradiesischen Lieder singen.' Wie ich mich da in seinen Arm schmiegte! Ein Hündchen packte mich am Bein ... Aber schon erhoben wir uns! Er voran ... Seine Flügel umfaßten entfaltet den ganzen Himmel ... Und ich Ihm nach. Und das Hündchen mußte zurückbleiben. Nun habe ich begriffen, daß das Hündchen — meine Krankheit ist und daß dafür im Himmelreich kein Platz ist.»

Lukerija machte eine Pause.

«Und dann habe ich noch einen Traum gehabt», begann sie wieder, «oder es war dies eine Erscheinung — ich weiß es nicht. Mir war, als ob ich hier in meinem Weidenschüppchen läge, und es kämen zu mir meine verstorbenen Eltern — Väterchen und Mütterchen —, und sie verneigten sich tief vor mir und sprächen dabei kein Wort. Ich frage sie: ‚Weshalb, Väterchen und Mütterchen, verneigt ihr euch so tief vor mir?' Und sie antworten: ‚Weil du, unser Kindchen, in dieser Welt viel leidest! Damit hast du nicht nur dein Seelchen allein befreit, sondern du hast damit auch uns eine große Last abgenommen, und so ist auch uns in jener Welt viel geholfen worden. Denn deine Sünden hast du schon abgebüßt, und jetzt erlösest du uns von unseren Sünden.' Nachdem sie so gesprochen hatten, verneigten sich meine Eltern abermals tief vor mir und waren verschwunden; nur die Wände allein waren zu sehen. Es ist mir hernach zweifelhaft gewesen, was das mit mir war. Dem Väterchen habe ich es in der Beichte erzählt. Aber er meinte, das sei keine Erscheinung gewesen, weil nur Personen geistlichen Standes Erscheinungen hätten.

Und dann habe ich noch einen Traum gehabt», fuhr Lukerija fort. «Mir träumte, ich sitze an einer großen Landstraße unter einer Weide, halte ein abgeschältes Stöckchen in der Hand, habe auf dem Rücken ein Quersäckchen, mein Kopf ist von einem Tuch umhüllt — alles ganz genau wie bei einer Pilgerin! Und zu gehen habe ich irgendwohin — weit, weit; es ist eine Wallfahrt, die ich zu vollführen habe. Und an mir vorbei wallen viele Pilger; sie gehen still, wie wider Willen, und immer in einer und derselben Richtung; alle haben traurige Mienen, und sie sehen einander alle gleich. Und mitten unter ihnen sehe ich eine Frau, die sich hin- und herwirft, sie ist um einen ganzen Kopf größer als die andern, und ihre Tracht ist fremdartig, ganz anders als unsere russische Tracht. Auch ihr Gesicht ist ungewöhnlich, es ist das Gesicht einer Scheinheiligen, und sie macht strenge Mienen. Und es ist, wie wenn alle vor ihr zur Seite wichen, und plötzlich kommt sie just auf mich zu. Sie bleibt vor mir stehen und schaut, und Augen hat sie wie ein Falke: gelbe, große und sehr helle Augen. Und ich frage sie: ‚Wer bist du?' Und sie antwortet: ‚Ich bin dein Tod.' Und ich, weit entfernt, zu erschrecken, freue mich, bekreuzige mich, und die Frau, mein Tod, sagt zu mir: ‚Du tust mir leid, Lukerija, aber ich kann dich nicht mitnehmen — lebe wohl!' O Gott, wie wurde mir da traurig zumute! ‚Nimm mich mit, Mütterchen, Täubchen!' sage ich. Und da wandte sich die Frau, mein Tod, zu mir und begann mir Vorwürfe zu machen... Ich verstehe soviel, daß sie mir erklärt, wann meine letzte Stunde kommen wird, aber alles ist so unklar... Nach Peterpaulfasten soll es sein. Damit bin ich erwacht... Was es doch für seltsame Träume gibt!»

Lukerija hob die Augen nach oben... Sie war wie in Gedanken verloren. «Nur das eine macht mir Kummer», sagte sie, «daß ich nicht schlafen kann wie andere Leute. Es vergeht oft eine ganze Woche, und ich schlafe nicht. Im vorigen Jahr kam eine Barynja hier vorbei; sie erblickte mich und gab mir ein Fläschchen mit einer Arznei gegen Schlaflosigkeit; je zehn Tropfen sollte ich nehmen. Das hat mir sehr geholfen, und ich konnte wieder schlafen. Nun aber ist das Fläschchen längst leer... Wissen Sie nicht, was das für ein

Arzneimittel gewesen sein konnte und wie man es bekommt?»

Die Dame hatte der armen Lukerija höchstwahrscheilich Opium gegeben. Ich versprach ihr, so ein Fläschchen herbeizuschaffen und konnte mich wieder nicht genug über ihre Geduld wundern.

«Ach, Barin», erwiderte sie, «was sagen Sie da? Das ist ja nichts! Ja, Simeon, der Heilige, der hatte eine große Geduld: dreißig Jahre lang stand er auf seinem Pfahl. Und ein anderer Knecht Gottes hatte sich bis zur Brust eingraben lassen, und die Ameisen hatten ihm das Gesicht zerfressen. Und ein in den heiligen Legenden Bewanderter hat mir erzählt von einem Land, das von den Agarjanern erobert worden war. Die Einwohner des besiegten Landes wurden von diesen Heiden gemartert und getötet. Und was auch die Einwohner taten — nichts konnte sie befreien. Aber da erschien in diesem Volk eine heilige Jungfrau; sie umgürtete sich mit einem großen Schwert und legte einen schweren Panzer an und trat den Agarjanern entgegen und jagte sie alle ins Meer. Und als sie die Agarjaner verjagt hatte, sagte sie zu ihnen: ‚Jetzt verbrennt mich, denn ich habe ein Gelübde getan, für mein Volk einen teuern Tod zu sterben.‘ Und die Agarjaner nahmen sie und verbrannten sie; aber das Volk selbst ist seit jener Zeit für immer befreit! Das nenne ich eine Heldentat! Ich aber! . . .»

Ich wunderte mich insgeheim, wohin und in welcher Gestalt sich die Legende von der Jeanne d'Arc verirrt hatte und fragte nach einer Pause Lukerija, wie alt sie sei.

«Achtundzwanzig ... oder neunundzwanzig ... Dreißig bin ich noch nicht. Aber wozu sie zählen, die Jahre da! Ich wollte Ihnen noch berichten ...»

Lukerija fing plötzlich an zu husten; es klang dumpf, und sie ächzte ...

«Du hast zu viel gesprochen», sagte ich zu ihr, «das kann dir schaden.»

«Es ist wahr», flüsterte sie kaum hörbar, «wir müssen unser Gespräch beenden. Wie es auch gehen mag: es mußte gewagt werden! Jetzt, wo Sie wegfahren, werde ich wieder nach Herzenslust schweigen können. Aber ich habe mir wenigstens das Herz erleichtert ...»

Ich begann mich von ihr zu verabschieden, wiederholte mein Versprechen, ihr die Arznei zu schicken, bat sie, noch einmal gut nachzudenken, ob sie nicht doch etwas brauche ...

«Nichts brauche ich ... Mit allem bin ich zufrieden ... Gott sei Dank», sagte sie mit größter Anstrengung, aber voll Rührung. «Gebe Gott allen Gesundheit! Nur eines, Barin: — wenn Sie mit Ihrer Mutter reden könnten, daß sie den Bauern — die hier sind so arm! — den Obrok nur ein wenig ermäßigen könnte; sie haben zu wenig Land, und es fehlt ihnen an allem. Die Bauern würden für Ihr

Mütterchen beten. Ich aber brauche nichts — bin mit allem zufrieden.»

Ich gab Lukerija das Versprechen, ihre Bitte zu erfüllen und näherte mich schon der Tür, als sie mich wieder zurückrief.

«Erinnern Sie sich, Barin», sagte sie, und ein wunderbarer Schimmer überflog ihre Augen und Lippen, «erinnern Sie sich, was für einen Zopf ich hatte? — bis zu den Knien! Ich konnte mich lange nicht entschließen . . . Solche Haare! . . . Aber wie hätte man sie mir kämmen sollen? In meinem Zustand. So habe ich sie denn abschneiden lassen . . . ja . . . Nun, verzeihen Sie, Barin. Leben Sie wohl. Ich kann nicht mehr . . .»

Noch am selben Tag, bevor ich mich auf die Jagd begab, hatte ich mit dem Dorfschulzengehilfen ein Gespräch über Lukerija. Von ihm erfuhr ich, daß man sie im Dorf «Die lebendige Reliquie» nannte und daß man mit ihr nicht die geringste Mühe habe, man höre sie weder murren noch klagen.

«Für sich selbst verlangt sie nichts; sie ist für alles dankbar; still und bescheiden ist sie, das muß man schon sagen; Gott hat sie heimgesucht», so schloß der Dorfschulzengehilfe seine Rede, «folglich hat es so sein müssen. Ob es eine Strafe für Sünden ist? Darauf lassen wir uns nicht ein. Aber daß wir sie zum Beispiel verurteilen würden: — das nicht. Wir verurteilen sie nicht. Man muß sie sein lassen . . .»

Einige Wochen später erfuhr ich, daß die Lukerija gestorben ist. So war denn der Tod wirklich zu ihr «nach Peterpaulfasten» gekommen. Man erzählte, am Tage ihres Absterbens habe sie immer Glockengeläute gehört. Die Kirche ist jedoch von Alexejewka mehr als fünf Werst entfernt, und es war ein Werktag. Übrigens sagte Lukerija, daß das Geläute nicht von der Kirche, sondern «von oben» kam. Wahrscheinlich wagte sie nicht zu sagen: «Vom Himmel.»

EPILOG

WALD UND STEPPE

. . . Und mehr und mehr erfaßt' ein Sehnen ihn
Nach seinem trauten Dorf, dem dunklen Garten,
Wo hoch und hehr die alten Linden stehn,
Im Schatten Maienglöcklein lieblich duften,
Die Weiden ihre runden Wipfel hin
Vom hohen Damm zum stillen Wasser neigen,
Die Eiche wurzelt in der Wiese Grund,
Umweht vom herben Duft des Hanfs, der Nessel...
Dahin, dahin! ins weite, freie Feld,
Wo schwarz wie Samt die Ackererde schimmert,
Das reife Korn, so weit das Auge reicht,
In goldnen Wellen meeresgleich sich breitet,
Ein schwerer gelber Sonnenstrahl durchbricht
Die leuchtendweißen, runden Wolkenballen —
Wie gut ist's dort . . .

(Aus einem Gedicht, das zum Verbrennen bestimmt war.)

Bevor ich von meinem Leser Abschied nehme, will ich noch einige Worte über die Jagd sagen.

Die Jagd mit der Flinte und dem Hund ist an und für sich etwas Herrliches; aber nehmen wir an, Sie sind kein Jäger, sind nicht zum Jäger geboren; gut, aber dann lieben Sie dennoch die Natur, folglich müssen Sie uns Jäger beneiden. Hören Sie!

Können Sie sich zum Beispiel vorstellen, was es für ein Genuß ist, im Frühling vor Sonnenaufgang auszufahren? Sie treten auf die Vortreppe hinaus ... Am dunkelgrauen Himmel blinken hie und da noch die Sterne; ein feuchter Windhauch kommt dann und wann, einer leichten Welle gleich, gezogen; man hört das verhaltene, undeutliche Raunen der Nacht; die Bäume rauschen leise, schattenumhüllt. Nun wird ein Teppich über die Telega gebreitet, eine Kiste mit dem Samowar findet Platz am Kutschbock. Die Seitenpferde überläuft ein leichter Schauder, sie schnauben und stampfen sehr elegant mit den Beinen; ein paar eben erwachte weiße Gänse watscheln still und langsam über den Weg; hinter der Hecke schnarcht ruhig der Wächter; jeder Ton steht gleichsam in der erstarrten Luft, wie gebannt. Jetzt setzen Sie sich in den Wagen, die Pferde ziehen an, ein Ruck! und fort geht's holterdipolter, an der Kirche vorbei, den Hügel hinunter, den Damm entlang ... Über dem Teich schwebt ein leiser Dunstschleier. Es ist Ihnen vielleicht etwas kalt? Sie schlagen den Mantelkragen hoch und verdecken das Gesicht. Es ist Ihnen schlummrig zumute. Im schnellen Trab geht's durch aufspritzende Pfützen. Der Kutscher pfeift leise. Aber da haben Sie auch schon volle vier Werst zurückgelegt ... Am Rand des Firmaments zeigt sich eine schwachrosa Färbung. In den Birken erwachen allmählich die Dohlen und fliegen ungeschickt hin und her. Die Sperlinge zwitschern neben den dunklen Heuschobern. Es wird heller, der Weg wird sichtbarer, der Himmel klarer, die Wölkchen werden weiß, die Felder ergrünen. In den Hütten der Bauern glühen Kienspäne mit rotem Licht auf. Hinter den Türen werden verschlafene Stimmen laut. Aber inzwischen erglüht das Morgenrot. Schon zeigen sich goldene Streifen am Himmel. Aus den Schluchten steigen Dämpfe auf. Die Lerchen tirilieren. Der Wind, der sich häufig vor Tagesanbruch erhebt, beginnt leise zu fächeln — und nun taucht die rote Sonne am Horizont empor. Ein Strom von Licht ergießt sich über die Erde. Das Herz erbebt vor Freude. Alles ist so morgenfrisch, so freudvoll, so angenehm! Der Blick dringt in weite Fernen. Dort, hinter dem Wäldchen, liegt ein Dorf. Etwas weiter hinaus ist ein zweites zu sehen, mit einer weißen Kirche. Ein Birkenwäldchen auf jenem Hügel! Dahinter ist das Moor, wohin Sie fahren . . . Hurtiger, ihr Pferde! Hurtiger! Vorwärts in großem Trab! . . . Es sind nur mehr etwa drei Werst geblieben. Die Sonne steigt rasch höher. Der Himmel ist rein . . . Das Wetter wird herrlich. Aus dem Dorf zieht uns eine Herde entgegen. Nun ist die Anhöhe erglommen . . . Welch herrlicher Ausblick! Der Fluß schlängelt sich etwa zehn Werst weit vor unseren Augen hin, bläulich durch den Nebel schimmernd. In weiterer Ferne wässeriggrüne Wiesen. Hinter den Wiesen abschüssige Hügel. Dort kreisen

Kibitze mit Gekreisch über dem Moor. In dem feuchten Glanz der Morgenluft tritt der fernste Punkt klar hervor ... Wie frei atmet die Brust, wie rasch bewegen sich die Glieder, wie fühlt sich der ganze Mensch gehoben im Hauch des Frühlings! ...

Und erst der sommerliche Julimorgen! Wer, außer dem Jäger, hat empfunden, wie beseligend es ist, in der Morgendämmerung im Gebüsch umherzuschweifen? Beim Durchwandern des taufeuchten Grases bleibt eine grüne Spur zurück. Man schiebt einen nassen Strauch auseinander, aus dem einem der warme Duft der Nacht, der sich darin gesammelt hatte, entgegenschlägt. Die Luft ist gesättigt mit dem bitteren Duft des Wermutkrautes, dem süßen des wilden Buchweizens und des Wiesenklees. In der Ferne steht wie eine Mauer der Eichenwald und glänzt und schimmert hellrot in der Sonne. Es ist noch kühl, aber man spürt schon die Nähe der sommerlichen Hitze. Der Kopf schwindelt einem von der Überfülle der Düfte. Überall Busch und Strauch ... Hie und da schimmert gelb in der Ferne reifender Roggen, oder es zeigen sich die schmalen Streifen rötlichen Buchweizens. Da knarrt eine Telega, bedächtigen Schritts geht daneben ein Bauer, stellt sein Pferd in den Schatten ... Man begrüßt sich. Der Wagen fährt weiter. Der helle Klang einer Sense erreicht unser Ohr. Die Sonne steigt höher und höher. Rasch trocknet das Gras.

Schon ist es heiß. Es vergeht eine Stunde, und dann noch eine . . . Der Himmel nimmt an den Rändern eine dunklere Färbung an. Die Luft steht, die Sonne sticht. — «Wo, Bruder, kann ich hier wohl einen Schluck Wasser haben?» fragt man den Schnitter. — «Ach ja, gleich hier in der Schlucht ist eine Quelle.» Zwischen Haselnußstauden und durch allerlei Rankenwerk geht es hinunter in die Schlucht. Und richtig: just unterhalb des steilen Abhanges verbirgt sich eine Quelle: ein Eichengebüsch breitet seine handförmigen Blätter gierig über dem Wasser aus. Große silberne Blasen erheben sich schaukelnd von dem mit feinem, samtartigem Moose bedeckten Boden. Man wirft sich auf die Erde und trinkt sich satt. Man ist dann müde, ein wenig träge. Es ist so schattig hier, man atmet die duftige Feuchtigkeit ein, und es ist einem so wohl zumute; in den Sträuchern aber glüht es, sie werden förmlich gelb in der Sonne.

Aber was ist das? Plötzlich erhebt sich ein Wind, der sogleich wieder verebbt. Die Luft erzittert ringsumher. Ob das nicht ein ferner Donnerschlag ist? Sie treten aus der Schlucht hinaus . . . Was ist das für ein bleifarbener Saum am Horizont? Hat die Hitze sich so verdichtet? Schiebt sich eine Wolke heran?... Es blitzt. Ach, das ist ja ein Gewitter! Ringsumher strahlt die Sonne, man kann also noch jagen gehn. Aber die Wolke wächst: ihr vorderer Rand schickt einen Arm aus, der sich herunterwölbt. Das Gras, das Gebüsch, alles wird plötzlich dunkel . . . Rasch! dort scheint ein Heuschober zu stehen . . . Schnell! . . . Nun sind Sie dort angelangt und eingetreten . . . Was für ein Platzregen! Diese Blitze! Hie und da tropft Wasser durch das Strohdach aufs Heu . . . Aber schon strahlt die Sonne wieder. Das Gewitter ist vorbei. Sie treten ins Freie. Mein Gott, wie heiter glänzt alles ringsumher, wie frisch ist die Luft, wie leicht! Wie duftet es nach Erdbeeren und Pilzen! . . .

Es wird Abend. Das Abendrot erglüht wie eine Feuersbrunst und überzieht den halben Himmel. Die Sonne versinkt. In der Nähe ist die Luft von einer besonderen Durchsichtigkeit, wie Glas; in der Ferne hingegen schwebt ein weicher Dunst; zusammen mit dem Tau fällt ein hellroter Glanz auf die Waldwiese, die noch unlängst von Strömen flüssigen Goldes übergossen war. Die Bäume, die Sträucher, die hohen Heuschober werfen lange Schatten . . . Die Sonne ist nun untergegangen. Ein Stern entzündet sich im Feuermeer des Sonnenuntergangs . . . Es dämmert . . . Der Himmel wird blau. Einzelne Schatten verschwinden. Dunst breitet sich aus. Es ist Zeit, nach Hause zu gehen, ins Dorf, in die Bauernhütte, wo Sie übernachten wollen. Die Flinte auf der Schulter, marschieren Sie rasch dahin, ungeachtet Ihrer Müdigkeit . . . Inzwischen ist es Nacht geworden, man sieht keine zwanzig Schritte weit. Doch dort über jenen dunklen Sträuchern ist der Rand des Himmels undeutlich erhellt... Was mag das sein? Ein Brand? . . . Nein, das ist der Mond, der dort soeben aufgeht. Und dort in der Ferne schimmern schon die Lichter im Dorfe. Da ist endlich auch Ihre Hütte. Durch das Fenster sehen Sie den mit einem weißen Tischtuch gedeckten Tisch, eine brennende Kerze, das Abendessen . . .

An einem andern Tag wird die Renndroschke eingespannt, und es geht in den Wald auf die Haselhühnerjagd. Wie lustig ist es, auf einem schmalen Weglein zwischen zwei Kornfeldern hindurchzufahren! Die Ähren streifen Ihr Gesicht. Kornblumen heften sich im Vorbeifahren an Ihre Füße. Die Wachteln schlagen ringsumher. Das Pferd läuft in einem trägen Trab. Da ist der Wald! Schatten und Stille! Stattliche Espen lispeln hoch über Ihrem Haupte. Die langen, hängenden Zweige der Birke bewegen sich kaum. Die mächtige Eiche steht wie ein Kämpfer neben der schönen Linde. Sie fahren über ein grünes, mit den Schatten der Blätter bemustertes Weglein. Große gelbschwarz gestreifte Fliegen halten sich schwebend auf einem Punkt in der goldigen Luft und schießen plötzlich weg. Mücken heben und senken sich in Säulen, heller im Schatten, dunkler in der Sonne. Die Vögel singen friedvoll. Das Stimmchen der Grasmücke erklingt in unschuldiger, schwatzhafter Freude: sie paßt zum Duft der Maiglöckchen. Weiter! Weiter! Tiefer in den Wald hinein! Die Luft im Wald wird stickig ... Eine unbeschreibliche Stille herrscht hier und erfüllt die Seele. Auch ringsumher ist alles so schlummerig und still. Aber nun weht der Wind und die Wipfel der Bäume beginnen zu rauschen wie flutende Wellen. Durch das vorjährige dunkle Laub am Boden wachsen hie und da hohe Gräser hervor, die Pilze stehen hübsch gesondert unter ihren Hütchen. Ein weißer Hase springt plötzlich hervor. Der Hund jagt mit lautem Gebell hinter ihm her.

Und wie schön ist dieser selbe Wald im späten Herbst, wenn die Waldschnepfen geflogen kommen! Sie halten sich nicht im Dickicht auf, man muß sie dem Waldessaum entlang suchen. Es ist kein Wind, die Sonne ist weg, es gibt keine Schatten, nichts bewegt sich, alle Geräusche haben aufgehört. In der weichen Luft schwebt ein Herbstduft, ähnlich dem des Weines. Ein feiner Nebel steht in der Ferne über den gelben Feldern. Zwischen den entlaubten dunkelbraunen Ästen schimmert weißlich der eherne Himmel durch. Hie und da hängen an den Lindenzweigen noch einige goldene Blätter. Die feuchte Erde gibt unter den Füßen elastisch nach. Die hohen, trockenen Grashalme bewegen sich nicht. Lange Spinnfäden glänzen auf dem verblichenen Grase. Ruhig atmet die Brust, und zugleich kommt eine seltsame Unruhe über die Seele. Man geht am Saum des Waldes so dahin, sieht nach seinem Hund; inzwischen ruft aber die Erinnerung Bilder von lieben Menschen, lebenden und verstorbenen, herauf; Eindrücke, die längst verwischt und vergessen schienen, erwachen plötzlich; unser Gedanke jagt auf den Flügeln der Einbildungskraft wie ein Vogel dahin, und vor unseren Augen steht und bewegt sich alles in so großer Klarheit! Bald drängt das Herz leidenschaftlich ins Künftige, bald versinkt es in einem Meer von Erinnerungen. Das ganze Leben entfaltet sich leicht und schnell wie eine Rolle; alles, was ihm je begegnet ist, alles, was er je empfunden und getan hat: alles ist dem Menschen gegenwärtig. Und nichts stört ihn in seinem Sinnen — weder die Sonne noch der Wind noch irgendein Geräusch . . .

Und dann ein heller, etwas kalter, in der Morgenfrühe frostiger Herbsttag, wenn die Birke, wie ein Baum im Märchen, sich golden abzeichnet vom hellblauen Himmel; wenn die niedrigstehende Sonne nicht mehr wärmt, dafür aber greller als im Sommer glänzt; wenn der kleine Espenhain durchscheinend ist, als wäre ihm wohl, so entblößt dazustehen; wenn der Reif weißschimmernd im Talgrund liegt und der frische Wind das welke Laub aufwirbelt und dahinjagt; wenn über den Fluß hin der Wellenschlag die verstreut schwimmenden Gänse und Enten lustig hüpfen und tanzen läßt. In der Ferne klappert eine Mühle, die von einem Weidengebüsch halb verdeckt ist, und bunt schimmernd drehen sich über ihr im Kreise — Tauben im Flug . . .

Aber sogar auch die nebeligen Tage im Sommer sind schön, obzwar die Jäger sie nicht lieben. An solchen Tagen kann man nicht schießen: ein Vogel, der direkt vor unseren Füßen auffliegt, verschwindet sofort in dem weißlichen Dunkel des dichten Nebels. Aber wie still, wie unsagbar still ist es ringsumher! Alles ist wach und alles schweigt. Sie gehen an einem Baum vorbei — er rührt sich nicht, ist sich in seiner Schönheit selbst genug. Durch den feinen Dunst, der in der Luft gleichmäßig zerteilt ist, erblicken Sie einen langen schwärzlichen Streifen. Sie meinen, es sei ein Wald, nähern sich, und der vermeintliche Wald entpuppt sich als ein hochragendes, mit Wermutpflanzen bedecktes Feld am Grenzrain. Über Ihnen, neben Ihnen, überall ist Nebel . . . Aber da hebt sich ein leichter Wind — und schon tritt ein Stück blaßblauen Himmels undeutlich durch den dünner werdenden, wie Rauch aufwallenden Dunst hervor; ein goldgelber Strahl dringt plötzlich ein, überrieselt alles mit einem Strom von Licht, streift über die Felder hin, lehnt sich an den Wald — und gleich darauf ist alles wieder im Nebel erstickt. Lange dauert dieser Kampf, aber wie unsagbar herrlich und klar wird der Tag, wenn das Licht endlich triumphiert und die letzten Schwaden des erwärmten Nebels sich senken und ausbreiten wie Linnen oder in der zartleuchtenden Höhe verschwinden . . .

Ein andermal schicken Sie sich an, in ein von Ihrem Wohnsitz weit entferntes Jagdgebiet zu fahren: in die Steppe! Ungefähr zehn Werst haben Sie auf schlechten Feldwegen zurückzulegen. Endlich kommen Sie auf die große Chaussee hinaus! Nun geht's vorbei an unendlichen Wagenzügen, vorbei an kleinen Einkehrwirtshäusern, wo unter dem Schutzdach schon der Samowar kocht und brodelt, die Türen alle sperrangelweit offen sind, vorbei an den Ziehbrunnen, den vielen Dörfern, vorbei an unübersehbaren grünen Hanffeldern ... lange, lange fahren Sie so. Die Elstern fliegen von Baum zu Baum. Weiber mit langen Rechen ziehen ins Feld. Ein müder Wanderer in einem abgetragenen Nankingkaftan pilgert mühselig dahin. Ein schwerer Gutsbesitzerwagen, bespannt mit sechs stämmigen, aber abgetriebenen Pferden, kommt Ihnen langsam entgegen. Aus dem Fenster guckt der Zipfel eines Polsters hervor, und auf dem Tritt hinten am Wagen sitzt auf einem aus Bast geflochtenen Sack seitwärts der Lakai in einem Mantel, bespritzt bis auf die Augenbrauen, und hält sich fest an einem Schnürchen. Da ist das Kreisstädtchen mit seinen schiefen Holzhäusern, unendlichen Zäunen, unbewohnten steinernen Kaufmannshäusern und einer altersschwachen Brücke über einer tiefen Schlucht ... Weiter, immer weiter! Hier beginnen schon steppenartige Flächen aufzutauchen. Sie betrachten diese Gegend von einem Hügel aus: — welch ein Anblick! Runde, niedrige Hügel, von unten bis oben beackert und besät, laufen in breiten Wellen auseinander. Mit Gebüsch bewachsene Schluchten ziehen sich zwischen ihnen hin. Kleine Wäldchen liegen als längliche Inseln da und dort verstreut. Von Dorf zu Dorf winden sich schmale Pfade. Kirchen schimmern weiß. Zwischen den Weiden glitzert ein Flüßchen. Weit im Feld stehn in langer Reihe Trappen. Ein altes Herrenhaus mit seinen Wirtschaftsgebäuden, seinem Obstgarten und seiner Tenne, sitzt an einem Teich. Aber weiter, weiter! Die Hügel werden niedriger, es ist fast kein Baum mehr zu sehen. Da ist sie endlich, die unabsehbare, schier grenzenlose Steppe! . . .

Und an einem Wintertag über hohe Schneehaufen hinweg, Hasen nachzuspüren, die scharfe, frostige Luft einzuatmen, fast geblendet vom Gefunkel des weichen Schnees, zu bewundern die grüne Farbe des Himmels über dem rötlichen Wald! . . . Und die ersten Tage des Frühlings, wenn ringsumher alles funkelt und neu wird, wenn durch den schweren Dunst des geschmolzenen Schnees schon ein Hauch von der erwärmten Erde aufsteigt, wenn auf den vom Schnee befreiten Stellen unter den schrägen Strahlen der Sonne die Lerchen zutraulich tirilieren, Sturzbäche mit lautem Tosen und Gebrüll von Schlucht zu Schlucht hinabstürzen! . . .

Jedoch es ist Zeit, diese Aufzeichnungen zu beenden. Im rechten Augenblick hab' ich angefangen, vom Frühling zu reden: Im Frühling tut das Scheiden nicht weh, im Frühling zieht es auch Glückliche in die Ferne ... Leben Sie wohl, mein Leser; ich wünsche Ihnen ein beständiges Glück.

Nachwort

Zu den dauerbarsten Denkmälern der Weltliteratur gehören unstreitig jene Bücher, die historische Ereignisse von großer Tragweite einleiteten oder sogar mit herbeiführten. Die «Aufzeichnungen eines Jägers» von Iwan Turgenjew dürfen zu diesen providentiellen Büchern gezählt werden, denn sie machten wirklich Geschichte in einem großen und wohltätigen Sinn. Wir stehen vor der erstaunlichen Tatsache, daß von einem scheinbar absichtslos geschriebenen Buche eine geschichtliche Wende ihren Anfang nahm: die Aufhebung der Leibeigenschaft in Rußland. Gewiß haben unzählige Faktoren ökonomischer und sozialpolitischer Art zusammengewirkt, um ein schändliches Regime zu Fall zu bringen; doch muß der moralische Impuls den Ausschlag gegeben haben, und dieser ging von einem Buche aus. Fest steht, daß Alexander II. dem Dichter selbst bekannte, daß dessen Buch, die «Aufzeichnungen eines Jägers», ihm die absolute Notwendigkeit der Aufhebung der Leibeigenschaft klargemacht habe. Am 19. Februar (alten Stils) des Jahres 1861 erschien das berühmte Reskript des Zaren, die Bauernbefreiungsakte, die, wie mangelhaft sie in vieler Beziehung auch war, dennoch der

Sklaverei in Rußland ein Ende setzte. Mit welch grimmigem Humor Turgenjew nicht nur die skurrilen Auswüchse, sondern die ganze grauenhafte Einrichtung der Leibeigenschaft bekämpfte – die «Aufzeichnungen» erweisen es auf jedem Blatt*.

Iwan Sergejewitsch Turgenjew wurde geboren den 28. Oktober (a. St.) 1818 in Orjol, wo zufällig das Regiment stand, in dem sein Vater diente. Seine Mutter war eine geborene Lutowinowa, Tochter eines reichen Orjoler Gutsbesitzers. Das alte Geschlecht der Turgenjew leitete seinen Ursprung von der Goldenen Horde her (wie sich die Mongolenstämme unter Batu-Khan und seinen Nachfolgern nannten, die den Moskauer Staat während Jahrhunderten unterjocht hielten oder sonst bedrängten).

In der Geschichte Rußlands spielten die Turgenjew eine eher leidende Rolle. In der Zeit der «Großen Wirren» (1584–1613) entlarvte ein Turgenjew den falschen Demetrius und mußte dafür

* Bis Ende des 16. Jahrhunderts waren die russischen Bauern freie Ackerbürger. Bodeneigentümer waren einzig und allein die Krone, der Dienstadel und die Kirche. Die Bauern konnten also nur Pächter sein, und sie pachteten Wiesen- und Ackerland am liebsten von den Klöstern, die, da sie selbst allerlei Privilegien besaßen, auch den Bauern manche Vorteile einräumen konnten. Solange die Bauern am Jurij-Tag den Pachtvertrag lösen durften, konnten sie die Ländereien der Krone und der Bojaren im Stich lassen und sich um die beständig neu erstehenden Klostergüter herum ansiedeln. Dem mußte im Interesse des Staates ein Riegel vorgeschoben werden. Boris Godunow, der den unfähigen Zar Fjodor, den schwachsinnigen zweiten Sohn Iwans des Schrecklichen, be-

auf dem Roten Platz in Moskau sein Leben lassen. Zu Katharinas Zeiten büßte ein Iwan Petrowitsch Turgenjew, der sich als Freimaurer verdächtig gemacht hatte, seinen Freiheitsdrang in der Verbannung. Einer seiner Söhne, Nikolaj Iwanowitsch Turgenjew, kämpfte gegen die Leibeigenschaft, schloß sich den Carbonari an, wurde 1826 in contumaciam zum Tode verurteilt, 1856 begnadigt und starb 1871 in Bougival bei Paris.

Iwan Turgenjew hatte keine schöne Kindheit und Jugend gehabt. Sein Vater kümmerte sich um seine Erziehung nicht. Die Mutter führte ein strenges Regiment. Wie es auf dem Landgut Spasskoje-Lutowinowo, wo die Familie später lebte, zuging, läßt sich aus den «Aufzeichnungen eines Jägers» erraten: in der Erzählung «Das Kontor» ist wohl das Leben und Treiben in Turgenjews Elternhaus ziemlich genau geschildert.

Als Iwan vier Jahre alt war, machte die Familie eine Reise nach Deutschland, in die Schweiz und

herrschte und vertrat, erließ ein Gesetz, durch welches mit einem Schlag die Freizügigkeit der Bauern aufgehoben wurde. An den Boden gefesselt, waren die Bauern von nun an Objekt fremder Willkür. Mit der Aufhebung der Freizügigkeit, die das natürlichste und ursprünglichste Freiheitsrecht eines jeden Menschen ist, bürgerte sich unmerklich die Leibeigenschaft ein. Es ist bemerkenswert, daß ein Ukas, der die Leibeigenschaft juridisch begründet hätte, in keiner der Gesetzessammlungen Rußlands aufzufinden war. In der Ukraine, wo es das Leibeigenschaftsrecht noch nicht überall gab, führte es Katharina II., die Freundin Voltaires, 1783 ein. Sie bezahlte, wie Herzen sagt, mit Bauernkommunen ihre ägyptischen Nächte …

nach Frankreich. Nach damaliger Sitte fuhr der ganze Hausstand und eine Menge leibeigener Diener mit. In Bern ward der Bärengraben besichtigt. Der kleine Iwan kletterte auf das Ringmäuerchen, löste sich von der Brüstung los und wäre beinahe zu den Bären hinuntergefallen; aber sein Vater erwischte ihn gerade noch. Zu Hause in Spasskoje-Lutowinowo richtete er sich im Park und Garten ein Plätzchen ein, das er «die Schweiz» nannte. Bei seiner Erziehung wurde bloß auf Sprachen Gewicht gelegt. Im Deutschen unterrichtete ihn ein Sattlergeselle, der Schillers Gedichte nur unter Tränen vortragen konnte. Das Französische war Umgangssprache im Elternhaus. Russisch lernte der Knabe verstohlenerweise von den Kammerdienern und Mägden. Es ist kaum zu glauben, daß in diesem hocharistokratischen Hause Prügel das erste Erziehungsmittel waren. Turgenjew erzählte später selbst, daß er unter fortwährenden Prügeln und Torturen aufgewachsen sei. Die Mutter züchtigte ihn eigenhändig. Einmal ließ sie ihn prügeln, weil der Knabe nicht sagen konnte, weshalb er geprügelt wurde, und er sollte täglich aufs neue geprügelt werden, bis er sagen könne oder wolle, weshalb er geprügelt wurde. In dieser Barynja steckte dasselbe *ssamodurstwo*, eine Art selbstherrliches Narrentum, wie es sonst nur die besondere Eigenschaft russischer Despoten war. 1827 übersiedelte die Familie nach Moskau, der Kinder wegen (Iwan hatte einen um zwei Jahre älteren Bruder Nikolaj), die in eine Privatschule gesteckt wurden. Hier war dann Hauptgegenstand des Unterrichts das Englische.

Schon im Alter von fünfzehn Jahren bezog Turgenjew die Universität Moskau. Sein Bruder ging zur Kaiserlichen Garde, weshalb denn auch die ganze Familie nach Petersburg zog. 1834 starb der Vater. 1836 beendete Turgenjew seine Studien in Petersburg und ging nach Berlin. Damals stand der Hegelianismus dort in Blüte, doch hatte Turgenjew offenbar wenig Nutzen von der Philosophie der absoluten Identität von Wissen und Sein, wie er in einer seiner Erzählungen andeutet. In den Berliner Studentenjahren war eine Zeitlang Michail Bakunin, von dem das Wort stammt: «Zerstören ist eine schöpferische Lust», sein Stubengefährte; Turgenjew porträtierte ihn später, in seinem Roman «Rudin», nicht ohne Rankünе. 1840 machte Turgenjew mit Ränzel und Stecken eine Reise durch die Schweiz nach Italien. 1843 wurde er mit Belinskij, dem «russischen Lessing», bekannt, der ihn in die russische Literatur einführte. Schon die erste Prosa-Erzählung Turgenjews (seine Verse, in denen er Lermontow und Byron nachahmte, blieben unveröffentlicht), «Chor und Kalinytsch», die er später in die «Aufzeichnungen eines Jägers» übernahm, hatte ihm den enthusiastischen Beifall des bedeutenden Kritikers eingetragen. Im selben Jahre wurde Turgenjew in Petersburg mit der berühmten Sängerin Mme Viardot und mit ihrem Gatten Louis Viardot bekannt. Turgenjews Mutter hatte ihre beiden Knaben einst bedauernd «Einmalliebende» genannt. Auf Iwan Turgenjew traf diese Voraussage vollkommen zu: er blieb sein ganzes Leben lang an diese eine Frau gefesselt, die die Gattin eines andern war und seine Anbetung nur duldete. 1847 ging er nach Paris, gegen den Willen seiner Mutter, die ihn für den russischen Staatsdienst bestimmt hatte.

Die Viardots nahmen ihn freundschaftlich bei sich auf und boten ihm, der von zu Hause keine Unterstützung zu erwarten hatte, ihr Landhaus in Courtavenel bei Paris zum Aufenthalt an. Dort schrieb er die «Aufzeichnungen eines Jägers», das Werk, das seinen Namen unsterblich gemacht hat. Die einzelnen Erzählungen wurden zuerst in der von Belinskij herausgegebenen Revue «Der Zeitgenosse», hernach in Buchform veröffentlicht, passierten merkwürdigerweise die Zensur, die sich von dem harmlosen Titel und der Einkleidung des Erzählten in Abenteuer und Landschaftsschilderungen täuschen ließ, und machten Furore. 1850 starb Turgenjews Mutter. Er reiste nach Rußland und blieb volle fünf Jahre dort. Im Mai 1852 wurde er auf Befehl des Zaren Nikolaus I. verhaftet und eingesperrt. Den Anlaß gab ein kleiner Artikel, den Turgenjew über den Tod Gogols geschrieben und in einer Zeitschrift veröffentlicht hatte. An dem Artikel war nichts Subversives, er war sogar mit Genehmigung der Zensurstelle gedruckt worden; aber man ergriff die Gelegenheit, um dem Autor der «Aufzeichnungen» nachträglich eins auszuwischen. Turgenjew wurde zunächst für die Dauer eines Monats in Arrest gesetzt. Das war nicht so schlimm, denn die Tochter des Gefängnisdirektors, Revolutionärin und Bewunderin des Dichters Turgenjew, sorgte geflissentlich dafür, daß er diese Zeit in den Privatgemächern ihres Papas verbringen konnte. Er benutzte die ihm so gewordene Muße und schrieb in diesem Gefängnis die Erzählung «Mumu», von welcher Carlyle später sagte, er habe niemals etwas Rührenderes gelesen. Nachdem er die Arreststrafe abgesessen hatte, wurde Turgenjew auf administrativem Wege in sein Dorf Spasskoje verschickt. Diese Internierung dauerte bis Ende 1854 und hätte wohl noch länger dauern können, wenn sich nicht ein anderer russischer Dichter, Graf Alexej Konstantinowitsch Tolstoi, beim Großfürsten und späteren Zaren Alexander für ihn eingesetzt hätte. Kaum befreit, war er wieder bei seinen Freunden Viardot, die damals in Baden-Baden lebten. Turgenjew erbaute sich in Baden-Baden eine schloßähnliche Villa, die der Sammelpunkt der dortigen russischen Gesellschaft wurde (aber auch der Zufluchtsort armer russischer Künstler, die der Dichter unterstützte). Hier schrieb Turgenjew seine großen Zeitromane «Rudin», «Das Adelsnest», «Am Vorabend», «Väter und Söhne», «Rauch», mit denen er Schritt für Schritt die soziale Entwicklung Rußlands begleitete; daneben entstand eine lange Reihe herrlicher Novellen. 1870, nach Ausbruch des Deutsch-Französischen Krieges, übersiedelten Turgenjew und die Viardots nach Paris. Von nun an machte der Dichter nur mehr alle paar Jahre einen kurzen Abstecher nach Rußland, wo er seine Ländereien hatte. Schon seit 1868 stand er in freundschaftlichem Verkehr mit George Sand, die er «le maître de sa jeunesse» nannte; er war oft zu Gast bei ihr in Nohant und blieb bis zu ihrem Tode (7. Juni

1876) mit ihr in Briefwechsel. In Paris verkehrte er mit Alphonse Daudet, Flaubert, Zola, Edmond und Jules de Goncourt, Théophile Gautier, André Theuriet, Prosper Mérimée, Guy de Maupassant und anderen. Eine besonders enge Freundschaft verband ihn mit Gustave Flaubert, dessen Geistesrichtung mit der seinigen übereinstimmte; er hätte, wie Flaubert, von sich sagen können: «Je suis mystique, au fond, et je ne crois à rien.» Wie Flaubert, meinte Turgenjew, das Werk des größten Genies werde morgen vergessen sein, wenn es nicht in einer schönen Form erscheine. Turgenjew schrieb nicht nur – er sprach auch schön. «Ihm war ein bezaubernder Reiz eigen», sagte von ihm die Hofdame Gräfin Alexandrine Tolstoi, die er, wenn er nach Rußland kam, im Winterpalais zu besuchen pflegte, «der Reiz des großen Artisten. Man konnte ihm lauschen und sich nicht satt hören an seinen Worten wie an seinen Werken.» Ihm selbst, dem Dichter, war eine seltsame *pusillanimité* eigen; seine eigenen Werke beurteilte er oft sehr scharf. «Ah! cette littérature qui sent la littérature! La principale qualité des œuvres de Tolstoï est précisément de sentir la vie.» Er sagte dies zu Charles Edmond, dem er für den «Temps» Tolstois Sewastopoler Erzählungen übergab, und fügte hinzu: «Le maître – car c'est bien un maître, celui-là – est presque inconnu en France, mais je vous affirme en mon âme et conscience que je ne me sens pas digne de dénouer les cordes de ses souliers.»

Turgenjew starb, fünfundsechzigjährig, in Bougival am 3. September (22. August a. St.) 1883. Seine

Krankheit, Krebs des Rückenmarks, hatte sein Arzt verkannt und für Gicht gehalten, die er «ein gesundes Leiden» nannte, was Turgenjew zur Antwort veranlaßte, ein Freund Puschkins habe diesen einmal mit der banalen Sentenz trösten wollen, das Unglück sei eine treffliche Schule; Puschkin habe aber geantwortet, das Glück sei eine noch viel bessere Universität.

Die Rede, die Ernest Renan im Namen Frankreichs und der französischen Schriftsteller an der Bahre Iwan Turgenjews hielt, möge, des Schmelzes und der Schönheit der Sprache wegen, im Original, freilich nur auszugsweise, hier angeführt werden: sie ist zugleich das historisch gewordene Urteil über den Menschen und Dichter Turgenjew:

«Nous ne laisserons point partir sans un adieu le cercueil qui va rendre à sa patrie l'hôte de génie qu'il nous a été donné, pendant de longues années, de connaître et d'aimer... Sa conscience ne fut pas celle d'un individu plus ou moins bien doué par la nature: ce fut, en quelque sorte, la conscience d'un peuple. Avant de naître, il avait vécu des milliers d'années; des suites infinies de rêves se concentraient au fond de son cœur. Aucun homme n'a été à ce point l'incarnation d'une race entière. Un monde vivait en lui, parlait par sa bouche; des générations d'ancêtres perdus dans le sommeil des siècles, sans paroles, arrivaient par lui à la vie et à la voix... Quand l'avenir aura donné la mesure des surprises que nous réserve cet étonnant génie slave, avec sa foi fougueuse, sa profondeur d'intuition, sa notion particulière de la vie et de la mort, son besoin de martyre, sa soif d'idéal, les peintures de Tourguéneff seront des documents sans prix...»

Es sind natürlich keine echten Jagdgeschichten, die in diesen «Aufzeichnungen eines Jägers» enthalten sind. Ungeachtet zeitweiliger jagdlicher Spaziergänge des Dichters in Wald und Steppe, war Turgenjew doch kein passionierter Töter kleinen und großen Wilds. Ein Jäger von Beruf oder aus Leidenschaft kennt das Gefühl des Mitleids und des Grauens nicht, das Qual und Tod der Kreatur immer erregen muß. Der Dichter aber kannte dieses Gefühl sehr gut und spricht es durch den Mund des Gottesnarren in der Erzählung «Kassian» sehr deutlich aus. Es gibt eine Karikatur von Turgenjew, die ihn als «Jäger» zeigt. Alles an dieser Figur ist jägermäßig: die Flinte, die Jagdtasche, die Jagdstiefel... Nur der Mann, der diese Dinge trägt und hat, ist es nicht: das ist ein guter, kindlicher, schier donquichottischer Mensch, der auf der Jagd nach Licht und Schönheit ist; eben ein Dichter.

Er schrieb diese Skizzen in Frankreich und bemerkte in seinen «Erinnerungen», er hätte sie in Rußland niemals schreiben können. Gewiß, er brauchte Distanz zu den Wunderlichkeiten des byzantinisch-tatarisch vertrackten kaiserlichen Rußland, und dazu, zur Vergleichung, die *clarté* und *sérénité* des französischen Lebens, damit er die Typen schaffen konnte, die ihm in seiner Heimat auf Schritt und Tritt begegneten. Aber der Autor deutet auch an (in den unvollendeten Versen im Epilog der

«Aufzeichnungen»), daß ihn oft die Sehnsucht quälte «nach seinem trauten Dorf, dem dunklen Garten», und er sieht dann auch die hellen und rührenden Seiten des russischen Lebens, und die Lieblichkeit der russischen Landschaft, und den Zauber der russischen Sommernacht.

Ludwig Berndl

INHALT